U0960068

权威·前沿·原创

皮书系列为

“十二五”“十三五”国家重点图书出版规划项目

传播创新蓝皮书

BLUE BOOK OF
COMMUNICATION INNOVATION

中国传播创新研究报告（2019）

ANNUAL REPORT ON CHINA'S COMMUNICATION INNOVATION (2019)

主　　编／单　波
执行主编／肖　珺　吴世文

社会科学文献出版社
SOCIAL SCIENCES ACADEMIC PRESS (CHINA)

图书在版编目（CIP）数据

中国传播创新研究报告．2019／单波主编．－－北京：社会科学文献出版社，2019．6
（传播创新蓝皮书）
ISBN 978－7－5201－4831－3

Ⅰ．①中…　Ⅱ．①单…　Ⅲ．①传播学－研究报告－中国－2019　Ⅳ．①G206

中国版本图书馆 CIP 数据核字（2019）第 089058 号

传播创新蓝皮书
中国传播创新研究报告（2019）

主　　编／单　波
执行主编／肖　珺　吴世文

出 版 人／谢寿光
责任编辑／张苏琴　张　萍

出　　版／社会科学文献出版社·当代世界出版分社（010）59367004
地址：北京市北三环中路甲 29 号院华龙大厦　邮编：100029
网址：www.ssap.com.cn
发　　行／市场营销中心（010）59367081　59367083
印　　装／三河市东方印刷有限公司

规　　格／开　本：787mm × 1092mm　1/16
印　张：23.75　字　数：354 千字
版　　次／2019 年 6 月第 1 版　2019 年 6 月第 1 次印刷
书　　号／ISBN 978－7－5201－4831－3
定　　价／168.00 元

本书如有印装质量问题，请与读者服务中心（010－59367028）联系

主要编撰者简介

单　波　武汉大学哲学博士，教育部人文社会科学重点研究基地武汉大学媒体发展研究中心主任，教育部长江学者奖励计划特聘教授，中国新闻史学会副会长，中国传播思想史学会会长。主要从事比较新闻学与跨文化传播研究，出版的主要著作有《中西新闻比较》《20世纪中国新闻学和传播学·应用新闻学卷》《心通九境：唐君毅哲学的精神空间》《跨文化传播的问题与可能性》《新闻传播学的学术想象与教育反思》等，在中外期刊上发表论文百余篇，曾获教育部高校优秀成果二等奖、湖北省社会科学优秀成果二等奖、宝钢优秀教师奖、国务院政府津贴、文化名家暨“四个一批”人才。

肖　珺　武汉大学新闻学博士，教育部人文社会科学重点研究基地武汉大学媒体发展研究中心副主任、研究员，武汉大学新闻与传播学院副教授、网络传播系副主任，武汉大学跨文化传播研究中心主任。担任中国舆论学研究委员会常务理事等学术兼职，长期担任中国新闻奖等各级各类网络新闻等奖项评选专家，并担任多家国内外期刊审稿专家。曾为美国费曼项目高级访问学者、“加拿大研究特别奖”项目访问学者、香港中文大学和台湾政治大学访问学者等。主要从事跨文化传播和网络传播研究，出版的主要著作有《新媒体跨文化传播的中国实践研究》（2018）、《跨文化虚拟共同体：连接、信任与认同》（2016）、《文化冲突与跨文化传播》（2015，担任第二主编）等。已主持并完成国家社科、教育部等课题多项，在国内外发表科研成果近80部/篇，曾获湖北省社会科学优秀成果等学术奖励。

吴世文　传播学博士，武汉大学媒体发展研究中心研究员，副教授，武汉大学珞珈青年学者、人文社科青年学术团队负责人，武汉大学媒体发展研究中心健康传播研究所主任，武汉大学信息管理学院（出站）博士后、传统文化研究中心在站博士后，美国宾夕法尼亚大学、香港城市大学、澳门科技大学访问学者。主要研究领域为互联网历史、健康传播与文化研究。近年来，出版专著《新媒体事件的框架建构与话语分析》等，主持国家社科基金青年项目等10余项课题，发表中英文论文50余篇，曾获得湖北省社会科学优秀成果二等奖、NCA年度最佳论文奖等。

摘 要

本报告由教育部人文社会科学重点研究基地武汉大学媒体发展研究中心组织编撰，以“中国传播创新”为主题，分为总报告、社会传播篇、政治传播篇、文化传播篇、经济传播篇、媒体传播篇、资料篇七个部分，运用定量研究与定性研究相结合的方法，解读与评估2018年社会、政治、文化、经济与媒体领域传播创新实践，剖析代表性的案例，反思问题并提出应对之策，以期为中国传播创新实践提供新的思路与路径。

总报告指出“中国传播”是一个融“文化中国”、人类命运共同体、国际传播新秩序于一体的概念，引起了学界与业界越来越多的关注和认同。当下的中国传播创新是一个基于互联网传播形态的传播体系，其融合结构表现为社会传播创新、政治传播创新、文化传播创新、经济传播创新与媒体传播创新。总报告延续对中国传播创新的研究脉络，从传播组织、内容生产、传播方式、社会连接四个向度评估中国传播创新，辨别真/伪传播创新，解读2018年中国传播创新实践，总结中国传播创新实践的特征和态势。基于对中国传播创新的持续观察与分析，以及对代表性案例的分析，总报告发现，处在改革开放历史节点上的2018年中国传播创新呈现如下总体性特征：一是公众以传播创新的姿态成为媒介改革的主体，二是面向不平衡、不充分发展挑战的中国传播创新实践（如农村传播）呈现积极发展的态势，三是社交驱动中国传播创新（如火爆的短视频），四是技术驱动中国传播创新（智能化、物联网、区块链等），五是媒介规制调整压力驱动中国传播创新。以信任为建构基础，面向共同实践，增进互惠性理解是中国传播创新的发展趋势。总报告同时指出，中国传播创新实践面临受到“流量”的驱动与商业利益的左右、过度依赖技术、为权力所制约等挑战。因此，需要不断发掘创新的要素及可能的组合，并积极在互联网传播时代从公众的传播实践中汲取智慧，为传播创新实践开启多种可能性。

社会传播篇、政治传播篇、文化传播篇、经济传播篇、媒体传播篇等专题关注社会传播形态创新、组织传播创新、政治传播形态创新、传播制度创新、传统文化传承创新、品牌与形象传播创新、融合传播创新、媒介传播形态创新等重要命题，基于经验材料与案例分析揭示中国传播创新的多样性，剖析中国传播创新的社会条件、实践基础与社会效应，进而提出中国传播创新实践的新途径与新思路。

例如，研究发现，新媒体为宁夏乡村基层组织管理的发展提供了新手段，其所供给的自然系统内的非正式传播从一定意义上营造了良好的沟通环境，弥补了乡村基层组织正式传播的不足，有助于搭建新型的基层组织传播网络。

通过梳理与研究2018年度跨文化传播的系列案例，作者发现，中国各类传播主体正在自觉或不自觉地实践跨文化传播，以观念创新、内容创新与平台创新三个维度为导向，致力于实现人类命运共同体的多元化表达、在共通意义空间中努力探寻话语创新的可能性以及通过新媒体搭建跨文化的“虚拟共同体”。这些具有创新意义的做法在解决“为什么”、“做什么”以及“通过什么”等问题上具有一定的指导意义。

受到新技术进步以及社会信息需求环境变迁的影响，政务新媒体在2018年被认为是遭遇发展的“节点”，亦成为本年度的研究热点。研究发现，政务新媒体传播创新主要体现在功能创新、互动创新、危机处置创新、国际合作创新与社会治理创新上，但仍需解决目前存在的功能定位不清晰、信息发布不严谨、建设运维不规范、监督考核及追责机制缺失等突出问题，承担更多的社会功能。通过对2018年中国品牌传播创新趋势进行总结、归纳与分析，发现2018年品牌传播运作模式创新表现为技术驱动、内容驱动与服务驱动三个层面。

从不同的角度切入考察抖音短视频平台与城市形象传播，作者发现，城市短视频在表现形式上人与物互动共存，画面丰富；竖屏成为主流，特效、道具和剪辑应用较少；以有声视频配乐为主，方言不流行。在故事内容上突出“城市之最”的城市特色类事物较多，以新奇引人入胜，但整体内容深度不足。这些研究发现为使用短视频讲好城市故事、优化城市形象传播的创新实践提供了思路。

2018 年中国传播创新遇上了改革年，人们寄希望于通过国家层面的改革进一步解放思想，拓展中国传播创新的空间。同时，中国媒介改革的话语也聚焦于创新，悄然转向以公众为中心的中国传播创新实践。事实上，网络时代的公众与网络精英结合在一起，已成为中国媒介改革的重要力量，通过传播创新冲击传统的传播思维与传播体系，也通过技术创新挑战僵硬的传播机制，全媒体、平台化、互动式、体验式等成为媒介改革的国家话语，过去媒介改革的难点要么被互联网时代的传播创新所化解，要么被进一步凸显。更为重要的是，媒介改革以传播创新为导向，将不可避免地吸纳公众参与；而传播创新的发展将不断呼唤深入的媒介改革。基于对中国传播创新的考察，我们期待通过持续观察传播创新实践，推动“融合创新”，在理论层面探索中国传播的原创性思想，逐步推动建立中国传播创新的理论体系。

关键词： 中国传播　创新　社会　连接

目录

Ⅰ 总报告

Ⅱ 社会传播篇

Ⅲ 政治传播篇

Ⅳ　文化传播篇

Ⅴ　经济传播篇

Ⅵ　媒体传播篇

Ⅶ　资料篇

皮书数据库阅读**使用指南**

总 报 告

General Report

B.1
2018年中国传播创新：进展、挑战和未来走向*

单 波　吴世文**

摘　要： “中国传播”是一个融“文化中国”、人类命运共同体、国际传播新秩序于一体的概念，而当下的中国传播创新是一个基于互联网传播形态的传播体系，其融合结构表现为社会传播创新、政治传播创新、文化传播创新、经济传播创新与媒体传播创新。本文延续对中国传播创新的研究脉络，从传播组织、内容生产、传播方式、社会连接四个向度评估中国传播

* 本文受到“中央高校基本科研业务费专项资金”的资助［武汉大学自主科研项目（人文社会科学）研究项目］，是教育部人文社会科学重点研究基地重大项目“互联网传播形态与中西部社会治理”（17JJD860004）的阶段性成果。

** 单波，武汉大学媒体发展研究中心主任，教育部长江学者奖励计划特聘教授；吴世文，武汉大学媒体发展研究中心研究员，武汉大学新闻与传播学院副教授。

创新，解读2018年中国传播创新实践，分析代表性的案例，发掘其中的创新要素与传播智慧，以期为促进中国传播实践创新提供思路，为催生中国传播的理论创新提供路径。

关键词： 中国传播　创新　文化中国　社会连接　公众实践

在互联网时代，中国传播生发于基于互联网重构的传播体系，内在地包含多元化的中国传播实践经验。从国际传播的角度讲，中国传播是国际传播体系的重要一员，致力于创造国家间与民族间的互惠性理解。从传播体系的角度看，中国传播形成了中国特色的传播体系，使传播成为建构和谐社会的手段和目的。从实践的角度讲，中国传播因丰富的、多元的、开放的实践而不断发展。

在本质上，中国传播强调对话的状态与过程，而对话的状态、对话的过程是再生产“中国”的过程。这些对话状态和过程同时包括内部的与外部的、官方的与民间的、全国的与区域的、传统媒体的与新媒体的等多元的对话状态与对话过程。

中国传播创新是一个体系化的过程，其融合结构表现为社会传播创新、政治传播创新、文化传播创新、经济传播创新与媒体传播创新。2018 年中国传播创新遇上了改革年，人们寄希望于通过国家层面的改革进一步解放思想，拓展中国传播创新的空间。同时，中国媒介改革的话语也聚焦于创新，悄然转向以公众为中心的中国传播创新实践。事实上，网络时代的公众与网络精英结合在一起，已成为中国媒介改革的重要力量，通过传播创新冲击传统的传播思维与传播体系，也通过技术创新挑战僵硬的传播机制，使全媒体、平台化、互动式、体验式等成为媒介改革的国家话语。过去媒介改革的难点要么被互联网时代的传播创新所化解，要么被进一步凸显。更为重要的是，媒介改革以传播创新为导向，将不可避免地吸纳公众参与；而传播创新的发展将不断呼唤深入的媒介改革。

按照创新的一般规律，中国传播创新的生成，需要考虑如下条件：一是社会条件，社会产生了扩大的信息需求与建立连接的渴望，并具备满足这些需求和渴望的条件；二是媒介条件，媒介作为环境构成特定的连接、互动、交流、分享、消费、学习、认同的方式，促使某些传播行为产生；三是技术条件，主要指制造信息产品（包括新闻产品、媒介产品、广告产品、软件产品）的系统知识，以及某种传播设计或信息服务。

一　中国传播创新的内在结构与评价方法

（一）中国传播创新的内在结构

中国传播创新的内在结构包括社会传播创新、政治传播创新、文化传播创新、经济传播创新、媒体传播创新五个维度。

（1）社会传播创新从交流的角度，回答“社会何以可能”的问题，强调在多维连接中建构和拓展社会交往的公共空间，主张强化社会互动，以缓解现代人“交流的贫困”问题（如医患沟通等）与“理解的焦虑”。在社会传播领域，一方面是公共话语空间萎缩，另一方面是民间存在着扩展公共空间的力量。因此，社会传播创新在这种张力中，不断寻找建构和拓展社会交往的公共空间的可能。在从“陌生人社会”重新走向“熟人社会”的过程中，社会传播创新致力于建立新的社会连接，包括建立留守人群（老人和儿童）以及老年人群与社会新的连接。在医患沟通等严重缺乏交流的领域，如何推动有效的沟通和交流，也是社会传播创新需要考察的命题。

（2）政治传播创新探讨政府与民众民主沟通的可能性。它注重运用新的技术手段和媒介平台沟通政府与民众、开启对话，推动双向了解，注重以喜闻乐见的方式吸引受众（特别是年轻人）。尤其是，普通人的视角在政治传播中得到重视，基层政府的创新性探索得到鼓励。当然，还有在国际政治传播的层面，需要探索如何呈现一个可沟通的和可交流的中国形象。

（3）文化传播创新关注“文化中国”的互动、共享与认同，探索跨越文化障碍，创造“文化中国”理解、接受、分享的路径。

（4）经济传播创新致力于在市场中寻求最优化的分享方式和分享机制。

（5）媒体传播创新探究媒体自身的组织变革、信息生产供给等融合实践的多重性，致力于提升媒体组织的传播能力。

（二）如何评价中国传播创新

传播的本质在于传递信息、建构关系与分享意义，而传播组织、内容生产与传播方式的创新，以及建立、维系与转换社会连接的传播活动，直接推动传递信息、建构关系与分享意义的实现。中国传播创新基于互联网传播语境展开，个体皆是传播节点，通过自身的传播活动可以建立新的社会连接和传播网络，从而推动交流自我的建构和可沟通世界的实现。本文认为，可从传播组织、内容生产、传播方式、社会连接四个向度评估中国传播创新。

（1）传播组织向度主要是指传播组织开展的创新，包括探索新的组织形式、制度设计与运行机制，致力于提升传播的效率，以及吸纳新的传播主体进入中国传播的实践场域等。其具体内容包括吸纳新的理念或传播主体，实现传播者组织、观念、思维的革新，以及采用新的技术手段等。

（2）内容生产向度主要是指内容生产方式以及内容本身的创新，即生产新的内容、产品或者服务，借此提出或激发新的价值观念，或者重申与强化共同体共享的价值观念（如多元、开放、共享、团结、友爱、和谐等）。具体包括内容生产方式的革新、内容来源的更新以及内容产品或服务的创新。

（3）传播方式向度主要是指创新文化中国的传播方式与传播路径，把文化中国传播到更广阔的领域（类似于为内容、产品或服务寻找新的“市场”）。具体内容包括创新文化中国的传播方式或表述方式，创造性地运用既有的或新兴的传播工具与传播手段传播文化中国，或者把现有的技术手段创新性地运用到文化中国更广的领域。

（4）社会连接向度主要是指建立、维系、优化个体之间、群体之间、内部与外部、中国与世界的“双向连接”，并为其交流或对话提供新的可能路径，从而推动交流、沟通与理解。具体包括维系与强化既有的社会连接、建立新的社会连接、创新社会连接的方式等。其主要的诉求是打破社会隔离与冷漠，建立开放的、可沟通的、民心相通的世界。

（三）如何辨别真/伪传播创新

受到权力、商业与技术等因素的影响，伪传播创新总是与传播创新相伴而生，它们干扰着传播创新，带来了不可低估的危害。这带来了如何辨别真/伪传播创新的问题，本文认为，可以从以下几个方面入手。

（1）是否有助于扩展公共交往的空间，是否有助于推动人与人之间、组织或群体的内部与外部，以及社会或整个世界的相互理解？

（2）是不是“为了创新而创新”？“为了创新而创新”是伪传播创新的重要特点之一。

（3）是否过度依赖技术而无实质性的内容？中国传播创新离不开技术支持，我们亦主张创新性地利用技术传播有意义的内容。但是，仅披着新技术的外衣而没有“内核”的传播创新是不值得鼓励的。

（4）是否受到商业利益的“绑架”？一些传播创新为商业利益“鼓与呼”，甚至不惜传播伪科学（如保健品的营销创新），直接危害公众的利益，与法律法规以及公序良俗背道而驰，需要引起我们的警惕。

二　中国传播创新的五个维度及其进展

总体观之，处在改革开放历史节点上的2018年中国传播创新呈现如下总体性特征：一是公众以传播创新的姿态成为媒介改革的主体，二是面向不平衡、不充分发展挑战的中国传播创新实践（如农村传播）呈现积极发展的态势，三是社交驱动中国传播创新（如火爆的短视频），四是技术驱动中国传播创新（智能化、物联网、区块链等），五是媒介规制调整压力驱动中国传播创新。具体说来，五个维度的中国传播创新的代表性案例可圈可点。

（一）社会传播

总的来说，社会传播涵盖范围广，创新的主体多元，主题丰富，体现了历史－社会转型中国的活力与多元性。从共性上看，这些传播创新致力于通过多维连接建构和拓展社会交往的公共空间，不断寻找开辟可能的公共话语空间。代表性案例如下。

1. “腾讯为村”：农村公益传播创新

2018 年 8 月 19 日，以“连接・为乡村”为主题的“2018 腾讯为村”大会在菏泽开幕。据了解，“腾讯为村”项目是一个用互联网助力党建引领精准脱贫、乡村社会治理、乡村振兴的工作平台，面向中国乡村对移动互联网的应用需求，以“互联网＋乡村”的创新模式，围绕“党务、村务、商务、服务、事务”设计开发的智慧乡村平台①。

“腾讯为村”以“为乡村连接情感、连接信息、连接财富”为宗旨，致力于乡村移动互联网能力建设，鼓励每一个村庄打造属于自己的“互联网名片”。“为村开放平台”创造“连接”的方法，包括移动互联网工具包、为村资源平台、社区营造工作坊②。从目前来看，“腾讯为村”的创新性做法正在取得积极的成果。

从中国传播创新的角度看，“腾讯为村”利用互联网平台和资源推动乡村建设，为农业、农村、农民连接总体社会创造了更多的机会，是农村面向互联网社会重新发展的努力，也是农村现代化的努力，与农业农村的现代化一脉相承。同时，农业、农村、农民有更多的机会成为互联网空间中的传播主体。不过，如何推动农业、农村、农民有效利用互联网平台与资源，还需要进一步探索，而提高农民的互联网素养是不可忽视的一环。例如，网民

---

① 《以网络扶智促乡村脱贫攻坚——腾讯为村以企业互联网能力助推精准扶贫实践》，新华网，2018 年 12 月 3 日，http：//www. xinhuanet. com/gongyi/2018 －12/03/c _ 137647582. htm，最后访问日期：2018 年 12 月 25 日。

② 《“互联网＋乡村”最新探索，腾讯公益发布“为村开放平台”》，2015 年 8 月 19 日，http：//www. cac. gov. cn/2015 －08/19/c_ 1116309907. htm，最后访问日期：2018 年 12 月 25 日。

“牧童 Cici” 评论道，“朋友推荐我建立为村网上平台，我看了界面与介绍，腾讯做得很棒!” 但是“后续怎么操作，还是未知数”。[①] 网友“an_ jiang”指出，为村平台在落地时，仍然存在一些操作上的问题：“菏泽下那么大力气推广‘腾讯为村’，可在基层真的让上线为村的村庄得到普及吗？同样是为村的一个村庄可里面注册的本村村民只有 10% 左右。”[②]

2. “一块屏幕”：乡村教育创新及其争议

2018 年 12 月 13 日，《中国青年报》“冰点周刊” 登出的《这块屏幕可能改变命运》一文成为社会热议的话题。据文章介绍，成都七中和近千公里外国家级贫困县的云南禄劝第一中学因“直播” 而产生了联系。云南禄劝第一中学是中国贫困地区 248 所高中中的一所，生源差，师资力量薄弱，高考升入一本学校的人数很少；而成都七中是高中名校。近年来，有 200 多所贫困地区的高中通过观看成都七中平行班的网络直播，远程与成都七中的学生一起上课、写作业、考试。据报道，这种远程直播的方式提升了贫困地区高中的一本升学率。

在一定程度上，这种直播的做法是乡村教育改革的一种创新，乡村学校成功地将直播这种新的传播方式应用于改变教育的现状，并取得了一些成效。从传播创新上讲，它使得乡村高中通过直播的技术部分地建立了跟优质教育资源的连接，包括跟优质高中师生的连接，有助于推动优质教育资源的流通。

不过，这种做法引起了社会争议。争议的焦点是是否带来了新的教育不公平，反映了公众对教育的关注以及对教育问题的焦虑。在某种程度上，该争议是社会问题的产物，而不是技术问题或直播的产物。当然，直播是否有助于弥合教育鸿沟、促进教育平权，还需要更多实践的检验，而解决这一问题，需要从总体社会入手。更进一步讲，它反映出技术的创新与扩散推动了

① 新浪微博“牧童 Cici” 的微博，2017 年 12 月 22 日，https://weibo.com/1768104310/FAQpJ0EcA，最后访问日期：2019 年 3 月 14 日。

② 大众论坛“腾讯为村” 帖，2017 年 12 月 17 日，http://bbs.dzwww.com/thread-57494751-1-1.html，最后访问日期：2019 年 3 月 14 日。

优质资源的扩散，但没有消解人们的焦虑。

3. “蚂蚁森林”推出“合种”项目：环境传播的在线人际互动

“蚂蚁森林”是支付宝平台的一款应用，用户可以通过线下支付、行走等方式生产绿色能量，待能量达到要求后，则会在阿拉善等生态环境脆弱的地方种下一棵树。2018 年初，支付宝蚂蚁森林推出“合种”项目，用户可以邀请家人、朋友、情侣、同事、校友等一起积聚能量，一起种树。合种树木可选择的类型包括家庭树、爱情树、同学林、同事林、好友林等，每人最多可以参与 10 个合种小队，其中爱情树仅限 2 人参与，其他小队最多可以 60 人参与。在蚂蚁森林合种区域，好友需要通过自己获取的绿色能量给合种树浇水，在页面中也会实时更新能量变动信息，公开合种者之间的贡献。

蚂蚁森林的这一做法，结合了人际传播与环保公益，不失为环境传播的一种创新。在一定程度上，合种树能够促动用户在人际互动或娱乐的过程中积极参与环境公益①。这一公益传播也利用了游戏化的手段，在一定程度上创新了传播方式，值得持续关注。

不过，把在线人际传播应用于环境传播，由于合种树苗的能量产生时间长，合种者容易产生倦怠心理，社区的持续交流难以维系，这是一个有待解决的问题。其中，对在线人际交流的激励是可以考虑的方向。

4. 民营实体书店行业回暖：公共文化传播空间建构

近两年来，民营实体书店似乎已踏上复苏之路。一些民营实体书店在转型过程中通过增添商业元素，引入“X + 书”的综合开发模式将相关业态有机组合，初步创新了“书店 + 文创产品”“书店 + 餐饮”“书店 + 影院”“书店 + 剧场”“书店 + 展演”“书店 + 课堂”等形式。这些形式正在成为众多民营实体书店发展的新路径，并取得了不错的效果。

民营实体书店的这些新做法有着商业利益的考虑，但它们在一定程度上也有助于促进书籍的流通与传播，而且可以打造新的阅读空间与公共空间，

---

① 王丹静、田晓迪：《人际互动视角下“蚂蚁森林”的环境传播策略》，《记者摇篮》2018 年第 8 期。

有望成为新的文化传播场所，值得肯定。从更大的意义上讲，这在一定程度上也是民营实体书店强化传播功能与文化担当的体现，与我国发展公共文化事业的思路一致。不过，民营实体书店背后的商业利益与消费主义以及功利色彩是否会消解文化公共空间，引人热议，值得我们保持警惕。例如，网民“小动物爱我”基于自己的体验评论说，民营实体书店的商业化环境过于嘈杂，自己无法阅读：“本来想在西西弗书店矢量咖啡看一下午书，结果来了之后发现里面环境嘈杂，家长带着小朋友大声朗读，饮品质次价高。”① 网民“八月札也白头”也对民营书店的商业化表示失望：“钟书阁过于商业化，浓重的商业气息使人不愿意多待。”②

5. 腾讯“守护者计划”：网络安全公益传播

2018 年 8 月 7 日，以“拒绝网络传销，守护亲友幸福”为主题的腾讯“守护者计划”正式启动。这一公益活动获得了来自企业、媒体、明星等社会各界的响应。“守护者计划”小程序从感知预警、举报查询、及时提醒、网址禁封的防护感知系统，到线下打击、溯源追查、追踪拦截的犯罪打击，在一定程度上打通了防范与打击网络传销的闭环。③

在网络传销盛行并带来严重社会危害的当下，腾讯“守护者计划”的推出无疑具有重要的意义。在很大程度上，它是指向社会问题的传播创新，并通过安全大数据、底层技术助力建立公众在拒绝网络传销问题上的新连接，探索解决网络传销的新路径，是探索建立网络安全治理新模式的有益尝试。当然，如何吸引特定的人群，比如易受网络传销影响的人群参与其中，是传播该活动需要考虑的问题。如何评估其传播效果，也需要持续关注。从目前的情况来看，2018 年，在腾讯“守护者计划”的帮助下，

---

① 新浪微博“小动物爱我”的微博，2019 年 3 月 16 日，https://weibo.com/522207171?is_all=1，最后访问日期：2019 年 3 月 16 日。

② 新浪微博“八月札也白头”的微博，2016 年 7 月 11 日，https://weibo.com/u/2853290360?profile_ftype=1&is_all=1&is_search=1&key_word=%E9%92%9F%E4%B9%A6%E9%98%81#_0，最后访问日期：2019 年 3 月 16 日。

③ 腾讯行政微信公众号，2018 年 8 月 7 日，https://mp.weixin.qq.com/s/LFS6ZOVTb1Q_4H7DaLdiGQ，最后访问日期：2018 年 12 月 25 日。

“公安机关各类网络黑灰产打击行动效果显著，共计破获案件145件，抓获人员超过3200人，涉案金额超过110亿元”。[①]网民“詹妮诗JC”认为：“随处可见的公交车站亭广告，点赞腾讯公益项目。熟人传销，亲友遭殃。”[②] 网民“Fanny 黄意晴”也评论道：“#守护幸福#一夜之间，‘亲戚们’集体屏霸深圳户外，拒绝网络传销杀熟游戏，为腾讯‘守护者计划’疯狂打Call!!!”[③] 这些都是不乏积极的评价。不过，从长时间来看，其传播效果如何，需要观察。

（二）文化传播

文化传播创新是一个经典命题。总的来看，2019年中国文化传播创新涉及“文化中国”的三个“圈层”，围绕促进“文化中国”的认同、共享与互动，跨越文化障碍，对创造“文化中国”的理解、接受与分享进行了诸多探索与尝试。代表性的案例如下。

1. 国产影视剧/综艺节目“出口”：热播与挑战并存

2018年11月，国产电视剧《欢乐颂》阿拉伯语版开播仪式在埃及首都开罗举行。这引起人们再次关注“国剧出海”议题。近年来，不仅《生活启示录》《小别离》《鸡毛飞上天》等国内热播电视剧接连出口，而且《白夜追凶》《河神》《无证之罪》等高品质网络独播剧也被Netflix买下，在全球195个国家和地区播出。

国产影视剧或综艺节目“出口”，是中国文化对外传播的重要命题。此前，不少国产的影视剧和综艺节目饱受抄袭、山寨、原创能力不足等诟病，

① 《腾讯守护者计划公布2018十大案件，协助打击黑产效果显著》，网易资讯，2019年1月21日，http://dy.163.com/v2/article/detail/E62884910514PFTL.html，最后访问日期：2019年3月16日。

② 新浪微博“詹妮诗JC”的微博，2018年8月13日，https://weibo.com/janicecheung86?profile_ftype=1&is_all=1#_0，最后访问日期：2019年3月16日。

③ 新浪微博“Fanny 黄意晴”的微博，https://weibo.com/honeylababy?profile_ftype=1&is_all=1&is_search=1&key_word=%E5%AE%88%E6%8A%A4%E8%80%85%E8%AE%A1%E5%88%92#_0，最后访问日期：2019年3月16日。

出口能力不足。2018 年，随着一些网络独播剧、网络自制原创剧被海外的巨头公司（如 Netflix）购买并转播，这一现状似乎得到改观。但是，提升国产影视剧与综艺节目的质量，以及优化其海外传播策略及路径，是一个长期的过程，而且需要处理好版权、管理等问题。

2. “敦煌 × 抖音”：基于新兴媒体的文化传播创新

2019 年 7 月 19 日，由甘肃省委宣传部、北京微播视界科技有限公司主办，敦煌市委宣传部承办的“如梦敦煌，千年文化 DOU 起来”线下发布会在敦煌举行。据悉，敦煌方面已入驻抖音“DOU Travel”计划，抖音将利用平台的流量、技术与网红优势，在抖音海内外产品上对敦煌进行面向全球的全方位包装与推广。同时，抖音还将协助敦煌打造出人格化、符合网络传播特点的官方账号，用年轻人感兴趣和能听懂的方式阐述和弘扬敦煌文化。目前，敦煌在抖音及抖音海外版产品 Tik Tok、musical. ly 上均已开通官方账号，并在不同平台上分别以中文、英文、日文三种语言来传播敦煌文化。另据统计，敦煌官方账号在 musical. ly 发布第一个视频后，24 小时内在北美地区播放量突破 100 万，点赞量超 3 万。①

敦煌文化借助抖音及其海外产品面向全球开展传播，获得了不小的认同。字节跳动副总裁张辅评认为：“在今天的移动互联网时代，对于年轻人而言，要让他们了解悠久的敦煌就必须要有一种技术上足够先进、形态上足够新颖、操作上足够便捷的传播工具，抖音正是这样一个集各种特点于一身的传播利器。”②

从某种意义上讲，敦煌此举成功开启了自己的文化传播新路径，将丧失了原有使用场景的传统文化，包括宗教、音乐等，通过场景重塑赋予其新的使用价值。从文化传播创新的角度看，“敦煌 × 抖音”模式是探索分享、传播与接受中国传统文化新路径的有益实践，也是传统文化传播创新的积极尝

① 《敦煌找到“新招”向全球展示千年之美：上抖音!》，搜狐网，2018 年 7 月 27 日，https：//www. sohu. com/a/243770490_ 100116740，最后访问日期：2019 年 1 月 5 日。

② 《“敦煌 × 抖音”，抖出敦煌千年之美》，搜狐网，2018 年 7 月 20 日，https：//www. sohu. com/a/242296091_ 786792，最后访问日期：2019 年 1 月 5 日。

试。当然，这些传播路径的商业元素值得我们保持警惕。

3. 非遗文化传承的探索："文化 + 技术"的合力

2018 年 6 月 9 日是我国第二个"文化和自然遗产日"。当天，中影华腾携手中、美、英、法四国团队制作的"中国非遗艺术创意秀"——memory5D +《五维记忆》，在人民大会堂公开发布。在 memory5D +《五维记忆》中，27 项非遗艺术"合而为一"，共同讲述了一个充满中国哲思与诗意的大爱故事。该剧于 6 月 21 ~ 24 日在北京世纪剧院上演，既有古筝、箜篌、马头琴、琵琶、冒顿朝尔等乐器现场演奏，还有杂技、呼麦、藏族民歌、蒙古长调、新疆十二木卡姆等表演艺术，以及大牧笛、艾捷克、陶布秀儿、叶克勒等罕见的乐器表演，更有中国《诗经》吟唱的呈现等 27 项非遗艺术。在一定程度上，memory5D +《五维记忆》开创了在剧院融合多重艺术与科技进行演出的新方式。

如何保护与传播非遗文化，是一个颇受关注的议题。不过，非遗文化似乎一直难以进入大众消费市场。如何展示非遗文化，才能让观众接受？memory5D +《五维记忆》给出了自己的答案。从传播创新的角度看，memory5D +《五维记忆》创造性地将新技术融于非遗文化传播过程之中，同时为非遗文化寻找新的表现形式，探索公众接受非遗文化的新路径，取得了不错的成效。尤其是 memory5D +《五维记忆》经过内容的再生产与传播形式的创新，形成了更具吸引力、更有包容性的内容体系，从而更容易被公众接受与分享，值得肯定。

4. 故宫与"新文创"：让传统文化融入现代生活

即将迎来 600 岁生日的故宫，俨然已成"网红"。"故宫淘宝""故宫文创""朕的心意"等借设计之手，从物件到食品，令传统文化样式在当代生活中焕发了新的生机，是传统文化进行当代转化和创新传播的典型案例。[①]

2018 年 12 月初，由故宫博物院官方出品的综艺节目《上新了·故宫》播出

---

① 《网红故宫：左手庙堂，右手生活》，《三联生活周刊》，2018 年 9 月 13 日，https://mp.weixin.qq.com/s/Ma_l_rBa6gJ3FOq_EBQklQ，最后访问日期：2019 年 1 月 5 日。

后，社会反响热烈。节目中的文创产品不仅外形优美，而且还富有历史文化内涵。12月9日，《故宫口红，真的真的来了!》刷屏，一天内点击量达到10万+。11日，故宫淘宝官宣发布“故宫彩妆系列”，推出口红、眼影、腮红等一系列产品，引发轩然大波。恰逢“双十二”电商促销活动，短短一天内，故宫淘宝店的故宫彩妆系列销售量超过30万件，其中仙鹤口红的销售量达到10万支。①

故宫借助文创，让传统文化“火起来”，亦“活起来”，赋予了传统文化新的使用场景和文化意义，从而使其重新融入现代生活。这表明，故宫拓展了自身作为传统文化传播主体的角色功能，创新了传统文化内容的生产及传播方式，从而使得传统文化与现代受众建立起了新连接，值得肯定。当然，故宫文创如何更好地挖掘故宫文化的内涵、如何平衡商业利益与文化传播的关系，需要在实践中不断探索解决。

5.《我的中国故事：海外汉学家视野里的中国》：汉学家用中国故事沟通世界②

《我的中国故事：海外汉学家视野里的中国》一书是“外国人写作中国系列”中的一部重要作品。该书收录了来自荷兰、加拿大、匈牙利与法国等14个国家不同文化、不同性别和不同年龄的15位作者的文章，内容囊括了从古代到当代、从文学到戏曲、从历史到政治等不同的方面。由于这些作者学习中文的经历和在中国生活的经历迥异，他们的中国故事异彩纷呈。

基于汉学家的体验与理解，借汉学家之口从“外视角”讲述中国故事，是面向全球传播中国文化的可行路径，也是跨文化传播的有效做法。《我的中国故事：海外汉学家视野里的中国》是文化圈层中的第三圈层传播中国文化的积极实践，其英文版在全球出版发行，有利于扩大传播范围和受众面。同时，该书也可为如何讲好中国故事提供借鉴。

---

① 《独家专访故宫宫廷文化：“爆款”背后的idea》，中国财富网，2019年1月9日，http://video.cfbond.com/sptj/55626644.shtml。

② 《海外汉学家视野里的中国，是什么样子?》，澎湃新闻，2018年8月24日，https://baijiahao.baidu.com/s?id=1609662175284395652&wfr=spider&for=pc，最后访问日期：2019年1月26日。

（三）政治传播

总体上讲，2018 年的政治传播创新大多是一个自上而下的过程，创新的话题集中于政务传播、基层地方政府传播等；创新的过程注重利用新传播技术和互联网平台。这些传播创新注重强化政府与民众的沟通和纳入普通人的视角，并在创新内容的传播形式上有不少新举措。后续的政治传播创新依然需要在内容生产、传播模式等方面实现突破。代表性案例如下。

1. “忻州随手拍”：政务传播创新的尝试

“忻州随手拍”是由忻州市委、市政府主办，市委宣传部承办的一个社会综合治理网络平台，全市 14 个县（市、区）政府和 70 多个市直部门全部入驻。在“忻州随手拍”平台，市民所发帖子反映的一般问题要求政府 2 小时内做出首次回复，5 个工作日内办结。超出时限市纪委会进行督查，将该帖打上“督办”印记，以示警示。①

据统计，“忻州随手拍”上线 3 年多来，多终端发、回帖数及粉丝量突破 100 万，日访问量超过 6 万人次，累计回应解决民生诉求 2.39 万件，节省群众办事时间 15 万小时，减少城乡各类公共隐患损失估值超过 10 亿元，取得了较好的政治效益、社会效益和经济效益。② 网民“0324 生死一瞬”将“忻州随手拍”与挖掘事实真相、深度报道联系在一起，“专门深度报道挖掘事实真相的新闻媒体有澎湃新闻网和《南方周末》，省内主要就是黄河电视台和‘箫杨调查’，忻州市区主要就是政府问政办的‘忻州随手拍’”。③ 从中可见，这位网友对“忻州随手拍”不吝赞美。

---

① 《“忻州随手拍”问政不简单》，《光明日报》，2016 年 8 月 23 日，http://news.gmw.cn/2016-08/23/content_21587952.htm，最后访问日期，2018 年 12 月 30 日。

② 《点赞！忻州随手拍获互联网治理创新十大案例奖》，新浪网，2018 年 11 月 8 日，http://k.sina.com.cn/article_2726922721_a28989e104000cwxm.html，最后访问日期：2018 年 12 月 30 日。

③ 新浪微博“0324 生死一瞬”的微博，2018 年 6 月 10 日，https://s.weibo.com/weibo/%25E5%25BF%25BB%25E5%25B7%259E%25E9%259A%258F%25E6%2589%258B%25E6%258B%258D?topnav=1&wvr=6&page=3，最后访问日期：2019 年 3 月 16 日。

“忻州随手拍”致力于运用新的技术手段和媒介平台强化政府与民众的沟通、对话，并致力于解决民众反映的问题，是政务传播创新与社会治理的积极尝试，值得肯定。从目前的运行来看，“忻州随手拍”取得了一定的成效。不过，“忻州随手拍”是否具有持续性与可推广性，还有待进一步观察。特别是，其活力建立在对民众反映问题的解决之上，因此，如何优化对问题的解决，是“忻州随手拍”发展的关键，这也涉及线上与线下互动的效率与质量。

2. 罗湖“双周发布”：打造透明的基层政府

2017 年 7 月，深圳罗湖区在全国首创基层政府“双周发布”制度。“双周发布”每两周举行一次，罗湖区三级新闻发言人和辖区重点企业负责人轮番上阵，回应民众关切的问题，并讲述罗湖故事。

据了解，在实践中，罗湖“双周发布”致力于打造“新闻发布、城区营销、新闻发言人队伍培训、政民互动及融媒体链接”的多功能平台，期望实现“1 × N”的乘数效应。有论者认为，定点、定时、固定频率的新闻发布，是罗湖区实现新闻发布制度化、常态化和专业化的有益探索，也是舆情回应机制跟表达方式的创新。[①] 另据了解，目前，罗湖“双周发布”取得了一定的成效，成功举办专场发布会 20 场次，相关发布内容被中央、省、市以及香港地区 200 余家融媒体平台报道及转发近 3000 篇次。网民“一根稻草 200403”评价：“‘双周发布’，罗湖的创新举措！赞！”[②] 罗湖居民彭海燕也给予了积极的评价：“我通过朋友圈看到有一场高交会的发布会，说是罗湖的科技企业化身四大门派现场 PK，觉得很有意思，很接地气。”[③] 从

① 《“双周发布”一周年：展现日新月异的新罗湖》，《南方都市报》，2018 年 7 月 20 日，http：//epaper. oeeee. com/epaper/H/html/2018 －07/20/content_ 39505. htm，最后访问日期：2018 年 12 月 30 日。

② 新浪微博“一根稻草 200403”的微博，2017 年 7 月 14 日，https：//weibo. com/u/6279646759?profile_ ftype =1&is_ all =1&is_ search =1&key_ word =% E5% 8F% 8C% E5% 91% A8% E5% 8F% 91% E5% B8% 83#_ 0，最后访问日期：2019 年 3 月 16 日。

③ 《罗湖双周发布　你的贺礼真“重”》，《深圳都市报》，2018 年 7 月 16 日，http：//www. luoohu. com/news －152244，最后访问日期：2019 年 3 月 16 日。

传播创新的角度看，罗湖“双周发布”利用融媒体平台，创新新闻发布形式与信息沟通方式，在一定程度上优化了政府与民众的沟通，适应了信息时代政府与民众沟通的新要求，是基层政府开展政务传播创新的有益尝试。我们关注其生命力，以及其效果评估与持续创新的问题。

3. 贵阳市政府数据开放平台：大数据平台作为“沟通的桥梁”

贵阳市政府数据开放平台（www. gydata. gov. cn）是由贵阳市信息产业发展中心历时一年多探索的成果，市民可在平台上免费查询、浏览全市各行各业的公共服务信息。该平台拥有社会服务管理数据、公共生活数据、业务数据及气象、统计等专业数据，覆盖交通、卫生等14个领域，以及金融、教育等20个行业类别。据了解，该平台目前运行稳定。

当下，大数据在生产生活中的价值日益凸显。政府掌握着大量公共数据资源，政府数据开放对社会经济发展的重要性不言而喻。政府数据从被开放、被利用到产生效益是一个动态循环的过程，政府、数据利用者和社会公众共同构成了一个生态体系。贵阳市政府利用自身大数据建设与发展的优势，以“开放公共数据”的方式，在大数据时代建立政府与民众之间的“数据关系”，并希望通过开放数据激活数据的价值，更好地服务民众，是数据传播与政府信息公开的重要尝试。

贵阳市政府数据开放平台促进政府与民众之间建立的“数据关系”，包括政府主动披露公开“领域、行业、部门、主题、服务”5种数据，目前已开放5199023条数据、1162个数据资源，涵盖51个部门。[①] 公众可免费访问、获取、使用传播和利用数据资源，平台访问次数达50多万，数据下载量突破10万。[②] 在一定程度上，政府与民众通过数据平台建立起了沟通与服务的桥梁。

① 《上线半年，突破500万条数据！贵阳市政府数据开放平台取得丰硕成果！》，贵阳网，2017年8月11日，http：//www. gywb. cn/content/2017 -08/11/content_ 5575074. htm，最后访问日期：2019年3月16日。

② 《上线半年，突破500万条数据！贵阳市政府数据开放平台取得丰硕成果！》，贵阳网，2017年8月11日，http：//www. gywb. cn/content/2017 -08/11/content_ 5575074. htm，最后访问日期：2019年3月16日。

在国内，其他地方也有类似做法，如北京市政务数据资源网（http：//www. bjdata. gov. cn）、开放广东数据服务网（http：//www. gddata. gov. cn）等，贵阳市政府数据开放平台的特殊性在于其开放指数得分较高，《2017中国地方政府数据开放平台报告》显示，其名列第二。①

4. 江苏司法厅“无人律所”：律所服务的网络化

所谓“无人律所”，是江苏司法部门运用互联网、大数据、云计算等新型信息技术，为律师资源短缺地区搭建的一个融整合全省乃至全国律所、律师资源，提供在线服务信息展示、在线法律服务办理、在线服务预约登记于一体的互联网法律服务平台。② “无人律所”通过对接“律兜法律咨询”③平台，打造了由4万余名互联网律师组成的律师资源池，让律师服务可以在线匹配、全网共享、即时评价，为基层民众提供精准高效的智能服务。“无人律所”提供一对一的视频法律咨询服务，响应速度快。④

“无人律所”引发了社会的关注。司法部副部长熊选国认为：“互联网无人律所对于律师服务资源匮乏地区和法律服务需求高发但律师现场服务无法覆盖的场所是一种很好的补充，通过互联网无人律所在律师资源稀缺地区的部署，可以有效解决国内律师服务资源结构化供给不足的难题。”⑤

① 《〈2017中国地方政府数据开放平台报告〉出炉 为中国首个地方政府数据开放指数》，中新网上海，2017年5月27日，http：//www. sh. chinanews. com. cn/shms/2017 - 05 - 27/23722. shtml，最后访问日期：2018年12月30日。

② 华科新媒体实验室：《2018互联网治理创新十大案例》，2018年11月15日，http：//www. sohu. com/a/275576702_ 757925，最后访问日期：2018年12月30日。

③ “律兜法律咨询”是一款以即时法律服务为核心的社交类应用。遇到法律问题的用户将法律咨询需求通过客户端提交后，律师可以根据自己的专业领域和空闲程度通过抢单的方式获得用户的订单，系统为双方建立好友关系开启即时咨询通道。围绕即时法律咨询，用户还能获得离婚律师、法律援助、审核、文书代写、私人律师等其他的专业法律服务定制以及智能问答、费用计算等自助服务。参见https：//baike. baidu. com/item/% E5% BE% 8B% E5% 85% 9C% E6% B3% 95% E5% BE% 8B% E5% 92% A8% E8% AF% A2/18632431？fr = aladdin。

④ 《法律服务新场景来了：江苏试点“无人律所”可把律师送家门口》，澎湃新闻，2017年12月18日，https：//baijiahao. baidu. com/s？id = 1587129089205011976&wfr = spider&for = pc，最后访问日期：2018年12月30日。

⑤ 《司法部部长熊选国：互联网无人律所是一种创新》，大辽网，2018年7月31日，http：//ln. qq. com/a/20180731/035007. htm，最后访问日期：2018年12月30日。

“无人律所”运用互联网、大数据、云计算等新型技术，改变了传统律所的运作模式，实现了法律服务资源的整合，能够在线为民众提供法律服务，在一定程度上创新了与需求法律服务的民众的连接方式。尤其是，“无人律所”面向法律资源短缺地区，在一定程度上有助于缓解这些地区民众对缺乏法律资源的焦虑，满足其法律服务需求。如何保障“无人律所”提供的法律服务的专业性，并排除经济利益等因素的干扰，我们需要持续观察与思考。

5. 上海市宝山区“社区通”：政治传播的社区化

上海市宝山区首创的“社区通”是智能化治理系统，它以党建为引领、以移动互联网为载体、以居村党组织为核心、以全体城乡居民为主体、以有效凝聚精准服务为特点。据了解，自 2017 年 2 月创立以来，目前全区 453 个居委、104 个村全部上线，50 万余名村民实名加入，覆盖 40 万户家庭，共解决问题 4 万余个。①

“社区通”较为有效地沟通了信息，满足了民众的信息需求。有民众表示：“小区改造的方案，他们都挂在‘社区通’上，我们手机上就能看到，我们提的意见，他们也都听取了。”②

随着中国经济社会的快速发展，我国社区形态、人群结构都已发生了变化，城市基层组织如何整合资源、服务群众是一个新命题。宝山区直面这些问题，探索运用互联网思维进行社会治理的模式，通过“社区通”建立、维系和强化与民众的联系，不失为政治传播创新的有益尝试。随着“社区通”的发展，如何更新内容以保障对民众的吸引力，如何形成以民众为主体的社区沟通，将成为新的问题。

---

① 《大小事居民自己说了算！上海宝山“社区通”平台已推广到外地》，新浪网，2018 年 8 月 6 日，http：//k. sina. com. cn/article_ 5044281310_ 12ca99fde02000jfs7. html，最后访问日期：2018 年 12 月 30 日。

② 《上海：创新城乡社区治理“社区通”通了党心民心》，人民网，2018 年 3 月 14 日，http：//sh. people. com. cn/n2/2018/0314/c134768 - 31339229. html，最后访问日期：2018 年 12 月 30 日。

（四）经济传播

2019 年中国经济传播创新致力于在社会主义市场经济中寻求最优化的分享方式与分享机制，以达到优化经济运行，促进经济平稳结构增长的目的。其代表性的案例有以下几个。

1. “知乎大学”上线：知识即服务

2019 年 6 月 6 日，知乎宣布，旗下“知识市场”正式更名为“知乎大学”。升级后的“知乎大学”将基于由“课 + 书 + 训练营”组成的内容体系，为用户提供涵盖通识知识、专业知识和兴趣爱好等多维度的综合知识服务。这表明，“知乎大学”不仅聚焦于连接创作者和消费者，而且要搭建更加体系化的服务，对知识服务深耕细作，从而占领知识付费市场。①

当前，知识付费市场已进入深水区。不过，知识经济从未衰落。“知乎大学”致力于为知识在市场的分享、传播、接受提供服务平台，是对知识付费市场的深挖，在一定程度上实现了经济传播的创新。不过，其盈利能力有待考察，而知识付费模式是否会加剧数字时代的知识沟，尚需要仔细研究。

2. 区块链电子发票：新技术下的信息优化

2018 年 8 月 10 日，全国首张区块链电子发票在深圳国贸旋转餐厅开出，标志着区块链电子发票正式开始试点。当消费者用线上支付的方式完成一笔交易后，其交易数据便可被视为一张“发票”。区块链电子发票通过区块链分布式存储技术，连接消费者、商户、公司、税务局等相关方。这样一来，每个环节都可追溯，信息不可篡改，数据不会丢失。有了这张区块链电子发票，消费者结账后能通过微信自助申请开票、一键报销，发票信息将实时同步至企业和税务局，并在线拿到报销款，报销状态实时可查。

对于商户来说，他们经常会遇到人多开票慢、手滑开错票等问题，增加

① 《知乎大学上线，知识付费 OUT 了，知识即服务时代来临》，罗超频道，https：//mp. weixin. qq. com/s/djnFPIgXEoPQtJPpSDrQdw，最后访问日期：2019 年 1 月 5 日。

了不小的成本。区块链电子发票诞生后，消费者在结账之后能自行获取电子发票，大大节省了商户的时间、硬件与人员成本。对于企业来说，采用区块链电子发票可以安全快捷地实现发票申领、开具、查验，还可以在打通企业财务系统后实现员工即时报销，后续可拓展至纳税申报。对于税务部门来说，税务监管方与管理方通过区块链管理平台，可实时监控发票开具、流转、报销全流程，实现无纸化智能税务管理。①

从经济传播创新的角度看，区块链电子发票使得消费信息能在区块链平台上流通，节省了经济运行中开票的时间与人力成本，值得肯定。

3. 阅文、B 站相继入场："耳朵经济"的盈利模式

2018 年 11 月 1 日，在腾讯全球合作伙伴大会的分论坛上，阅文集团全新有声阅读品牌"阅文听书"正式揭幕亮相。另据 11 月 3 日的消息，二次元音频社区猫耳 FM（简称"M 站"）已被 B 站全资收购。在各大音频平台纷纷加码内容的行业背景下，付费驱动力强劲、用户黏度高的有声书已成为继知识付费后音频平台挖掘盈利空间的重要方向。以喜马拉雅 FM 为例，财报显示，有声书业务为平台贡献了超过一半的流量，收听时长占比超过 60%。平台上热门有声书播放量已经突破 10 亿次、高频有声书用户平均一年听书 15 本以上、日均收听时长超过 180 分钟。② 对于蜻蜓 FM 来说，有声书在其所有品类中占据头部的贡献率，且其付费收入占蜻蜓 FM 付费收入的半数左右。

有声书市场被形象地称为"耳朵经济"，其未来发展的机遇与挑战并存。最大的机遇来自在线音频的互补品——智能音箱产业的飞速扩张。从经济传播创新的角度看，"耳朵经济"实现了内容生产与传播方式创新，为付费经济发展提供了新的方向。不过，"耳朵经济"的生命力与盈利模式的稳固，还需要等待时间检验。

---

① 《全国首张区块链发票来了！报销再也不用贴贴贴发票》，腾讯网，https://mp.weixin.qq.com/s/6rTddc8NRCEJQe-JHhfVOQ，最后访问日期：2018 年 12 月 28 日。

② 《阅文、B 站相继入场，"耳朵经济"风势正劲》，2018 年 11 月 19 日，http://www.sohu.com/a/276483191_475889，最后访问日期：2018 年 12 月 28 日。

4. “锦鲤”信小呆：支付宝营销方式创新

2018 年 10 月 7 日，支付宝公布网名为“信小呆”的用户获得“中国锦鲤全球免单大礼包”。当天，该微博有 302 万名网友转发。得知自己中奖之后的信小呆发博文称：我下半生是不是不用工作了??? 引发网友热议。随后，“中国锦鲤”“信小呆”“下半生是不是不用工作了”等词纷纷登上微博热搜。之后，微博出现了大量转发抽奖锦鲤微博，内容涉及美妆、美食、游戏、书籍等。微信朋友圈也出现各高校、各地区锦鲤公众号文章，转发即可参与抽奖。

支付宝转发抽取“锦鲤”，从经济传播创新的角度看，不失为传播方式的创新。“锦鲤”是好运的象征，隐含着人们对美好生活的期待与向往。支付宝巧妙地利用了这一社会心态，在塑造品牌形象的同时也驱动了消费。不过，其他企业或组织大量模仿“锦鲤”的营销手段，在某种程度上也会对市场秩序造成破坏。尤其是一些企业利用抽取“锦鲤”的方式进行欺骗式营销，或者从事非法的欺诈活动，违背了抽取“锦鲤”的初衷。

（五）媒体传播

媒介传播创新是中国传播创新体系中的重要一环，其在 2019 年比较热门的话题是媒介融合与新技术形态（如人工智能等）的采用。总的来看，媒介传播创新得益于技术手段的进步和升级。其代表性的案例有如下几个。

1. 新华社新媒体中心：直播和移动报道平台“现场云”

2018 年 2 月，新华社服务全国媒体的“现场云”新闻在线生产系统正式发布 3.0 版本，对新闻在线生产与传播的手段再次全面升级。这是自 2017 年 2 月 19 日上线以来，该系统进行的第二次版本迭代升级。“现场云”为入驻媒体免费提供基于移动端的全媒体“采 – 编 – 发”服务，实现了采编人员即采即拍即传、即收即审即发。① 升级后的“现场云”3.0 版着力于

---

① 《新华社“现场云”面向智能化在线生产传播全面升级》，新华网，2018 年 2 月 19 日，http://www.xinhuanet.com/2018-02/19/c_1122429745.htm，最后访问日期：2019 年 1 月 20 日。

从移动端直播工具全面升级为媒体开展在线内容生产的战略性基础设施：一是手机前端“采 - 编 - 发”三大环节整体升级，二是桌面后端上线软件版云导播台、视频直播流同步剪辑工具和报道调度指挥系统，三是推出基于互联网社会化生产理念的“通讯员在线管理子系统”。①

在一定程度上，“现场云”将方兴未艾的移动直播技术与新闻生产与传播流程紧密结合，是新华社智能化发展的又一次突出探索。“现场云”有助于增强报道的时效性、真实感和现场感，满足人们的信息需求。同时，直播技术与新闻结合有助于实现内容与受众的实时互动，亦可以提高新闻内容的参与度和可看性。这些创新性做法有助于推动新闻生产与传播流程的优化。

2. “抖音”等：短视频平台的兴起与困境

抖音的快速发展已成为近年来重要的媒体传播创新事件。不同于快手的去中心化，抖音采取“中心化”的生产激励机制。一方面，它的内容社区模式保障了 UGC 的可持续性。抖音通过签约一批网红、MCN 来保证优质内容的持续产出，且成立了服务达人的经纪团队，通过广告等变现手段进行激励。另一方面，抖音通过算法推荐持续挖掘普通用户的爆款内容，维持用户活跃度。

从媒介传播创新上讲，抖音的成功得益于内容生产与传播方式的创新，趣味性强与互动性强的内容能够吸引广大年轻用户的注意力，而视频传播形式强化了这种吸引力。当然，抖音的内容生产存在娱乐化过度、不良信息或无用信息泛滥、同质化内容过多等问题，基于算法的分发机制存在偏见，需要强化内容管理与营造信息环境，并下定决心纠正算法的偏见。

3. 浙江长兴传媒集团：县级融媒体中心之“融媒眼”

作为县级媒体融合的先行先试者，浙江长兴传媒集团（简称“长兴传媒”）主动顺应互联网发展大势，早在 2011 年即开始整合广播、电视、报纸、杂志、网站等资源，持续推动传统媒体和新兴媒体在内容、渠道、平

① 《新华社“现场云”面向智能化在线生产传播全面升级》，新华网，2018 年 2 月 19 日，http://www.xinhuanet.com/2018-02/19/c_1122429745.htm，最后访问日期：2019 年 1 月 20 日。

台、管理等方面深度融合，为县级媒体融合发展积累了可资借鉴的经验。为优化全媒体“策－采－编－发”流程，长兴传媒开发了新的融媒体传播平台和移动终端——“融媒眼”智慧系统。“融媒眼”打通了视频制作系统和文稿系统，通过统一的融合生产平台，将各媒体平台的业务有机融合，打破了电视、报纸、广播、新媒体等部门的块状分割，实现了各媒体平台业务的网状联合、信息共享和产品各异。① 2017 年 8 月 19 日，中宣部、人民日报社、中国记协领导共同启动了“全国党媒公共平台”，长兴传媒集团是首家成功入驻的县级媒体。

长兴传媒依托全媒体新闻平台再造了新闻生产机制，提高了全媒体采写、编辑、分发等流程的效率，将各媒体平台的业务有机融合，打破了电视、报纸、广播、新媒体等部门的块状分割，不失为媒体传播的一种创新。在发展县级融媒体中心的大背景下，长兴传媒的做法为县级融媒体中心积累了经验。

4. 腾讯新闻：Dreamwriter 智能纠错技术与算法更迭

2018 年 6 月，腾讯写稿机器人 Dreamwriter 在腾讯新闻 CMS 系统全面上线中文纠错算法功能。中文纠错基于腾讯新闻开发的人工智能算法模型，收录权威字典资料作为基础储备，并利用强大的深度学习算法，通过编辑反馈自我提升、根据上下文语义解析自我修正，实现错别字的勘误和纠正。据了解，目前这套纠错算法已能识别多种类型，包括同音字、近义字、易错字及上下文语境搭配错误，识别准确率高达 90%，被应用于腾讯新闻图文、视频等场景。②

在智能化传播时代，对于写稿机器人来说，中文纠错一直是一个技术难关，因此，腾讯此番的突破具有不可低估的价值，是媒体传播创新的典型案例。不过，中文纠错是一个需要持续更新的过程，Dreamwriter 后续还需要

① 《县级媒体融合发展的“长兴探索”》，《光明日报》，2018 年 12 月 7 日，http：//news.gmw.cn/2018－12/07/content_ 32121049.htm，最后访问日期：2019 年 1 月 20 日。

② 《【智造头条】腾讯新闻推出中文纠错算法能力；百度 AI 打假再进化：每分钟处理 4500 条违规广告》，搜狐网，2018 年 7 月 2 日，http：//www.sohu.com/a/238796376_ 610479，最后访问日期：2019 年 1 月 20 日。

在实践中不断学习和优化。

5. 上海广播电视台：融媒体直播流“看看新闻 Knews24”

上海广播电视台推出的“看看新闻 Knews24”是一条面向海内外 24 小时持续更新的互联网新闻直播流，同时在东方卫视的新闻档时间与其联合直播新闻节目。该节目尝试深度融合新闻生产资源、改进新闻生产平台，创新新闻直播内容和发布渠道。目前，“看看新闻 Knews24”已发展成 SMG 新闻融合传播的新品牌，也为全国广电媒体融合转型提供了借鉴。①

据了解，“看看新闻 Knews”旗下拥有两款核心产品：“看看新闻”App 和“Knews24”。其中，“看看新闻”App 是一款以“原创 + 视频聚合”为特性的移动新闻客户端。它以原创视频深度报道为核心竞争力，具备新闻性的直播互动亮点，并以聚合网络新闻视频为内容保证，使“看看新闻”App 成为整个“看看新闻 Knews”IP 的内容首发平台和关键组成部分。而“Knews24”则是一条面向海内外 24 小时持续更新的互联网视频新闻流。它通过传统的东方卫视频道、手机电视、互联网电视平台以及“看看新闻”App 不间断直播，已覆盖过亿用户。②

“看看新闻 Knews24”是媒体融合和智能化升级的产物，它找准了电视媒体与网络的嫁接口，综合利用多种技术进行智能化生产，提高了新闻传播力，而且更加贴近当下受众的审美和阅读习惯，从而获得了影响力，是媒体传播创新的一个样本。

三　中国传播创新面临的挑战与未来的走向

2018 年中国传播创新也面临一些棘手的挑战，主要表现在如下几个方面。

① 《我什么都缺，就是不缺案例 | 2018 年案例笔记分享》，爱传播，2018 年 12 月 12 日，https://mp.weixin.qq.com/s?__biz=MzA4NTg3MjE4OA%3D%3D&idx=1&mid=2651373667&sn=90c87156366e191930a193bbf29a638b，最后访问日期：2019 年 1 月 20 日。

② 《上海广播电视台：探索电视新闻融合发展的“上海路径”》，搜狐网，2017 年 9 月 13 日，http://www.sohu.com/a/191763521_99925596，最后访问日期：2019 年 1 月 20 日。

一是流量驱动的传播创新。从本质上讲，“流量驱动”的传播创新受到商业利益的左右，一味地迎合大众存在低俗化危险的消费口味，并反过来强化大众的消费口味。例如，为获取网络收视率、影院上座率或播放率而开展的营销创新，表面热热闹闹，实则是虚假宣传。这类传播创新容易产生“花车效应”，博得人们的眼球，需要对之保持清醒与冷静。

二是过度依赖技术的传播创新。例如，搭抖音便车的政务媒体是否形成政治沟通的创新？15 秒制作新闻、AI 合成主播是否意味着新华社新闻产品和新闻生产方式的创新？是否开辟新的新闻市场？是否形成新闻组织创新？过度依赖技术的传播创新不仅缺少坚实的内核，而且因为技术过时，缺少生命力。毕竟，昙花一现的传播创新终归不值得张扬。

三是为权力所制约的传播创新。传播创新的做法在不少时候能够取得不错的传播效应，因此，权力的拥有者希望利用创新性的传播实践服务于权力，而不是公众或公共利益。当权力可以服务于公共利益时，这样的运用也无可厚非，但权力如此做的时候是为了某个组织或者某些人、某个人的利益，就不值得提倡。此外，有时传播创新的一些做法仅仅是为了占据公共话语空间，为权力服务，而不是为了创造社会连接或者促进对话、沟通与理解，也是不值得我们提倡的传播创新。

值得指出的是，这些挑战由来已久，并不是 2018 年中国传播实践“截面”上的产物，其背后有深刻的社会根源。但是，构建“可沟通的中国”，优化中国传播创新实践，需要面对这些挑战，逐步解决这些问题。技术使用中的隐私威胁（包括“隐私换便利”引发的争议）等是后续中国传播创新需要解决的问题。

基于对中国传播创新的持续观察与分析，本文认为，中国传播创新表现出如下趋势。

一是基于信任建构的传播创新，这主要表现在政治传播与社会传播领域。在政治传播领域，近年来，随着各级政府机构采取了一些积极的做法推动网络传播时代的信息公开与透明化，把不少好的做法以制度化的方式确定下来，并且积极推动政府与公众之间的沟通（如十九大的“党代表”通道、两会的“部长通道”等）和推动政府传播能力建设（如推动媒体融合与县级融媒体中心建设等），在一定程度上维系、重建了民众对政府的信任，也朝着推动有效沟通与理解的方向发展。在社会传播领域，不同群体之间、不同行业之间、不同领域之间社会连接的建立、维系与强化，在某些维度上有助于重建人与人之间、群体与群体之间的信任，促进社会的可沟通与相互理解。这表明，基于信任重建的传播创新是未来的趋势和方向。

二是面向共同实践的传播创新，这在中国传播创新的五个维度有所体现。例如，在环境保护、动物保护、反贫困等议题上，通过传播创新来寻求共识和可能的解决方案，是中国传播创新切近的趋势。也就是说，传播创新释放不充分发展、不平衡发展的社会重压，分享共同体所珍视的价值与目标，并提供可能的传播解决方案。

三是增进互惠性理解的传播创新，这主要体现在社会传播与文化传播领域。例如，随着“一带一路”倡议的推行，以及中国国际电视台等对外传播组织的建立与传播功能的强化，中国的国际传播呈现越来越活跃的态势，其中促进中国与世界各国之间的互惠性理解，是强化中国国际传播能力建设的重中之重。因此，在中国文化对外传播以及海外华人、汉学家传播中国文化时，致力于增进互惠性理解的传播创新是明显的发展趋势。在社会传播领域以及国外的文化传播方面，也是如此。

当下的中国传播创新存在于中国人的日常交流实践以及文化中国、人类命运共同体、国际传播新秩序的建构过程之中。上述这些趋势是积极的，它也蕴含着我们的乐观期待。它们是可能的方向，但不是必然的方向。不过，只要中国传播实践不断发掘创新的要素，并积极在互联网传播时代从公众的传播实践中汲取群体智慧，这些趋势和方向就能为中国传播创新提供更大的空间。

（感谢武汉大学研究生所做的资料收集工作，他们是：林祎婧，2017级新闻班；何信丽，2017级新闻班；何羽潇，2017级广电班；何屹然，2017级广电班；董振楠，2017级广电班；张雨杉，2017级网络传播班；章姚莉，2017级广电班；徐瑾瑜、郑子聪、王一迪，2018级传播班。）

社会传播篇

Social Communication

B.2

西部乡村组织传播活动在社交媒体中的实践

——基于宁夏部分地区乡村微信群的参与式观察*

冉 华 余晓莉**

摘 要： 近年来，我国出现了“农村空心化、农业边缘化、农民老龄化”的“新三农”问题。农村基层组织的作用也因此在一定程度上被弱化。在相对欠发达的西部地区，这种矛盾更为突出。当下，从实践层面来看，为了能够使农村基层组织管理工作取得更好的效果，微信被广泛应用于社会治理的实践中。

* 本文为武汉大学自主科研项目（人文社会科学）研究成果，受“中央高校基本科研业务费专项资金”资助，是教育部人文社会科学重点研究基地重大项目“互联网传播形态与中西部社会治理”（17JJD860004）的阶段性成果。

** 冉华，传播学博士，教授，武汉大学广播电视系主任，研究方向为传播理论与媒介发展；余晓莉，传播学博士，讲师，研究方向为广告与新媒体。

项目组聚焦于宁夏地区，通过对乡村微信群进行参与式观察与线下的访谈，发现新媒体给宁夏乡村基层组织管理工作带来了新的手段。植根于基层农村的微信群信息传播活跃，互动反馈频繁，具有丰富的信息传播、组织、动员等功能，微信群的成员也显现出一定的新媒体素养。这些自下而上建立起来的微信群还表现出管理松散、信息传播形态丰富芜杂等特点，这种自然系统内的非正式传播在一定意义上构建了良好的沟通环境，弥补了正式传播的不足，有助于搭建新型的基层组织传播网络。

关键词： 乡村微信群　组织传播　参与式观察

微信是一款支持免费语音、视频、图文，支持多人群聊，朋友圈分享和陌生人社交的应用。[①] 在中国互联网应用迅速发展与普及的背景下，根据腾讯官方发布的《2018 微信数据报告》，微信的月活跃用户数已经超过 10 亿人。用户基数不断增加的同时，微信的各种功能也得到了不断拓展。在对微信各种功能的应用中，微信软件所具备的群聊功能为实现组织传播活动奠定了基础。艾森伯格和古多尔认为，指导一个团队实现一系列共同目标所需的互动被称为组织传播。[②] 当下，很多组织机构都建有具有特定目标和明确组织分工的微信群。这些微信群展现了一系列从内部信息传递、指挥管理、决策应变到最终形成共识等活动。在微信功能拓展的过程中，组织传播的功能也被应用于农村基层治理过程中。

近年来，我国出现了“农村空心化、农业边缘化、农民老龄化”的

① 汪瑜：《微信的传播形态探析》，《新闻传播》2015 年第 19 期。

② 〔美〕埃里克·M. 艾森伯格、小 H. L. 古多尔：《组织传播——平衡创造性与约束》，白春生等译，北京广播学院出版社，2004，第 4 页。

“新三农”问题。大量青壮年人口流出，导致乡村聚落出现“空废化”和住宅出现“空心化”等一系列现象，村民离开了乡村，这在空间上进一步使村民大会、有线广播（大喇叭）等组织传播活动方式的效果受到影响。农村基层组织的作用因此在一定程度上被弱化，这种弱化又同时伴随着传统媒介传播渠道在互联网冲击下的衰微（互联网取代传统广播、电视、报纸、杂志的功能），给农村最基层组织（村委会/村支部）的信息传递与社会管理带来了更大的困难。农村基层组织（村落）是农村区域的“毛细血管网”，如果信息流动不畅、基层管理阻滞，将会带来严重的问题。当下，从实践层面来看，为了能够使农村基层组织管理工作取得更好的效果，微信被广泛应用于社会治理的实践中。新媒体遭遇“新三农”问题，将会碰撞出怎样的新解决方案，呈现出怎样的新传播现象呢？

当下中国社会的发展是相当不平衡的，同东部沿海发达地区相比，西部地区一直处于相对滞后的状态，有些地区甚至积贫积弱。发展不平衡问题尽管在社会转型进程中是一个世界性的问题，但是历史的、自然的、民族的多重复杂的因素交织在一起，使得西部社会发展面临的问题尤其错综复杂。上文提到的“新三农”问题在西部农村凸显。本项目组（互联网传播形态与中西部社会治理）成员中，有研究者基于自己的经验，感受到在湖北、河南的乡村中，乡村治理形态正在互联网的语境下发生改变：尽管包括部分村干部在内的青壮年大都离开乡村去城市打工谋生，但是通过微信群的形式，乡村居民在虚拟的环境下进行日常的交流和沟通（如商量春节回乡后如何集资购买庆贺新年共同燃放的烟花爆竹），也讨论、咨询与自身利益息息相关的政策问题（如农民工子女在不同省份上学参加中、高考的政策），甚至在微信群中通知、动员、组织进行村委会投票选举。这种个体经验促使我们思考，在项目组研究聚焦的西部地区，即在西部基层农村，大量青壮年农村人口流出的背景下，可能同样存在利用微信群实现组织传播功能的情况。因而，我们假设，由于中国农村“空心化”的现状，由村民委员会主导的官方组织管理形式正在发生一些改变。微信作为一种人际传播的方式，其中部分功能正逐渐转变为组织传播的形式，演变为乡村组织传播的新形态。微信群成为乡村中组织传播的形式，并为乡村治理工作提供了新的可能性。

从目前来看，学界对此问题的关注还不够充分。以“微信”以及“组织传播”为关键词在中国知网进行搜索，共获得期刊论文 27 篇，其中，大部分研究聚焦于公司/企业/高校如何利用微信群平台，开展更为有效的组织传播活动。与农村问题相关性较强的论文仅有 2 篇，其中一篇讨论了黑龙江绥棱县委书记个人微信公众号在县域政务传播中的角色与作用；① 另一篇作者赵小兰提出，为改善广西农村政策类信息传播效果，应更好地利用政府公众号、qq 群和微信群，并提高农民的媒介素养。②

基于此，项目组确立了研究的主要问题：

（1）在西部乡村基层是否存在具有组织传播功能的微信群？

（2）这些微信群日常传播活动的状态是怎样的？具有怎样的特点？

（3）这种微信群的发起者是谁？日常的组织管理工作是怎样进行的？

围绕这些问题，我们设计了调研方案。

二　调研方案的设计

要了解西部乡村基层微信群的信息传播状态，需要研究者深入微信群，体验和观察微信群中信息的传播活动。基于这一研究目标，项目组采用了参与式观察与半结构式访谈这两种调研方法。在参与式观察中，观察者和被观察者一起生活、工作，在密切的相互接触和直接体验中倾听和观看他们的言行。③ 与此同时，在参与式观察的过程中展开访谈能够帮助研究者进一步了解传播现象的背景和原因。

为了展开调查，项目组与宁夏大学新闻与传播学院合作，在该院宁夏生源的大学生中招募了调研员。这些调研员来自乡村基层，他们中有一部

① 郑亚楠：《政务微信与县域政治生态的塑造——以“@绥棱人”为例》，《现代传播（中国传媒大学学报）》2015 年第 10 期。

② 赵小兰：《广西农村政策类信息传播效果影响因素及对策分析》，《视听》2018 年第 7 期。

③ 陈向明：《质的研究方法与社会科学研究》，教育科学出版社，2000，第 228 页。

分人就是基层乡村微信群的成员，另一部分人的家人是此种类型的微信群成员。调研员们实施参与式观察的微信群来自他们所熟悉的生活环境，因而能够更深入地理解被观察对象的行为；同时，在进一步访谈的时候，这些调研员与被调查者也不会存在语言和文化的障碍。

2018 年 3 月，项目组的相关调研工作启动。通过召开动员会议，发放问卷，项目组招募了 8 名调研人员，这 8 名调研人员中大部分是某个乡村微信群的成员，该微信群具有符合上述传播现象的特征，愿意参与相关的调研观察活动。小部分调研人员则是愿意参与调研观察活动，了解到自己的家人/朋友是某一个符合要求的乡村微信群成员，然后加入该微信群，进行观察和记录。2018 年 5 ~7 月，本项目组的 8 名调研员在宁夏回族自治区下辖的中卫、固原、吴忠、银川 4 个地区筛选并观察了 9 个具有组织传播特征的农村基层微信群（具体情况见表 1）。

表 1　试调查阶段观察的微信群

	微信群名	调查同学
	固原	
1	北洼村平安树微信群	CHN
2	堡壕队(信息)群	LGT
3	小甘井村大本营群	LXR
4	新民乡脱贫攻坚群	STY
	中卫	
1	四队欢乐大家庭微信群	WY
	吴忠	
1	白家滩村村民群	WWT
2	李家堡子村民群	WWT
	银川	
1	中北村健康教育群	MJL
2	铝厂社区再就业群	ZYT

注：在本研究报告中，所有出现的调研员姓名都使用代号来指称。

通过对这一阶段调研员反馈的数据进行分析，项目组发现本研究所提出的问题有了初步的答案。在调研人员所观察的基层乡村微信群中，其组织传播的功能有着明确的体现。但是，我们更多的问题并未得到解答。这些问题主要包括：

（1）微信群的组织架构是怎样的，谁是微信群的发起者和日常传播的组织者？

（2）我们发现，微信群中有很多成员能够熟练地应用新媒体，掌握了微信群信息发布的技能，也有相当一部分成员参与到日常的讨论中去，那么，对照整个村居民群体，有多大比例的村民加入了这些群？加入微信群的村民具有哪些特征？

（3）我们只搜集了具有组织传播典型特征的信息传播片段，但是，微信群的整体信息传播状态（微信群的信息传播频度，其他多样化内容的呈现，村民反馈的内容、频度等）是怎样的？

聚焦于这些问题，项目组对调研人员展开了第二轮的培训，组织调研人员开展全方位的观察和记录工作，并进一步拟定了半结构式访谈的问题单，调研人员利用寒假回乡的机会开展了访谈活动（访谈问题见表2）。

表2　半结构式访谈问题

·针对微信群管理者的问题 1. 作为管理者,他们筛选村民进入微信群的标准是怎样的? 2. 作为管理者,微信群的日常管理工作包括哪些方面? 3. 对于管理者而言,微信群起到了哪些作用? 4. 微信群管理和使用过程中出现了哪些问题? 5. 关于村民微信群,有没有印象特别深刻的事件? 6. 谈一谈对微信群的使用、基础组织管理现状等问题的看法。
·针对微信群普通成员(村民) 首先,请村民微信群成员介绍一下自己的基本情况,如性别、年龄、受教育程度、外出工作经历等。然后,需了解该成员所在群的基本情况,如群的运行情况(每天都有消息吗),关注程度(每天都看吗),对成员生活的影响和帮助情况,成员使用微信群各种功能情况(比如:发红包,直接@某人等)。具体问题还包括: 1. 您是何时加入这个微信群的? 怎样加入的?(描述一下加入时的具体情况,谁拉进来的,是什么场合、有没有具体的原因等) 2. 作为群成员,通过群了解到哪些信息? 关于各种通知的知悉(疫苗接种、补助扶贫等),微信群是唯一的渠道吗? 还有其他什么渠道? 3. 最乐意在群里参与什么话题? 4. 微信群使用过程中出现了哪些问题?(如群中的文件不知如何填写、对群中提到的政策不清楚等,可以是任何方面的困难)是如何解决的? 5. 关于村民微信群,有没有印象特别深刻的事件?

项目组的调研活动流程如图1。

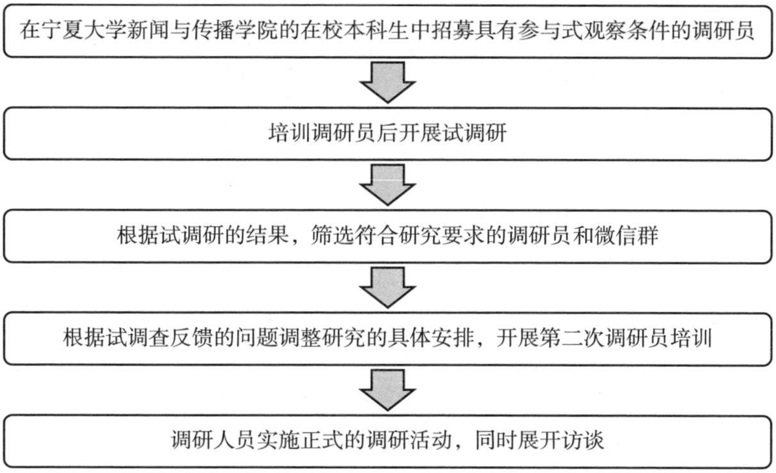

图1　项目调研流程

在第二轮调研的过程中，由于一些原因（记录微信群活动的手机丢失导致大部分时间的记录丢失等），部分小组的调研工作未能持续开展，最终项目组保留了对5个微信群调研的记录结果。这5个微信群分别是：北洼村平安树微信群（固原）、小甘井村大本营群（固原）、四队欢乐大家庭微信群（中卫）、中北村健康教育群（银川）、铝厂社区再就业群（银川）。

三　活跃、有效的乡村组织传播新途径

通过近一年时间的调查，经过对初步搜集资料的整理和分析，本研究发现，宁夏基层农村组织普遍建有各类微信群，这些微信群在农村的基层组织管理和信息传播过程中发挥着重要作用。我们所观察到的植根于村落的微信群信息传播状态活跃，高效率地实现了信息传播、组织动员等组织传播的具体功能。另外，微信群的成员反馈积极，互动迅速，能够较好地驾驭微信群的各项功能，表现出相当程度的新媒体素养。

（一）基层乡村微信群信息传播状态活跃

项目组所观察的微信群基本上具有活跃的信息传播状态。从调研员始终保持观察的5个微信群来看，每一个微信群都呈现了丰富的信息传播活动（见表3）。

表3　宁夏乡村微信群调研基本情况

	微信群名	群人数（人）	群内发布信息总数（条）	观察时间（天）	调查同学
固原					
1	北洼村平安树微信群	245	602	69	CHN
2	小甘井村大本营群	111	1920	176	LXR
中卫					
1	四队欢乐大家庭微信群	85	711	194	WY
银川					
1	中北村健康教育群	315	367	15	MJL
2	铝厂社区再就业群	296	2102	102	ZYT

从表3我们可以看出，在5个微信群中，小甘井村大本营群在176个观察日里共发布了1920条各类信息，铝厂社区再就业群在102个观察日中发布信息数量超过了2000条。从日均发布信息量来看，中北村健康教育群的日均发布信息量最多，达到了24.47条（见表4）。

表4　宁夏乡村微信群的日均信息发布情况

单位：条

	中北村健康教育群	北洼村平安树微信群	小甘井村大本营群	四队欢乐大家庭微信群	铝厂社区再就业群
日平均信息量	24.47	8.72	10.91	3.66	20.61
日平均管理者发布信息量	2.20	1.78	1.35	0.48	3.56
日平均村民反馈量	2.73	2.16	3.44	0.22	4.22

项目组所调查的乡村微信群已基本实现了对全村居民以户为单位较大比例的覆盖。“户主入群，会上网的入群”成为微信群入群的基本原则。以小甘井村大本营群为例，调研人员 LXR 发现：“现已经入群的有 111 人，平均每户至少一人。入群的村民中，女性为 9 人，其余均为男性。进群的人有 110 人为农民，且基本是户主。进群的村民年龄在 25～65 岁，其中 35～50 岁占大多数。村民的文化水平参差不齐，男性村民在每年种植的闲月会外出打工。”通过访谈，项目组发现，尽管微信群对农村基层的覆盖率相当高，但大都未能做到对全村所有家庭百分之百的覆盖。除了通过微信群通知/动员之外，信息的传播仍需通过村民之间互相告知，或由村干部打电话通知没有加微信的人或没有回复微信群通知的人。

另外，在管理者积极利用微信群发布各种信息的同时，微信群成员也有一定量的反馈。微信群成员（非管理者）在微信群中表现出很强的交流与沟通愿望，如图 2 所示，在 5 个微信群日常所发布的信息中，占日平均信息量中最大比例的信息是由微信群普通成员发布的，这些信息内容芜杂，大量是日常聊天和娱乐性内容等，也不乏各种转发的链接和表情等。

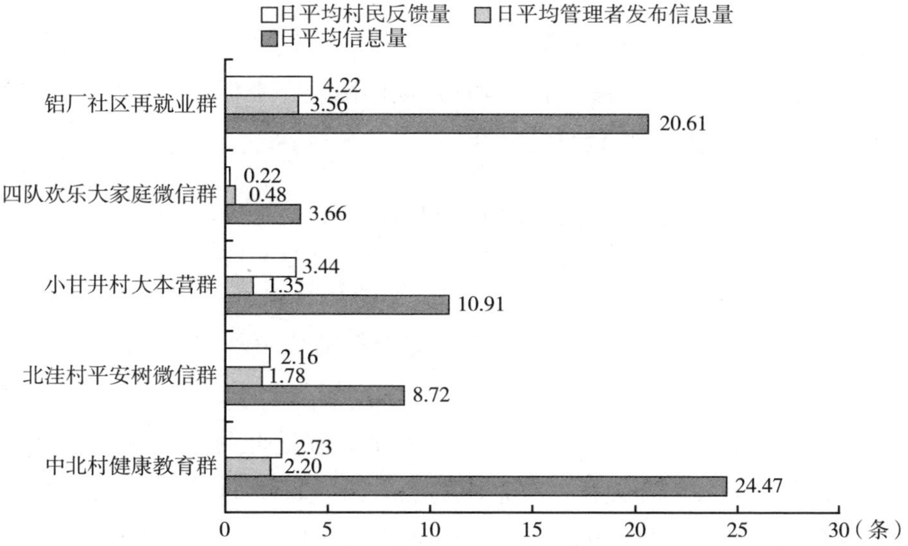

图 2　宁夏乡村微信群日均发布信息对比

（二）信息传播、组织和动员功能的丰富呈现

我们所观察的微信群对于政策的传播，重要事项的通知、组织和动员等功能都有丰富的呈现。

这些事项既包括“官方”的通知，也有“民间”的重要事件。“官方”的通知主要是指来自各级政府的各类涉及乡村基层的活动和事项，包括举办电商培训班，乡村农户安装太阳能，儿童疫苗接种，携带工具参加义务劳动，妇女“两癌”（乳腺癌、宫颈癌）救助以及各种气象预警等，这些信息都通过微信群进行通知，动员微信群成员迅速、及时地做出反应。在有些情况下，发布在微信群中的“官方”通知不仅有措辞规范的正式版本，还有更为通俗易懂、符合当地语言习惯的解读版本。“民间”的重要事件是指由微信群中普通成员发起的信息传播活动，包括招聘信息（如招聘稻田补苗人员）和群成员所关注的各种生活方面的重要信息（如村民宰杀牛，有新鲜牛肉供应，询问玉米价格，询问群里有没有人要买自家出售的土鸡）等。通过微信群传播这些“民间”信息给村民带来了更多的方便。

从这个意义上看，基层农村微信群俨然演变成“公示栏”，或者演变成功能更强的“大喇叭”，超越了时间和空间的限制，实现了更为有效的信息送达，也进一步增强了微信群的黏性。

（三）信息传播与信息使用的活跃和互动

微信群中的信息传播活动非常多，反馈迅速，信息沟通的互动性很强。调研人员观察到，在很多情况下，微信群的成员对微信群中发布信息的回应几乎是即时的，反应速度可以以分钟计算。这也表现出微信群成员时刻密切关注微信群的信息发布活动。例如，在北洼村平安树微信群中，儿童疫苗接种通知一经发出，“张明媳妇”就立即询问：“张瑞琪感冒着呢，能打么？”微信群中的普通成员也会主动发起对话，进行咨询。如“韩明”询问：“娃娃没上户，能要上接种本本吗？谁给说一下。”这一咨

询得到了即时回应："邵登君"答"娃娃在哪"，"给我打电话"，并附上了自己的手机号码。在中北村健康教育群里，"杨建贵"图文并茂地发出了宰牛过程以及有牛肉出售的信息后，群成员迅速反馈。在项目组开展的访谈中，被访谈对象大都谈到自己每天都会看微信群，并会对不理解/不明白的问题进行询问。

通过长时间的调研和观察，我们发现，乡村微信群相当活跃，各种有价值信息的传播以及畅通的互动渠道给群成员带来了便利。另外智能手机和移动互联网的普及也使乡村居民对微信群密切关注成为可能。

（四）微信群的成员表现出一定的新媒介素养

加入微信群的很多村民在沟通过程中展现出相当程度的新媒体素养。微信群成员大都能够熟练地使用文字输入和语音输入方法，使用@ 功能，修改群名片，分享各种内容，发红包，上传自己拍摄的图片或视频等，表情包的使用也相当普遍。例如，在北洼村平安树微信群里，安装太阳能的通知发出后，"谢玉梅"立即询问"我们有吗"，并且使用了@ 功能，将这一信息直接反馈给此信息的发出者"马启勇"。在 2018 年农村危房改造的相关通知里，所有涉及危房改造的农户都被要求上传图片资料。农户需要拍摄并上传三张不同内容的照片，分别是危房拆除的照片、上下圈梁都建造完成的照片、竣工后的照片。每一张照片都要求拍摄全貌，还要求户主站在旁边。可见，熟练地拍摄照片并在微信群中上传照片已经成为一项基本的能力。另外，在小甘井村大本营群中，"老班长"将自己在县里开会，并被授予"固原市非物质文化遗产传承人"称号的相关照片和视频发布在群里。

另外，在对这些微信群的观察和记录中，调研人员也发现微信群从组织者到成员还存在对个人隐私保护意识不强等问题。例如，在北洼村平安树微信群中，村支书需要获取 2018 年参加高考的学生的具体情况，其中包括高考分数/准考证号等涉及隐私的信息。但村支书并未提出通过私聊搜集这些信息，群成员也立刻在微信群中公开上传了这些信息。

四 结论与探讨

在对宁夏乡村微信群的观察和调研中，我们发现了一些值得注意的特点和现象。首先，微信群的组建并不是遵循统一的路径，而是表现出一定的偶然性特点，存在自下而上组建的情况；其次，乡村基层微信群为村民提供了更为方便的信息发布和沟通渠道；最后，乡村基层微信群的管理相对松散，尽管可以观察到典型的组织传播活动，但整体的传播内容丰富而芜杂。对这些特点和现象的把握有助于我们进一步深入了解和分析这些最基层的乡村治理“毛细血管网”。

（一）自下而上的微信平台构建路径

在本研究所观察的案例中，大部分微信群不是由上至下即不是由政府组织发起建立的，而是自下而上组建的，表现出自发性和偶然性的特点。从微信群建立者的角度而言，他们可能是某村某方面工作的负责人，在日常工作中，感觉到建立一个微信群会有利于信息的传递与沟通，于是就自发建立一个微信群。例如，对中北村健康教育群进行调研的 MJL 在访谈中发现：“微信群的发起者是中北村卫生室的医生马耀河，并不是由政府要求组建的，主要是为了登记卫生信息的时候方便，其作用在于发完通知后要求村民带相关证件来卫生室登记信息，即便有些村民未进群，已经得到通知的村民也可以向未得到通知的村民传递信息。”另外，尽管微信群是村医生为了工作方便而建立的，在大多数村民加入群之后，有时候也会有村干部考虑到人气等问题，在中北村健康教育群发布信息。

在有些案例中，微信群最初是由几位普通村民建立起来的，后来在人数逐渐增多后，村干部便利用微信群来实现传递信息以及与村民沟通的功能。LXR 在调研中发现：“小甘井村大本营群并不是由上而下即由乡镇建立的，而是由几个村民建立起来的，逐渐有更多的人自发地添加进去。之后，尤其是当村干部也加入之后，便自然而然地成为信息传播的平台。”

这与中北村健康教育群的构建过程很类似。即使是由村干部直接建立的微信群，在很多情况下也没有通过开会通知这种正式的形式，严格要求每户村民加入群。例如，CHN 在调研中发现一个细节：被调查对象之所以加入群，是因为“偶然碰到村主任，说新建了微信群需要每家每户进一个代表，以后方便通知事情”。

（二）普通村民拥有的便捷沟通渠道

总体而言，微信群使普通村民拥有了更为便捷的沟通渠道。有村民谈到本村微信群时说道：“大年三十有一家人上坟不小心将旁边的山点着了，在群里向大家求救。”虽然我们没有去访谈点燃山火的村民，进一步了解他们为什么要在发生火灾的时候选择在微信群求救，但这一现象本身也可以帮助我们感知村民们对微信群传播沟通功能的认识和应用的状况。

在以微信为平台的组织传播活动中，相对于传统的村民大会等面对面的传播形式或通过“大喇叭”向全村通报信息的形式，普通村民参与到群讨论中发表意见、传递信息、提出建议等活动更为便利，且参与门槛较低，几乎随时可能发生。即使文化程度不高的村民也能够通过微信来询问和反馈。在对小甘井村的访谈中，调研人员 LXR 发现认字不多的群成员会通过发语音的形式来沟通：“有的人对政策不是很能理解，会在群里直接问村干部。打字速度慢、认字少的人会发语音。”在观察过程中，我们发现，有村民会在群里询问自己关注的问题，有很多村民主动发布自己所掌握的信息或观察到的情况，也有村民会提出一些对政策的疑问。村民之间围绕某一问题会展开讨论。那么，在以微信群为平台的农村基层组织传播互动中，是否形成了更为丰富的沟通乃至是更为平等的权利关系结构呢？当然，微信群的使用也使我们考虑到数字鸿沟的问题，对于那些不会上网的村民而言，他们获取信息的便利性以及参与讨论的可能性都令人担忧。

从这个意义上说，在这种媒介化的组织传播形式中，微信群的组织者与普通成员之间的权力关系值得进一步探寻。

（三）基层乡村微信群的管理总体较为松散

总体来看，我们所观察到的乡村基层微信群的管理较为松散，主要表现在以下几个方面。

1. 从邀请谁加群的方面来看，并没有非常严格的限制

一方面，微信群的组织者们在拉人入群的时候，会根据传统的习惯，考虑要将一个家庭中“主事”的人拉进来，因而大多数进群的是“一家之主”。例如，在小甘井村大本营群中，最初 20 多岁的年轻人并不多。只有当家庭中因为某种特殊情况，年轻人成为一家之主时，才会被加进群里。小甘井村在外读书的大学生们极少在群里。但这种规定的执行也并不严格，当本研究项目组中招募的调研人员（女大学生）出于调研的需要想加入群时，其父母与群主沟通后，也能被邀请加群。另一方面，群主也并没有通过严格的统计将所有村民家庭都拉入群里。在调研小甘井村大本营群时，调研人员 LXR 谈道：“有一次我妈妈发现村里在通知某事时，我家被漏掉了，于是便去找村干部，村干部说在群里通知了。我妈妈说，我们家没有在群里。于是村干部就把我家加入群里。”

中北村健康教育群进群的审核制度也较为宽松。负责中北村健康教育群的调研员 MJL 发现：“一开始村民是因为去医院的时候医生让他们加群。后来就是互相之间拉进来。一开始的审核制度要求必须是中北村村民，但是医生妻子考虑到除了本村村民以外，其他人也不会进来，所以目前就是邀请之后可以直接进群。”

调研团队发现，基于农村中很多青年男性出门打工的现实情况，关于“邀请谁入群”这一问题也逐渐发生了变化，从最开始的“一家之主，男性为主”的邀请标准转变为“会上网，有时间及时浏览群里的信息并做出反应”。调研人员 LXR 发现：“微信群成立之初只要每户村民家里有上网的人就被邀请进一个微信群，并要求实名制，其中多为家里的户主，多为男性。后期由于一些男性村民会外出打工，不方便参与村里的一些政务活动，不能及时回复相关信息，这些家庭中别的会上网的人就会被拉进群里。也有已进

群村民拉别的村民进群的情况，但需要经过村干部的同意。”

这种变通反映在“邀请谁入群”的问题上，乡村微信群管理灵活、宽松，也在实际上保证了乡村微信群在实现组织传播功能方面具有更高的效率。

2. 乡村基层微信群中对信息发布内容的管理也相对宽松

如前文所述，项目组所观察的微信群的日常状态是相当活跃和丰富的，除了“有价值的组织传播行为”、个人发布的重要信息之外，在每个被观察的微信群里也都出现了拉票、娱乐性内容的分享、语音或文字闲聊及大量的表情包等更多类型的传播活动，这一类娱乐消遣性的传播活动并不是群组织管理者有意识行动的产物，也不在组织管理者的掌控之中，但在每一个群里都占较大的比重。大量的娱乐消遣闲聊内容的存在使微信群内信息交流内容“干货不多”，也使乡村微信群除了具有组织、通知、动员这些典型的组织传播功能外，还大量地展现出非常“接地气”的人际传播功能。例如，在调研中，有一些被调研对象提到微信群里给自己留下最深刻印象的事件是“有人在微信群吵架”。不难想象，正是由于村民们能够在群里闲聊、讨论，才有可能发生相互争吵这样的情况。像“发红包”这种更为“世俗化”的增进感情的方式被村干部们运用在微信群中，在特殊的时刻，村干部也会加入群里的闲聊。调查人员 CHN 表示，有村民提到微信群中发生过的印象最为深刻的一件事是：“今年元旦，村民同村干部一起在群里聊天，发红包，增进了与大家的感情。”

有意思的是，尽管上述这些传播活动不属于“正事”，但是几乎所有的群都没有建立明确的管理制度来禁止这些活动。遇到拉票的情况，一些群成员也会帮助投票支持。只有当这些娱乐消遣性的信息刷屏妨碍到成员接收重要信息时，管理者才会提醒大家注意不要闲聊，不要刷屏。例如，在中北村健康教育群，医生妻子和部分村民会适当地提醒某些村民不要用语音聊天刷屏以及发布不合适信息。由此可见，缺乏明确的管理制度，群内秩序的维系主要靠自觉和自我管理成为此类乡村基层微信群的又一特征，这与由政府建立的功能明确、管理严格的微信群有很大的差异。

（四）乡村基层微信群在组织传播方面的创新实践

如前文所述，中国农村目前正在遭遇“新三农”问题，大量青壮年劳动力离开农村，涌向城市，导致乡村聚落出现“空废化”和住宅出现“空心化”等一系列现象。这些现象在本项目组的访谈中也被反复提及，例如，中北村健康教育群的群成员谈到村子里以前“有马尾纱厂、各种小厂子。现在被城里各种大厂子淘汰掉了”，与此同时“田越来越少，人都要出去工作”。中北村健康教育群调查员 MJL 从小生活在村子里，她回忆道：“小学毕业那一年村里很多人已经搬走了，学校里老师和学生有 290 多人，不到 300 人。医生告诉我现在学校师生数量约 100 人。”村民离开乡村，必然会削弱村民大会、有线广播这些在农村基层管理方面曾发挥过重大作用的传统组织传播方式的影响力。不难想象，无论是村民大会，还是有线广播“大喇叭”的组织传播形式，都要求村民们在空间层面上的“在场”。随着以青壮年为主的乡村居民纷纷离开故土进城工作，传统的基层组织传播方式迎来了巨大的挑战。乡村微信群的出现在一定程度上创新性地解决了这种由物理空间上的缺席所带来的组织传播功能弱化的问题，为乡村基层组织成员在网络空间中“在场”提供了可能。这种微信群里的“在场”，展现出一些新的特点。孙玮指出，微信呈现了人类迄今为止从未有过的“在场”方式，微信的主体在场综合了真实—虚拟的多种方式。基于熟人关系，使用真实的图像、影像等都构成了一种既是真实也是虚拟的“虚拟实在”的在场。①

也就是说，这种乡村微信群尽管基于社交媒体的技术而被搭建出来，但是基于乡村社会的土壤，又采用实名化的认证方式，最大限度地复制了乡村中的熟人关系，人们在 24 小时“在场”的同时，也会延续维持日常关系的传统，在微信群中寒暄、聊天、发红包、求助，甚至是吵架，微信群的管理呈现出一种松散而富有弹性的状态，并没有形成严格的管理机制。只有当有成员用大量的语音刷屏、乱发小广告时才会被制止，而且这

① 孙玮：《微信——中国人的“在世存有”》，《学术月刊》2015 年第 12 期。

种管理尺度是由管理者们根据具体情况来掌握的。独特的“在场”方式和弹性的管理机制营造出了微信群中日常化的、宽松的氛围，这种氛围在一定程度上促成了“人人皆可发言”的微信群的活跃状态。微信的语音信息发布功能也进一步降低了反馈、发布信息，参与讨论的门槛。另外，传统的村民大会中只有一家之主才有资格出席会议的限制在一定程度上发生了改变。在基层微信群的构建中，除了“一家之主”的身份，媒介技能的掌握情况（会不会上网、会不会使用微信）也成为重要的考量因素。尤其是当“一家之主”离开乡村去打工，无法保持对微信群有效的关注时，家里会上网的妇女和年轻人逐渐被拉进群，因而获得了及时了解各种政策信息，反馈、询问各种问题的机会。

总体而言，乡村微信群在农村基层的组织传播过程中，虽然不是唯一的方式，但在一定程度上使村民们重新“在场”，也使基层组织的活跃度和传播的有效性都得到了显著的提升。我们发现，乡村微信群呈现出几个较为鲜明的特点，即自下而上的微信群建构方式、丰富芜杂的传播内容、更为活跃的传播状态，以及相对松散的管理方式。这三个特征展现了乡村基层微信群的传播方式有别于组织内部理性且规范的正式传播方式，从某种程度上说，可以被归类为非正式传播的形态。如果将基层乡村视为通过人的互动逐渐形成的自然系统，人的自然互动才是组织演进的基础。在这种自然系统中的非正式沟通有利于强化人际关系的纽带，创造良好的沟通环境。从这个意义上说，非正式传播方式的使用弥补了组织正式传播的不足，对组织目标的实现具有正面价值。[①] 或者说，乡村微信群提供了一种独特的“在场”方式。通过这种“在场”方式，目前构筑出的组织传播状态一方面是有效的，另一方面是日常化和血肉丰满的。这种日常化、非正式的传播状态和特征从某种意义上说也许更有利于突破时间和空间的限制，将仍然留守的村民和已经离开村落的村民重新聚合在一起，通过信息沟通也通过情感纽带的构筑，在数字时代搭建起新型的基层传播“毛细血管网”。

① 谢静：《组织传播学》，复旦大学出版社，2014，第61页。

B.3

算法驱动下的信息分发创新

——基于微博“热搜”的分析与反思*

王　茜**

摘　要：　算法是驱动信息分发创新的重要力量，而微博“热搜”是算法分发模式在社会化媒体的典型应用。本文以微博“热搜”为研究对象，探讨把关权力从人工编辑向智能算法的转移和让渡。基于对微博年度报告、新闻稿、官方发布以及2400余条“最热搜”的文本分析，本文发现：微博“热搜”的算法系统主要以即时性、流行度、参与性和话题性为指针，助推用户消费娱乐八卦类话题。算法分发有助于提高效率、降低成本，但也带来一系列负面问题，包括注意力的碎片化、可见度的不对称、算法决策制定的“黑箱化”和信息控制的隐蔽性。信息分发创新应以算法伦理为缰绳，将更多元的价值观念引入算法系统，寻求效率和公平的统一。

关键词：　算法　信息分发　智能化媒体　自动化　媒体逻辑

---

* 本文是教育部人文社会科学研究青年项目“智能算法驱动下的新闻分发变革研究”（18YJC860031）和河南省哲学社会科学规划项目“平台型媒体的算法推荐机制与治理研究”（2018CXW017）的阶段性成果。

** 王茜，信息与传播学博士，郑州大学新闻与传播学院讲师，研究方向为新媒体传播、批判算法研究。

一　研究缘起

中国互联网络信息中心在第38次《中国互联网络发展状况统计报告》中预测，网络新闻资讯市场将朝着“资深编辑+智能算法”相互融合的方向发展；第39次报告继续指出，“算法分发”逐渐成为网络新闻主要的分发方式。进入智媒时代，算法日益辅助甚至代替编辑进行信息的聚合（aggregation）、分类（classification）、过滤（filtering）和排序（prioritization）[①]，以大数据、人工智能为代表的新兴技术成为驱动信息分发创新的重要力量。

作为中国最重要的互联网公共表达平台之一，长期以来微博的把关机制是学界讨论的热门话题；而微博“热搜”是算法分发模式在社会化媒体的典型应用。鉴于此，本文选取微博“热搜”为研究对象，探讨智能算法驱动下信息分发创新的相关问题。具体而言，本文聚焦信息分发权力从人工编辑向智能算法的转移和让渡，以及这种权力转移对用户的媒介接触及公共话语空间的影响。探讨上述问题有助于我们更好地了解平台媒体（platisher）的信息分发创新实践，把握当下传播领域正在发生的智媒化趋向。

需要格外指出的是，算法并不是孤立的行动者，而是需要被放置在具体的情境及社会技术装配（socio-technical assemblage）中来理解其运作。[②] 有关社会化媒体逻辑的论述有助于我们更好地理解算法在社会化媒体中的“内嵌性”（situatedness）。

在《理解社会化媒体逻辑》一文中，何塞·范·戴克（José Van Dijck）和托马斯·鲍威尔（Thomas Poell）两位学者比较了大众媒体和社会化媒体的运作逻辑，即“支撑其运作的规范、策略、机制和经济的总和”，继而归

① Nick Diakopoulos, “Algorithmic Accountability Reporting: On the Investigation of Black Boxes,” accessed December 2013, http://towcenter.org/wp-content/uploads/2014/02/78524_Tow-Center-Report-WEB-1.pdf.

② Rob Kitchin, “Thinking Critically about and Researching Algorithms,” *Information, Communication & Society* 20 (1) (2017): 14-29.

纳出社会化媒体逻辑的四个基本元素。

·编程性（programmability）：一方面是社会化媒体平台刺激和引导用户进行创造性或沟通性贡献的能力；另一方面是用户通过与这些被编码的情境互动，转而影响平台信息流的能力。算法和代码、数据、协议、界面、平台组织等共同影响编程性。

·流行性（popularity）：社会化媒体促使某些人、事物或观点更加流行的策略与机制，常常以量化的方式运作。无论是脸书的 EdgeRank，还是推特的“热门话题”，每个平台媒体都致力于开发自己的评级算法。

·连接性（connectivity）：社会化媒体用以算法化地连接内容、用户、平台、广告主的社会性技术供给。

·数据化（datafication）：社会化媒体平台将现实世界此前无法量化的特征进行量化的能力。[①]

受媒体逻辑理论的启发，“热搜”的算法系统将被放置于微博的整体运作逻辑——“支撑其运作的规范、策略、机制和经济”中进行阐发。

整体而言，围绕西方平台媒体的算法分发机制，学者已经开展了广泛而深入的讨论，分析对象包括脸书[②]、谷歌[③]、推特[④]、奈飞[⑤]等，然而中国语境下的相关研究仍十分缺乏。

“围观改变中国，算法改变围观”[⑥]，尽管有学者注意到算法在形塑公共参与过程中所发挥的重要作用，但是国内学界仍然缺乏严密的、系统的

---

① José Van Dijck & Thomas Poell, “Understanding Social Media Logic,” *Media and Communication* 1 (1) (2013): 2-14.

② Michael A. DeVito, “From Editors to Algorithms: A Values-based Approach to Understanding Story Selection in the Facebook News Feed,” *Digital Journalism* 5 (6) (2017): 753-773.

③ 方师师：《双强寡头平台新闻推荐算法机制研究》，《传播与社会学刊》2018 年第 43 期。

④ Stefanie Duguay, “Social Media's Breaking News: The Logic of Automation in Facebook Trending Topics and Twitter Moments,” *Media International Australia* 166 (1) (2018): 20-33.

⑤ Blake Hallinan & Ted Striphas, “Recommended for You: The Netflix Prize and the Production of Algorithmic Culture,” *New Media & Society* 18 (1) (2016): 117-37.

⑥ 董晨宇：《围观改变中国，算法改变围观》，2017 年 12 月 22 日，http: //www.ftchinese.com/story/001075587? archive，最后访问日期：2019 年 3 月 11 日。

学术考察。算法如何改变围观？它为我们提供了什么样的围观“草料”？算法把关和编辑把关遵循的标准有何不同？这种不同对用户的媒介接触乃至公共话语空间有何影响？鉴于微博在整个社会话语场域中所发挥的重要作用，本文选取其算法应用——“热搜”作为研究对象，对上述问题进行考察。

二　研究设计

（一）研究对象

本文选取微博“热搜”作为研究对象，原因有二。其一，微博是中国最重要的互联网公共表达平台之一，而“热搜”常常被认为是公共讨论的“晴雨表”和“风向标”，发挥着重要的把关和议程设置作用。根据“微博热搜榜”发布的年度报告，用户每日主动搜索 2.5 亿次，引导 1.35 亿搜索热度，每人日均搜索超过 12 次。[①] 其二，“热搜”功能是算法分发模式在社会化媒体的典型应用，西方传播学界围绕脸书、推特的“热门话题”已经开展了深入讨论。因此，研究微博“热搜”有助于加深我们对中西方语境下社会化媒体逻辑的理解。

（二）研究方法

1. 对微博公开材料的文本分析

笔者搜集了微博发布的年度报告、新闻稿、官方发布、核心人物（如微博 CEO、微博副总裁等管理人员）访谈，以及“微博热搜榜”“微博搜索”“微博管理员”“微博客服”“微博小秘书”等官方账号发布的声明，从中找出与“热搜”相关的内容。基于对上述材料的文本分析，笔者梳理

① 微博热搜榜：《微博热搜榜 2016 产品报告》，2016 年 4 月 28 日，https://weibo.com/1658035485/Dt4MKzZ3f?from=page_1002061658035485_profile&wvr=6&mod=weibotime，最后访问日期：2019 年 3 月 11 日。

了“热搜”上榜规则所经历的调整和更新，从而把握微博“热搜”在不同阶段的算法设计价值（value-in-design）。

2. 对“最热搜”上榜微博的文本分析

2018 年初，北京市互联网信息办公室约谈新浪，要求其对“热搜榜”“热门话题榜”等产品下线一周进行整改，下线时间从 1 月 27 日 21 时至 2 月 3 日 21 时。此次整改为本研究的开展提供了契机。

鉴于“最热搜”是每日榜首热点的集合，在榜时间更长，讨论范围更广，笔者手动记录了 2018 年 2 月 3 日至 9 月 18 日所有上榜“最热搜”的微博及其人气值、在榜时间，共得到 2404 条微博。9 月 19 日，微博改版，“最热搜”功能下线，故而资料搜集中断。笔者继而对所有文本进行了分析。

三　研究结果

（一）“热搜”上榜规则的演变

腾讯网络媒体总编辑陈菊红曾指出，作为最大的信息原生地和中转地，社会化媒体调一下“指针”，就会影响一批内容生产者的流量。[①] 例如，脸书 2018 年 1 月调整信息流算法，优先推荐“有意义的社交互动”，该决定使 12 家新闻机构在脸书上的互动量（包括分享、评论和点赞）平均下降 9.4%（见图 1）[②]。因此，研究社会化媒体的“指针”无论对于学者还是对于内容生产者都具有重要意义。

通过查阅“微博热搜榜”“微博管理员”“微博客服”、“微博小秘书”等官方账号公开发布的微博内容，“热搜”的“指针”经历了数次调整和更

① 腾讯传媒研究院：《众媒时代》，中信出版社，2016，第 Ⅰ ~ Ⅳ页。

② Alessio Cornia & Annika Sehl，“Private Sector News，Social Media Distribution，and Algorithm Change，” accessed September 27，2018，http：//www. digitalnewsreport. org/publications/2018/private - sector - news - social - media/.

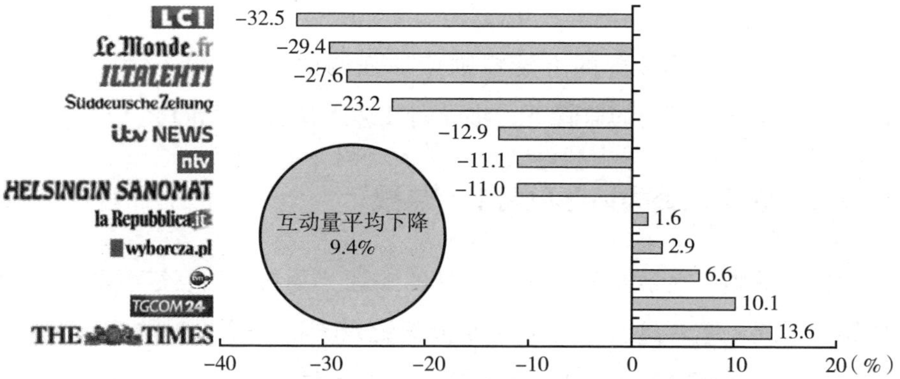

图1　脸书调整信息流算法对新闻机构互动量的影响

资料来源：路透社新闻研究所。

新：2017年3月8日，微博热搜榜将原先的10分钟一更新，提升至1分钟一更新①；2017年9月12日，“最热搜”功能上线，汇聚每日的榜首热点，榜首词以天为单位分隔，按登上榜首时间排列②；2018年2月3日，整改后的“热搜”上线了“新时代”频道，旨在弘扬社会主义核心价值观，报道中国新时代的社会风貌；2018年2月9日，微博副总裁表示，整改后的“热搜”会在选择和排序上放弃纯粹的算法模式，引入编辑人工干预模式③；2018年3月15日，“热搜榜”排序规则从单一考量“搜索热度”转变为“搜索热度×话题因子×互动因子”的三重考量④；2018年9月19日，“热搜”频道由之前的四个版块（“热搜榜”“新时代”“最热搜”“好友搜”）

① 《1分钟快速响应　微博打造全网最快热搜榜单》，新浪网，2017年3月9日，http://tech.sina.com.cn/i/2017-03-09/doc-ifychhuq3442894.shtml，最后访问日期：2019年3月11日。

② 《微博热搜榜新功能“最热搜”上线》，2017年9月12日，https://weibo.com/1894467483/FlvmXnAsL?from=page_1002061894467483_profile&wvr=6&mod=weibotime&type=comment#_rnd1536025763274，最后访问日期：2019年3月11日。

③ 杨阳：《专访微博副总裁曹增辉：热搜榜到底整改了什么?》，界面新闻，2018年2月9日，http://www.jiemian.com/article/1936929.html，最后访问日期：2019年3月11日。

④ 微博热搜榜：《如何打造“热搜话题”》，2018年3月19日，https://weibo.com/1658035485/G88PcoHOn?from=page_1002061658035485_profile&wvr=6&mod=weibotime&type=comment#_rnd1548165426326，最后访问日期：2019年3月11日。

调整为五个版块（“热搜榜”“话题榜”“新时代”“同城榜”“好友搜”）。

综上，微博“热搜”的上榜规则愈加强调即时性、流行度、参与性、话题性，且在管理部门的监管下，将导向性纳入算法设计价值。

（二）娱乐八卦类话题更易上“热搜”

微博“热搜”为我们提供了什么样的围观“草料”？自该功能重新上线后的第一天起，笔者进行了为期 228 天的记录，将上榜“最热搜”的搜索词、人气值和在榜时间输入 Excel 表格，并进行截图保存。由于人气值和在榜时间在当天处于不断变化之中，笔者采用次日记录的方式，此时数值在多数情况下已趋于稳定。

记录期间，共有 2404 条微博上榜“最热搜”，首个上榜的搜索词是“春晚首次联排”。上榜词主要由汉字组成，也包括数字、英文和符号（如“#”）。例如，世界杯期间，一条由纯数字组成的搜索词——“272 614 886”上榜，意思是“厄齐尔 + 罗伊斯 = 拜拜了”。所有上榜的搜索词中，字数最少 2 个，最多 14 个（如“阿里员工去世生前租自如甲醛房”）。

结合“微博热搜榜”使用的分类标准①，笔者将上榜内容分为以下四种类型：娱乐类新闻资讯、非娱乐类新闻资讯、影视综艺和新生事物。如表 1 所示，67.6% 的上榜内容是娱乐类新闻资讯，主要是发生在明星身上的“结婚”“怀孕”“分手”“减肥”等八卦信息。

表 1　“最热搜”上榜内容的类别列表

类别	类别描述	比例（%）	代表性微博
娱乐类新闻资讯	指明星动态、娱乐圈八卦、网络红人等的相关讨论	67.6	“阚清子承认分手”“林俊杰脱粉”“范丞丞胖了”“景甜回应恋情”

① 微博热搜榜：《微博热搜榜 2016 产品报告》，2016 年 4 月 28 日，https://weibo.com/1658035485/Dt4MKzZ3f?from=page_1002061658035485_profile&wvr=6&mod=weibotime，最后访问日期：2019 年 3 月 11 日。

续表

类别	类别描述	比例(%)	代表性微博
非娱乐类新闻资讯	指时政、社会、体育、财经等新闻的相关讨论	21.1	“普京让安倍等了48分钟” “孙杨要求重新升国旗” “教育局回应怀孕教师支教” “华谊兄弟质押股权”
影视综艺	指电影、电视剧、综艺节目等的相关讨论	6.5	“《流星花园》收视率” “《如懿传》定档” “跑男提档”“春晚主持阵容”
新生事物	指网络新词、热议段子等的相关讨论	4.8	“姥姥和奶奶的区别” “绿豆汤是红的还是绿的” “男朋友可以用来干什么” “圆脸比瓜子脸好看”

图2是基于“热搜”人气值制作的直方图。如图所示，大多数情况下，人气值达到100万以上才能登上“最热搜”榜，多数上榜词的人气值集中在200万至400万之间，有的能达到千万以上。除了“杨紫秦俊杰分手”“马

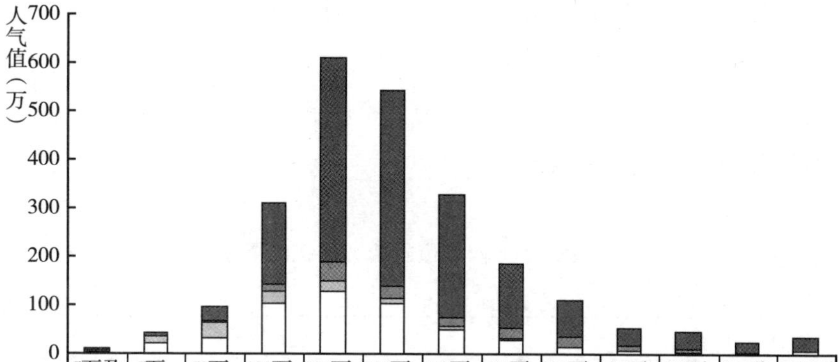

	5万及以下	5万~50万	50万~100万	100万~200万	200万~300万	300万~400万	400万~500万	500万~600万	600万~700万	700万~800万	800万~900万	900万~1000万	1000万及以上
□非娱乐类新闻资讯	3	20	32	103	127	104	51	29	16	8	5	4	6
新生事物		4	14	31	24	23	10	6	2				
影视综艺	1	1	4	15	38	25	18	21	18	10	4	1	
■娱乐类新闻资讯	2	9	30	168	423	403	255	134	77	36	37	21	31

图2 “最热搜”搜索词的人气值分布

思纯欧豪分手”“张恒承认与郑爽恋情”“韩庚卢靖姗公开恋情”“冯绍峰赵丽颖”等31条娱乐类新闻资讯人气值超过千万之外，还有6条非娱乐类新闻资讯引发广泛关注，如“山竹登陆”和“滴滴遇害女孩”等。

（三）导向性被纳入算法设计价值

2016年2月19日，习近平在党的新闻舆论工作座谈会发表重要讲话时表示：“新闻舆论工作各个方面、各个环节都要坚持正确舆论导向。各级党报党刊、电台电视台要讲导向，都市类报刊、新媒体也要讲导向；新闻报道要讲导向，副刊、专题节目、广告宣传也要讲导向；时政新闻要讲导向，娱乐类、社会类新闻也要讲导向；国内新闻报道要讲导向，国际新闻报道也要讲导向。”作为中国最大的社会化媒体平台之一，微博也要讲导向。

需要指出的是，导向性并非一开始就由平台媒体自觉纳入算法设计价值，而是通过外在的他律方式完成的（如前文提到的约谈、产品下线等监管措施）。整改后的“热搜”上线了“新时代”频道，微博方面表示，这一调整是为了更好地宣传十九大精神，弘扬社会主义核心价值观，报道中国新时代的社会风貌。[①] 在笔者观察记录期间，共有45条正能量微博上榜“最热搜”。如表2所示，这些微博弘扬了家庭和谐、爱岗敬业、友善互助、自强不息等中国传统价值观念。

表2　上榜“最热搜”的正能量微博

单位：条

类别	数量	代表性微博
家庭和谐	15	“妈别怕　有人来接”“高考多76分却填报同所大学”“婆婆推着儿媳看樱花”
爱岗敬业	15	“她是全中国最美的逆行”“心脏手术刚一年跳河救人”“扎针技术生疏　同事献身试练”

① 《微博热门区新增新时代频道　弘扬社会主义核心价值观》，观察者网，2018年2月1日，https：//www. guancha. cn/TMT/2018_ 02_ 01_ 445507. shtml，最后访问日期：2019年3月11日。

续表

类别	数量	代表性微博
友善互助	8	“环卫工已故儿子照片找到了”“忘带准考证12分钟取回”“一条朋友圈救了一条命”
自强不息	7	“81岁学霸奶奶获本科学位”“707分考入北大　感谢贫穷”“哥哥上北大弟弟上清华”

此外，笔者发现人气值在5万以下的搜索词集中出现在5月25～28日，一些搜索词的热度甚至在1万以下（见表3）。根据笔者的推测，在这段时间内，微博试图对算法进行更改和调试，将具有重大性、突发性（如松原地震）的新闻放在“热搜”显著位置，并给予更长的曝光时间。这呼应了微博副总裁此前的声明：“热搜”会在选择和排序上放弃纯粹的算法模式，引入编辑人工干预模式。然而这种改革和尝试并未持续推行，此后的“热搜”上榜规则仍然主要遵循“热度优先”原则。据笔者推测，原因可能在于它破坏了“热搜”试图建立和维持的自动化、免受人工干预的形象。

表3　热搜人气值在5万以下的“最热搜”

在榜时间	上榜内容	热搜人气值	在榜时间(天)	备注
5月28日	松原地震	7003	610	
5月28日	哈尔滨地震	7462	282	
5月28日	震醒整个东三省	18806	249	
5月25日	#雨好大啊#	33656	294	对影视剧里下大雨情节的讨论
5月27日	张韶涵遭父亲控诉	36583	761	
5月28日	林允手机号	49104	140	

四　讨论：反思信息分发的创新

人们的日常生活、社交和实践越来越依赖于信息传播系统作为中介来组织和开展，而智能算法是信息传播系统的底层架构。在信息超载的背景下，算法分发在很大程度上解决了效率和成本的问题，实现了人与资讯更快速、更有效的连接。

然而，正如叶夫根尼·莫罗佐夫所强调的："速度、成本和效率，与这些过滤器和算法在我们生活中扮演的公民角色只有浅表的联系。"如果缺乏对算法把关的伦理审查，"我们就有可能犯解决方案主义的错误，为不太重要的问题的改进欢呼雀跃，而对更重要问题的严重恶化却完全忽视"①。因此，对算法驱动下的信息分发创新给予反思和检视十分重要而且必要。

在微博"热搜"这个案例中，"严重恶化"的问题包括：注意力的碎片化、可见度的不对称、算法决策制定的"黑箱化"和信息控制的隐蔽性。

（一）注意力的碎片化

如前所述，2017 年 3 月 8 日，微博"热搜"由 10 分钟一更新，提升至 1 分钟一更新。根据改版时的官方声明，"新版热搜榜不同于按照固定时间段搜索热度累积来衡量的榜单，将更加凸显此时此刻正在发生的热点事件"②。相较于钟表时期的工业社会，媒介时间对当下的关注"变本加厉"，加剧了人们对事物"即时满足"的需求。③ 相较于大众媒体，微博进一步缩短了从用户搜索到"热搜"呈现之间的时间，这种对"此时此刻"的推崇和强调，给人一种人工无力完成，因而运作过程免受人为干预的印象。

每天登上"热搜"的话题越多，意味着分配在每个搜索词上的注意力越少。通过 228 天的观察，笔者注意到没有一个搜索词是和以往完全重复的，不断有新的声音注入公共讨论池。这加剧了注意力的分散化，"乱花渐欲迷人眼"，人们难以就共同目标达成社会共识，并形成推动问题解决的持

① 〔白俄罗斯〕叶夫根尼·莫罗佐夫：《技术至死：数字化生存的阴暗面》，张行舟、闾佳译，电子工业出版社，2014，第 158 页。

② 《1 分钟快速响应　微博打造全网最快热搜榜单》，新浪网，2017 年 3 月 9 日，http：//tech. sina. com. cn/i/2017 – 03 – 09/doc – ifychhuq3442894. shtml，最后访问日期：2019 年 3 月 11 日。

③ 卞冬磊、张稀颖：《媒介时间的来临——对传播媒介塑造的时间观念之起源、形成与特征的研究》，《新闻与传播研究》2006 年第 1 期。

续力量。这印证了尤尔根·哈贝马斯对计算机中介传播的隐忧："全世界范围内兴起的数百万个分散的聊天室，把人数众多却高度关心政治的大众（mass audiences）变成了大量分散的、仅关心孤立议题的公众（isolated issue publics）。"①

（二）可见度的不对称

有学者指出，算法驱动下的数据挖掘通过三种"抹除"造成了"多数人的暴政"（the tyranny of the majority）：数据采集过程中对细节和社会情境的抹除，基于"大数法则"进行预测造成了对离群值和差异的抹除，对既有网络的强化、偏袒造成了对新声音、弱小声音的抹除。因此，使用算法和大数据来识别公共议题带来了公共领域新的结构转移，"我们面临的首要问题是厘清哪些人、哪些话题在结构转移中被边缘化了"。②

尽管微博强调"热搜"是对网民真实搜索的"反映"与"呈现"，然而本研究结果显示，名人具有远高于普通民众的可见度和曝光量，且严肃类议题被严重边缘化了。登上"热搜"的大都是流行的人（如明星、网络红人、新闻人物）、流行的事物（如世界杯、电视剧《延禧攻略》）和流行的话题（如"#对方正在输入#""男女思维差异太大"）。算法主要承担"催化剂"的角色而不是职业把关人的角色。它缺乏价值判断，目的是让流行的更加流行；与此相应地，边缘的也更加边缘。

所有用户的搜索行为都会被同等对待，还是认证用户、活跃用户的搜索权重高于普通用户？"微博管理员"在《关于"紫光阁地沟油"从未进入微博热搜榜的说明》中强调，"热搜"的主要计算依据是"可信用户的搜索行为"，为了防止"刷榜"，还会考虑用户群分布、终端系统分布、搜索操作

---

① Jürgen Habermas, "Political Communication in Media Society: Does Democracy Still Enjoy an Epistemic Dimension? The Impact of Normative Theory on Empirical Research," *Communication Theory* 16 (4) (2006): 411 - 426.

② Tauel Harper, "The Big Data Public and Its Problems: Big Data and the Structural Transformation of the Public Sphere," *New Media & Society* 19 (9) (2017): 1424 - 1439.

特征等维度。那么，如何界定可信用户？如何区别自发搜索和恶意刷榜？对上述问题的回答，实际上反映了微博对“热搜”游戏规则的设定。“你进入一间投票亭去投票，结果却发现选举委员会还要考虑你的时尚品位、你的口音、外面的天气，以及其他许多因素”。① 那些熟悉平台规则和算法逻辑的人将获得更多的可见度和流量。

笔者在此通过一个案例来阐释算法对可见度和参与度的支配。2018 年 11 月 3 日，为了庆祝 IG 夺冠，王思聪通过微博抽奖平台发起了一场平分 113 万元现金的活动，吸引了上千万人转发。然而中奖者中，112 人是女性，仅有 1 人是男性。微博 CEO “来去之间” 对此解释，抽奖最关键的是“不能抽出来机器号”，“但凡行为有点儿像‘水军’的（比如只转发从来不原创，没发过图等）抽奖时候都会被降权”。而女性一般在微博上更活跃，男性往往只看文不发文，因此比较吃亏。该案例反映出“只看不发”用户参与被降权或抹除的现状。

（三）算法决策制定的“黑箱化”

基于算法的决策制定常常被认为是理性、中立、高效和值得信赖的，原因在于算法的构成。美国逻辑学家和计算机科学家罗伯特·科瓦尔斯基（Robert Kowalski）认为，“算法 = 逻辑 + 控制”，其中逻辑部分指定使用哪些知识（数据）来解决问题，而控制部分则决定用什么策略来解决问题。逻辑部分决定算法的意义，而控制部分仅仅影响算法的效率。② 用户更多看到的是控制部分自动化、程序化的任务执行，而逻辑部分的价值设定具有不透明性。

事实上，每个平台媒体的逻辑部分都因被视作核心商业机密而讳莫如深，是无法探查的“黑箱”。“黑箱”是一个双关语：既可以指一台记录仪

① 〔白俄罗斯〕叶夫根尼·莫罗佐夫：《技术至死：数字化生存的阴暗面》，张行舟、闾佳译，电子工业出版社，2014，第 156 ~ 167 页。

② Robert Kowalski, “Algorithm = Logic + Control,” *Communications of the ACM* 22 (7) (1979): 424 - 436.

（例如飞机、火车和汽车上的数据监测系统），用于记录用户的“数字脚印”；也可以指一个神秘的、不透明的运作机制。① 学者尝试运用多种研究方法“开箱”，如内容分析②、逆向工程③，然而仅能达到“管中窥豹”。

笔者注意到，包含错别字（如“谁不想涌有范冰冰这样的姐姐”）、博眼球的旧闻（如“曹操遗骸基本确认”）在内的微博也曾上榜“最热搜”。那么，应该允许上述搜索词上“热搜”吗？对这一问题的回答实际上反映出微博的价值取向。由此可见，与编辑把关相比，算法把关仅仅是将编码者和公司的价值观推向了“上游”阶段：无论是数据的选择（如什么是有效搜索、什么是可信用户）还是指标的设定（如什么是“热门”、什么是“高参与度”、什么是“相关”、什么是“敏感词”），都在“上游”阶段被转化成机器可读取的指令。

然而“一切皆可量化”不可避免地会出现四种情况：剪裁现实生活、忽视社会情境、抹杀主体建构、取消生活意义。④ 王思聪抽奖事件就反映出“只看不发”用户被降权的现实。算法决策制定的“黑箱化”给问责设置了重重阻碍，例如，普通男性用户在不知情的情况下被算法自动判定为“水军”却无从申诉，且很难质疑或者抗议。凯西·奥尼尔将此类有害模型称为“数字杀伤性武器”，它具有三个特征：不透明、规模化、毁灭性。⑤

（四）信息控制的隐蔽性

“微博热搜榜是全网最实时、最权威的热点排行榜，依据用户的真实搜

① 〔美〕弗兰克·帕斯奎尔：《黑箱社会：掌控信息和金钱的数据法则》，赵亚男译，中信出版集团，2016。

② 王茜：《打开算法分发的“黑箱”——基于今日头条新闻推送的量化研究》，《新闻记者》2017 年第 9 期。

③ 仇筠茜、陈昌凤：《基于人工智能与算法新闻透明度的“黑箱”打开方式选择》，《郑州大学学报》（哲学社会科学版）2018 年第 5 期。

④ 潘绥铭：《生活是如何被篡改为数据的？大数据套用到研究人类的“原罪”》，《新视野》2016 年第 3 期。

⑤ 〔美〕凯西·奥尼尔：《算法霸权》，马青玲译，中信出版集团，2018，第 21 页。

索量，呈现最新鲜、最热门、最有料的资讯”。[①] 微博通过一系列话语策略来使“热搜”生成过程看起来浑然天成且不可避免，包括强调算法自动化生成、实时更新、搜索框提示“大家正在搜”。把关的“中立性”成为平台逃避媒体社会责任的通用理由。[②]

而学者揭示了算法系统的本质：“模型正是用数学工具包装出来的各种主观观点”[③]，“人类判断的极偶然结果，被说成只要开着计算机运行脚本就会产生的不可避免的客观结果”[④]。在“热搜”中立（如“呈现”“反映”等表述）、民主的表象（如“大家正在搜”）之下，微博进行的信息控制从明处走向暗处，变得更加隐蔽，且难以察觉。

“热搜”通过将某些上榜内容标注为“新”“热”“沸”“爆”等来影响用户对话题热度的感知。根据议程设置理论，媒体对话题赋予的结构秩序将影响人们对其显著性（salience）的认知和判断。此外，上榜内容将吸引更多用户点击，从而形成反馈回路（feedback loop），循环往复。微博“热搜”通过对信息进行聚合、分类、过滤、排序，决定哪些话题可以成为公众关注和讨论的焦点，哪些话题可以像流星一样转瞬即逝。

根据笔者观察，一些搜索词曾被撤出“最热搜”。2018 年 9 月 3 ~ 7 日，刘强东涉嫌性侵案发酵期间，几乎每天都有相关搜索词登上“最热搜”，包括“刘强东回国”“刘强东事件目击者”“蒋娉婷否认为刘强东案女主”“京东刘强东将继续领导公司”“美警方否认刘强东案撤销指控”。搜索词“刘强东被捕照片”曾一度登上榜首，且被标为“爆”，然而很快被撤下。另一个值得注意的案例是，尽管 2018 年 7 月 12 日“新

① 微博热搜榜：《微博热搜榜 2016 产品报告》，2016 年 4 月 28 日，https://weibo.com/1658035485/Dt4MKzZ3f?from=page_1002061658035485_profile&wvr=6&mod=weibotime，最后访问日期：2019 年 3 月 11 日。

② 朱鸿军、周逵：《伪中立性：资讯聚合平台把关机制与社会责任的考察》，《南昌大学学报》2017 年第 5 期。

③ 〔美〕凯西·奥尼尔：《算法霸权》，马青玲译，中信出版集团，2018，第 10 页。

④ 〔白俄罗斯〕叶夫根尼·莫罗佐夫：《技术至死：数字化生存的阴暗面》，张行舟、闾佳译，电子工业出版社，2014，第 160 页。

闻联播　播出事故”登上了“最热搜”，而用户点击后仅能看到如下提示：“根据相关法律法规和政策，搜索结果未予显示。”一种可能是政府部门要求屏蔽相关内容，另一种可能是微博进行了自我审查。买“热搜”、撤“热搜”背后实际上反映出多个权力主体的博弈。

需要指出的是，算法信息控制虽然具有很大程度的隐蔽性，但是其生成结果最终要接受人民群众的检验。无论是“占领华尔街运动”未登上推特“热门话题”①，还是“紫光阁地沟油”登上“热搜”，都引发了公众的广泛质疑和争议，这反映出社交平台实际采用的话题筛选方式和公众心目中的话题筛选方式之间的张力关系。如果这种张力和冲突持续升级，将导致社交平台公信力损失殆尽。

五　结语

美国皮尤研究中心 2017 年 2 月发布报告《依赖代码：算法时代的利与弊》，提出“算法时代”的七大主题：①算法的应用范围将继续扩展；②好事情就在前方；③数据、预测模型至上将带来人性、人类判断的缺失；④算法组织系统中存在偏见；⑤算法分类加深分歧；⑥失业率将上升；⑦需要提高算法素养、透明性和监管。② 在算法得以广泛应用和推广的大趋势之下，笔者对算法驱动下的信息分发创新进行了反思和检视。

在信息超载的背景下，算法分发有助于解决效率和成本的问题，使人与资讯更快速、更有效地连接，实现信息分发方式的创新。然而通过对微博“热搜”这一案例的分析和考察，本文认为，2018 年的信息分发创新存在以下问题：其一，“热搜”算法主要助推用户关注和消费娱乐八卦类话题，容

① Tarleton Gillespie, “Can an Algorithm Be Wrong?,” *Limn* 2 (2012).

② Lee Rainie & Janna Anderson, “Code-Dependent: Pros and Cons of the Algorithm Age,” accessed February 8, 2017, http://www.pewinternet.org/2017/02/08/code - dependent - pros - and - cons - of - the - algorithm - age/.

易导致用户趣味琐碎化（trivialization）；其二，算法分发造成和加剧了一些"严重恶化"的问题，包括注意力的碎片化、可见度的不对称、算法决策制定的"黑箱化"以及信息控制的隐蔽性；其三，"在一个媒体和代码无处不在的社会，权力越来越存在于算法之中"①，而目前缺乏相应的技术伦理和法规对算法进行约束。

此外，2018 年围绕信息分发的一些积极举措也值得引起注意。一方面，导向性开始被纳入平台媒体的算法设计价值。除了本文的研究对象——微博强调"更高的价值标准和更大的责任担当"② 之外，快手 CEO 宿华表示要"用正确的价值观指导算法"③，今日头条 CEO 张一鸣也提出要"将正确的价值观融入技术和产品"④。另一方面，平台媒体积极探索编辑分发和算法分发的融合路径。例如，一点资讯总编辑吴晨光指出："编辑以价值观为导向，算法以数据为导向。价值观保证公平，数据保证效率。我们要做的是在公平和效率之间找到平衡点。"⑤ 这呼应了文章开头中国互联网络信息中心的预测：网络新闻资讯市场将朝着"资深编辑 + 智能算法"相互融合的方向发展。

综上，大数据、人工智能技术驱动下的信息分发创新需要以算法伦理为缰绳。有研究者倡导在新闻伦理、机器人伦理、计算机伦理、互联网伦理、

① Scott Lash, "Power after Hegemony: Cultural Studies in Mutation?," *Theory, Culture & Society* 24 (3) (2007): 55 – 78.

② 微博管理员：《微博社区公告》，2018 年 1 月 27 日，https://weibo.com/1934183965/G0nPDuIG7?from = page_1002061934183965_profile&wvr = 6&mod = weibotime&type = comment，最后访问日期：2019 年 3 月 11 日。

③ 宿华：《接受批评，重整前行》，2018 年 4 月 3 日，https://mp.weixin.qq.com/s/blhnOYRiuPZMfDO4HhhBAg，最后访问日期：2019 年 3 月 11 日。

④ 张一鸣：《道歉和反思》，2018 年 4 月 11 日，https://mp.weixin.qq.com/s/4r6rCwNE7BgTLD37cPJOoA?，最后访问日期：2019 年 3 月 11 日。

⑤ 吴晨光：《一点资讯总编辑吴晨光：揭秘内容分发的最新逻辑》，中国青年网，2017 年 8 月 10 日，http://www.chinanews.com/cul/2017/08-10/8301699.shtml，最后访问日期：2019 年 3 月 11 日。

信息伦理等的交叉地带发展关于算法新闻的伦理规范。[①] 此外，学者也广泛倡导将“FAT 原则”（Fairness，Accountability，Transparency）——公平性、责任和透明性纳入算法设计。学者需要对算法分发进行密切审视和调查，从而推动技术为人民的公共利益和民主生活服务，实现真正的创新。

① Konstantin Nicholas Dörr & Katharina Hollnbuchner, “Ethical Challenges of Algorithmic Journalism,” *Digital Journalism* 5 (4) (2017): 404-419.

B.4

创新性对农技员工作中使用社交媒体行为的影响*

吴志远**

摘　要： 鉴于创新性对于农技员在完成农技推广职能方面的重要性，本文对湖北951名农技员进行了问卷调查，分析结果显示，可以用E. M. 罗杰斯的“创新先驱者”“早期采用者”“早期大众”“后期大众”“落后者”的标签，对农技员的创新性进行分类，不同创新类型的个体，在农技推广中使用社交媒体的方式上，表现出显著的差异。利用多项logistics回归模型进行分析，本文还发现，大众媒体接触变量如“每天看电视时长”“每天上网时长”“每周阅读杂志频率”，社会资本变量如“社会网络规模”以及年龄等，对农技员个体所属的创新类型均有显著的影响。

关键词： 农技员　创新性　社交媒体　农技推广效果

一　研究意义

（一）关注农技员群体创新性的意义

“农技员”全称是“基层农业技术推广人员”。2005年中央一号文件

* 本文系国家社会科学基金项目“社交媒体在农技推广中的应用路径与前景研究”（项目编号：14BXW009）成果。

** 吴志远，副教授，华中师范大学传播系主任，研究方向为网络与新媒体、创新写作、品牌传播。

对农技员及其所在的农业技术推广机构的主要职能进行了明确："主要承担关键技术的引进、试验、示范、农作物病虫害、动物疫病及农业灾害的监测、预报、防治和处置，农产品生产过程中的质量安全检测、监测和强制性检验，农业资源、农业生态环境和农业投入品使用监测，水资源管理和防汛抗旱，农业公共信息和培训教育服务等职能。"① 各界普遍认为，农业技术推广队伍建设是现代农业发展的关键。加快现代农业技术推广人才队伍建设，造就一支高素质的农业技术推广队伍，是提高农业科技转化率、实施科技兴农战略的关键。所以，农技员的能力建设受到国家高度重视。2012 年中央一号文件明确要求："加强教育科技培训，全面造就新型农业农村人才队伍。广泛开展基层农业技术推广人员的分层分类定期培训。"

在农技员的能力建设中，提升农技员的创新性至关重要。创新性决定了农技员自身对先进农业技术的接纳程度和掌握程度。因为创新性强的人具备五种技能：联系的技能，能将旁人认为不相关的领域、难题和想法联系起来；发问的技能，创新者的问题总是在挑战现状，而这样的问题会激发新的见解、新的联系、新的可能性；观察的技能，通过观察能够找到解决问题的方法；交际的技能，通过与不同观点的人交谈找到新的想法；实验的技能，创新者有了新想法之后，总是倾向于通过实验来检验这些想法。② 事实上，联系、发问、观察、交际和实验的技能，对于农技员完成自己的工作职责非常关键。换句话说，教农民技术，自己先要懂技术。农技员创新性越强，对农业技术的吸引和接纳能力也就越强。

既然如此，创新性在农技员个体身上是否有具体、统一的表现？有什么方法能够衡量创新性？E. M. 罗杰斯认为：创新性意味着接受创新并体现在行为上的改变。在扩散研究领域，创新性是指个人（或其他采用者单位）

① 刘振伟、李飞、张桃林：《农业技术推广法导读》，中国农业出版社，2013 年，第 71 ~ 80 页。

② 〔美〕杰夫·戴尔、〔美〕赫尔·葛瑞格森、〔美〕克莱顿·克里斯坦森：《创新者的基因》，曾佳宁译，中信出版社，2013。

比体系中其他成员更早接受创新的程度。① 这为我们衡量农技员的创新性提供了重要依据。

综上所述，提升个体的创新性是创新推广人员的主要目标，所以它是扩散研究中的主要变量之一。

（二）农技员使用社交媒体的重要性

农技员的主要任务是推动先进农业技术的扩散。而 E. M. 罗杰斯在经典研究中总结出创新扩散的四大要素，即创新、沟通渠道、时间和社会体系。② 其中，沟通渠道是指把信息从一方传递到另一方的手段和方法。E. M. 罗杰斯认为，大众传播是最有效的创新信息传播渠道③。所以，对于从事创新扩散工作的人员而言，掌握必要的媒介工具是非常重要的。

这是 E. M. 罗杰斯在其所处的时代，研究创新扩散时所得出的结论。那么在互联网时代，尤其是移动互联网时代，作为主要标志的社交媒体是否能扮演同样重要的角色，或者超过大众传播媒介呢？

从现有的研究来看，这种可能性是存在的。媒体的核心任务是传播信息。社交媒体日常运行的主要内容是信息的传播扩散，这是社交媒体的底层运行机制。④ 在研究社交媒体对信息传播的影响时，乔恩·德龙、特里·安德森认为，社交媒体平台在接入控制、角色配置、美观、易用性、价格、易管理性、工具、长期发展前景、用户支持、整合能力等方面，都要优于传统的媒介工具。⑤

正因为社交媒体具有上述诸多特点，社交媒体在信息的传播扩散方面具

① 〔美〕E. M. 罗杰斯：《创新的扩散》（第五版），唐兴通、郑常青、张延巨译，电子工业出版社，2016。

② 〔美〕E. M. 罗杰斯：《创新的扩散》（第五版），唐兴通、郑常青、张延巨译，电子工业出版社，2016。

③ 〔美〕E. M. 罗杰斯：《创新的扩散》（第五版），唐兴通、郑常青、张延巨译，电子工业出版社，2016。

④ 宋凯：《社会化媒体：起源、发展与应用》，中国传媒大学出版社，2018，第 115 页。

⑤ 〔英〕乔恩·德龙、〔加拿大〕特里·安德森：《集群教学—学习与社交媒体》，刘黛琳等译，国家开放大学出版社，2018。

有独特的优势，尤其是当个体无法掌握大众媒介，但又有迫切的信息传递需求时。农业技术的传播扩散网络，可以看作以政府主管部门为主导，由千百个农技员为枢纽节点，向千家万户农民传递的网络。而这个网络，从结构上来看，与社交媒体构成的网络有高度重合的一面。因此，农技员一旦将社交媒体作为农业技术传播的工具，社交媒体的上述优势即可转化为在农技推广效率方面的优势。

从另一方面来看，在农村地区，社交媒体的普及也已经成为趋势。截止到2018年6月，中国农村地区的网民规模达2.11亿人，普及率为36.5%。城乡网民在即时通信、网络音乐、网络视频等应用表现出的差异较小。[①] 农技员群体是农村地区受教育程度较高的群体，社交媒体在农技员群体中的普及率要高于其他人群。[②]

由此可见，农技员使用社交媒体作为农技推广的工具，不仅在理论上必要，而且在现实中成为可能。鼓励农技员使用社交媒体作为农技推广工具的政策也已经出台。其中，《中华人民共和国农业技术推广法》提出，鼓励农技员运用现代信息技术等先进传播手段普及农业科学技术知识，创新农业技术推广方式，提高推广效率。2018年7月，农业农村部还在全国范围内启动了农民手机应用技能培训系列活动。

二　理论准备

（一）创新性分类以及测量

E. M. 罗杰斯认为，创新性是相对的，是相对于同一系统中其他人的先后。这一认知为创新性分类提供了依据。

① 中国互联网络信息中心（CNNIC）：《第42次〈中国互联网络发展状况统计报告〉》，http：//www.cnnic.net.cn/hlwfzyj/hlwxzbg/hlwtjbg/201808/t20180820_70488.htm，最后访问日期：2019年2月23日。

② 吴志远、陈欧阳：《资本禀赋差异与农技员社交媒体使用》，《现代传播》2017年第3期。

按照创新采纳时间的先后，以及不同时间采纳创新者的人数，E. M. 罗杰斯绘制出趋向正态分布的S形扩散曲线，利用平均值$\overline{X}$（创新扩散的平均采纳时间）和标准差sd这两个统计指标，将呈现正态分布的创新采用者分为“创新先驱者”“早期采用者”“早期大众”“后期大众”“落后者”五大类别。[①]

根据这一理论，本研究根据农技员开始使用社交媒体年份的先后，以及不同年份的人数，绘制出社交媒体扩散的S形曲线，再根据均值及标准差对农技员进行创新性分类。

（二）创新性的影响因素

哪些因素会影响到农技员个体的创新性类型呢？以往的研究显示，大众媒体使用程度变量、人口统计学变量以及社会网络规模变量均有可能影响农技员个体的创新类型。

E. M. 罗杰斯的研究表明，农场面积、受教育程度、接触媒体的程度以及所隶属的地区，都与个体的创新性关系密切[②]。他认为，社会经济地位、个性价值观以及沟通行为和方式都会对个体创新性产生影响[③]。而 Thierer, A. D. [④]、Nie Norman H. 和 Erbring Lutz[⑤]、祝建华和何舟[⑥]的研究显示，人口统计学变量中，年龄、性别、学历、收入等会对个体创新性产生不同程度的影响。肖鲁仁的研究表明：大量接触主流媒体尤其是涉农资讯的受众，在

① 〔美〕E. M. 罗杰斯：《创新的扩散》（第五版），唐兴通、郑常青、张延臣译，电子工业出版社，2016。

② 〔美〕E. M. 罗杰斯：《创新的扩散》（第五版），唐兴通、郑常青、张延臣译，电子工业出版社，2016。

③ 〔美〕E. M. 罗杰斯：《创新的扩散》（第五版），唐兴通、郑常青、张延臣译，电子工业出版社，2016。

④ Thierer, A. D., "How Free Computers Are Filling the Digital Divide?", Retrieved Feb. 29, 2002, http//www. heritage. org/Library/backgrounder/bg1361es. html.

⑤ Nie Norman H. and Erbring Lutz, "Internet and Society: A Preliminary Report," Stanford Institute for the Quantitative Study of Society, 2000.

⑥ 祝建华、何舟：《互联网在中国扩散现状与前景：2000 年京、穗、港比较研究》，《新闻大学》2002 年夏季号。

农民中间具有较高的威信。普通农民愿意向他们学习农业新技术、新方法。[①] 而在《变革如何发生》一书中，作者邓肯·格林认为，个体创新性的原因是良好的教育、开阔的视野、对他人生活的理解和沟通能力等。[②] 他还特别阐释了性别对创新性以及领导力的影响。

根据以上研究成果，本研究以农技员大众媒体接触变量、人口统计学变量以及社会网络规模变量等为自变量，以农技员创新类型分类变量为因变量，构建多项 logistics 回归模型。利用该模型来寻找影响农技员创新类型在人口统计学变量、大众媒体接触变量以及社会资本等维度上的可预测变量。相关假设如下。

H1：农技员的人口学统计变量对其创新性类型有显著影响，具体如下。

H1a：农技员性别对其创新性类型有显著影响。

H1b：农技员年龄对其创新性类型有显著影响。

H1c：农技员学历对其创新性类型有显著影响。

H1d：农技员收入对其创新性类型有显著影响。

H1e：农技员家庭人口规模对其创新性类型有显著影响。

H1f：农技员在当地居住年限对其创新性类型有显著影响。

H1g：农技员隶属县市对其创新性类型有显著影响。

H2：农技员的大众媒体接触变量对其创新性类型有显著正向影响，具体如下。

H2a：农技员每天看电视时长对其创新性类型有显著正向影响。

H2b：农技员每天听广播时长对其创新性类型有显著正向影响。

H2c：农技员每天上网时长对其创新性类型有显著正向影响。

H2d：农技员每周阅读报纸频率对其创新性类型有显著正向影响。

H2e：农技员每周阅读杂志频率对其创新性类型有显著正向影响。

H3：农技员的社会资本（社会网络规模）对其创新类型有显著正向影响。

---

① 肖鲁仁：《农业技术创新扩散的媒介传播效果分析》，《湖南社会科学》2017 年第 7 期。

② 〔英〕邓肯·格林：《变革如何发生》，王晓毅译，社会科学文献出版社，2018，第 290 页。

（三）社交媒体工具的使用方式

在农技推广中，不同社交媒体工具的使用方式会影响农技推广的最终效果。农技员在社交媒体工具使用上，会有哪些不同呢？本文将从社交媒体服务对象的规模、交流频率以及对社交媒体作为农技推广工具的实际效果感知及对未来预期三个方面进行考察。理由如下。

前面提到，信息流动是社交媒体运行机制的核心，而信息在社交媒体上的传递，是从1传n，再从n传n+n。① 个体所拥有的平均连接数成为衡量整个网络传播能力的一个重要标尺。② 具体到农技员来说，他们的农业技术传播能力与其社交媒体联系服务对象的规模密切相关。

接触的频率会对态度产生影响。在预测一个人的行为倾向时，通常会与其对该行为所持的态度联系起来。其中，态度的可获得性是预测行为倾向非常有效的指标。态度越容易获得，个体就越容易判断其真实的行为倾向。而个体与导致其产生态度的信息之间，接触越多就越容易形成态度。③ 根据这个理论可以推断，农技员与其服务对象越是频繁地交流农业技术相关的信息，比如该技术的优势，服务对象就越可能采用该项新技术。因此，本文将社交媒体与服务对象交流的频率作为一个重要的效果观测变量。

最后，根据技术接受模型，感知有用性，包括对未来的预期，会对态度以及行为意向造成影响。④

按照上述研究成果，本文将农技员社交媒体工具的使用方式划分为五个观测变量。

（1）是否采用社交媒体推广农技。

（2）社交媒体上同行或者农民数量多少。

---

① 宋凯：《社会化媒体：起源、发展与应用》，中国传媒大学出版社，2018。

② 宋凯：《社会化媒体：起源、发展与应用》，中国传媒大学出版社，2018。

③ 〔美〕理查德·格里格、〔美〕菲利普·津巴多：《心理学与生活》，王垒译，人民邮电出版社，2003，第495页。

④ Viswanath Venkatesh and Fred D. Davis, "A Theoretical Extension of the Technology Acceptance Model: Four Longitudinal Field Studies," *Management Science* 2 (2000).

（3）利用社交媒体与同行或者农民进行业务交流的频率。

（4）对社交媒体在农技推广过程中效果的感知。

（5）对社交媒体未来在农技推广过程中效果的预期。

（四）创新性对农技推广中社交媒体使用方式的影响

个体创新性的高低，会对个体的创新行为产生影响。E. M. 罗杰斯认为，“当一个观点、方法或物体被某个人或团体认为是新的时候，它就是一种创新”。[①] 根据这一定义，农技员在农技推广中用社交媒体取代传统的媒介作为推广工具，这本身就是一种创新行为。

那么，农技员在农技推广中，会不会使用社交媒体这种较传统媒体更为先进的工具？他们在工作中，会在多大范围内使用社交媒体，或者使用的频率有多高？他们使用之后，感知的效果是怎样？对这种工具未来在农技推广中使用的前景会怎样判断？显然，这些都会受到农技员个体创新性的影响。由此，本文提出以下假设。

H4：不同创新类型农技员在是否采用社交媒体推广农技上有显著差异。

H5：不同创新类型农技员在使用社交媒体与不同对象交流工作方面有显著差异。

H5a：不同创新类型农技员在使用社交媒体与同行交流工作的人数方面有显著差异。

H5b：不同创新类型农技员在使用社交媒体与同行交流工作的频率方面有显著差异。

H5c：不同创新类型农技员在使用社交媒体与农民交流工作的人数方面有显著差异。

H5d：不同创新类型农技员在使用社交媒体与农民交流工作的频率方面有显著差异。

---

① 〔美〕E. M. 罗杰斯：《创新的扩散》（第五版），唐兴通、郑常青、张延臣译，电子工业出版社，2016。

H6：农技员的创新性类型与其对社交媒体在农技推广中感知的效果和前景显著相关。

H6a：农技员的创新性类型与其对社交媒体在农技推广中实际效果的感知显著相关。

H6b：农技员的创新性类型与其对社交媒体在农技推广中应用的前景预期显著相关。

三　研究方法

（一）研究样本

本文以中部农业科教大省湖北为研究对象，采用多层级整群抽样的方法，以 2013 年农业技术推广绩效为依据，将该省的 105 个县市区按农技推广绩效划分为高、中、低三个方阵。然后，每个方阵随机抽取 4 个县，一共抽取 12 个县作为研究样本。12 个县一共有 200 多个乡镇。对这 200 个乡镇的所有农技人员，研究人员投放了 1300 份问卷，最终回收了 951 份有效问卷，有效回收率 73%（见表 1）。

表 1　样本人口统计学变量描述

变量	分类	人数	占比(%)
县域	高绩效县	389	40.9
	中绩效县	288	30.3
	低绩效县	274	28.8
性别	男	707	74.3
	女	244	25.7
年龄(岁)	≤25	33	3.5
	>25 且≤35	118	12.4
	>35 且≤45	381	40.1
	>45 且≤55	349	36.7
	>55	70	7.4

续表

变量	分类	人数	占比(%)
学历	高中及以下学历	212	22.3
	大专学历	519	54.6
	本科及以上学历	220	23.1
月收入(元)	≤1000	15	1.6
	>1000 且≤2000	251	26.4
	>2000 且≤4000	613	64.5
	>4000 且≤6000	66	6.9
	>6000	6	0.6
家庭人口规模(人)	<3	21	2.2
	=3	478	50.3
	=4	236	24.8
	≥5	216	22.7
在当地居住时间(年)	≤10	87	9.1
	>10 且≤20	140	14.7
	>20 且≤30	231	24.3
	>30 且≤40	232	24.4
	>40	261	27.4
从事农技工作时间(年)	≤10	164	17.2
	>10 且≤20	200	21.0
	>20 且≤25	236	24.8
	>25 且≤30	168	17.7
	>30	183	19.2
社会网络规模(人)	≤16	188	19.8
	>16 且≤28	194	20.4
	>28 且≤47	197	20.7
	>47 且≤73	183	19.2
	>73	189	19.9

（二）模型选择

首先，根据农技员使用社交媒体时间的先后以及不同年份的人数这两个指标绘制出社交媒体扩散的 S 形曲线，再根据平均值$\overline{X}$及标准差 sd 将农技员进行创新性分类。

其次，利用多项 logistics 回归模型，对创新性的影响因素进行验证。该模型以农技员大众媒体使用变量、人口统计学变量以及社会网络规模变量等为自变量，以农技员创新类型分类变量为因变量。

最后，分别使用卡方检验（因变量为分类变量）和方差分析模型（因变量为连续变量）来比较不同创新类型的农技员在社交媒体工具的使用上是否具有显著差异。

四　研究发现

（一）农技员创新分类的结果

如图 1 以及表 2 所示，尽管农技员社交媒体使用年限数据的分布并不完全呈正态，但是与经典的创新扩散模型基本吻合。在 E. M. 罗杰斯的经典研究中，创新分类的数据分布分别是：创新先驱者占总人数的 2.5%，早期采用者占 13.5%，早期大众占 34%，后期大众占 34%，落后者占 16%。在农技员的队伍中，创新先驱者所占比例要高出 E. M. 罗杰斯经典研究中创新先驱者所占比例 80%，原因是农技员队伍本来就是一个以创新为导向的群体。

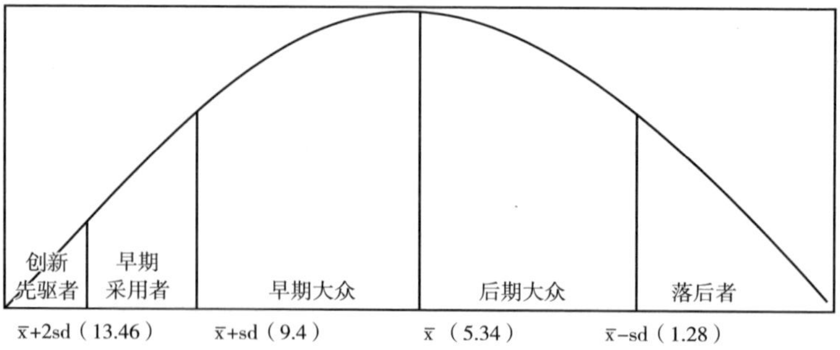

图 1　农技员创新性分类*

*单位为年，平均值为 5.34 年，标准差为 4.06 年。

表 2　样本创新类型分布情况

	人数	百分比(%)	有效的百分比(%)	累计百分比(%)
创新先驱者	43	4.5	4.5	4.5
早期采用者	131	13.8	13.8	18.3
早期大众	250	26.3	26.3	44.6
后期大众	309	32.5	32.5	77.1
落后者	218	22.9	22.9	100.0

(二)对创新性预测变量的检验

从多项 logistics 模型回归结果来看，可以发现以下几个结果（见表 3）。

1. 模型的适用性

从表 3 可以看到，回归模型整体通过显著性检验，$X^2=416.912$（$p<0.001$），达到显著水平。

相关系数卡方检验值 = 3621.482（$p>0.05$），未达到显著水平，可认为多项 logistics 模型适配度比较理想。

13 个自变量可解释因变量“创新类别”变量总变异的 35.5% 到 37.5%。解释力为中等水平。

表 3　整体模型的适配度及个别参数显著性检验摘要

效应	模型拟合条件	似然比检验			关联强度
	简化模型的 -2 对数似然	卡方	自由度	显著性	
截距	2370.968a	0.000	0	0.0	Cox - Snell $R^2=0.355$ Nagelkerke $R^2=0.375$
性别	2378.176	7.209	4	0.125	
年龄	2411.822	40.854	16	0.001	
学历	2382.488	11.520	8	0.174	
月收入	2387.217	16.249	16	0.436	
家庭人口规模	2391.248	20.280	12	0.062	
在当地居住年限	2388.488	17.521	16	0.353	
隶属县市	2386.388	15.420	8	0.051	

续表

效应	模型拟合条件	似然比检验			关联强度
	简化模型的 -2 对数似然	卡方	自由度	显著性	
每天看电视时长	2403.467	32.500	16	0.009	Cox - Snell $R^2=0.355$ Nagelkerke $R^2=0.375$
每天听广播时长	2388.936	17.969	16	0.326	
每天上网时长	2426.692	55.724	16	0.000	
每周阅读报纸频率	2408.911	37.944	28	0.099	
每周阅读杂志频率	2414.628	43.661	28	0.030	
社会网络规模	2397.489	26.521	16	0.047	
整体模型适配度检验	$X^2=416.912^{***}$；相关系数卡方检验值 =3621.482 n. s.				

注：*** $p<0.001$，n. s. $p>0.05$。

2. 显著性较强的预测变量

大众媒体接触变量“每天看电视时长”“每天上网时长”“每周阅读杂志频率”，人口统计学变量“年龄”，社会资本变量“社会网络规模”等，可以有效预测并解释农技员所属的创新组别（$p<0.05$）。H1b、H2a、H2c、H2e 和 H3 等假设得到证实。

3. 显著性较弱的预测变量

“隶属县市”“家庭人口规模”“每周阅读报纸频率”等变量也在一定程度上能够预测并解释农技员所属的创新类型。H1e、H1g、H2d 等假设在显著性阈值为 0.1 的情况下得到验证。

前文中其他假设，如 H1a、H1c、H1d、H1f 以及 H2b 没有得到验证。

（三）不同创新类型农技员在社交媒体工具使用效果方面的差异

从表 4 可见，卡方检验的 P 值显著，利用校正后的标准化残值进行事后比较的结果显示，创新性是“后期大众”类型的农技员在是否使用社交媒体推广农技的行为上，要显著多于创新性是“落后者”类型的农技员。

表 4　不同类型农技员是否使用社交媒体推广农技及卡方检验摘要

是否使用社媒推广农技		农技员的创新性分类					事后比较
		创新先驱者（A）	早期采用者（B）	早期大众（C）	后期大众（D）	落后者（E）	
是	人数	35	104	200	251	138	E < D
	百分比（%）	3.7	10.9	21.0	26.4	14.5	
否	人数	8	27	50	58	80	E > D
	百分比（%）	0.8	2.8	5.3	6.1	8.4	
$X^2=27.891^{***}$							

注：*** $p<0.001$。

从表5可见，卡方检验的P值显著，利用校正后的标准化残值进行事后比较的结果显示，在“完全没有”使用社交媒体与同行交流的选项上，创新性是“落后者”类型的农技员要显著多于创新性是“早期采用者”“早期大众”“后期大众”三种类型的农技员。在“有时”使用选项上，创新性是“落后者”类型的农技员要显著少于创新性是“后期大众”类型的农技员。这是一个比较有趣的发现，说明农技员在行为模式上与农民相似，一旦他们掌握了某项技术之后，比如掌握了社交媒体这种工具之后，就会物尽其用，将其使用在每一个合适的场合。

表 5　不同类型农技员使用社交媒体与同行交流的频率及卡方检验摘要

使用社交媒体与同行交流频率		农技员的创新性分类					事后比较
		创新先驱者（A）	早期采用者（B）	早期大众（C）	后期大众（D）	落后者（E）	
完全没有	人数	2	4	5	12	56	E > D E > C E > B
	百分比（%）	0.2	0.4	0.5	1.3	5.9	
很少	人数	7	16	40	53	29	
	百分比（%）	0.7	1.7	4.2	5.6	3.0	

续表

使用社交媒体与同行交流频率		农技员的创新性分类					事后比较
		创新先驱者（A）	早期采用者（B）	早期大众（C）	后期大众（D）	落后者（E）	
有时	人数	11	48	94	135	71	D > E
	百分比(%)	1.2	5.0	9.9	14.2	7.5	
经常	人数	19	58	101	101	58	
	百分比(%)	2.0	6.1	10.6	10.6	6.1	
天天	人数	4	5	10	8	4	
	百分比(%)	0.4	0.5	1.1	0.8	0.4	
$X^2 = 130.090^{***}$							

注：*** $p < 0.001$。

从表6可见，卡方检验的P值显著，利用校正后的标准化残值进行事后比较的结果显示，在"完全没有"使用社交媒体与农民交流的选项上，创新性是"落后者"类型的农技员要显著多于创新类型为"后期大众"类型。在"很少"选项上，"早期采用者"类型要显著多于"落后者"类型，究其原因，可能是这部分创新性比较强的人会有更多的兼业行为，他们并没有将先进的交流工具用在与农民交流上。在"有时"选项上，"早期大众"类型要显著多于"落后者"类型。在"经常"选项上，"后期大众"类型要显著多于"落后者"类型。

表6　不同类型农技员使用社交媒体与农民交流的频率及卡方检验摘要

使用社交媒体与农民交流的频率		农技员分类					事后比较
		创新先驱者（A）	早期采用者（B）	早期大众（C）	后期大众（D）	落后者（E）	
完全没有	人数	3	17	36	27	70	E > D
	百分比(%)	0.3	1.8	3.8	2.8	7.4	
很少	人数	5	30	35	57	29	C > E B > E
	百分比(%)	0.5	3.2	3.7	6.0	3.0	

续表

使用社交媒体与农民交流的频率		农技员分类					事后比较
		创新先驱者(A)	早期采用者(B)	早期大众(C)	后期大众(D)	落后者(E)	
有时	人数	23	51	121	146	83	C > E
	百分比(%)	2.4	5.4	12.7	15.4	8.7	
经常	人数	11	31	58	75	35	D > E
	百分比(%)	1.2	3.3	6.1	7.9	3.7	
天天	人数	1	2	0	4	1	
	百分比(%)	0.1	0.2	0.0	0.4	0.1	
$X^2=70.489^{***}$							

注： *** $p<0.001$。

从表7可见，卡方检验的P值显著，利用校正后的标准化残值进行事后比较的结果显示，在“不看好”社交媒体在农技推广中的前景选项上，“落后者”类型显著多于“后期大众”类型。在“看好”选项上，“后期大众”类型要显著多于“早期采用者”。这个发现也非常有趣，说明在掌握先进技

表7　不同类型农技员对使用社交媒体推广农技前景的感知及卡方检验摘要

对使用社交媒体推广农技前景的看法		农技员分类					事后比较
		创新先驱者(A)	早期采用者(B)	早期大众(C)	后期大众(D)	落后者(E)	
不看好	人数	2	10	7	8	16	E > D
	百分比(%)	0.2	1.1	0.7	0.8	1.7	
不确定	人数	8	38	56	77	53	
	百分比(%)	0.8	4.0	5.9	8.1	5.6	
有点看好	人数	6	10	30	31	35	
	百分比(%)	0.6	1.1	3.2	3.3	3.7	
看好	人数	19	50	118	160	89	D > B
	百分比(%)	2.0	5.3	12.4	16.8	9.4	
非常看好	人数	8	23	39	33	25	
	百分比(%)	0.8	2.4	4.1	3.5	2.6	
$X^2=30.413^{**}$							

注：** $p<0.05$。

术之后，创新类型比较弱的人，反倒比创新类型比较强的人对技术使用的前景更为乐观。

从表 8 和表 9 可以发现，不同创新类型的农技员，在使用社交媒体与同行交流的规模、使用社交媒体服务农民的规模以及对使用社交媒体推广农技实际效果感知上，有显著差异。整体而言，创新性较强的人，使用社交媒体与同行交流的规模和使用社交媒体服务农民的规模，都要高于那些创新性比较弱的人。在对使用社交媒体推广农业技术实际效果的感知上，也存在同样的现象。

表 8　不同类型农技员使用社交媒体联系同行、农民的数量及对使用社交媒体推广农技效果感知的描述统计

		数量	平均数	标准差
使用社交媒体联系同行人数	创新先驱者(A)	43	1.4767	0.42030
	早期采用者(B)	131	1.3887	0.51007
	早期大众(C)	250	1.4274	0.46016
	后期大众(D)	309	1.3876	0.42571
	落后者(E)	218	1.0320	0.70118
使用社交媒体服务农民人数	创新先驱者(A)	43	1.0440	0.58371
	早期采用者(B)	131	0.8655	0.55549
	早期大众(C)	250	0.9030	0.53287
	后期大众(D)	309	1.0067	0.50817
	落后者(E)	218	0.7304	0.61141
对使用社交媒体推广农技的效果感知	创新先驱者(A)	43	0.0065509	0.88467188
	早期采用者(B)	131	0.0271026	1.04110373
	早期大众(C)	250	0.0959400	0.97338898
	后期大众(D)	309	0.0844667	0.87845067
	落后者(E)	218	-0.2473273	1.14538383

注：社交媒体联系同行、服务农民的数值，均经过取对数处理；对使用社交媒体推广农技的效果感知数值是根据农技员对 QQ、微信、微博 3 种社交媒体推广农技的效果感知，提取公因子而成（KMO 值为 0.73）。

表 9　不同类型农技员使用社交媒体联系同行、农民的数量及对使用社交媒体推广农技效果感知的比较

		平方和	df	平均平方和	F	事后比较 Tamhane 检验	事后比较 Dunnett T3 检验	事后比较 Games-Howell	事后比较 Dunnett C 检验
使用社交媒体联系同行人数	组间	24.054	4	6.014	22.181***	A>E B>E C>E D>E	A>E B>E C>E D>E	A>E B>E C>E D>E	A>E B>E C>E D>E
	组内	256.476	946	0.271					
	总和	280.531	950						
使用社交媒体服务农民人数	组间	10.838	4	2.710	8.969***	A>E C>E D>E	A>E C>E D>E	A>E C>E D>E	A>E C>E D>E
	组内	285.783	946	0.302					
	总和	296.621	950						
对使用社交媒体推广农技的效果感知	组间	17.939	4	4.485	4.552**	C>E D>E	C>E D>E	C>E D>E	C>E D>E
	组内	932.061	946	0.985					
	总和	950.000	950						

注：** $p<0.05$；*** $p<0.001$；因为样本方差不齐，所以事后比较采用适宜方差异质的 Tamhane 检验、Dunnett T3 检验、Games-Howell 检验和 Dunnett C 检验。

五　总结与对策

1. 经典创新扩散模型至今仍具有较强的适用性

根据这一发现，我们可以有针对性地对不同类型的农技员采取不同的社交媒体使用培训方式。

2. 制约农村互联网媒体扩散的主导因素，由外在环境因素向内在个体因素转变

将本研究中多项 logistics 回归模型的分析结果与知名学者郝晓鸣所做的中国农村地区互联网扩散研究进行对照①，可以发现，在十多年时间里，影

① 郝晓鸣：《从农村互联网的推广看创新扩散理论的适用性》，《现代传播》2007 年第 6 期。

响互联网在农村扩散的主导因素在发生变化。这意味着，与继续加大农村互联网基础设施建设相比，将重点转移到提升农技员队伍的社交媒体使用水平上，更有利于先进农业技术在农村地区的推广。

3. 农技员使用社交媒体越熟练，就越能在农技推广中发挥社交媒体的独特优势

本研究发现，农技员使用社交媒体越熟练，就越能在农技推广中发挥社交媒体的独特优势。因此，可以通过有目的、有意识、系统性地对农技员的社交媒体使用行为进行强化，比如采取补助上网费用等措施，来刺激农技员队伍使用社交媒体与农民和同行进行交流。

4. 对使用社交媒体在农技推广中实际效果的感知和对其未来效果的期待之间存在偏差

本研究发现，农技员在使用社交媒体进行农技推广之后，对其效果的感知与对其预期效果的感知相比，前者积极的评价要低很多。原因可能是，截止到目前，农技员在农技推广中运用社交媒体方面还处在自发的状态，并没有形成专业的、系统的、有步骤的使用模式。所以，通过各种方式提高农技员在工作中使用社交媒体的意识，刻不容缓。

5. 将社交媒体作为农技推广工具需要引导

虽然，随着社交媒体使用的普及以及深入，农技员将其使用在农业技术推广过程中会是一个自然的过程。但是，这种纯粹依靠自发的过程太过缓慢，可以通过政策鼓励、示范观摩以及物质刺激等方式加快这一过程。

6. 创新与不足

本研究的理论创新之处在于发现了影响互联网在农村地区扩散的主导因素所发生的重要转变，即由外在环境因素，比如组织推动，转变为内在个体因素，如个体的年龄、大众媒体使用习惯以及社会资本等个体差异。因此，有关部门在制定相关政策和措施时，应该将重点从原来加大基础设施投入向大力提升农技员自身素养转变。

今后，可在本研究基础上，引入更多的社会及环境变量来进一步完善对个体创新性分类的预测模型，提高模型预测的准确率。

政治传播篇

Political Communication

B.5

2018年中国教育政务新媒体发展报告

安 薇 杨晨光 杨会科 余冠仕*

摘 要： 2018年，不同领域的政务新媒体已呈现出各自的特点，进入相对稳定的发展阶段，而5G、人工智能、大数据等技术向人们展示了新媒体应用的前景。从这个角度讲，2018年是政务新媒体发展历程中的一个重要节点。在这一年，教育政务新媒体呈现出传统的新媒体平台发展速度放缓、新兴的短视频平台迅猛发展的态势，在政策传播、政务服务及沟通公众等方面较以前有长足的改进。在这些进展背后，教育政务新媒体还存在传播力总体不足、融合发展的步伐不够大等问题。对此，下一步宜坚持移动优先、力推融合发展、强化政务属

* 安薇，北京交通大学经济与管理学院博士研究生；杨晨光，教育部新闻宣传中心网络处处长、副编审；杨会科，西安电子科技大学经济与管理学院辅导员；余冠仕，教育部新闻宣传中心执行副主任、编审。

性，以拓展教育政务新媒体的发展空间。

关键词： 政务新媒体 政策传播 融媒体 短视频

教育是民生所系，教育问题总是会引起社会公众的高度关注。教育政务新媒体作为沟通政府部门与公众的重要平台，在社会治理中承担着重要的角色。本文作为一项连续性的年度研究，对123个教育政务新媒体进行了问卷调查，同时考察了40余个重点案例，期冀对2018年教育政务新媒体的发展概况进行总体呈现，同时，尝试梳理其中存在的问题，并探讨教育政务新媒体进一步发展的空间。

一 2018年是教育政务新媒体发展进程中的重要节点

2018年的政务新媒体站在这样一个历史关口：过去已有的是五六年的探索及相对清晰的发展路径，未来面临的是5G、人工智能、大数据等一系列新技术带来的激动人心的种种可能。这一年，教育政务新媒体在行业稳健发展与技术深刻变革的交织中走过，有着不同寻常的意义。

本研究就是在这种背景下展开的。这是一项连续考察教育政务新媒体行业的年度发展报告，在方法上有传承也有创新。

一是继续与第三方机构合作，对全国政务新媒体从大数据的角度进行监测。2018年，随着抖音、快手等短视频平台吸引更多政务新媒体参与，传统的“两微一端”格局变为“两微一端，一抖一手”的格局。但由于客户端入驻情况较为复杂，“一抖一手”尚未能做到“家家入驻”，数据主要还是对“两微”进行分析，微信是从阅读、点赞、转发等维度分析，微博是从转发、评论、阅读等维度分析。从数据可以发现，处于前列的省级教育部门和高校的名单与2016年、2017年基本一致，尤其是前五、前十名排序的变化都很小，在此不再列出具体名单。从这个角度看，头部账号一旦形成，其影响力就相对稳定下来。除非有较大变化因素，比如机构主要领导的推动力度发生改变、从业人员发生较大变动等，才有可能对这一格局形成比较大的影响。对于“两微”影响力较小的机构而言，其影响力的扩大将有赖于新的传播方式、技术或平台。

二是对2018年的教育政务新媒体案例进行了梳理。根据《国务院办公厅关于推进政务新媒体健康有序发展的意见》，政务新媒体功能包括政务公开、政民互动、民生服务等①（这些功能与此系列报告中2016年报告提出的“四个大厅”的功能划分基本一致）。根据教育部门的具体特点，本报告从政策传播、热点引导、信息服务、形象塑造、联盟联动五个方面进行案例研究，通过向联盟成员单位征集案例，搜集了2018年在上述方面影响较大的案例（具体情况见表1），本文所涉及的重点案例分析多来源于此。

表1　2018年教育政务新媒体案例

序号	单位	案例名称	发布平台
一、政策传播类			
1	教育部政务新媒体	星火燎原正当时	微信
2	四川省教育厅	自建直播平台　立体传播政府声音	微信
3	甘肃省教育厅	厅长来电话了	微信
4	厦门大学	第四届中国“互联网+”大学生创新创业大赛新媒体传播	微信
5	天津大学	招生季送给考生“四个心”	微信
6	湖南大学	“‘约’麓山——千年学府等你来”招生宣传系列报道	微信
7	哈尔滨工程大学	引发千万+媒体效应　营造事业靠本领成就的创新氛围	微博
二、热点引导类			
8	陕西省教育厅	新媒体平台不断及时发声引导助力“4·27米脂砍学生事件”稳步平息	微信、微博
9	中山大学	“三校区五校园”建设及时疏导师生关切	微信

① 国务院办公厅：《国务院办公厅关于推进政务新媒体健康有序发展的意见》，中国政府网，http：//www.gov.cn/zhengce/content/2018-12/27/content_5352666.htm。

续表

序号	单位	案例名称	发布平台
三、信息服务类			
10	广东省教育厅	微信办事　指尖服务	微信、微博
11	浙江省教育厅	家庭教育系列专栏(浙江家长学校 + 发现好家长)	微信
12	江西省教育厅	高考成绩预约查分平台	微信
13	山东省教育厅	揭秘"录取通知书"系列内容	微信
14	武汉大学	一个可以留言的武大 VR 地图	微信
四、形象塑造类			
15	教育部政务新媒体	发力短视频,带你看不一样的教育	微信
16	北京市教委	"少年中国说"五四特别策划	微博
17	上海市教委	用创新方式致敬最美教师	微信、微博
18	河南省教育厅	以李芳老师为引领,弘扬教师队伍正能量	微信
19	江苏省教育厅	"寻找'教育的爱'与'爱的教育'"	微信
20	重庆市教委	争做"四有"好老师——您心中理想的古今教育家是谁?	微信
21	黑龙江省教育厅	"致敬龙江乡村教师"融媒体采风活动	微信
22	北京大学	北大,120 岁生日快乐!	微信
23	清华大学	清华大学 107 周年校庆"清华@ 你"系列新媒体产品	微信、微博
24	上海交通大学	交大 8 分钟! 大家好,这里是上海交通大学!	微信
25	西安交通大学	以"新媒体 + "理念构建西迁精神主题宣传	微信
26	复旦大学	"和你一样,这五年来复旦也发生了很多新变化"	微信
27	南京航空航天大学	创意 H5 助力学校党代会宣传	微信
28	北京师范大学	一体两翼　双城同心——推进两校区宣传一体化	微信、微博
29	江南大学	亮了,火了,我的江南	微信
30	东北大学	"讲述"东大故事　提升价值引领效应	微信
31	中南大学	讲述中南人自己的故事	微信、微博
32	浙江大学	讲好健康"网红"故事,打造校园青春正能量	微信、微博
33	四川大学	在官微运营中积极打造正能量"川大网红"	微信
34	中国人民大学	"国民表率、社会栋梁"新时代青年系列报道	微信
35	大连理工大学	多平台联动报道人物故事,讲策略传播校园正能量	微信、微博
36	电子科技大学	成电谜题	微博

续表

序号	单位	案例名称	发布平台
37	兰州大学	袁占亭:“世界那么大,凭啥你去看?”	微信
38	郑州大学	《郑大一分钟》系列宣传	微信
五、联盟联动类			
39	中央美术学院	全国美术学院新媒体联盟成立	微信
40	中国海洋大学	积极探索构建海洋文化共同体	微信
41	南京大学	中秋之夜掀起微博转发热潮	微博
42	山东大学	招生季官方微博高校联动推广案例	微博
43	西南交通大学	“搭矩阵　建联盟”扎实推进网络宣传思想教育工作	微信、微博
44	陕西师范大学	新媒体宣传矩阵平台建设	微信、微博

三是开展2018年教育政务新媒体发展情况问卷调查。调查对象上和前两年的研究保持一致，即全国省级教育部门所属政务新媒体、部属高校政务新媒体以及部分省级以下教育部门、地方高校政务新媒体。2018年问卷调查数量为123家机构，这些机构的政务新媒体在全国教育政务新媒体发展中处于前列，能够反映出中国教育政务新媒体总体的影响力。问卷内容分为5个部分，对各自发展概况、内容、技术、运营、建议等方面进行了调查，部分问题和此前两年调查问题一致，以从中看到纵向变化。此外，根据新媒体技术的最新发展，还设计了部分新问题，以从中看到发展趋势。问卷发放采用在线填写的方式，由研究人员向各单位新媒体工作人员点对点发放，回收率达100%，问卷有效率达100%。

通过观察以上案例和数据，本报告发现2018年教育政务新媒体总体呈现以下特点。

1. 传统新媒体平台发展放缓

数据显示，2018年，教育政务新媒体中，微博和微信的粉丝数量持续增长。其中，微信粉丝数量5万~20万的占比从2017年的50%上升到58.54%，20万以上的占比从2017年的30.99%微升到32.52%（见表2、图1）。微博粉丝数量10万~50万这一区间比例基本持平，而50万以上的占比从2017年的8.57%增加到12.19%（见表3、图2）。从数据增长的背后我们看到，传统“两微一端”中的“两微”经过前些年的快速发展后，受众量依然保持上涨势头，但增幅较2017年有较大回落。这说明政务微信、政务微博已趋于稳定状态。

表2　2018年微信粉丝数量分布情况

单位：%

选项	比例
0～5万	8.94
5万～10万	28.46
10万～20万	30.08
20万以上	32.52

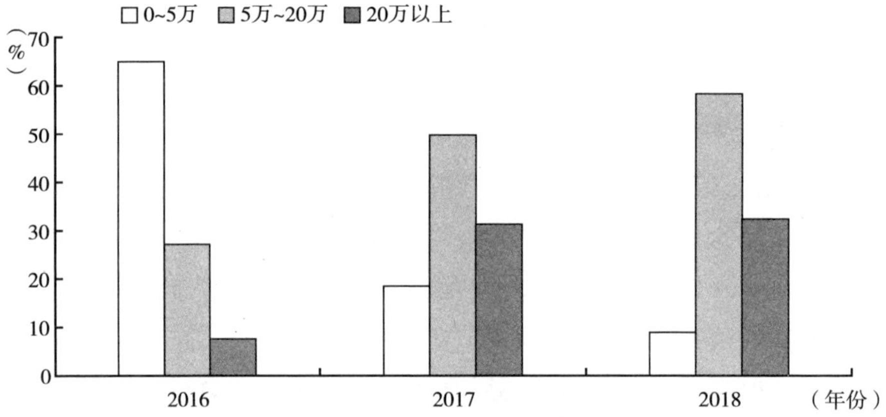

图1　2016～2018年微信粉丝数量分布比例

表3　2018年后微博粉丝数量分布情况

单位：%

选项	比例
10万以下	39.02
10万～30万	39.84
30万～50万	8.94
50万～100万	8.94
100万以上	3.25

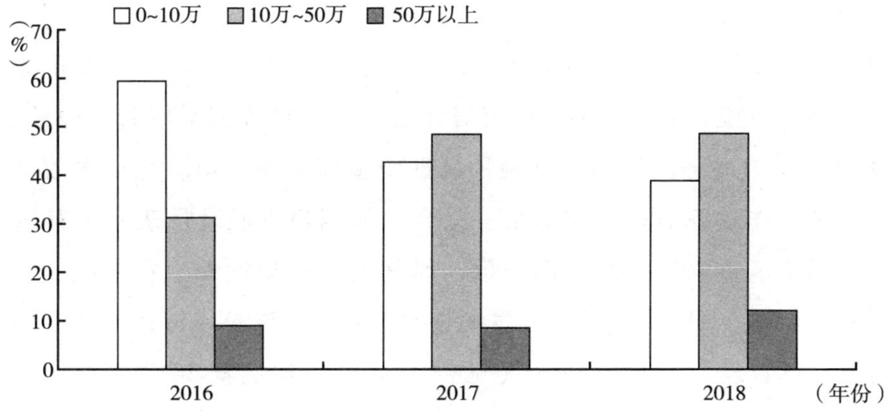

图 2　2016～2018 年微博粉丝数量分布比例

2. 2018年成为教育政务新媒体的短视频元年

随着短视频风口的到来，2018 年教育政务新媒体在短视频的应用上进入爆发式增长阶段。以抖音为例，2017 年入驻的教育机构微乎其微，而进入 2018 年，随着该平台爆发式增长，许多学校入驻抖音等短视频平台。特别是教育部政务新媒体“微言教育”9 月入驻以后，一些高校随之入驻。根据抖音提供的数据，截至 2019 年 2 月，高校官方账号超过 485 个，重点高校覆盖率超过 50%。这与调查所得数据基本一致，在被调查的 123 个机构中，入驻抖音、快手的有 64 家。随着 5G 技术的普及，短视频将成为政务信息发布的重要方式，它在政务新媒体中的作用也将日益凸显。在 2019 年的中国教育政务新媒体年会上，从大会到各分论坛，“短视频”都成为一个高频词语。从这些情况看，2018 年成为教育政务新媒体在短视频上发力的“元年”，2019 年将迎来快速增长。

3. 教育政务新媒体在双重属性中力求取得平衡

此前研究认为，政务新媒体具有政务与媒体的双重属性。[①] 在教育政务新媒体发展的前几年，这两种属性之间很难达到平衡，或者说在这两个

① 安薇等：《2016 年中国教育政务新媒体发展报告》，载单波主编《中国媒体发展研究报告》（总第 16 辑），社会科学文献出版社，2017，第 84 页。

方面总是存在欠缺。比如，体现政务属性方面，有的没有起到政务公开、信息服务的作用；体现媒体属性方面，有的没有和公众建立起真正的交流与对话，自说自话、对网友的留言评论视而未见等情况成为一种常态。2018 年，教育政务新媒体在这两种属性中逐渐取得平衡。绝大多数机构将新媒体当作政务信息发布的第一平台，如四川省教育厅表示，其重要文件、通知、重大教育舆情都会第一时间通过门户网站、官方微信、微博发布、解读、回应。[①] 偶尔首发的信息只占 19.51%，与其他平台同步发送和全部首发的占 80% 以上（见表 4）。这一比例较 2017 年有明显变化，也意味着教育政务新媒体越来越成为教育部门进行社会治理的重要方式。

表 4　2018 年教育政务新媒体首发政策情况

单位：%

选项	比例
全部首发	35.77
与其他平台同步发送	44.72
偶尔首发	19.51

4. 教育政务新媒体全局性的联动初步形成

不少专家认为，政务新媒体不能形成孤岛效应，而应该构建矩阵，联动发展。2018 年，教育政务新媒体“有盟无联”的状况得到改善。为推动全国教育政务新媒体之间的联动，以教育部“微言教育”为核心，全国教育政务新媒体联盟发起“星火计划”。仅从一个案例就可以看到，全国范围内的全局联动已初步形成。2018 年 9 月 10 日，全国教育大会召开，当天，“星火计划”百家骨干单位联合发起“新时代@ 教育”网络主题活动，1500 家成员单位一起参与，开创了教育政务新媒体联动传播新纪录。第

① 《“搞事情”！四川教育融媒体中心成立，竟想占有你们的票圈》，四川教育发布微信号，2018 年 10 月 29 日。

三方机构数据监测显示，截至 2018 年 11 月 30 日，该活动全网阅读量高达 6 亿多，是迄今为止教育系统阅读量最高、覆盖面最广、影响力最大的一场网络主题活动。

5. 从业人员开始进行角色反思

任何一个行业的发展都离不开人力支撑。政务新媒体的发展主要靠核心人员。随着这个领域的迅猛发展，该工作的要求越来越高，强度和压力都越来越大。但制度层面的调整没有适应新媒体发展的需要，这种滞后效应在政务新媒体兴起五六年后便开始显出其掣肘作用。在 2019 年政务新媒体年会上，有高校新媒体负责人提出：为什么我们总是很难找到成就感？这一话题引起与会人员的共鸣。从本次调研情况看，教育政务新媒体工作人员中，约 14% 的人员为兼职，专职工作人员不到 3 人的情况占 73% 以上（见表 5）。在平台内容日益丰富、功能越来越多的情况下，教育政务新媒体工作人员数量未能相应增加。有专家在研究中也关注到这一问题，认为政务新媒体团队“属性不明确”“没有外来资源的支持很难进一步提升团队的积极性和稳定性”。[①] 这个问题在 2018 年逐渐凸显。如果不能得到妥善解决，将会对教育政务新媒体的发展产生负面影响。

表 5　2018 年教育政务新媒体从业人员专/兼职情况

单位：%

选项	比例
不到 3 人专职	73. 17
3 ~ 5 人专职	12. 2
5 ~ 10 人专职	0. 81
10 人以上专职	0
全部兼职	13. 82

① 禹卫华：《2018 中国政务新媒体白皮书》（2019 年 1 月 16 日发布），见《中国政务新媒体白皮书：从业人员超 60 万，内容同质化严重》，http：//www. sohu. com/a/289915392_260616，2019 年 1 月 18 日。

以上是教育政务新媒体在2018年的基本发展状况及新进展、新特点。下面将从内容、渠道、运营等方面一一分析，并就其中的问题及发展方向进行探讨。

二　强化沟通：寻找政务属性与媒体属性间的平衡

教育政务新媒体具有政务属性和媒体属性双重属性。在实践中，这二者并不是独立地存在，而是越来越密不可分。在政务新媒体的政策传播、政务服务、沟通公众等功能中，每一个功能都可以从政务和媒体两方面去考量。政务功能依托新媒体技术去实现，而媒介功能离不开政务性质这一内核。这两者相结合，实现的是互联网环境下社会治理的现代化。

1. 政策传播：多元互动的网状格局形成

由于具有权威性和唯一性的身份优势，政策传播有了得天独厚的条件。在这几年的发展中，做好政策信息的“发布”工作一直都是政务新媒体的最大特色。从本次问卷调查的情况看，教育政策和教育动态类选题依然是平台的重要内容（见表6）。如“微言教育”在2018年的10万+推送中，《重磅！教育部印发普通高中课程方案和课程标准（2017版）》《重磅！〈中共中央　国务院关于学前教育深化改革规范发展的若干意见〉发布》是在国家及教育部门出台相关政策性文件后发布和解读的，第一时间为家长和学生送上可靠的信息。这也正是教育政务新媒体提升用户黏性的吸引力所在，所以，政务新媒体要做好政务信息的“专卖店”，而非新媒体平台的“杂货铺”，将政务信息的发布形成特色、做出品牌。

表6　2018年教育政务新媒体发布内容涉及的方面

单位：%

选项	比例
教育政策	90.24
教育动态	92.68
教育人物	91.06
观点文章	54.47

续表

选项	比例
服务信息	95.12
经典知识	54.47
热点回应	69.92
其他	12.2

但是，政策传播不仅是政策发布。有研究者提出，中国的政策传播有四种模式，其中之一是“新媒体双向沟通模式”①。这一模式意识到公众参与在政策形成、传播中起到促进作用。从教育部门一年来的实践看，根据《教育部办公厅关于2018年教育部政府信息公开工作年度报告的公告》公开的信息，一系列重要决策事项②通过门户网站等渠道，向社会公众公开征求意见，“收集意见建议1800余条，根据反馈情况修改完善后另行发布”③。同时，在政策实施后，政府部门也根据社会舆论及实际情况，对现行政策进行完善或修正。比如，“翟天临被曝学术不端”事件发生后，教育部发出《教育部办公厅关于进一步规范和加强研究生培养管理的通知》，对研究生培养提出“严格执行学位授予全方位全流程管理”④。

政策传播存在于复杂的社会系统中，是一个复杂的演进过程。“双向沟通模式”在一些时候还不足以解释政策传播的复杂性。特别是教育政策涉及范围广，事关众多人的切身利益，其传播过程不再仅仅限于政策主体和公众间的互动，社会机构、专家、媒体等多个方面都会参与进来，这些方面的互动形成教育政策传播的网状路径，新媒体成为这一路径的重要场域。

① 常纾菡：《政策传播：理论模式与中国实践》，《编辑之友》2018年第6期。

② 比如《学校集中用餐食品安全管理规定》《中华人民共和国民办教育促进法实施条例（修订草案）》《综合防控儿童青少年近视实施方案》《教育部规章、规范性文件设定的证明事项拟保留清单》等。

③ 教育部办公厅：《教育部办公厅关于2018年教育部政府信息公开工作年度报告的公告》，教育部门户网站，http://www.moe.edu.cn/srcsite/A01/s7048/201903/t20190329_376013.html。

④ 教育部办公厅：《教育部办公厅关于进一步规范和加强研究生培养管理的通知》，教育部门户网站，http://www.moe.edu.cn/jyb_xxgk/moe_1777/moe_307/201903/t20190301_371886.html。

2018 年一个典型的案例是全国治理校外培训机构的政策传播。治理校外培训机构的直接缘由是“以‘应试’为导向的培训，违背教育规律和青少年成长发展规律”“造成学生课外负担过重，增加了家庭经济负担，社会反响强烈”①。基于此活动的政策传播过程贯穿全年，现从多个角度一一呈现。

政策文本方面，分为三个阶段：第一阶段，是“两会”前后，教育部等部委层面部署专项治理行动②；第二个阶段，是 7～8 月，中央层面进行部署并出台意见③；第三阶段，是下半年开学后，部委层面进一步推动落实，先后出台多份文件④。除此之外，教育部还在这一年发出十余份通知、整改通报等相关文件。围绕某一专项政策，从中央到多个部门出台如此多文件，这种情况并不多见。多家媒体亦用“史无前例”来形容。

政策发布方面，从教育部到地方教育部门都采取了发布会、采访团等线下方式进行政策传播。2018 年，教育部召开的与治理课外培训班有关的发布会有 3 场，同时，还组织采访团到广州专门采访治理情况。这些发布活动情况均上传至各级教育政务新媒体平台，以教育部政务新媒体“微言教育”为例，以“治理”“校外培训机构”为关键词，可以在该平台查询到 30 余条相关内容的推送，平均 10 天左右就有一条，而涉及该内容的推送更是多达 55 条。

多元互动方面，由于校外培训机构治理对象是培训机构，涉及重大商业利益，推动起来必然会遇到不少阻力；同时，其目标直指“减负”，牵动了每一个家长的神经。这些因素和政府治理的坚定决心交织在一起，形成舆论

① 《教育部办公厅等四部门关于切实减轻中小学生课外负担开展校外培训机构专项治理行动的通知》，教育部门户网站，http：//www. moe. edu. cn/srcsite/A06/s3321/201802/t20180226_327752. html。

② 2 月 13 日出台《教育部办公厅等四部门关于切实减轻中小学生课外负担开展校外培训机构专项治理行动的通知》，3 月 20 日出台《教育部办公厅关于加快推进校外培训机构专项治理工作的通知》等。

③ 7 月 6 日，中央深改委审议《关于规范校外培训机构发展的意见》，该文件于 8 月由国务院办公厅印发。

④ 包括《教育部办公厅关于切实做好校外培训机构专项治理整改工作的通知》《教育部办公厅　国家市场监管总局办公厅　应急管理部办公厅关于健全校外培训机构专项治理整改若干工作机制的通知》《教育部等九部门关于印发中小学生减负措施的通知》等。

场上极其复杂的互动。一方面，政府围绕文件推出一系列政策解读；另一方面，自媒体平台上流传的《教育部，请不要给我的孩子减负》《疯狂的黄庄》等“现象级”作品，反映出家长对“减负”的深度焦虑心态。针对这些焦虑，专家站在不同立场进行分析，观点各自不同，甚至对立。媒体也发表很多文章对这一政策进行评论。也就是说，在政策传播过程中，政府部门、商业机构、专家、家长以及几乎所有传统的主流媒体都卷入这场关乎每一个孩子学习生活甚至是命运的舆论风暴中。可以说，在这一政策传播过程中，各方面的意见都得到充分的沟通。时至今日，这一政策传播行为仍在继续，各方面的共识仍未达成。但无论如何，从这一传播案例可见，政策传播过程中新媒体舆论场里多元交互的网状格局已经形成。

2. 政务服务：已成方向但面临统筹难题

政务服务功能是政务新媒体与其他类型新媒体的一个重要区别所在。在政务新媒体的平台上办更多的事，实现政务服务的便民化和简洁化，已经成为受众对政务新媒体日益迫切的需求和期待，也成为政务新媒体平台对自身发展的要求和方向。各地各部门应建立健全信息主动发布、网络问政理政、舆情收集回应、网上在线办事等一系列工作机制。[①] 从调查数据也能看出，教育政务新媒体利用平台优势在不断努力为粉丝提供更多更有价值的服务（见表7）。

表7　2018 年教育政务新媒体平台为粉丝提供的服务情况

单位：%

选项	比例
分数查询	51. 22
相关教育业务办理	43. 9
报考、升学等服务信息	65. 85
重要教育信息查询	77. 24
相关招聘、就业等服务信息	70. 73
其他	8. 13

① 高如：《困境与突围：政务新媒体的探索之路——以陕西省政务新媒体为例》，《东南传播》2016 年第 3 期。

政务新媒体提供相应的政务服务，在实践上逐渐成为一种方向。广东省教育厅的“微信办事　指尖服务”平台已经成为便民品牌，该平台积极探索从资讯发布平台向政务服务平台延伸，先后实现微信查询高考录取结果、微信办理学历认证等功能，2018 年还推出了“阳光政务掌上平台”和“学生学籍、省内学校微查询”两项新服务，通过实用便捷的政务服务功能拉近了与读者的距离。类似高考查分等功能，在四川、河南、江西等地的教育政务新媒体中得到较为成熟的应用。这些政务服务功能已经在很多教育政务新媒体的平台中成为日常，平台也致力于将自身打造成师生家长的“教育掌中百事通”。

相较内容生产而言，政务服务功能需要更多的技术支撑，但技术并不是制约因素。当政务新媒体向政务服务延伸的时候，不同部门间的协调以及统筹管理显得更重要。目前，一些具体的教育政务功能分布在不同部门，这些部门有的已经有了电子政务的基础，如何在此基础上进行横向沟通、实现资源共享，将成为未来教育政务新媒体面临的一个课题。

3. 沟通公众：常态与应急状态下的不同方式

沟通公众是政务新媒体的天然属性。政务新媒体在这几年的发展中，秉持“不回避、接地气”的态度在发布权威消息、回应社会热点等方面也做了诸多尝试和探索，形成了与公众沟通的重要渠道。与公众沟通分为常态化沟通与应急状态沟通。在不同的情况下，沟通方式与策略会有所不同。

在常态沟通中，包括教育部、开设政务新媒体的教育行政部门和高校，80% ~ 90% 将新媒体作为了解公众意见、回应公众关切的平台（见表 8），及时围绕师生、家长关切的问题做好沟通工作。

表 8　2018 年教育政务新媒体与网友互动情况

单位：%

选项	比例
微博微访谈类	35.77
微博话题类	78.05
微博评论	78.05
微信留言区	92.68
微博或者微信私信回复	88.62

比如，中山大学在“三校区五校园”建设的问题上，就通过新媒体平台及时与师生良性互动。第一步，使师生达成共识。以重大校事活动为切入点，抓住港珠澳大桥通车仪式等宣传契机，使师生达成学校三地办学是服务国家和区域战略发展需要的共识。第二步，研判舆论热点，及时沟通疏导。珠海校区舆论引导重在回应师生对基建施工的关切，深圳校区舆论引导重在回应师生对校区建设进度的关注。

在应急状态下，与公众的沟通面临重大挑战。其特点有三：时间紧迫、问题复杂、热度很高。比如，减负、高考改革、考试事故、学术不端、来华留学生等话题以及中小学生遭受恶性伤害、高校教师性侵等事件，都有以上特点。若沟通不及时，将会引发更大的舆论风波。

虽然存在诸多挑战，在2018年的实践中，涉及的教育部门和高校对上述问题基本都做了回应，在沟通公众方面做了不少努力。比如，“4·27米脂砍学生事件”发生后，陕西省教育厅启动应急预案，将新媒体作为重要平台，第一时间转发权威机构关于该事件的相关情况，并答复网友的咨询。伤害案发生后的一段时间内，网络自媒体关于伤害学生的现场血腥照片、视频迅速传播。陕西教育主管部门通过教育新媒体联盟及时发声，将网络舆论从违背传播伦理传播血腥场面的风潮，引导到强烈谴责暴徒、全力救治学生上来。这个过程中，陕西教育厅新媒体发布10条信息，主动回应社会关注的问题，并接受各方批评质疑，使这一事件在网络舆论场中得以良好处置。①

当然，教育部门和高校政务新媒体在回应中，在一定程度上还存在“自发声、弱回应，甚至‘慢发声、无回应’的现象以及让政务新媒体修葺的‘信息茧房’变得密不透风的情况”②，甚至出现因回应不当引发次生舆情的情况。因为存在难度，众多教育部门、高校在通过新媒体与公众沟通时采取了谨慎的态度。调查发现，教育政务新媒体在热点回应时，只有不到1/3会经常使用新媒体平台（见表9）。从研究收集的44个案例来看，热点引导案例只有

① 该案例由陕西教育厅政务新媒体提供。

② 丁利：《政务新媒体传播的困境与破解之道》，《中国记者》2018年第3期。

2个。这从侧面说明，教育部门的政务新媒体在与公众沟通方面还存在不足，面对危机或者突发事件，在最需要和公众沟通的时候，交流反而容易缺位。这一现象的改变，将有赖于对舆情的科学研判、从业者媒介素养的提升以及领导对新媒体从业者的宽容。有时候，最后一点比前面几点更为重要。

表9　2018年发生舆情事件，借助新媒体平台进行危机处理的比例

单位：%

选项	比例
经常使用，便于及时回应	31.71
偶尔使用，视舆情事态的发展情况而定	61.79
不会，担心用不好适得其反	6.5

三　积极运用新技术：融媒体背景下的探索与实践

对于政务新媒体而言，讨论新技术发展要置于融媒体的背景下。2018年，融媒体相关研究如火如荼。总的来看，有一个共识是融媒体“涉及内容、渠道、平台、经营、管理的改变，也涉及体制机制的改革”，同时，这种融合应该是“移动优先”①。在这种视角下考察教育政务新媒体在技术层面的发展情况，就可以归结到哪些技术应用将可以更好地支持“移动优先”的发展策略。很显然，短视频和人工智能的应用应该在首要讨论之列。

1. 入驻短视频平台

2018年，政务机构纷纷入驻抖音等短视频平台。截至2018年9月，全国已有2795家党政机构入驻抖音平台开通政务抖音号，发布视频近10万条，播放总量超过500亿②。政务信息类短视频规模初显，成为继政务微博、政务微信、政务App之后一个新的政务新媒体传播形态。③

① 支庭荣：《我国媒体融合发展的内在逻辑与焦点问题》，《人民论坛·学术前沿》2019年第3期。

② 张青、李晨阳：《政务新媒体，拥抱短视频》，《山西日报》2019年1月8日，第9版。

③ 赵雯：《政务新媒体的短视频传播分析》，《传媒》2019年第5期。

拥有数以亿计年轻用户的活跃短视频平台，无疑是增强传播力的重要渠道，也成为教育政务新媒体无法忽视的新阵地。如前文所述，2018 年成为教育政务新媒体的短视频元年。一方面，入驻抖音、快手等短视频平台的教育政务新媒体数量迅速增长，形成了一定规模；另一方面，教育政务新媒体对短视频的应用，进行了很多尝试。问卷调查显示，近 90% 的教育政务新媒体在视觉呈现方面运用过动画短片、短视频的方式（见表 10）。

表 10　2018 年教育政务新媒体在视觉呈现方面运用过的方式

单位：%

选项	比例
H5	79.67
动画短片、短视频	88.62
漫画、超长图等	79.67
航拍、直播等	73.17

分析 2018 年教育政务新媒体在短视频应用方面的典型案例，我们可以发现，在重大政策解读、与网友互动等方面，短视频发挥了重要作用。比如在 2018 年召开的全国教育大会上，教育部政务新媒体“微言教育”推出的短视频《一起“瞰”全国教育大会》以及微观教育系列短视频，将大会要点、政策亮点等进行提炼，创新呈现，让网友能够形象直观地了解大会有关内容以及大会会给教育带来什么样的变化。

在短视频平台上发起视频挑战活动，拍视频上传，网友互动传递，也是 2018 年非常流行的一种做法。教育部政务新媒体“微言教育”也利用这一趋势，在 2018 年教师节期间，推出“我给老师比个心”短视频挑战赛活动，将浓浓师生情谊融于视频表现之中，提高网友互动参与度。活动在抖音平台上达到 20 多亿次播放量。活动发起后，引发热潮，央视等 13 家全国电视媒体参与活动推广，60 多个政府机构、央企账号参与挑战。网友们通过贴纸手指舞、自制小短剧、趣味问答等多种视频形式，表达感念师恩之情。此外，入驻短视频平台的高校也经常利用平台在校庆季、招生季发起一些晒校景、晒美食、晒学霸、晒名师的短视频挑战活动，经常能够引发网友热烈反响，成为学校形象塑造的一大亮点。

5G 技术即将到来，可以预见短视频还会持续处于高速增长的“风口”。对于教育政务新媒体来说，生产运营短视频还要适应社交传播的特点，充分考量视频作品在社交网络中如何激发用户的社交传播欲望①。毕竟，大家愿意去分享、参与、收藏，才会让短视频的传播效果得到最大化呈现。

2. 积极实现智能化传播

人工智能技术的不断创新和发展，正在深刻地改变着各行各业的运行模式。媒体业亦如此，智能化已经逐步走向教育政务新媒体平台，并且越来越受到重视。2018 年教育政务新媒体发展情况问卷调查结果显示，75. 61% 的成员单位已经考虑过引入人工智能技术，5. 69% 的成员单位已经有了相关计划（见表 11）。

表 11　2018 年教育政务新媒体是否计划引入人工智能情况

单位：%

选项	比例
考虑过，并已有计划	5. 69
考虑过，但无实际计划	69. 92
从未考虑过	24. 39

部分教育政务新媒体在日常宣传中融入人工智能技术方面取得了较好的效果。比如西安交通大学通过“新媒体 +”理念开展西迁精神宣传报道，开发具有新颖性、创意性、互动性的新媒体产品，总阅读量、使用量超过 50 万人次。其中，基于人工智能技术的新媒体 H5 产品《我是新传人！第 × × 张交大西迁乘车证已生成!》实现用户上传个人照片经人脸识别技术，生成用户专属的交大西迁乘车证，在师生、校友中实现了刷屏，让以往严肃的宣传推广变得非常有意思。

① 王舒怀：《移动短视频的发展趋势与思考》，《中国记者》2018 年第 11 期。

另外，VR 等新技术也逐步被应用到教育政务新媒体领域，并且产生了很好的效果。武汉大学在这方面结合实际情况，做了有益尝试。作为一个著名的非旅游景点，武大校园常年来受到社会公众的喜爱，尤其是在每年 3 月樱花盛放期间。为了缓解校园管理压力，让更多粉丝可以在线欣赏校园美景，武汉大学策划制作了 VR 全景地图，实现 720°云赏樱。网友进入地图之后，可以在自己感兴趣的地点留言，增加了浏览的趣味性和互动性。该 VR 地图一经上线，浏览量就达到了 11 万。

但总体来看，人工智能技术在教育政务新媒体中并没有得到大范围应用，机器人写作、虚拟主持人等方式还没出现在教育政务新媒体中。分析原因，可能是需求不足，这或许和教育领域问题复杂程度高有关，它对政策发布、沟通公众等方面的要求较高，目前尚无很好的人工智能解决方案。

3. 强化交互性传播

短视频也好，人工智能也罢，都强调与受众的互动。因而，良好的交互设计是当前新媒体有效传播必不可少的一个手段，也是扩大影响力的一项利器。好的交互设计可以让用户有参与感和获得感，可在瞬间引爆整个网络，短时间内成为热门话题。2018 年，根据调查结果，几乎所有省厅、高校通过微信留言点赞、微博评论、小程序问答等方式与网友进行了互动。其中，产生了北京大学《北大，120 岁生日快乐!》等优秀交互类作品。也有高校匠心独运，将线上线下结合起来，取得了非常好的传播效果。

比如电子科技大学官方微博推出的话题“成电谜题”，通过设置大学物理、高等数学、武侠小说等谜题形式，邀请网友参与解密和现场寻宝，每道谜题的答案都指向学校的某一建筑具体位置（如某间教室），解出谜题的网友需第一时间到达答案地点，并找到工作人员事先在该地点藏好的奖品兑换卡。良好的交互体验使这个设计获得了普遍好评和社会的广泛关注。

上述短视频、智能化、交互性并不是独立的，而是相互融合、相互支持的。特别是智能化和交互性，两者相辅相成，在交互中体现智能化，在智能化的环境中实现更好的交互。

四 畅通渠道：联动发力产生的聚合与张力

2018 年底，国务院办公厅印发的《关于推进政务新媒体健康有序发展的意见》中，在“规范运维管理”部分明确提出“构建整体联动、集体发声的政务新媒体矩阵”。[①] 教育政务新媒体联盟早在 2013 年就已成立，几年来成员单位逐渐扩充到 1500 余家，但一直以来都是“有盟弱联”。2018 年，针对联动效果不明显这一状况，教育宣传主管部门实施了教育政务新媒体“星火计划”[②]，一年来，联盟作用凸显，联动做实做强，联动发力产生的聚合效果较好。

1. 主题联动以打造品牌

新媒体传播要具有 IP 意识。2018 年教育政务新媒体的主题联动，努力做到让好的创意和策划发挥出最大效果，既获得传播声量的增值，同时也提高教育政务新媒体自身的品牌认知度。如本文第一部分论及的“新时代@教育”网络主题活动中，百家教育政务新媒体通过“统一挂栏目 + 自主推内容”的模式，持续推送教育大会相关内容，多平台推广既打造了统一品牌，又兼顾了各家新媒体的灵活性，成为网络主题联动活动的一次创新尝试。

打好“联”字牌，成为 2018 年教育政务新媒体主题宣传的最大亮点。毕业季、教师节等多个重要教育节点时期，教育政务新媒体联盟发起多个网络主题活动，全平台推广，立体化呈现，形成联动格局，让教育政务新媒体朋友圈的“亲密度”不断提高。

2. 细分联盟以提升聚合效应

在“星火计划”联盟联动的带领下，在多个省级教育政务新媒体联盟及校际间区域新媒体联盟的基础上，2018 年，部分教育政务新媒体还探索

① 国务院办公厅：《国务院办公厅关于推进政务新媒体健康有序发展的意见》，中国政府网，http：//www. gov. cn/zhengce/content/2018 – 12/27/content_ 5352666. htm。

② 叶雨婷：《新媒体时代下的高校舆情应对路在何方》，《中国青年报》2018 年 1 月 29 日，第 9 版。

成立行业或专业新媒体联盟，寻求共有特色，实现资源共享，形成宣传合力。

如中国海洋大学牵头，联合多所涉海高校及科研单位等，共同发起成立中国海洋文化新媒体联盟。该联盟以研究和传播海洋文化为核心，通过新媒体构建全国联动的海洋文化新媒体传播矩阵，面向全球讲好海洋故事、普及海洋知识、传播海洋文化。这一联动，形成了覆盖6省70余万人的新媒体传播矩阵。成员单位资源共享、转引互推，联动做好新媒体宣传和热点应对，“共振式”地发出海洋最强合音实现品牌聚合效应最大化。

随后不久，在中央美术学院牵头倡导下，全国10所重点美术院校共同构建全国重点美院共建共享共赢的新媒体发展平台。10所院校在校师生人数近10万，各自掌握的新媒体平台为美术专业师生和艺术爱好者所关注。经统计，10所院校“双微”平台覆盖粉丝近200万，其传播力、影响力足以覆盖全国美术教育界及美术界。

这些行业、专业新媒体联盟的出现，也是教育政务新媒体加强传播方式的探索与创新，实现新技术、新应用、新经验的互动与共享，联合打造信息传播制高点的新尝试。

3. 创新运营方式以拓展多元渠道

联动效果的产生，不仅需要联动，更需在联动过程中不断拓展渠道，创新运营方式，使联动向多元化发展。2018年，教育政务新媒体抓住“招生季”“毕业季”等教育节点，创新联动方式，拓展多元渠道，形成热门话题。这些局部联动引发大量师生及网友参与，进而引起社会关注，取得不错的传播效果。

比如2018年中秋节到来之际，南京大学联合上海交通大学、复旦大学、浙江大学和中国科学技术大学4所高校在微博上发起了“华五浓情”之中秋送祝福抽奖活动，一天内，5所高校微博被转发6000余次，评论达3500余条。此次发起活动的5所高校都位于华东地区，且学校都有较高知名度，自带流量，相互间互动较多，又借助中秋佳节宣传时机，巧妙利用“中秋团圆”的概念，保证了活动的热度与时效性。且抽奖参与方式简单，容易操作，因而有很强的互动性。

又如，山东大学在2018年高考招生季策划推出的微博“报考我，马上!”与清华、北大等上百所高校进行互动，为高校招生做宣传。由于各大知名高校、众多媒体的“神助攻”，另有评论区“山大官微”“小编与考生”的持续互动，让考生倍感亲和。“山东大学发了一条微博”话题登上热搜，并飙升到热搜第二名，话题阅读量超过1986万，提升了学校的影响力和美誉度。这种联动策划创新了新媒体的运营推广方式，让传播渠道更加多元，也提高了教育政务新媒体联动的积极性。

五　展望：移动优先策略下的新媒体布局

（一）趋势

根据以上分析，可以观察到，2018年的教育政务新媒体呈现以下发展态势。

（1）传统的新媒体平台发展速度放缓，新兴的短视频平台迅猛发展，体现在“两微”粉丝增加趋于稳定状态，入驻短视频平台出现爆发式增长，2018年成为教育政务新媒体短视频发展的元年。与此同时，人工智能、虚拟现实、大数据等新技术应用达到一定规模。

（2）教育政务新媒体在政策传播、政务服务及沟通公众等方面较以前有长足改进，体现在政策解读更加及时，服务信息力求简洁便民。在与公众沟通方面，形成了多元互动的网状格局，在常态下，积极通过评论私信与公众做好沟通；在应急状态下，则及时了解网络舆论，回应公众关切。教育政务新媒体已成为绝大多数教育部门政务信息发布的第一平台和治理社会的重要方式。

（3）教育政务新媒体全局联动的成效初步显现，“有盟无联”的状况得到改善。

正如前文所述，教育政务新媒体的创新发展得益于政务新媒体一年来的蓬勃发展，国家层面对政务新媒体发展的顶层设计，新兴技术的深刻影响；

也是教育作为最大的民生话题，社会公众高度关注的一种映射；而教育部门和学校对教育政务新媒体在沟通政府与民众、联系师生与校友等不同圈层中发挥的重要作用，也有了越来越清晰的认识。虽然教育政务新媒体越来越成为网络舆论场的重要力量，但在教育改革不断深化、社会诉求更加多元的背景下，面临公众普遍存在的教育焦虑难题时，作为教育政策的发布和解读平台、教育热点的回应平台，教育政务新媒体在传播力、融合力等方面还存在一些问题，消解公众教育焦虑的任务还很艰巨。

（二）存在的问题

其一是传播力总体不足。移动互联时代，社会成员的舆论参与度不断提高，教师、学生、家长等群体在舆论场形成若干社会共同体，共同的价值认同和利益诉求让这些群体成为教育话题讨论热度的助推器。相比于广大教育群体，教育政务新媒体的受众规模与传播范围较窄，传播效果自然也会打折扣。2018 年教育政务新媒体发展情况问卷调查显示，近 70% 的教育政务新媒体微信粉丝数低于 20 万，近 90% 的教育政务新媒体微博粉丝数低于 50 万。和“双微”平台有影响力大号的粉丝数动辄几百万甚至千万相比，教育政务新媒体的用户规模还比较小。此外，根据清博大数据统计，2018 年，省级教育部门官方微博全年发布的微博平均每条转发数仅为 10 次左右，教育部直属高校官方微博全年发布的微博平均每条转发数为 20 次左右，这也在一定程度上反映出教育政务新媒体的传播力总体不足，尤其在舆论场引发教育话题热议时，教育政务新媒体的声音不够强大和主流。

其二是融合发展尚未发力。2018 年，我国媒体融合进程逐渐深入。[①] 8 月，全国宣传思想工作会议召开，“县级融媒体中心”首次出现在国家级会议上。[②] 可以说，这代表着融媒体建设进入政务融媒体建设阶段。教育部门和高校也感受到了融媒发展的重要性，但受到发展理念、机构管理、用人机

① 黄楚新、刁金星：《盘点 2018 年中国媒体融合多元发展》，《新闻论坛》2019 年第 1 期。

② 李彪：《县级融媒体中心建设：发展模式、关键环节与路径选择》，《编辑之友》2019 年第 3 期。

制等各方面的影响，付诸实践的地方和高校较少。就高校来说，虽然校园新媒体平台粉丝数不断增长，但因缺乏有效的资源整合和专业人士，校内传统媒体与新媒体真正意义上的融合发展还未实现。从目前来看，各地各校的融媒体建设还未全面起步，相关探索也未开展。

（三）对策建议

如今，技术一直在加速推陈出新、更新换代，当我们还沉浸在微博、微信等社交媒体带来的精神愉悦时，大数据、云计算、人工智能等技术主导下的新变革已悄然发生，并在重构我们的认知、体验和生活。技术发展、传播格局变革深刻影响着我们工作的方式、过程甚至效果。面对这些现状和问题，教育政务新媒体如何顺势而为？如下三个发展方向值得关注。

一是坚持移动优先。中央在媒体融合改革中一直强调坚持移动优先策略，着力建设好自己的移动传播平台。这正是教育政务新媒体在未来发展中首先要坚持的原则和要求。2018 年教育政务新媒体发展情况问卷调查显示，已开通新媒体的省级教育部门和教育部直属高校 100% 入驻了各大新闻客户端平台，除去微信、微博平台，仅入驻 2 个以上新闻客户端平台的教育政务新媒体就达 80% 以上。因此，移动优先意味着要统筹好现有的新媒体平台，作为优先建设发展的前端，从机制、人员上保证网站、微博、微信、新闻客户端、视频等不同平台运转的流畅。移动优先还意味着多方合作借力，加强与各互联网应用平台、有影响力的自媒体等第三方机构的沟通，在内容创意、形象设计、技术开发等方面开展多维合作。移动优先更重要的是自建平台。5G 技术的快速发展，不仅意味着更快的网速，还意味着更多的“接入”，手机、电脑、家具、穿戴都能同时接入 5G 网络，“万物互联”正在走向现实。从全新的用户体验出发，教育部门和高校要推进移动新媒体技术的整合，真正实现在价值引领、舆论引导、服务人民方面占领传播制高点。

二是突出政务服务。教育领域所具有的民生性，使教育话题一直是民众和社会的关注点，这就决定了教育政务新媒体虽然在各地各校发展不均衡，但和其他领域的政务新媒体相比，被关注程度较高。政务新媒体代表的是官方，是权威，其体现在信源上无法比拟的优越性应该被充分利用。因此，及时、有效地公开政务信息，持续不断地提供权威、专业的教育政策解读，对热点话题进行引导，是教育政务新媒体“立足”的关键。以政务为本质，强化政务属性，借助新媒体，回归内容、创新传播，始终是教育政务新媒体进一步提升社会影响力的有效途径。电子政务的发展拓宽了政务新媒体的边界，使政务属性与媒体属性实现了统一，民众对信息公开和政务服务的要求越来越高。2018 年底，国务院办公厅印发的《关于推进政务新媒体健康有序发展的意见》中，在“加强功能建设”部分把“推进政务公开，强化解读回应”放在第一条[①]。面对新趋势，教育政务新媒体更需要将权威内容优势与新媒体的信息传播优势相结合，作为连接政府、学校与公众、师生沟通的桥梁，做好政策“发布厅”，在政务传播上让新媒体平台发挥更大的主动性和创新性作用。

三是推动融合发展。如今，国家层面的媒体深度融合已经全面推进，这一过程中伴随着四大主流技术的应用，分别是大数据分析、人工智能、增强现实（AR）/虚拟现实（VR）和云计算[②]。这些技术应用在政务新媒体发展建设中还不多。2018 年教育政务新媒体发展情况问卷调查显示，90% 以上的教育政务新媒体在应用人工智能技术方面并无实质性行动。因此，教育政务新媒体应在全网、全渠道推动融合发展，一体化运作，持续加强信息互联互通，打通信息孤岛。要以数据为基础，打造教育政务新媒体的“中央厨房”。这个“中央厨房”其实就是一个融媒体平台、一个智能聚合平台，除了信息发布这样的基础功能之外，还集合了社交关系、产品服务、需求解决、场景使用等多个要素，使之成为教育部门和高校的主流舆论阵地和综合服务平台。

此外，还需要聚焦用户，做好运营工作。根据 2018 年教育政务新媒体发展情况问卷调查的结果，在回答“未来大数据技术应该在哪些方面发挥

① 国务院办公厅：《国务院办公厅关于推进政务新媒体健康有序发展的意见》，中国政府网，http：//www. gov. cn/zhengce/content/2018 - 12/27/content_ 5352666. htm。

② 沈浩、袁璐：《人工智能：重塑媒体融合新生态》，《现代传播》2018 年第 7 期。

更大作用”这个问题时，91%的教育政务新媒体选择了“用户分析”选项。这说明教育政务新媒体的运营人员也充分认识到把握用户肖像、了解用户需求的重要性。所以，教育政务新媒体推进融合发展还应从市场融合、需求融合的角度出发，由需求来重构生产和分发，调动网友的情绪，让产品为大家所知，为教育政务新媒体的产品优化、精准推广以及面向用户的智能化提供服务。

B.6
我国政务微博传播创新及其启示

陈丽娜*

摘　要：　微博以其开放、动态、协同传播的特性已经成为各级政府了解群众、贴近群众、为群众排忧解难的新途径。本文通过分析系列案例，试图梳理政务微博传播创新的主要表现，进而分析政务微博传播创新的原因与发展趋势。研究发现，发布－问政－行政成为政务微博的功能创新，透明的社会治理成为政务微博的互动创新，信息链接的正能量传播成为政务微博的危机处置创新，跨国政务对话成为政务微博的国际合作创新，大数据应用成为政务微博的社会治理创新。政务微博传播创新的原因与趋势分析表明，政务新媒体还存在功能定位不清晰、信息发布不严谨、建设运维不规范、监督考核及追责机制缺失等突出问题，政务微博将承担更多的社会功能，主要包括："突发事件稳定器""正面能量聚合器""公益行动催化器""社会治理连接器"。

关键词：　政务微博　传播创新　社会治理

政务微博形成以各级政府为认证主体的格局，构建政府与民众沟通与对话的传播生态。在"互联网＋政务服务"的大趋势下，政务微博从最初的几个持续增长到现在的近 18 万个，不仅规模大幅扩大，更重要的是建立了

* 陈丽娜，微博执行总编辑。

从中央部委到地方的不同层级、不同职能领域的微博大聚合。2009年11月，湖南省桃源县人民政府网站官方微博“@桃源网”正式运营，被认为是国内首个政府官方微博；2010年“两会”期间，人大代表和政协委员在微博上就相关国计民生议题与网友进行讨论，掀起了“微博问政”的热潮；2011年政务微博进入快速发展阶段，并在实践中逐渐成为集政务公开、新闻发布、舆论引导和创新社会治理于一体的新平台和重要渠道。截至2018年12月，经过认证的政务微博达到17.64万个，涉及政府系统（含公安、外宣、基层组织、卫计、交通运输、旅游机构）、法院、检察院、人大系统、社会团体、政协等。2018年政务微博的总粉丝数已超过30亿人，总阅读量达到3890亿次。[①] 政务微博已经成为各级政府了解群众、贴近群众、为群众排忧解难的新途径，成为践行新媒体时代群众路线的新平台，并形成“倾听－对话－服务”的政民互动路径。本文通过分析系列案例，试图梳理政务微博传播创新的主要表现，进而分析政务微博传播创新的原因与发展趋势。

一 发布－问政－行政：政务微博的功能创新

从宏观来看，政务微博经历了微博发布、微博问政、微博行政三个阶段的发展，而实践证明，此“三阶式”并非必须割裂成序或不可逾越。譬如宁夏回族自治区银川市政务微博自始的科学定位和综合机制体制保障，即贯通了这三阶段的融合发展，显现出强大的生命力，取得了较好的社会效益。但是从全国范围的客观实践来看，这三个阶段在不同地域、不同职能领域存在发展不均衡的问题。

从微博发布到微博问政阶段，通过政民互动和政务服务，政务微博从党务政务单一的信息公开功能，转变成为政府在线对话与收集百姓民意的主要

① 据“2019政务V影响力峰会”公布的数据报告，2019年1月22日。需要说明的是，本文数据除特别注明外，其他全部来自微博的统计数据。

连接平台，阳光政务得以逐步实现，越来越多的在线便民服务事项开始得到应用，微博问政使得城市行政服务体系、各项政策、权力运行更加透明。在微博行政阶段，城市政务微博矩阵框架逐渐形成，并与政府各职能部门实现了业务链条的全面打通，基于政务微博矩阵，实现了跨职能、跨区域、多层级联动的线上线下工作流程再造，从而实现了从发布到服务的综合微博行政模式。

微博发布、微博问政、微博行政形成了在微博上的社会化城市服务体系，而这个体系依存的基础与微博产品独特的传播机制密不可分。以宁夏银川政务微博矩阵的实践为例，自 2011 年以来，银川市委市政府创建了以“问政银川”为政务微博矩阵核心、由全市党政多层级职能 513 个政务微博账号组成的有机“在线政府”，直接沟通民意，凝聚民心。值得关注的是，从 2015 年起，银川网民表达相关利益诉求的微博受理事项连续两年呈现下降趋势。据统计：2017 年，经官方微博“@问政银川”转办事项共计 19109 件，办结 18566 件，办结率 97.16%。2018 年，经“@问政银川”转办事项共计 17832 件，办结 17487 件，办结率 98.06%。利用“互联网+”，银川的社会治理已从生态上显现出根治、良治和善治的趋势（见表 1）。①

表 1　银川市政务微博矩阵服务绩效数据（2012～2018 年）

年度	受理事项(件)	办结量(件)	办结率(%)	线下信访总量较上一年度降幅
2012	15781	14046	89.01	12%
2013	24769	23324	94.17	14%
2014	21805	20644	94.68	15%
2015	30281	29373	97.00	13%

① 侯锷：《2017 年网络强国战略下社会新治理体系研究报告》，载唐绪军主编《中国新媒体发展报告№.9（2018）》，社会科学文献出版社，2018。其中 2018 年数据由银川市委督查室补充。

续表

年度	受理事项(件)	办结量(件)	办结率(%)	线下信访总量较上一年度降幅
2016	25196	23936	94.99	15.4%
2017	19109	18566	97.16	总批次下降18.9% 总人数下降39.8%
2018	17832	17487	98.06	待统计

资料来源：中共宁夏回族自治区银川市委督查室提供的数据，截至2018年底。

“银川模式”经历了8年的稳健发展和机制优化后，已经被全国越来越多的城市借鉴。越来越多的政务微博在做好信息发布、服务城市居民的基础上，也投身到矩阵政务服务中来，不论大事小事，都热心周到为群众办好，无不彰显出政务微博“全心全意为人民服务”的政治属性和执政初心。政务微博以城市或垂直部门矩阵为依托，成为社交媒体时代政府提供社会化服务、推进“互联网+社会治理”的重要组成部分。

二　透明的社会治理：政务微博的互动创新

随着政务微博实践的不断探索，政务微博立足于“政务”的“服务”本质，也有了不断创新完善的认知发展。新时代基于政务微博的“服务”的认知，理应是多层次和多元丰富的：政务公开发布的是最基础的资讯；交互对话、互动回应是拉近政民距离的情感服务；扩大社会参与、感知社会态势、畅通沟通渠道、辅助决策施政，是更深层次地将政务微博工作融入网络强国战略下社会新治理体系的大服务。政务微博是新媒体上的政府，是政府行政在微博平台上的延伸。其中包括从中央部委到基层街道办各级政府职能机构微博以及公职人员个人微博。截至目前，覆盖公共发声、服务职能的部门几乎都开通了微博，从行政级别分布看，县处级以下政府机构一直是政务微博的增长极。它们既是微博生态系统中的生力军，也是上述城市服务体系的核心构成。

微博独有的协同性优势体现在以下几个方面。一方面，市民与政府之间的协同，从线上民意的“倒逼”发展为政府主动不断再造、优化行政流程，以提升社会治理的效能；另一方面，政府职能部门之间必须打破部门壁垒和职能条块的分割体系，在线上构建各职能体系联动的微博矩阵，以建立市民各类诉求受理、转办、督办、回复、公开（公示）“五位一体”的城市服务体系。社会治理型政务微博矩阵管理模式已经成为未来政务微博发展的主要方向和主流趋势。微博独有的开放性决定了各类信息流动的真实与公开，虚假信息在这个平台上可以实现对冲，从而帮助政府有效地甄别信息，使政民之间平等对话。在这个体系的形成过程中，我们清晰地看到政府管理理念的转变升级，以及政府行政业务流程再造，正在实现比以往任何阶段都要快捷的优化和完善。微博最具优越性的信息动态发布与互动性，为城市居民随时随地在不同场景下表达自己的诉求与意愿提供了可能，这就要求各级政府在响应各类诉求时，从被动告知到建立一套主动发现机制，从而形成从线上到线下快速发现、响应、引导和解决的政务O2O模式成为必然。

（一）实现了从“俯视”到“平视”的网络政风转变

政务微博的出现改变了社会舆论格局以及政府与社会沟通的方式，党政部门要以平等的姿态与社会群众沟通交流，放下身段听取民声、收集民意。以原环境保护部官方微博更名为例。2018年3月22日晚，原环境保护部官方微博“@环保部发布”正式更名为国家机构调整后的生态环境部官方微博“@生态环境部”。据微热点大数据平台统计，这条更名公告微博24小时内阅读量超1400万，截至24日，该微博转评点赞累计互动量超2.3万次，“非敏感内容”近100%，创下该部门官方微博上线以来较高纪录。然而，谁能够想到，2016年11月22日，原“@环保部发布”上线后发布第一条微博时，在网友的评论中充斥着大量的质疑。公众舆论的巨大转变，折射出环保部近几年来坚持政务公开，在微博积极回应网民关切，不断普及环保知识和理念，与网民不断良性互动，从而不断消弭误会的互动互信过程。网民对环保工作不再是简单对立质疑，而是寄予了更多美好的期盼。通过政民互动交流，公众越来越深刻地意识到，生态环保与每个人的生活息息相关，公民的环保理念越来越强，在问题面前，需要政府与公众的共同努力和达成最大程度的共识。网民从质疑“勇气可嘉”到齐声问候“你好”，反映出政府部门从“俯视”到“平视”网络政风的转变，也收获了公众的信任和赞誉。

（二）实现了从“管理”到“服务”的在线职能转变

微博零距离、全透明的沟通交流方式，实现了政府部门在线听民意、惠民生、解民忧，不断创新服务模式，“社会治理模式正在从单向管理转向双向互动，从线下转向线上线下融合，从单纯的政府监管向更加注重社会协同治理转变”。[①] 同时，微博推进了政府行政流程的优化和再造，成为市民群众在线“下单”和政府服务部门在线“接单”的社会化政务受理平台。线上受理、行政办理、线上答复，最终实现微博行政施政。这些从理念到行动的变化，均折射出现实社会治理的巨大进步，并不断提高了政府的公信力与权威。被网友誉为“口袋检察院”的新疆检察微博矩阵 2015 年 5 月集体开通，以线上受理网民诉求，线下化解网民诉求，全力推进“互联网 + 检察”的新模式，让涉法诉求有回应，回应渠道畅通。2018 年 11 月 3 日，一名网友因父母工资被拖欠 2 年，把该情况反映到“@ 新疆检察”官方微博后获回应，新疆检察微博矩阵三级联动，利用政务微博开放、协同的特点，快速帮其解决问题，很好地呈现了检务微博做好政务服务的路径，形成了“互联网 + 检察”服务的新模式。

三　信息链接的正能量传播：政务微博的危机处置创新

在社会热点事件越来越多元化的格局当中，政务微博中流砥柱的作用凸

---

① 曹鹏程：《人民日报评论员观察：线上线下，打通社会治理“双向道”》，人民网，http://opinion.people.com.cn/n1/2016/1013/c1003-28773865.html。

显，是政府公信力的最大策源地。在政府部门、权威媒体、各垂直领域活跃代表和微博平台的共同努力下，微博上独立的思考越来越多，理性的声音越来越多，积极的观点越来越多。微博上的多元观点不断碰撞，有利于不断达成社会共识，成为推动社会进步的催化剂。

例如，在2015年“北京地铁哺乳门”事件中，有网友将一位母亲在地铁上哺乳的照片发到了微博上，并质疑该行为。此事引发了一场“是否应该在公共场合哺乳”的全民讨论。事情发酵后，有多位代表委员在同年两会上做出“在公共场所增建公共母婴室”的提案。这一提案得到了马伊琍等明星和媒体的支持，他们纷纷在微博发声呼吁，引发社会共情，直至这一提案逐步得到落实。

微博已经成为公众获取信息的重要平台，并逐步成为一个诞生新闻的平台。尤其是在突发事件和网络谣言面前，政务微博及时发布权威的信息，既能达到一锤定音的效果，又能成为诸多事件的第一信源。公众对政务微博的信任度不断提升，对谣言和偏激言论的抵抗力不断加强，以至于“国有大事，必看微博”，也就是说，政务微博作为各级政府、社会组织对外权威发声的“标配”和第一信源的作用进一步得到强化。

2018年10月28日，重庆万州一公交车从万州长江二桥坠入江中。对车祸受害者的同情、对事故原因的猜测在网上引发一波三折的讨论热潮。“小轿车女司机逆行导致惨剧发生”这则不实消息被媒体报道，随后涉事女司机迅速被“负面标签化”，该不实消息的点击量急速增长。事发两小时后，重庆市公安局万州区分局官方微博“@平安万州”连续发布权威通报。据微热点大数据统计，通报前全网有近一半的网友对涉事女司机进行了辱骂，并要求严惩，通报后舆论出现了反转，近四成网友开始心疼女司机，为其遭遇发声，并呼吁抵制不实信息，拒绝网络暴力。

同时，微博作为公众知情权和表达意愿的重要诉求通道，依然是网民重要且首选的舆论参与平台和连接政民的平台。政务微博凭借其突发事件稳定器、正面能量聚合器、公益行动催化器、社会治理连接器的角色，始终处于政务新媒体的核心位置，并最终打通了社会治理的微循环。

事实上，政务微博平台是否开通，也会对相关事件的舆情走势产生截然不同的结果。在陕西米脂“4·27”学生遇袭事件中，事发地的各个政务微博与上级官微有效联动，发挥了微博矩阵的力量。中共米脂县委宣传部官方微博“@米脂发布”、陕西省米脂县公安局官方微博“@米脂公安”第一时间发声并持续公布事件动态；陕西省榆林市公安局交通警察支队官方微博“@榆林交警”、陕西省榆林市绥德县公安局交通警察大队官方微博“@绥德交警”呼吁司机让开生命通道；“@人民日报”“@陕西发布”呼吁市民为受伤孩子献血；“@公安部打四黑除四害”“@陕西省教育厅”呼吁网民不发布血腥图片，不传播谣言。在灾难和悲剧面前，政务微博矩阵爆发了强大的正能量。

而在“黑龙江肇东中学生校外打人”事件中，当舆论突破微信的圈层化、本土区域化传播，进入公共舆论场之后，肇东、绥化两级党政组织的政务微博官方渠道完全失灵失效。在“鸿茅药酒跨省抓人”事件中，面对网友的质疑，直接管辖的基层公安系统政务微博出现某种程度的缺位，反而是法院、检察院等司法系统微博站出来为事件发声，激发了较为严重的二次舆情。以上种种，无论是官微失声，还是发声不当，即使相关单位亡羊补牢，给出官方解释并公开道歉，其引发的负面舆情对政府公信力造成的影响仍是难以估量的。

微博作为典型的公共社交应用，已经成为城市形象创新宣传、危机管理不可替代的平台。传统媒体时代，城市形象宣传只能依赖于第三方媒介，而进入移动互联时代，每个城市特别是中小城市甚至是小镇，都可以依托自己的新媒体矩阵平台与其他平台融合，构建起全新城市形象传播体系，这个体系对于城市而言，最核心的价值在于可以更灵活地搭建自己的内容营销体系，依托社交媒体构建自己的粉丝经济，形式社交资产，从而可以弥补传统媒体无法与用户之间互动的缺陷，利用微博进行城市形象创新宣传已经趋于常态化。

在热点事件日趋多元化的讨论中，政务微博所发挥的作用凸显。政务微博的权威发布，使其属性在过去的信息公开属性的基础上增加了信息服务属性。这以 2018 年 9 月超强台风“山竹”的应急救援事件为例。在微博平台上，我们看到政务官微紧急集结，从“等风来”到“迎风战”，48 小时内共有 6800 余个官微发布了 43000 + 条微博。台风期间，共产生了 71 个话题，10 个话题阅读量上亿，17 个话题阅读量上千万。这些跨地域、跨部门、跨层级的官方微博高效联动、滚动播报，迅速形成新媒体上的全方位灾情应对和发布服务矩阵。在部委层面，应急管理部官方微博、中国气象局官方微博持续发布灾情动态信息。在地方层面，仅以受“山竹”影响最大的广东省为例，48 小时内更新发布微博数超过 50 条的政务官微就达 70 个，主要来自气象、交通、公安、应急、水务、电力等公共服务部门。所以，在诸如台风、洪灾、火灾等自然灾害或突发事故等场景中，政务微博实时发布权威信息已经成为救援服务工作的重要部分。

另外，微博也成为弘扬社会正能量和汇聚网民爱心的阵地。2018 年 10 月 15 日傍晚，一条“为生命接力”的消息刷爆社交网络。北京师范大学实验中学初中二年级小宇泽同学因意外事故病情危急，需从内蒙古人民医院转运至北京天坛医院，相关政务微博及时线上组织动员，公示救护车出发的时间和行车路段，并恳请沿途车辆有序避让，由此“@ 内蒙古交警”“@ 张家口公安网络发言人”“@ 北京交警”三地政务微博接力发布最新信息，特别是“@ 北京交警”连发 19 条微博为生命开道。10 点 36 分，转运急救车顺利到达北京天坛医院，比原计划提前了几个小时。微博知政观察团专家“@ 淮湘子”评论称，“跨省接力、全程动态公开，这正是基于微博公开、迅速的特质。政务微博对突发性事件应急处置的作用是其他新媒体平台所不能比拟的！交警部门协同、高效地联动。一幅百姓参与政府联动的画卷在微博平台上展开……”

四　跨国政务对话：政务微博的国际合作创新

政务微博所形成的跨地域的多重矩阵，正在产生集群和协同效应，进而深度参与到跨国社会治理当中。其中，中泰官微首次“维权对话”圆满解决黑导游事件非常具有典型意义。成都几个市民赴泰国旅游遭黑导游恐吓，四川省成都市人民政府政务服务中心官方微博“@成都服务”发现线索后，第一时间联动泰国国家旅游局官方微博“@泰国旅游局”及时通报案件进展，泰国旅游警察很快将黑导游抓获。经过多次线上线下联动，事件最终圆满解决。这场国际“维权对话”在双方政务微博的直接参与下有序进行，“@成都服务”首次尝试与外国政府机构官方微博联动，为成都市民解决诉求，说明具有开放、动态、协同传播特性的微博，不仅是单一宣传平台，更可以打破地域国界，高效连接，进行社会化服务。

又如，湖南省公安厅官方微博“@湖南公安”依托微博打造的“跨国救助专线”受到网友热捧。截至2018年末，该微博已为30余名在越南、泰国、韩国、英国、西班牙等国遭遇抢劫、丢失护照、拿错行李的中国旅客远程在线解决困难，并逐步摸索出一套跨国救助的完整流程，被网友誉为“线上战狼”。2017年1月30日，大年初三。小颜一家三口来到越南芽庄度假却遭遇抢劫，被抢走的包里装着他们的护照。身处异国他乡，人生地不熟的小颜不知道该怎么办时，他想到了微博。在向“@湖南公安”发私信讲述自己的遭遇并表达了希望得到帮助的诉求后，仅仅过了4小时小颜就收到了“@湖南公安”的回复：“我们已经与越南大使馆取得联系，你可以顺利回国了。”小颜打出了“感谢祖国的帮助”7个字。短短7个字，体现出公众对公安微博的政治认同。

五　大数据应用：政务微博的社会治理创新

利用微博大数据、技术优势服务政府，参与到社会治理中，也具有重大的社会意义。利用这些数据能够更好地服务社会，为政府决策和监管服务。

2018年6月29日，京港澳高速衡阳段发生两车相撞事故，共造成18人死亡14人受伤。细心的网友通过微博检索发现，车牌为“豫Q52298”的肇事车辆在半年不到的时间内，连续4次被交警微博曝光存在疲劳驾驶等危险行为，如果相关政府部门通过大数据共享，及时干预整改，就可以尽可能避免一些悲剧发生。

据微热点大数据统计，河南省驻马店市平舆县公安局交通警察大队官方微博“@平舆交警”2012年5月7日开通，截至2018年7月2日，其微博通报的违章车辆共计452辆，违法行为共681次（见表2、图1）。

表2 “@平舆交警”通报的车辆违法数据统计

车牌号	违规类型(次数)	违规次数
豫Q5×××3	超速(9)、疲劳驾驶(1)	10
豫Q5×××8	超速(4)、违法未处理(1)	5
豫Q5×××6	违法未处理(3)、逾期未检验(1)	4
豫Q5×××7	超速(3)、违法未处理(1)	4
豫Q3××××	使用其他车辆牌号(1)、无证(1)、酒驾(1)	3
豫QQC5××	无证驾驶(1)、酒驾(2)	3
豫Q599××	酒驾(1)、使用其他车辆车牌号(1)	2
豫QGV3××	酒驾(1)、报废车上路(1)	2
豫Q52×××	逾期未检验(1)、违法未处理(1)	2
豫Q51×××	逾期未检验(1)、违法未处理(1)	2
豫QV66××	无证驾驶(1)、酒驾(1)	2
豫QUC8××	无证驾驶(1)、酒驾(1)	2
豫QS73××	无证驾驶(1)、酒驾(1)	2
豫Q059××	无证驾驶(1)、酒驾(1)	2

资料来源：《微热点大事件分析报告》，http：//www. wrd. cn/。

微热点对“@平舆交警”微博通报的违章车辆信息进行分析后发现，通过对碎片化的社交媒体信息进行抓取、分类、排重等处理，利用大数据分析，交警部门可以参与到社会治理、应急管理中，做一些前瞻性、规律性分析、预警服务等，能够大大提升政府治理社会的质量和效能。

事实上，各个政务平台已经在收集数据的同时，开始了一些浅层次的数据分析。在受理市民诉求的同时，四川省成都市人民政府政务服务中心官方微博“@成都服务”每周、每月都要向市政府就网民诉求的相关情况进行专门汇报。市政府能及时掌握社情民意，了解市民需求，并相应地进行回应，甚至推动政府决策或相关政策出台。

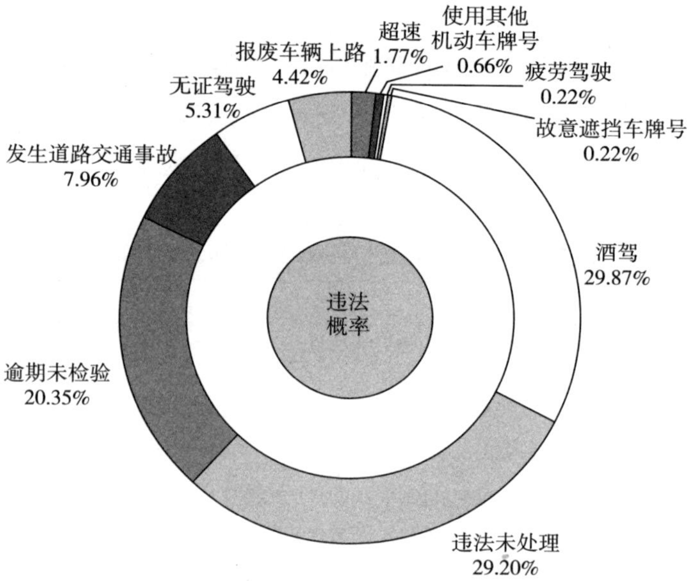

图 1 “@平舆交警”通报的车辆违法概率

资料来源：《微热点大事件分析报告》，http：//www. wrd. cn/。

六 政务微博传播创新的原因与趋势分析

微博的人气远超 BBS 论坛，开辟出一个类似高谈阔论的希腊城邦广场那样的网络“舆论广场”。每个微博网友都有“摄像头”，可以即时播报突发事件现场信息；每个微博网友都有“麦克风”，所有人都能对社会的公共事务发表看法，进行咄咄逼人的“围观”。政务微博是党政机关和领导干部主动前进到商业驱动、民间流行的网络平台，传播政府决策和主流价值观，打通政府和民间“两个舆论场”。① 在近十年的网络应用与社会实践中，微博的功能、使命与价值不断被重新理解、重新认知、重新定位并赋能。微博所经历的这一“螺旋式”发展，不仅体现在微博老用户不断被召回和新用

① 祝华新：《政务微博：互联网治理“以用促管”的样本》，载侯锷主编《中国政务新媒体（微博）年鉴·（2009～2018）》第 2 卷，社会科学文献出版社，2019。

户不断被激活，在政务公开、政务舆情回应和突发公共事件新闻舆论引导方面，其“既解决实际问题又解放思想”的重要社会治理功能也日益焕发和显现出强大而不可或缺的持久生命力。①

2013 年 8 月，全国宣传思想工作会议提出要重视互联网这一“最大变量”；2018 年 8 月，全国宣传思想工作会议做出“我们必须科学认识网络传播规律，提高用网治网水平，使互联网这个最大变量变成事业发展的最大增量”的再动员；2013 年，国办 100 号文件将“政务微博”正式确立为我国第一批“政务新媒体”；2018 年 4 月，国务院办公厅印发的《2018 年政务公开工作要点》强调指出，要用好“两微一端”新平台，发挥政务微博灵活便捷的优势做好“办事服务”工作，“进一步增强公开实效，提升服务水平”等；2018 年 12 月 27 日印发的《国务院办公厅关于推进政务新媒体健康有序发展的意见》（国办发〔2018〕123 号）进一步明确了“政务微博微信”官方规定平台的法定地位。目前，在面对 8 亿多网民上网向政务新媒体表达自己对日益增长的美好生活需要及相关诉求时，政务新媒体亟待重新厘清并自我审视“政务新媒体”究竟是“政府的新媒体”，还是“新媒体上的政府”，“政务新媒体”的根本功能、发展方向和核心主业是“政务”还是“媒体”等一系列新民意、新动态和新问题。对此，国务院办公厅政府信息与政务公开办公室于 2017 年 5 月下发《关于进一步做好政务新媒体工作的通知》，明确指出当前有一些政务新媒体存在“有平台无运营”“有账号无监管”“有发布无审核”等问题，给政府形象和公信力造成不良影响。2018 年 5 月，国务院办公厅政府信息与政务公开办公室下发《关于开展政务新媒体基本情况调查摸底工作的通知》，要求全面摸底排查政务新媒体不发声、乱发声、更新慢、“不务正业”、自说自话、回复敷衍了事、功能无法使用，甚至“不当言论、雷人雷语”等问题，立即进行整改，并如实填报。一场自上而下的政务新媒体管理与规范行动正在进行。

① 王高飞：《政务微博的价值演进》，载侯锷主编《中国政务新媒体（微博）年鉴·（2009～2018）》第 3 卷，社会科学文献出版社，2019。

但与此同时，政务新媒体还存在功能定位不清晰、信息发布不严谨、建设运维不规范、监督考核及追责机制缺失等突出问题。“僵尸”“睡眠”“雷人雷语”“不互动无服务”等现象时有发生。一些部门在政务新媒体人员配置上无法做到专人专岗，薪资与市场脱节，导致运营人才流失，人员流动性大，运营风险高，“人走茶凉”、人走政息等情况突出，归根到底，依然是缺乏制度及机制的长效保障。

总的来看，政务微博是借助政务新媒体提升“政府网上履职能力”的主要途径，政务新媒体是“指尖上的网上政府”，其职能不是片面地发布信息或宣传。政务新媒体是以社交平台为代表、具有政务属性的新媒体账号，是政府组织在网络空间的映射。在定位上，政务新媒体是服务群众的阵地，是提升社会治理能力的力量之一，是感知社会态势，了解群众所思所愿的窗口。政务微博虽具有一定媒体属性，但其根本属性不是媒体，而是政民互动与服务的线上延伸，是政府部门走“网上群众路线”的最佳捷径和公信力建设的“窗口”。微博正在不断加强各级政府、社会组织与媒体的联动协同，推动中国社会构建全民共建共享的社会治理格局。政务微博作为当今新媒体技术的典型应用，在社会治理创新、政务信息公开、新闻舆论引导、倾听民众呼声、树立政府形象和正能量传播等方面发挥着不可低估的作用。微博中的政府作为传播主体，其传播的权威性不能停留在“原创”内容的发布层面，更多地还应聚焦于民意的互动，对网友评论的尊重与回应也是一种“权威发布”。可以说，政务微博将承担更多的社会功能，主要包括突发事件稳定器、正面能量聚合器、公益行动催化器、社会治理连接器。在未来发展中，微博平台将针对各级政务机构进一步提高服务能力、开放资源、完善产品、不断创新，帮助政务机构加快移动化、社会化进程，用更开放的心态，始终把平台治理和社会责任放在企业发展核心位置，为新时代实施网络强国战略做出贡献。

B.7

2018年数据保护制度创新报告*

王　敏**

摘　要： 本报告从2018年45个公开报道的大规模数据泄露事件中总结出全球十大案例，并结合Facebook数据泄露丑闻这一典型案例，分析全球数据安全状况。通过与2018年全球状况、2017年中国状况做横向、纵向对比，报告描绘出2018年中国数据泄露图景：酒店、快递、手机App成重灾区，新数据类型与泄露方式涌现，安全违规行为经济动机强烈，公民隐私维权意识日渐觉醒。对此，各国在2018年密集出台数据保护法规，欧盟GDPR引领这一制度建设浪潮，中国也实施了个人信息保护"国家标准"并同步规划立法。本报告批判性地运用了塞缪尔·亨廷顿的制度化三组指标对"国家标准"进行制度创新评价，并指出未来数据保护的趋势：制度的落地与执法的推进将带来更多破纪录罚款，人工智能领域的数据保护是未来制度创新的趋势。

关键词： 隐私　数据泄露　数据保护　制度创新　国家标准

* 本文系国家社科基金（青年项目）"大数据时代个人隐私的分级保护研究"（17CXW027）的阶段性成果之一。

** 王敏，武汉大学媒体发展研究中心研究员，武汉大学新闻与传播学院讲师，武汉大学马克思主义学院博士后。

一　研究背景

国际数据集团（International Data Corporation）发布的《数字宇宙研究报告》（*Digital Universe Report*）显示，到2020年，人类产生的数据量将超过40 ZB（泽字节），中国约产生其中21%的数据。40 ZB相当于40万亿GB，约为地球上所有海滩上沙粒数量的57倍。这意味着，地球上平均每个成年人产生5200 GB的数据。[①] 但实际上，从现在到2020年，地球上的大部分数据将不是由人类产生，而是由机器生成，包括通信设备、传感器以及与其他设备通信的智能设备。[②] 换言之，"大数据宇宙"将不再由人来主导，而是由机器主宰。[③] 在机器时代，数据的产生、流通与处理更是超越国界的限制，数据的跨境流动更趋频繁。流动的数据构筑了互联网的血脉，也赋予其高价值，除了提供决策依据、改良产品服务、加速科研创新、刺激经济增长，还直接形成了规模庞大的数据交易产业。据中投顾问产业研究中心的统计，"2021年全球数据交易市场规模将达2847亿美元，其中，中国数据市场规模预计为898亿美元"。[④]

数据的流动与交易促进了数字经济的繁荣和社会文明的发展，也引发了数据安全、数据产权、数据质量与数据权益等多方面的问题，给数据产业的良性发展与有序治理带来巨大挑战。[⑤] 尤其是数据安全关涉个人隐私、

① International Data Corporation, "Executive Summary: A Universe of Opportunities and Challenges," in *The Digital Universe in 2020: Big Data, Bigger Digital Shadows, and Biggest Growth in the Far East*, December 2012, retrieved from: https://www.emc.com/leadership/digital-universe/2012iview/executive-summary-a-universe-of.htm.

② 中关村在线：《IDC：未来八年地球产生数据量将超40ZB》，腾讯网，2012年12月18日，http://digi.tech.qq.com/a/20121218/000875.htm。

③ 王敏：《大数据时代个人隐私的分级保护研究》，社会科学文献出版社，2018，第198页。

④ 环球网：《2017～2021年中国大数据产业预测分析及全球市场规模预测》，环球网，2016年11月27日，http://smart.huanqiu.com/roll/2016-11/9737506.html。

⑤ 邬贺铨：《大数据共享与开放及保护的挑战》，中国工业和信息化部网站，2017年4月11日，http://www.miit.gov.cn/n973401/n5329862/n5329922/c5578022/content.html。

组织机密和国家安全，却在大数据时代面临“数据泄露与隐私侵害加剧”[①]“网络诈骗与身份盗窃不断”[②]“全民监控与网络攻击威胁”[③]“技术发展与跨境流动挑战”[④]“黑市交易与数据滥用猖獗”[⑤]“加强保护与开放共享相悖”[⑥]等现实困境。其中，数据泄露与隐私侵害是源头，近年来涉案规模庞大的数据泄露事件层出不穷，社交媒体成为隐私侵犯重灾区，继而引发一系列数据安全风险与问题，如网络诈骗、身份盗窃、网络攻击以及数据被肆意滥用、公开兜售或黑市贩卖等；技术发展与跨境流动是焦点，技术发展扩大了监管的空白地带，数据无障碍跨境流动导致情景复杂化使监管鞭长莫及。为此，世界多国在2018年推出创新性法规或举措，以平衡数据流动的机遇和挑战，强化数据安全的制度性保障。本报告旨在总结2018年国内外十大数据泄露案例，预测国内个人数据安全走势，且在全球数据保护法规迭代的背景下探讨中国数据保护制度的创新及趋势。

二 2018年数据泄露现状研究

（一）2018年国外数据泄露分析

1. 十大数据泄露案例分析

据世界电信巨头威瑞森（Verizon）发布的《数据泄露调查报告》，2017年，65个国家和地区确认发生的数据泄露事件超过2200起、数据安全事件超过53000起。该报告通过分析还发现，公共部门、医疗机构、信息产业、

① Min Wang, Zuosu Jiang, “The Defining Approaches and Practical Paradox of Sensitive Data,” *International Journal of Communication*, 2017（2）: 3286.

② 〔美〕弗兰克·埃亨、爱琳·霍兰：《如何从这个世界消失》，王绍详译，百花洲文艺出版社，2018，第179页。

③ 〔英〕约翰·帕克：《全民监控：大数据时代的安全与隐私困境》，关立深译，金城出版社，2015，第2页。

④ 王融：《大数据时代数据保护与流动规则》，电子工业出版社，2017，第8页。

⑤ 〔日〕城田真琴：《数据中间商》，邓一多译，北京联合出版公司，2016，第156~158页。

⑥ 刁生富、刁宏宇、吴选红：《重估大数据与治理创新》，电子工业出版社，2019，第72页。

酒店住宿以及金融行业是数据泄露、数据侵权等问题高发的行业，76% 的数据侵权源于财务动机，73% 的数据泄露由外部人员而非企业内鬼导致，68% 的数据泄露事件需要经数月及以上才能被发现。① 纵观 2017 年全球十大数据泄露事件（见表 1），涉及的国家（地区）数量和企业类型越来越多，泄露的规模动辄数以亿条计，甚至在中国还出现了总计泄露数百亿条、连续泄露 8 个月的“数据堂事件”②。

表 1　2017 年全球十大数据泄露事件

序号	涉及国家(地区)/企业	时间	泄露数量(条)
1	中国“数据堂”公司	2017 年 11 月	数百亿
2	美国国防部五角大楼①	2017 年 11 月	18 亿
3	美国 River City Media②	2017 年 3 月	13.7 亿
4	欧洲垃圾邮件程序 Onliner Spambot③	2017 年 8 月	7.11 亿
5	美国征信机构 Equifax④	2017 年 9 月	1.43 亿
6	南非 Dracore Data Sciences⑤	2017 年 10 月	6000 万
7	美国 Uber 公司⑥	2017 年 11 月	5700 万
8	马来西亚 Telcos & MVNOs⑦	2017 年 10 月	4600 万
9	美国雅虎公司(Yahoo)⑧	2017 年 3 月	3200 万
10	美国虚拟键盘公司 AI. type⑨	2017 年 12 月	3100 万

①Selena Larson, “Pentagon Exposed Some of Its Data on Amazon Server,” CNN, November 17, 2017, https://money.cnn.com/2017/11/17/technology/centcom-data-exposed/index.html.

②Alex Hern, “Spam Email Operator's Faulty Backup Leaks 1.37bn Addresses,” the Guardian, 6 March 2017, https://www.theguardian.com/technology/2017/mar/06/email-addresses-spam-leak-river-city-media.

③Alex Hern, “Spambot Leaks More than 700m Email Addresses in Massive Data Breach,” the Guardian, August 30, 2017, https://www.theguardian.com/technology/2017/aug/30/spambot-leaks-700m-email-addresses-huge-data-breach-passwords.

④Seena Gressin, “The Equifax Data Breach: What to Do,” FTC, September 8, 2017, https://www.consumer.ftc.gov/blog/2017/09/equifax-data-breach-what-do.

⑤Duncan Mcleod, “Dracore CEO Chantelle Fraser on SA's Big Data Leak”, techcentral.co.za, 20 October 2017, http://techcentral.co.za/podcast-dracore-ceo-chantelle-fraser-sas-big-data-leak/77667/.

① Verizon, “2018 Data Breach Investigation Report,” https://enterprise.verizon.com/resources/reports/DBIR_2018_Report_execsummary.pdf.

② 张瑶、闻雨：《“数据堂”内鬼盗取信息　特大侵犯个人信息专案起底》，《财经》2018 年 7 月 23 日，https://news.caijingmobile.com/article/detail/368419?source_id=40。

续表

⑥Eric Newcomer, "Uber Concealed Cyberattack that Exposed 57 Million People's Data," Bloomberg, November 21, 2017, https://www.timesunion.com/business/article/Uber-Concealed-Cyberattack-That-Exposed-57-12375423.php.

⑦Vijandern, "46.2 Million Malaysian Mobile Phone Numbers Leaked from 2014 Data Breach," lawyat.net, October 30, 2017, https://www.lowyat.net/2017/146339/46-2-million-mobile-phone-numbers-leaked-from-2014-data-breach/.

⑧Steven Musil, "Yahoo Says Forged Cookie Attack Accessed about 32M Accounts," cnet.com, 1 March 2017, https://www.cnet.com/news/yahoo-says-forged-cookie-attack-accessed-about-32m-accounts/.

⑨Zack Whittaker, "A Popular Virtual Keyboard App Leaks 31 Million Users' Personal Data," December 5, 2017, https://www.zdnet.com/article/popular-virtual-keyboard-leaks-31-million-user-data/.

2018 年，世界各国都在推进数据安全监管，欧美等西方发达国家施行了严格的个人数据保护法规。尽管如此，大规模数据泄露事件依然屡禁不止。通过综合《纽约时报》、路透社、BBC、NBC、ABC、《卫报》《今日美国》《彭博商业周刊》、ZDNet 等众多媒体及科技网站的报道和数据，本报告从 2018 年 45 个公开报道的数据泄露事件中总结出 2018 年全球十个规模最大的数据泄露案例①，按照数据泄露数量进行排名，同时分析其所属行业、泄露原因以及数据敏感度，得出以下结果（见表 2）。其中，数据敏感度主要依据欧盟《通用数据保护条例》（GDPR）第 9 条②规定以及具体的情景，被划分为五个等级，由低到高分别标注"1""20""300""4000""50000"。

---

① 规模大小按泄露数据的数量划分，并从大到小降序排列。若规模相同，则按照分别年份、信息敏感度依次降序排列。数据敏感度的五个等级则按照以下思路设计："1"表示仅泄露电子邮箱地址及网络账号等；"20"表示泄漏个人身份信息，如身份证号、护照号码、社会保障号（SSN）等；"300"表示泄漏信用卡信息；"4000"表示泄漏邮箱密码或健康记录（如病例、既往病史等）；"50000"则表示泄漏完整的银行账户信息。同一事件中若涉及多种信息，则以敏感度最高信息的权重计，不累计，不叠加。数据来源：综合《纽约时报》、路透社、BBC、NBC、ABC、《卫报》《今日美国》《彭博商业周刊》、ZDNet 等众多媒体及科技网站的报道。

② European Parliament and Council of the European Union, "Regulation (EU) 2016/679 of the European Parliament and of The Council of 27 April 2016," https://eur-lex.europa.eu/legal-content/EN/TXT/?qid=1528874672298&uri=CELEX%3A32016R0679.

表 2　2018 年全球十大数据泄露事件

序号	时间	实体	行业	泄露原因	泄露数量（条）	泄露类型	泄露数据敏感度
1	2018 年 3 月	印度国家身份认证系统 Aadhaar①	政府部门	安全性差	1100000000	照片、指纹、虹膜以及其他身份信息、开户行信息	50000
2	2018 年 1 月	印度国家身份认证系统 Aadhaar②	政府部门	安全性差	1000000000	照片、指纹、虹膜以及其他身份信息	4000
3	2018 年 11 月	万豪酒店③	酒店住宿	黑客入侵	500000000	信用卡信息、邮寄地址以及护照号码	50000
4	2018 年 5 月	社交媒体 Twitter④	社交网站	安全性差	330000000	网络账户及密码	4000
5	2018 年 3 月	手机程序 My FitnessPal⑤	手机 App	黑客入侵	150000000	账户名、邮箱地址	1
6	2018 年 6 月	手机社交平台 Nametests⑥	社交 App	安全性差	120000000	社交媒体账户、状态发布、照片	1
7	2018 年 12 月	社交问答网站 Quora⑦	社交 App	黑客入侵	100000000	账户信息、私密信息	20
8	2018 年 6 月	手机程序 Firebase⑧	手机 App	安全性差	100000000	用户账户及密码、健康医疗信息、GPS 位置记录、付款信息记录、脸书等社交媒体账户信息	50000
9	2018 年 6 月	DNA 检测公司 MyHeritage⑨	网络公司	黑客入侵	92283889	网络账户信息、基因信息	50000
10	2018 年 8 月	WordPress⑩	网络公司	安全性差	76500000	电子邮箱地址	1

①Zack Whittaker, "A New Data Leak Hits Aadhaar, India's National ID Database," zdnet. com, March 23, 2018, https: //www. zdnet. com/article/another – data – leak – hits – india – aadhaar – biometric – database/.

②Michael Safi, "Personal Data of a Billion Indians Sold Online for £6, Report Claims," the guardian, January 4, 2018, https: //www. theguardian. com/world/2018/jan/04/india – national – id – database – data – leak – bought – online – aadhaar.

③Nicole Perlroth, Amie Tsang and Adam Satariano, "Marriott Hacking Exposes Data of Up to 500 Million Guests," nytimes. com, November 30, 2018, https: //www. nytimes. com/2018/11/30/business/marriott – data – breach. html.

续表

④Jim Finkle, "Twitter Urges All Users to Change Passwords after Glitch," Reuters, May 4, 2018, https://www.reuters.com/article/us-twitter-passwords/twitter-urges-all-users-to-change-passwords-after-glitch-idUSKBN1I42JG.

⑤Inti De Ceukelaire, "This Popular Facebook App Publicly Exposed Your Data for Years," medium, June 27, 2018, https://medium.com/@intideceukelaire/this-popular-facebook-app-publicly-exposed-your-data-for-years-12483418eff8.

⑥Raymond Zhong, "Quora, the Q. and A. Site, Says Data Breach Affected 100 Million Users," nytimes.com, December 4, 2018, https://www.nytimes.com/2018/12/04/technology/quora-hack-data-breach.html.

⑦Catalin Cimpanu, "Thousands of Apps Leak Sensitive Data via Misconfigured Firebase Backends," Bleepingcomputer.com, June 23, 2018, https://www.bleepingcomputer.com/news/security/thousands-of-apps-leak-sensitive-data-via-misconfigured-firebase-backends/.

⑧Kristen Brown, "Hack of DNA Website Exposes Data from 92 Million Accounts," bloomberg.com, June 6, 2018, https://www.bloomberg.com/news/articles/2018-06-05/hack-of-dna-website-exposes-data-from-92-million-user-accounts.

⑨Catalin Cimpanu, "WordPress Plugs Bug That Led to Google Indexing Some User Passwords," ZDNet, December 13, 2018, https://www.zdnet.com/article/wordpress-plugs-bug-that-led-to-google-indexing-some-user-passwords/.

⑩"Hackers Steal Data of 150 Million MyFitnessPal App Users," the guardian, March 30, 2018, https://www.theguardian.com/technology/2018/mar/30/hackers-steal-data-150m-myfitnesspal-app-users-under-armour.

基于本报告统计的45例数据泄露事件，2018年的数据泄露数量为40多亿条，与2017年相比，下降幅度较大。这在很大程度上得益于2018年全球范围内新数据保护法规的实施。其中，规模最大的数据泄露事件是作为印度国家身份认证系统的Aadhaar于2018年3月被曝光可随意访问，11亿印度公民的照片、开户行信息、指纹、虹膜以及其他身份信息可随意查询。实际上，该系统于两个月前的2018年初也出现过规模达10亿的敏感数据泄露事件。在人口众多的发展中国家，政府等公共部门尤其应增强数据安全意识，加强数据保护立法，提升国家信息工程和数据基础设施的安全性。

从泄露的行业看，政府等公共部门和手机App成为数据泄露的重灾区；从泄露的原因看，多数数据泄露的原因不再是来自外部的黑客攻击，而是内部系统安全性差、防护欠佳以及内部人员操作不当、防范意识不强；从数据的类型看，泄露的大部分数据具有较高的敏感度，而且指纹、虹膜、基因等生物识别数据越来越多。

2. 典型数据泄露案例分析

2018 年的诸多数据泄露及安全事件中，最典型的数据安全事故当属 Facebook 数据泄露丑闻。数据公司剑桥分析（Cambridge Analytica）在 2016 年美国总统大选前获得 5000 万名 Facebook 用户的数据，并通过这些数据分析出用户的行为模式、性格特征、价值观取向、成长经历等，针对特定用户推送竞选广告，以影响大选投票结果。这些数据最初由一款名为“This is your digital life”的心理测试应用程序以学术研究为名收集。通过这款应用，剑桥分析不仅从接受性格测试的用户处收集信息，还获得其好友的资料，涉及数千万用户的数据。事件曝光后，Facebook 不仅市值蒸发 1000 多亿美元，需要接受各国政府的调查与监管，还出现用户信任危机，一旦用户对 Facebook 的数据保护能力产生怀疑，将对其商业模式闭环中的“用户”和“数据”两方面产生消极影响，进而动摇其商业模式之根基（见图 1）①。

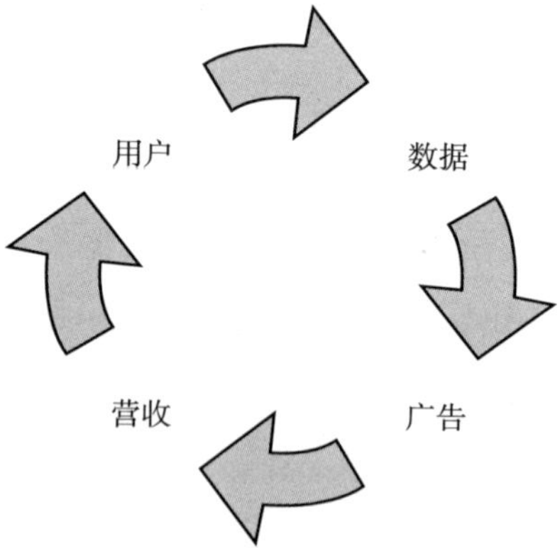

图 1　Facebook 商业模式

另据拉尔夫・克莱文杰的统计，以 Facebook 为代表的社交媒体收集、处理和交易的大数据中，有 7/8 是一般用户看不到的，被用于买卖、广告、

① 上海大数据联盟：《你是怎么看待 Facebook 数据泄露事件的？中国律师有话说！》，搜狐网，2018 年 4 月 8 日，http：//www. sohu. com/a/227566652_ 468622。

直销、公关等商业活动，属于隐私侵权，仅有1/8的数据流是用户日常看得见的①，犹如巨大冰川的一隅。这就是Facebook的“数据冰川模式”。这类大数据应用活动涉及的隐私侵犯主要体现在以下四个方面：“第一，个人数据收集，用于监视、审问，打扰公民的私人活动；第二，个人数据处理，涉及储存、分析和操控个人数据，并会给个人带来潜在的危害；第三，个人数据传播，指的是未经允许而泄露个人数据；第四，侵入个人的网络账户和网络虚拟空间等。”② 这四种侵犯往往相伴相生。

可见，入侵隐私成为大数据的“性格”基因，贯穿于数据应用的始终。只要有人在利用大数据，这种“性格”就会表现出来。尽管大数据用于“为公共利益而存档、为科学或历史研究，或为统计目的”属于法律法规允许的范围，如欧盟GDPR第5条第2款、第17条第4款、第21条第6款、第89条第1款等均做了规定，但2018年的Facebook数据泄露案例已表明，大数据的使用往往超出原计划的范围，潘多拉魔盒一旦打开便难以控制，最终难免造成个人隐私的侵害。作为大数据的主导者，政府部门和寡头公司有时会重利轻义地将数据商品化。这与社会伦理和法律原则格格不入，不加节制的大数据应用和没有规范的数据商品化是对人格尊严、财富分配和社会正义的挑战。一旦数据使用失控，基于大数据的经济产业、科学研究、国家安全、公共卫生、国防系统等重要领域将会变得脆弱不堪。③

（二）2018年国内数据安全状况

综合人民网、新华网、《经济日报》、澎湃新闻、《北京青年报》、东方网、AcFun、HackenProof等众多媒体及科技网站的报道和数据，本报告从

① Debatin B., Lovejoy J. P., Horn A. K., et al, “Facebook and Online Privacy: Attitudes, Behaviors, and unintended consequences,” *Journal of Computer-Mediated Communication* 15 (1) (2009): 83 – 108.

② Solove D. J., “I've Got Nothing to Hide' and Other Misunderstandings of Privacy,” *San Diego law Review* 44 (2007): 745.

③ 利求同：《数据卖的就是隐私》，澎湃网，2015年7月19日，https://www.thepaper.cn/newsDetail_forward_1353973。

2018 年国内的 20 余个数据泄露案例中总结出 2018 年国内十大数据泄露事件，按照数据泄露数量进行排名，同时分析其所属行业、泄露原因以及数据敏感度，得出以下结果（见表 3）。其中，数据敏感度主要依据中国国家标准《信息安全技术　个人信息安全规范》（GB/T 35273－2017）第 3 条第 2 款（包括附录 B）① 以及具体的情景，设立“低敏感度”和“高敏感度”两个等级，分别用“1”和“2”表示。

表 3　2018 年国内十大数据泄露事件

序号	时间	实体	行业	泄露原因	泄露数量(条)	泄露类型	泄露数据敏感度
1	2018 年 8 月	北京瑞智华胜公司	网络新媒体	黑客攻击	3000000000	公民个人信息、相关账号密码、搜索关键词	2
2	2018 年 6 月	圆通快递	物流快递	安全性差	1000000000	姓名、电话、家庭(工作)地址等	2
3	2018 年 8 月	顺丰快递	物流快递	安全性差	300000000	姓名、家庭(工作)地址、电话等	2
4	2018 年 8 月	华住旗下多个连锁酒店	酒店住宿	安全性差	240000000	身份证号、家庭住址、银行卡号	2
5	2018 年 12 月	中国多家求职网站①	网络网站	安全性差	202000000	姓名、家庭住址、电话号码、电子邮件、婚姻状况、子女数量、政治关系、身高、体重、文化水平、薪资期望、教育程度及工作经历等	2
6	2018 年 12 月	手机 App 陌陌	网络网站	安全性差	30000000	账户、手机号、密码等	2
7	2018 年 10 月	国泰航空	交通航空	安全性差	9400000	姓名、国籍、出生日期、电话号码、电邮及实际地址、护照号码、身份证号码、飞行常客计划会员号码、过往飞行记录	2

① 全国信息安全标准化技术委员会：《信息安全技术　个人信息安全规范》，2018 年 5 月 1 日，http：//c.gb688.cn/bzgk/gb/showGb？type = online&hcno = 4FFAA51D63BA21B9EE40C51DD3CC40BE。

续表

序号	时间	实体	行业	泄露原因	泄露数量(条)	泄露类型	泄露数据敏感度
8	2018年6月	AcFun 弹幕视频网	网络网站	黑客攻击	9000000	用户 ID、用户昵称、加密存储的密码	2
9	2018年12月	12306 铁路订票网站	网络网站	黑客攻击	4700000	ID、手机号、明文密码、姓名、身份证号、邮箱等	2
10	2018年6月	前程无忧	求职网站	安全性差	1950000	姓名、家庭住址、电话号码、电子邮件、婚姻状况、子女数量、政治关系、身高、体重、文化水平、薪资期望、教育程度及工作经历等	2

① Hacken Ecosystem, "No More Privacy: 202 Million Private Resumes Exposed," HackenProof, January 10, 2019, https://blog.hackenproof.com/industry-news/202-million-private-resumes-exposed；企鹅号-德顺：《超2亿用户敏感信息简历被泄露，58同城简历数据遭爬取》，2019年1月11日，https://cloud.tencent.com/developer/news/383743。

通过横向对比全球泄露事件、纵向对比2017年数据泄露事件，2018年国内数据泄露事件呈现以下特征。

1. 酒店、快递、手机 App 成为数据泄露“重灾区”

2017年6月1日《网络安全法》的实施，确立了包括个人信息安全在内的大网络安全观，对于个人隐私数据的非法收集、盗用、贩卖行为具有较强的震慑作用。各级政府和行业监管部门通过制定配套法规来规范数据行业，加大《网络安全法》合规审查与执法力度，打击了诸如“数据堂”等一批贩卖重大数据、侵犯隐私团伙，从而有效遏制了部分非法数据交易。因此，2018年数据泄露案例、数据安全事件总量比2017年有所减少，没有出现类似“数据堂”一样超百亿条泄露量的事件。但是，一些行业或组织自身警惕性低、安全性差，致使动辄过亿条的数据泄露事件不断发生。例如，继圆通快递公司在2018年6月泄露10亿条个人数据之后，顺丰公司于8月泄露3亿条个人数据。手握大量个人身份数据和消费数据的酒店业、快递业以及手机 App 成为数据泄露“重灾区”。这些行业涉及的数据类型更加敏感，一旦泄露，更易被用于身份盗窃、敲诈勒索和电信诈骗。

2. 新数据类型与泄露方式涌现

随着移动支付、人工智能等高科技的深入发展，尤其是消费者在移动端消费的扩展以及生物识别在日常生活中的应用，新的泄露方式、数据类型不断涌现，且更趋隐蔽，被发现所需时间更长。消费者在移动端的消费需求增多，极易成为数据画像的对象。GPS 定位、社交好友、个人通讯录、相册相片等新型个人身份数据，尤其是消费需求、消费记录、消费趋向和浏览记录等新型网络行为数据，成为许多手机 App 过度收集、违规使用个人信息的主要内容。2018 年 11 月 28 日，中国消费者协会发布《100 款 App 个人信息收集与隐私政策测评报告》。报告显示，超过九成 App 存在过度收集用户个人信息的问题[①]。另外，生物识别技术在移动支付、安全检查中的广泛应用，产生新的数据类型，同样成为用户画像的原材料。例如，2019 年 2 月，人工智能公司深网视界被曝泄露 250 万名用户的 668 万条敏感数据，主要是指纹、虹膜等生物识别数据。[②]

3. 安全违规行为经济动机强烈

国内的大规模数据泄露案例中都出现了数据的黑市交易、低价贩卖或公开兜售现象，有的甚至形成了收集、买卖、处理、二次出售的产业链，经济动机明显。中国银联 2018 年发布的大数据分析指出，90% 以上的电信诈骗、钓鱼套现、伪造身份取款、手机消费诈骗等案件是由个人数据泄露导致的。瑞星研究院发布的《2018 年中国网络安全报告》也指出，经济利益诱使更多的违法分子铤而走险泄露隐私数据。[③] 全球范围内，2018 年每起数据泄露事件的平均成本约为 386 万美元，比 2017 年增加 6.4%。威瑞森（Verizon）的数据泄露调查报告也印证了这一点：勒索软件的攻击数量在 2017 年同比翻番，原因在于黑客组织常通过此类

① 付碧莲：《中消协测评百款 App，超九成 App 涉嫌过度收集用户个人信息》，人民网，2018 年 11 月 29 日，http://capital.people.com.cn/n1/2018/1129/c405954-30431531.html。

② 罗亦丹、陆一夫：《深网视界被指泄露 250 万人信息　控股方：正在调查》，金羊网，2019 年 2 月 16 日，http://money.ycwb.com/2019-02/16/content_30198870.htm。

③ 瑞星研究院：《2018 年中国网络安全报告》，2019 年 1 月 18 日，http://it.rising.com.cn/dongtai/19507.html。

软件锁定关键业务系统以谋求赎金，而互联网企业在没有安全应对策略的情况下，只能通过支付赎金的方法换取业务系统的恢复。威瑞森报告总结称，大多数网络犯罪分子具有经济动机，因此，他们针对金融、保险和零售行业发起攻击不足为奇。

4. 公民隐私维权意识日渐觉醒

2016 年 11 月 21 日，国内首份《中国个人信息安全和隐私保护报告》披露，七成以上的人认为个人信息泄露问题严重，但六成以上的人不知如何维权[①]。在此背景下，在校大学生因个人隐私泄露而遭遇诈骗甚至酿就悲剧的事件层出不穷，2016 ~ 2017 年，接连发生的多起案例被集中曝光，引起社会各界的极大反响。其中，震惊全国的“徐玉玉案”更是入选“2017 年推动法治进程十大案件”。2018 年的 Facebook 数据泄露丑闻也引起国内舆论的极大关注。在国内外案件及舆论的推动下，包括大学生在内的社会各界的隐私保护意识开始觉醒或迅速提升。2018 年初的“支付宝用户个性化年度账单”引发网络隐私保卫战。[②] 2018 年 11 月，在曝光五星级酒店卫生乱象后，微博网友“花总丢了金箍棒”（简称“花总”）的个人隐私很快遭到泄露，并遭遇“死亡威胁”。经过一个多月的追踪，“花总”确定泄露其个人数据的始作俑者，随后报案并委托律师维权。他因此被提名为“隐私斗士”[③]。可以预测，未来隐私维权事件、数据侵权诉讼将越来越多。

三　国外数据保护制度总体分析

（一）欧盟引领全球数据保护制度矩阵

截至 2018 年底，全球约 120 个国家和独立司法管辖区已制定综合性数

① 中国青年政治学院：《我校发布国内首部个人信息安全和隐私保护报告》，中青新闻网，2016 年 11 月 23 日，http：//news. cyu. edu. cn/xyyw/hzjl/201611/t20161123_ 78640. html。

② 何鼎鼎：《支付宝认错说明了什么》，人民网，2018 年 1 月 5 日，http：//media. people. com. cn/n1/2018/0105/c40606 – 29746381. html。

③ 江德斌：《花总拒绝“隐私斗士奖”让人心酸》，《检察日报》2019 年 1 月 23 日，第 6 版。

据安全和隐私保护法规①。2018 年既是大规模数据泄露频发的一年，也是各国个人隐私与数据保护制度密集出台的一年，因此被视为“数据保护元年”②。这一年，各主要经济体围绕欧盟《通用数据保护条例》实施以及美国加利福尼亚州《消费者隐私保护法案》颁布的时间节点陆续推出数据保护制度（见表 4），使世界数据保护制度进一步完善。

表 4　2018 年世界主要隐私与数据保护制度

时间	事件	制度阐释
2 月 5 日	新加坡通过《网络安全法案》	新法案限定了政府公共部门网络安全局获取、处理、恢复个人信息的权力，网络安全人员调查案件时也须对个人信息保密
5 月 25 日	欧盟《通用数据保护条例》（GDPR）正式施行	GDPR 经两年过渡期后正式施行，成为欧盟各成员国共同的个人数据保护制度框架，被普遍视为史上最严格的个人隐私保护法
6 月 28 日	美国加利福尼亚州颁布《消费者隐私保护法案》	是全美最严格的数据隐私保护法规，赋予消费者对个人数据收集、处理有更多的控制权
7 月 1 日	澳大利亚修订《1988 隐私法案》	此次修订主要是为防范和应对数据泄露，并确保对数据泄露事件的处理符合《1988 年隐私法案》的规定
7 月 27 日	印度颁布《2018 年个人数据保护法草案》	该法律草案旨在引入全面的个人数据保护制度，加强对公民个人数据的保护，强化政府对数据处理和隐私侵犯的监管
8 月 14 日	巴西通过《通用数据保护法》	巴西第一部综合性个人数据保护法规，加强域外管辖效力，加大对数据侵权的处罚力度
10 月 4 日	欧盟通过《非个人数据自由流动框架条例》	通过制度释放欧盟境内非个人数据经济的活力，与 GDPR 相互配合，共同促进“数字单一市场”的发展
11 月 1 日	加拿大新修订的《个人信息保护及电子文档法案》生效	新修法案以义务条款的形式明确，一旦发生数据泄露事件，加拿大公司须尽快向受影响用户发出数据泄露通知，否则将面临处罚

① 王融、余春芳、朱家豪等：《迷雾中的新航向——2018 年数据保护政策年度观察》，腾讯研究院，2018 年 12 月 29 日，https：//baijiahao. baidu. com/s？ id = 1621192265548251162&wfr = spider&for = pc。

② 张维：《2018 年是数据泄露年还是数据保护元年》，《法制日报》2018 年 12 月 29 日，第 6 版，http：//epaper. legaldaily. com. cn/fzrb/content/20181229/Articel06003GN. htm。

续表

时间	事件	制度阐释
11 月 23 日	澳大利亚加入亚太跨境隐私规则体系	基于自愿、责任原则的亚太跨境隐私规则体系(CBPR)是为促进亚太经济体间合乎隐私规范的数据流动
12 月 14 日	中国台北加入亚太跨境隐私规则体系	
12 月 6 日	澳大利亚通过《获取与援助法案》	又称《反加密法案》,以法律形式迫使科技巨头帮助澳大利亚政府解密社交媒体上的信息,以获取数据

新加坡当前的数据保护框架为《个人数据保护法案》，于 2014 年 7 月整体生效，对收集新加坡公民信息的境内外组织机构实施监管，但法案不适用于新加坡公共及政府部门。2018 年通过的《网络安全法案》以监管关键信息基础设施为主体框架，同时用条例形式限定了作为政府公共部门的网络安全局获取、处理、恢复个人信息的权力，从而弥补了监管政府公共部门滥用数据的空白。印度和巴西等金砖国家以极大热情拥抱数据保护制度，在欧盟 GDPR 实施之后积极效仿，纷纷制定与 GDPR 文本相似的个人数据保护法规，加强对公民个人数据的保护，加大对政府的监管力度，加强域外管辖效力。美国、澳大利亚、加拿大等国家在欧盟制度优势的压力下，陆续出台既类似 GDPR 又带有各自价值观烙印的隐私与数据法规。

（二）GDPR 与 CCPA 分显欧、美制度特色

欧盟 GDPR 经过四年的酝酿、两年的过渡，最终于 2018 年 5 月 25 日起开始施行，其制度意义早已超越技术层面，而进入数字经济前景、互联网空间主权、数据主权的全球竞争博弈层面。GDPR 既是欧盟成员国通用的个人数据保护框架，又迅速引领全球建设个人数据保护规则的潮流，可谓是人类文明长河中制度创新的典范之一。从文本看，GDPR 提出数据保护、数据泄露通知、数据保护影响评估、自动化决策与数据画像规则、主监管机构以及数据可携带权、被遗忘权等创新之处，实现了适用范围从属地主义向属人主义的转换，建构了个人数据跨境传输与处理中较为完备的责权机制。当然，

GDPR 并非孤立的制度规范，而是与欧盟《2016 年网络与信息系统安全指令》在技术层面相得益彰，与欧盟《非个人数据自由流动条例》在公私领域珠联璧合。GDPR 反映出欧盟试图捍卫其数字经济、数据产业的自主发展，通过制度创新反制外部数字产业的影响或支配。

在 GDPR 的引领和影响下，美国的数据保护制度建设也在推进，其中以加利福尼亚州《消费者隐私保护法案》（简称“CCPA”）最具威慑力。尽管 CCPA 的主体规定与 GDPR 较为相似，但其设计理念与核心逻辑依然反映美国政府在该领域以“自律为主，法律为辅”的一贯价值追求，其制度性创新主要表现在以下几个方面：CCPA 法案以自主透明为核心制度逻辑，以细分权责为主体制度框架，以处理规则为主要制度内容，以权益利弊为重要制度指标。① 再者，CCPA 不仅详细界定了隐私相关术语，还在此基础上明确消费者享有要求商家“披露信息”“删除信息”“共享信息”“不出售信息”等权利。此外，CCPA 的处罚形式及标准与 GDPR 不同，规定违法企业向每位消费者支付 100～750 美元的损害赔偿金。②

四 国内数据保护制度的创新及趋势

2017 年 6 月 1 日《网络安全法》的正式施行意味着个人隐私和数据保护有了较为完善的制度闭环保障。专业化、细分化的个人数据保护制度建设随之步入加速期，创新及趋势不断显现。

（一）中国实施国家标准并规划立法

2018 年 5 月，个人数据保护领域的推荐性国家标准《信息安全技术 个人信息安全规范》（以下简称《规范》）正式实施。《规范》对个人信息的收集、保存、使用、共享、公开披露等行为提出合规要求，为网络运营者

① 吴沈括：《数据治理的全球态势及中国应对策略》，《电子政务》2019 年第 1 期。

② 吴沈括、孟洁等译《〈2018 年加州消费者隐私法案〉中文译本》，网络犯罪工作坊，2018 年 7 月 6 日，http：//www.yidianzixun.com/article/0JVEbyrg。

制定隐私政策、开展自查自纠提供了行动指南。① 随后，中国银保监会将《规范》同步纳入银行及金融机构的合规标准，中央网信办等部门也以《规范》为标准对网络产品与服务的隐私政策、隐私条款进行评审。可见，《规范》在推动个人数据保护制度落地方面极具现实指导意义。

作为国家标准的《规范》尚不具有法律效力，但一系列相关法规在2018年陆续出台，从不同行业、不同领域、不同场景细化数据保护规则：《电子商务法》规范电商经营者收集、使用消费者个人信息的行为，尤其是对“大数据杀熟”说“不”，同时赋予消费者查询、删除、更正个人数据的权利；《人格权编（草案）》则从民法视角对名称、肖像和个人信息提供保护机制；随着“个人信息保护法”“数据安全法”被列入新一届人大常委会的立法规划，国内首部综合性的个人信息保护法以及数据安全法有望出台，实现制度突破（见表5）。由此，公法、私法将配套对个人数据构成多视角、多情景的立体保护。从执法层面看，2018年最高人民法院公布的涉及互联网典型案例中，“庞理鹏诉隐私泄露侵权案”成为关注焦点，既体现出公民对于隐私侵权的损害赔偿诉求在增加，也暴露出数据保护执法中面临如何界定侵权事实的现实难题。

表5　2018年国内的数据保护阐释

时间	事件	制度阐释
8月31日	《电子商务法》终获通过	第23、第24、第25、第27、第28、第32条加强对个人信息的保护，电商经营者收集、使用用户的个人信息时应遵守法律规定，用户享有无条件查询、删除、更正个人数据的权利 第18条明确规定，电商经营者不应根据消费者的兴趣爱好、消费习惯等特征对其进行画像
9月6日	《人格权编（草案）》公开征求意见	从民法视角对隐私权和个人信息提供保护机制
9月10日	“个人信息保护法”“数据安全法”被列入立法规划	第一部综合性的个人信息保护法规以及数据治理安全法进入公法立法规划，即将实现重大制度突破

① 何延哲、陈舒：《我国个人信息保护标准体系与实践》，《保密科学技术》2018年第10期。

（二）数据保护国家标准的制度创新

国家标准《信息安全技术　个人信息安全规范》实施的前后，全国信息安全标准化技术委员会于2017～2018年多次发布《信息安全技术　数据出境安全评估指南（征求意见稿）》，于2018年6月13日发布《信息安全技术　个人信息安全影响评估指南（征求意见稿）》。这三个规范性文件均是国家推荐性标准，虽不具有法律属性，但在执行层面为国家决策层提供了正式规则与实施机制，具有制度化、创新性等特征。本报告批判性地运用了塞缪尔·亨廷顿的制度创新三指标[①]，对这三个国家标准进行创新程度评价（见表6）。

表6　三个数据保护国家标准的制度创新评价

评价指标	《信息安全技术　个人信息安全规范》[①]	《信息安全技术　数据出境安全评估指南（征求意见稿）》[②]	《信息安全技术　个人信息安全影响评估指南（征求意见稿）》[③]
“适应性” vs “僵硬性”	该标准为适应信息技术发展、互联网络普及以及数据跨境传输等背景的要求制定细则，基本满足当下信息技术发展对数据保护的要求	适应个人信息和重要数据无障碍跨境流动背景，满足国家安全、社会公共利益、个人隐私保护的要求，有针对性	该文件旨在满足信息化发展的背景下对个人信息安全影响评估的需要
“复杂性” vs “简单性”	共10章40条及4个资料性附录，约3万字，对个人信息控制者在收集、保存、使用、共享、转让、公开披露等信息处理环节中的相关行为予以规范，涉及流程的各环节，程序具有高度的复杂性	共10章16条及2个资料性附录，约2万字，规定了数据出境安全评估流程、评估要点、评估方法等内容，也为网络运营者的自查自纠提供了合规标准	共6章24条及2个资料性附录，近2万字，提出个人信息安全影响评估的基本框架、方法和流程，以及为第三方测评机构开展个人信息安全监管、检查、评估等提供依据

① 王敏：《2017年传播制度创新报告》，载单波主编《中国传播创新研究报告（2018）》，社会科学文献出版社，2018，第108页。

续表

评价指标	《信息安全技术　个人信息安全规范》①	《信息安全技术　数据出境安全评估指南(征求意见稿)》②	《信息安全技术　个人信息安全影响评估指南(征求意见稿)》③
"凝聚力" vs "离散性"	围绕如何维护个人信息安全、如何解决信息安全事件集中制定全流程的标准规范,最大限度地保障个人合法权益和社会公共利益	集中解决数据跨境传输这一现实过程中的相关问题,维护国家安全、社会公共利益、个人隐私安全等	集中构建个人信息安全影响评估的基本流程,维护个人合法权益和社会公共利益

①全国信息安全标准化技术委员会:《国家标准 GB/T 35273－2017〈信息安全技术　个人信息安全规范〉获批发布》,2018 年 1 月 24 日,https://www.tc260.org.cn/front/postDetail.html? id = 20180124211617。

②全国信息安全标准化技术委员会:《关于国家标准〈信息安全技术　数据出境安全评估指南〉征求意见稿征求意见的通知》,2017 年 8 月 30 日,https://www.tc260.org.cn/front/bzzqyjDetail.html? id = 20170830211755&norm_ id = 20170221113131&recode_ id = 23883。

③全国信息安全标准化技术委员会:《关于国家标准〈信息安全技术　个人信息安全影响评估指南〉征求意见稿征求意见的通知》,2018 年 6 月 11 日,https://www.tc260.org.cn/front/bzzqyjDetail.html? id = 20180613180739930746&norm_ id = 20180523160439&recode_ id = 29212。

综上,三个推荐性国家标准分别为个人信息安全、数据出境安全、安全影响评估设计了合规标准与行动指南,构成数据保护法规的配套性制度,填补了国内个人数据保护领域法律合规指南、技术实操细节的空白,为综合性法规"个人信息保护法""数据安全法"的出台提供了细节和实践准备。其中,《信息安全技术　个人信息安全规范》具有高度的"复杂性"和"凝聚力",对信息技术发展和数据跨境传输的"适应性"较强,但在大数据应用、人工智能技术等方面的"适应性"有待进一步加强。另外,两个规范性文件尚处于未发布的草案状态,需要在"复杂性"和"适应性"方面加强,增添更多的情景、附加的条件、可能的例外以及条款的解释。

(三)未来数据保护制度的趋势分析

1. 制度的落地与执法的推进将带来更多破纪录罚款

随着 2018 年数据保护制度在全球范围内密集出台以及各国公民隐私维

权意识的觉醒，2019 年必将成为数据保护执法元年。在欧盟的执法层面，法国国家信息与自由委员会（CNIL）于 2019 年 1 月对美国谷歌公司处以 5000 万欧元罚款，因其违反 GDPR 第 12、第 13 条规定的“信息透明”“告知目的”等义务以及第 6 条规定的“合法处理”要求。① 这是依据新生效的 GDPR 开出的首个罚单。②

在美国的执法层面，2019 年 2 月，美国联邦贸易委员会（FTC）与 Facebook 就用户隐私数据泄露事件进行和解处罚的谈判，罚款额可达到破纪录的几十亿美元。③ 几乎同一时期，短视频应用抖音海外版（始为 Musical. ly，后称 Tik Tok）同意支付 570 万美元以应对 FTC 关于其非法收集儿童信息的指控。这是 FTC 在儿童隐私案件中实施的最大金额处罚。④

在中国的执法层面，为贯彻落实《网络安全法》《电子商务法》等法规的要求，中央网信办等四部门于 2019 年 1 月 25 日联合发布《关于开展 App 违法违规收集使用个人信息专项治理的公告》，并成立个人信息专项治理工作组，推动 App 收集使用个人信息的评估工作。工作组编制了“App 违法违规收集使用个人信息”的“自评指南”、“评估要点”、“操作规程”及

① David Meyer, “GDPR: Google Hit with 50 Million Fine by French Data Protection Watchdog,” ZDNet. com, January 21, 2019, https://www. zdnet. com/article/gdpr – google – hit – with – eur50 – million – fine – by – french – data – protection – watchdog/.

② 陈晨：《法国对谷歌开出 5000 万欧元罚单》，人民网，2019 年 1 月 22 日，http://world. people. com. cn/n1/2019/0122/c1002 – 30584764. html。

③ Tony Romm, “The U. S. Government and Facebook Are Negotiating a Record, Multibillion-dollar Fine for the Company's Privacy Lapses,” *The Washington Post*, February 14, 2019, https://www. washingtonpost. com/technology/2019/02/14/us – government – facebook – are – negotiating – record – multi – billion – dollar – fine – companys – privacy – lapses/? utm_ term =. 24bbe74936b6.

④ The Federal Trade Commission, “Video Social Networking App Musical. ly Agrees to Settle FTC Allegations That It Violated Children's Privacy Law, FTC Obtains Largest Monetary Settlement in a COPPA Case”, Federal Trade Commission, February 27, 2019, https://www. ftc. gov/news – events/press – releases/2019/02/video – social – networking – app – musically – agrees – settle – ftc.

“信息规范”等，以促进手机 App 主动提升个人信息保护水平。①

但可以预见的是，由于全球范围内的合规水平参差不齐，执法过程中必定会遭遇重重阻力，更复杂的隐私数据侵权诉讼将会大量出现并长期存在。这也预示着数据保护执法领域需要更多的法律、技术专业人才。

2. 人工智能领域的数据保护是未来制度创新的趋势

未来，地球上的大部分数据不再由人类产生，而是由机器生成。随着人工智能（AI）的发展，“大数据宇宙”将完全由机器主宰。2019 年 2 月 11 日，美国总统特朗普签署“美国人工智能倡议”，涉及 AI 的研究开发、资源共享、标准规范、人才培养、国际合作等方面，以应对中、俄及欧洲各国在 AI 领域快速进步的压力。② 新一轮 AI 领域的全球竞争势在必行。人工智能应用可以满足智能家居、智慧城市、智能制造、医疗保健以及犯罪预防等领域的需求，成为有益的决策支持工具，但无处不在的数据生成、收集与处理会对个人隐私权构成极大威胁。对此，《2018 中国人工智能应用与生态研究报告》指出，人工智能的发展须建立在数据确权和规范交易的基础上，以厘清个人隐私与企业利益之关系为前提。③

欧盟 GDPR 中亦提到自动化决策对个人数据权利和自由的显著影响。人工智能和机器学习的能力使创建数据画像和自动化决策变得更加容易，物联网（IoT）设备上的个人数据可用以分析预测用户的个性、行为，兴趣、习惯等。过程不透明容易造成固化的刻板印象、畸形的社会分隔、不合理的歧视行为，从而给个人的权利和自由带来高风险的侵害。因此，GDPR 第 22 条就个人数据的自动化决策做了具体规定。此外，2018 年 10 月 23 日，第 40 届数据保护与隐私专员国际大会（ICDPPC）通过了名为《人工智能伦理与数据保护宣言》的决议，申明个人隐私权和数据保护权正越来越受到人

---

① 倪弋：《四部门开展 App 违法违规收集使用个人信息专项治理》，《人民日报》2019 年 1 月 26 日，第 7 版。

② 刘伟：《“美国人工智能倡议”：提出五大“发力点”》，人民网，2019 年 2 月 19 日，http：//military. people. com. cn/n1/2019/0219/c1011 –30805165. html。

③ 中国软件网：《2018 中国人工智能应用与生态研究报告》，搜狐网，2018 年 4 月 3 日，https：//www. sohu. com/a/227193271_ 434604。

工智能发展的挑战，承诺确保人工智能的研发与使用尊重隐私和数据保护，进而提升人权和基本自由水平。[①] 该决议还规定了一系列基准要求，敦促人工智能开发者、制造商和服务确保人工智能应用不会侵害人的尊严和基本自由，特别是数据保护权。[②]

五 制度创新：重构人与技术之关系

数据的流动与交易推动了全方位的社会变革，也引发“数据泄露与隐私侵害加剧”“网络诈骗与身份盗窃不断”“全民监控与网络攻击威胁”“技术发展与跨境流动挑战”“黑市交易与数据滥用猖獗”“加强保护与开放共享相悖”等现实问题。这些问题深刻地改变了人与技术的关系，如尊严与利益、人格与财产、精神与理性、声誉与信任、自主与控制等。忽视对这些不断变化的关系的深入思考与探讨，将会增加政治、经济、管理、法律和伦理上的风险与成本，恶化数据产业发展的环境，并侵蚀个体的人格尊严和自由权利。当前，数据泄露事件的影响越深远，数据安全状况越恶劣，对国家安全、组织发展和个体权益的挑战越大。在国家层面，数据泄露能影响大选、政局的走向，加深种群歧视与社会不公，甚至直接威胁到行业或国家整体安全；在组织层面，股价下跌、物质赔偿构成直接经济损失，法律诉讼、商业声誉损害企业公信力，而公共信任的缺失是对企业组织的致命打击。在个体层面，其危害尤其直接，人身财产安全受到威胁，精神戕害趋于严重。

因此，大数据应用技术一方面是隐私的魔咒，另一方面也极易成为互联网组织和政府公共部门的阿喀琉斯之踵。公众信任和公共安全是其达摩克利斯之剑。为迎接数据流动的机遇和挑战，强化对个体权益的制度性保障，世

---

① 孔祥盛、庞玲玲、孙舒扬：《人工智能伦理与数据保护宣言》，《办公自动化》2019 年第 1 期。

② 该宣言以《人工智能与数据保护：挑战与可能的补救措施》为基础，参见 https：//rm. coe. int/artificial – intelligence – and – data – protection – challenges – and – possible – re/168091f8a6。

界各国都在自身价值追求的框架内对数据保护制度进行更新迭代。中国也在该领域推陈出新，实施了国家标准并同步规划立法，或通过《网络安全法》规定网络运营者的责任与义务，或通过《电子商务》法规范电商经营者收集、使用用户个人信息的行为，或通过《反不正当竞争法》禁止大数据“杀熟”，或从《民法》视角保障公民的姓名、肖像、个人信息权利，或通过《合同法》强化个人隐私与商业机密，或通过《著作权法》赋予公民删除、更正个人信息的权利，或通过《个人信息保护法》与《数据安全法》实施综合的保护。这种分散保护的制度建设与欧盟“集中立法”、美国“自律为主”的方式不同，适应于我国人口地域庞杂、行业体系完整的基本国情，有利于集中各领域的资源，形成隐私与数据保护的合力。但在司法的公正、执法的实施、诉讼的受理等方面也存在诸多弊端。

总之，当意识到大数据时代的个人数据权可能成为一个不切实际的幻想时，我们便不再奢望过去的规则和原则能保护现在或未来的自己，而应重构人与技术的关系，不断建立新的制度，才可能在这场数据革命中，将数据取之于人的现状演变为数据归之于人、用之于人的双赢。

文化传播篇

Cultural Communication

B.8 2018年中国跨文化传播创新实践研究

肖 珺 李朝霞*

摘 要： 本文通过对2018年度跨文化传播系列案例的研究，希冀梳理出中国跨文化传播实践创新的路径，探寻促进多元文化共同发展的新理念。研究基于4个分析维度对逾14万字的文本按照观念创新、内容创新、平台创新进行分类，最终确定10类共计18个典型案例。研究发现：观念创新较为集中地凸显人类命运共同体的多元文化表达，内容创新在共通意义空间中努力探寻话语创新的可能性，平台创新通过新媒体搭建跨文化虚拟共同体。2018年的整体情况表明，中国各类传播主体正在自觉或不自觉地实践跨文化传播。观念创新主要解决"为什么"的问题，在逆全球化的对抗性压力下，中国对外

* 肖珺，武汉大学媒体发展研究中心研究员、武汉大学新闻与传播学院副教授；李朝霞，武汉大学新闻与传播学院传播学2018级学术型硕士生。

传播需要更明确、更亲切地表达共建和谐世界的人类命运共同体理念，多元文化共同体构建已凸显时代的重要价值。内容创新主要表明“做什么”，通过话语创新塑造共文化空间的可能性已然呈现，我们需要更多地包容不同的声音，提升处理跨文化冲突的能力。平台创新主要突破“通过什么”这一传播基础层的建设难题，不断优化的新技术正在创造可协商的语义空间和创作生态。

关键词： 中国跨文化传播　观念创新　平台创新　内容创新

跨文化传播是一种伴随人类成长的历史文化现象，也是现代人的一种生活方式[①]，跨文化传播强调在“我”与他者之间形成主体间性的理想状态，站在他者的角度上思考，克服陌生、焦虑和不确定性，在不同文化间生成融合的我们[②]。跨文化传播的叙事需要传播者更多地站在他者视角，从“我”对“你”的传播，逐渐发展为“我”与“你”的共同叙事，进而使不同文化间能够形成良好的理解与沟通。其在新媒体时代延伸至更广的领域，实践方式呈现更加多元的态势。数字新技术的发展、应用和制度化建构重构了人类社会实践的方式，这些社会实践成为催生复杂多变的跨文化传播模式及理论创新的内生动力[③]。从理论层面到实践探索，创新都是推动发展的重要力量[④]。随着社会的不断发展，文化的传承与创新日显其重要性[⑤]。新媒体环

① 单波：《跨文化传播的基础与障碍》，《人文论丛》2004 年第 00 期。

② 肖珺：《跨文化虚拟共同体：连接、信任与认同》，《学术研究》2016 年第 11 期。

③ 肖珺：《新媒体与跨文化传播的理论脉络》，《武汉大学学报》（人文科学版）2015 年第 4 期。

④ 《向创新要动力》，《光明日报》，2017 年 5 月 19 日，http：//epaper. gmw. cn/gmrb/html/2017 – 05/19/nw. D110000gmrb_ 20170519_ 2 –03. htm，最后访问日期：2019 年 2 月 27 日。

⑤ 《读〈习近平的创新观〉有感》，人民网，2018 年 8 月 29 日，http：//sh. people. com. cn/n2/2018/0829/c373056 –31992643. html，最后访问日期：2019 年 3 月 22 日。

境下的新闻传播实践的创新要基于时代背景和受众需求，推动中华优秀传统文化创造性转化、创新性发展①。当下，我国媒体在传播观念、传播技巧、话语体系等方面存在明显的滞后性与劣势②，从国家传播的角度看，需要从国际话语建构的角度探寻讲述中国故事的新思路，即用他者听得懂的方式讲述他者想知道的中国故事。“新全球化”背景下，中国跨文化传播在叙事方式上需要转变，从聚焦当代中国如何在世界体系中崛起到侧重讲述中国如何与世界共同发展、推动东西文明交流互鉴，实现共生共荣、共享共治③。与此同时，中国当代的文化表达，特别是青年人的文化实践及其意义认知也逐渐显示其更广泛的影响力。已有研究开始探索中国跨文化传播的创新实践④，那么，2018 年的相关创新实践是什么？呈现哪些新的态势和特点？本文通过对 2018 年度跨文化传播系列案例的研究，希冀梳理出中国跨文化传播实践创新的路径，探寻促进多元文化共同发展的新理念。

本文案例研究主要采用 4 个分析维度：其一，是否主动尊重相异文化的主体地位，尊重文化间性，增强“互惠性理解”或减少文化冲突和矛盾；其二，是否结合历史情境或时代语境进行文化间互动；其三，是否有利于不断增强跨文化传播创新能力，进而推动跨文化传播实践的发展⑤；其四，是否能开放性地构筑多元文化空间，促进不同文化间的共同体建设与协商。基于以上研究需要，我们成立研究小组⑥，进行多重（复合）关键词的文献搜索和辨析。基本步骤如下：首先，在多样化的资讯平台上进行关键词（中

① 习近平：《在纪念马克思诞辰 200 周年大会上的讲话》，《人民日报》2018 年 5 月 5 日，http：//paper. people. com. cn/rmrb/html/2018 - 05/05/nw. D110000renmrb_ 20180505_ 1 - 02. htm，最后访问日期：2019 年 2 月 11 日。

② 程曼丽：《国际传播能力建设的实践研究与意义》，《新闻与传播评论》2019 年第 1 期。

③ 史安斌：《新时代国际传播能力建设的新思路新作为》，《国际传播》2018 年第 1 期。

④ 肖珺、张驰：《2017 年中国跨文化传播创新实践研究》，载单波主编《中国传播创新研究报告（2018）》，社会科学文献出版社，2018，第 153 ~ 170 页。

⑤ 肖珺、张驰：《2017 年中国跨文化传播创新实践研究》，载单波主编《中国传播创新研究报告（2018）》，社会科学文献出版社，2018，第 155 页。

⑥ 小组成员包括：林祎婧、李朝霞、黄志敏、孙诗雨、何品慧、谢茜、赵义凡、余甜甜、胡文韬、许乐。

国、跨文化传播、对外传播、国际传播、海外传播、创新）搜索，来源主要包括学术期刊和会议，传统媒体（《人民日报》、新华社、中央电视台等）及其新媒体矩阵、微博、微信公众号（如“对外传播”“今日中国”等）和海外主要社交媒体（Facebook，Twitter，YouTube，Instagram 等），获取年度报告、研究性总结、案例分析等大量文本。然后，对搜集的逾 14 万字的文本按照观念创新、内容创新、平台创新①进行分类，其中，观念创新案例 5 个，作品主要是关于中国改革和发展、中国与他国关系等主题的纪录片；内容创新案例 38 个，这些创新主要体现在国产影视作品、中国传统文化、中国网络游戏的海外传播；平台创新案例 6 个，主要包括主流媒体英文的对外传播渠道以及互联网产品的海外版本等。最后，对上述初步筛选的 49 个案例进行归类和查证，主要通过各海外网络平台的传播效果数据（浏览、点赞、转发、评论等）查证案例的跨文化传播实际效果，最终确定 10 类共计 18 个典型案例。需要说明三个问题：第一，下文类别分析中有些是多案例分析，如内容创新部分；第二，本文对案例的采纳主要参考实际传播效果数据，对于尚无数据支撑的案例本文不做分析，但会持续关注；第三，论证中会使用海外社交媒体的数据，如网友评论等，为保持数据的真实风貌，本文将客观呈现评论内容，其间出现的语法、拼写等问题，本文不做纠正。

一　观念创新：人类命运共同体的多元文化表达

在逆全球化和全球化的双重发展格局中，中国提出的人类命运共同体理念正在成为多元文化的新兴价值表述。人类命运共同体出于对全人类共同命运的考量，通过走和平、发展、合作、共赢的道路，实现国家与国家在共同体中共同合作、共同发展、权责共担，增进人类共同利益②的全球发展目

① 肖珺、张驰：《2017 年中国跨文化传播创新实践研究》，载单波主编《中国传播创新研究报告（2018）》，社会科学文献出版社，2018。

② 李秀满：《“真正的共同体”与“人类命运共同体”的关系之辨》，《马克思主义研究》2018 年第 11 期。

标。其内涵包括四个方面：合作共赢的利益观、多种安全的新安全观、包容互鉴的文明观、共商共建共享的全球治理观①。人类命运共同体理念在跨文化传播实践中主要强调传播双方主动将本国人民利益与世界各国人民共同利益结合起来，在此过程中，中国传播更多地强调通过中国的努力实现人类社会整体进步。

（一）《与非洲同行》：在感知义利之中建构文化间关系

北京时间 2018 年 9 月 1 日起，《与非洲同行》（*Trade Winds between China and Africa*）大型纪录片的中文版和英文版通过央视综合、纪录频道和 CGTN② 英语频道、CGTN-Documentary 频道③及新华社的 Facebook、Twitter 和 YouTube 官方账号在全球同步推出。该纪录片由中宣部“记录中国”项目发起，新华社出品，中国新华新闻电视网承制，分为上下两集，共涉及 10 个非洲国家，上集涉及塞内加尔、坦桑尼亚、莫桑比克、纳米比亚、南非，下集涉及加纳、乌干达、坦桑尼亚、津巴布韦、埃塞俄比亚，每集各包含 5 位非洲主人公。这些非洲朋友通过讲述自己的故事向全球观众展现他们身边的中非合作项目。纪录片大量叙述中国所实践的“大义”之举：在加纳扩建马特港项目时，为了确保海滩上的海龟蛋顺利孵化，中方特意聘请海龟保育员并且建造海龟孕育中心，充分展现出中国以保护非洲生态环境为己任的“大义”；中国“光明行”医疗队前往纳米比亚义诊，带去医疗设备并且为 200 名白内障患者免费手术，这一举动使得非洲患者感动而泣，表现了中非人民携手前行的真挚情感等。《与非洲同行》全景式地展现了中非在基础设施建设、农业、贸易、卫生等各方面的合作，通过讲述中非合作项目中平凡人的故事，向世界树立中国作为一个负责任的文明大国的形象。该片通过全媒体渠道向海内外用户传播，截至 2019 年 3 月 5 日，上下两集在

① 张雷声：《唯物史观视野中的人类命运共同体》，《马克思主义研究》2018 年第 12 期。

② CGTN：中国国际电视台，又名中国环球电视网，英文全称为 China Global Television Network，由中央广播电视总台于 2016 年 12 月 31 日成立。

③ CGTN Documentary 是中央电视台纪录片频道的英文版。

YouTube 上的播放量超过 38 万次，评论共计 1805 条，评论内容表达出外国网友对中非友谊和合作关系的肯定、对中国的喜爱和赞扬，比如："China is the best country in the world, they care and do"（"中国是世界上最好的国家，他们关心世界并且言出必行"）（@ abdulahi Diallo，2018 年 9 月）、"China's idea is win win for all sides"（"中国的观念是保证各方的利益，实现共赢"）（@ Mukasa Abdulkareem，2018 年 10 月）。来自国家广播电视总局监管中心的研究认为，该片的制作理念强调"义为先，同发展"的义利观，纪录片拍摄中将非洲视为平等合作的伙伴，突出中国与非洲共同进行的人力资源开发和技术交流，这"不仅是对过往的记录和呈现，更描绘出中非携手构建更加紧密命运共同体的宏伟蓝图"①。

（二）《善良的天使》：中美民间文化共同体的共鸣空间

北京时间 2018 年 10 月 30 日，中美合拍纪录片《善良的天使》（*Better Angels*）在华盛顿举行观影活动，之后陆续在纽约、洛杉矶、芝加哥等地举行展映活动。影片通过来自中美的知名政要、学者、企业家的讲述，如宏观经济学家丹比萨·莫约、亚洲协会联席会主席陈启宗等，从不同角度阐释对中美关系的思考和期望。同时，该片在宏大叙事主题下增加了普通人的故事，如美国前海军陆战队士兵在中国教授橄榄球并找到自己的真爱、民间珠算大师将中国珠算文化带到美国、中国企业家在艾奥瓦州自费建立"中美友谊屋"等。有智库研究认为其"展示了中美两国在各个层次和领域之间已经存在并且可以实现更多的了解和学习"②。该片为中美合拍纪录片，通过第三国英国知名导演柯文思呈现故事讲述的中立视角。纪录片叙事聚焦两国人民基于生活、环境和利益的共同需要，呈现两国人民可以交流、彼此共鸣的文化空间，即中美两国人民在国家政治的矛盾冲突之外构筑日常生活的

① 史文璇：《〈与非洲同行〉：讲述非比寻常的中非关系》，《广电时评》2018 年第 18 期。

② 中国与全球化智库：《中美关系纪录电影〈善良的天使〉中国首映　美驻华大使出席》，2018 年 11 月 24 日，https：//mp. weixin. qq. com/s/cQJlHzRRMH_ zlTICakbaBg，最后访问日期：2019 年 3 月 12 日。

文化空间。截至 2019 年 3 月 12 日，仅其预告片在 Facebook 的播放量就超过 322 万次，评论达 2.7 万条，很多网友表达出对国际友好关系的期待："We need to focus on making the world better helping each other as one"（"我们应该致力于互相帮助让世界变得更好"）（@ Dennis Scott，2018 年 11 月）、"It's called trade negotiations not a war"（"这表明只是贸易协商而不是战争"）（@ Adam White，2018 年 11 月）。《善良的天使》强调中美民间友好交往中的共同观念和价值，从民间文化出发展现中美友谊的社会基础，文化而非政治共同体的创建将有效改变海内外网友对两国关系的刻板印象。

（三）《中国：变革故事》：改革开放40年呈现协和万邦的文化自觉

北京时间 2018 年 12 月 14 日，献礼改革开放 40 周年的中外合拍纪录片《中国：变革故事》（*How China Made It*）在国家博物馆举行全球首发仪式。该纪录片由五洲传播中心[①]与英国子午线制作公司联合制作，由优酷和美国探索频道[②]同时向全球超过 10 亿个网友推送该片[③]。该纪录片共分三集："乡土巨变"、"追逐梦想"和"创造未来"，传播目标是向海内外用户展示中国改革开放的全貌。该片重点突出中国在改革开放过程中传承传统文化以及优化发展理念的主题，以期展现中国传统文化中"协和万邦"的文化自觉，如产业转型中体现出"绿水青山"的可持续发展理念、国际交流合作中展现"一带一路"的新型交往观等。作为中英合拍纪录片，该片注重借助牛津大学、世界银行等组织机构的国外研究人士阐释中国改革开放的过程和成果，比如："It's a remarkable story，some seven hundred million people in China have been lifted out of poverty of last forty years"（"这是一个了不起的故事，在过去的 40 年中，中国已经有 7 亿人摆脱贫困"）（亚投行副行长丹

---

① 五洲传播中心隶属于国务院新闻办公室，是以"让世界了解中国，让中国了解世界"为宗旨，制作对外宣传品的多媒体、综合性的对外传播机构。

② 美国探索频道指 Discovery 探索频道，覆盖全球超 160 个国家，4 亿 5000 万个家庭，其网址为 https：//www. discovery. com/。

③ 《〈中国：变革故事〉献礼改革开放 40 周年》，中国网，2018 年 11 月 30 日，http：//t. m. china. com. cn/convert/c_ nCFdWJvv. html，最后访问日期：2019 年 2 月 11 日。

尼·亚历山大）；“In 2015，there was a very dramatic decision which made China shift very dramatically fossil-based economy to one which was green economy”（“2015 年中国做出了一个非常引人注目的决定，让中国从以化石燃料为基础的经济急剧转变为绿色经济”）（环境智库“喜马拉雅共识”创始人 Laurence Brahm）。通过大量使用权威内容和高可信度的信源“切实增进国际社会对中国改革开放和中国道路的理解”①。纪录片高度契合海外用户对中国改革开放的热烈关切，生动诠释 40 年发展的过程和成果，将宏观政策穿插于故事之中，摒弃枯燥的官方讲述，传达出中国与世界共同发展的理念，“这些政策不仅是为了国家的兴旺，更是在为世界发展贡献中国力量”②。

在感知义利之中建构中非文化间关系、中美民间文化共同体的共鸣空间以及在改革开放 40 年变革故事中呈现协和万邦的文化自觉等都表明，2018 年中国跨文化传播创新实践较为集中地凸显人类命运共同体理念的多元文化表达。在中非、中美以及中国与世界的全面沟通中展现中国和世界各国共享发展机遇的积极意愿，通过与各国人民的和睦相处、合作共赢谋求共生共荣的共同发展理念。此外，腾讯、爱奇艺等中国企业在 2018 年也出现通过数字技术传播中国文化的新主张，但目前传播效果尚不显著。

二 内容创新：共通意义空间中的话语创新

文化背景的差异容易造成内容解读上的障碍，双方熟悉的话语方式和叙事策略能够从思维和习惯上减少文化隔阂。因此，跨文化传播内容创新的主要目标在于寻求文化间共同的话语体系，提高中国故事的国际表达能力和效

① 顾阳：《献礼改革开放 40 周年〈中国：变革故事〉15 日全球同步播出》，2018 年 12 月 14 日，http://www.ce.cn/xwzx/gnsz/gdxw/201812/14/t20181214_31039758.shtml，最后访问日期：2019 年 2 月 11 日。

② 雨生：《优酷、探索频道同播，这部纪录片以国际视野讲述中国改革故事》，《广电时评》，2019 年 1 月 9 日，https://mp.weixin.qq.com/s/1iQr10Ep9RFszqJ4MCWmNA，最后访问日期：2019 年 2 月 11 日。

果，进而在与世界文明的交流互鉴中促进彼此的理解和认同。2018 年中国跨文化传播的内容创新在两个方面有较为明显的发展。

（一）外国人讲述中国故事，个体经验之上的跨文化叙事

1.《极致中国》：多语言情感互动中的中国自然人文理解

北京时间 2018 年 10 月 1 日，美国国家地理频道推出大型人文地理纪录片《极致中国》（*Extreme China*）。该片由五洲传播中心与美国国家地理频道联合制作，以 43 种语言向全球 170 多个国家播出，在国内互联网上线之后，全网播放量达到 1 亿次①。该片共三集，主题是三种独具中国人文特色的极致自然景观：雪山、海洋和天坑。贯穿始终的主持人系美国国家地理探险家兼摄影师本·霍顿，他在三集中分别邀请来自中国的三位顶级极限运动爱好者作为搭档，共同前往四川四姑娘山、海南无人岛和陕西汉中天坑群，深度探索中国人文地理和民俗特色，向世界展现一个更加丰富和立体的中国。中外主持人特别强调亲身感受和情感互动，他们前往阿坝藏族自治州亲手制作并品尝酥油茶，领略藏传佛教文化，跟随羌族老乡体验秦巴山区的独特民俗美食活动等，通过他们身体和精神的跨文化体验感受中国少数民族的独特历史、风土人情和特色文化，美国国家地理称这是“以更国际化的视角和制作水准呈现大有可观的极致中国，促进世界对中国的了解”②。截至 2019 年 3 月 13 日，该片的节选片段在 Facebook 上的总播放量超过 65 万次，网友通过留言表达了对中国风光的赞叹与向往：“That's what I call extreme!”（“这就是我说的极致!”）（@ Correz PL，2018 年 11 月），“Fantastic，finally a show about the rural areas of China”（“不可思议，终于有一个片子展现中国乡村”）（@ Driih Mirella，2018 年 12 月），“Can't wait to

---

① 邓瑞璇、陈艺丹：《中外合拍纪录片〈极致中国〉，推动“中国故事、国际表达”》，2018 年 12 月 14 日，http：//www. gd. xinhuanet. com/newscenter/2018 - 12/14/c_ 1123855803. htm，最后访问日期：2019 年 3 月 14 日。

② 美国国家地理：《官宣！〈极致中国〉秘境揭晓!》，2018 年 10 月 18 日，https：//mp. weixin. qq. com/s/9PbgQW7Y - IAcyFQvBfRr3A，最后访问日期：2019 年 3 月 14 日。

visit China next year" （"迫不及待地想要明年就去中国"）（@ Marcelo Chester，2018 年 12 月）。该片充分考虑到中外网友的文化背景和需求，中外主持人友好互动、平等协作，展现出对双方文化的尊重。其传播创新在于将中国人文自然景观与人文情怀有机结合在一起，通过中西方动态的话语沟通展现中国社会的自然风貌与社会文化。有评论认为"这是一部在国际传播、弘扬文化自信、顺应互动媒体需求等方面都有深远意义的作品"①，这种开放的多元文化对话拓展了跨文化传播的可能性。

2. 两会外宣微视频：以海外用户体验为出发点的多样化传播

全国两会不仅是国内媒体报道的热点，也是全球媒体关注的焦点之一。2018 年两会期间，中国外文局融媒体中心采用微视频的形式探索外宣新模式，根据新闻点和传播需求推出系列作品。两会召开前一周，外文局推出实验短片《4 分半快问快答：中外搭档带你快速了解两会》，由五对中外搭档通过问答的方式解答与两会相关的十余个问题，通过中外知识型对话展现两会的关键信息。加拿大 Great Pacific 电视台总裁评价："能听到在华居住的外国人逐渐在学习两会知识，并能给出有关两会的深度看法和他们所关注的一些议题，我觉得非常好。"② 微视频系列中还采用"方视频"的形式推出六集作品《习近平故事》（*Xi's Moment*），节目生产中特别强调符合 Facebook 用户观看习惯进行技术优化和内容策划，采用信息直观、画面简约、音乐生动的话语策略主动适应海外网络用户的阅听习惯。《第三只眼看中国》系列视频则采用英语、俄语、缅语和汉语四种语言，通过外籍主持人讲述两会制度、国务院机构改革等比较严肃的内容。《"95 后"观两会》选取海内外 37 位大学生自拍的原创视频，再通过专业加工表达年轻群体对两会和中国发展的思考。此外，系列微视频还利用在华外籍主播的号召力，邀请他们在《YouTube 大咖看两会》系列视频中自主设置议题，将自己的跨文化感知通

① 《五大关键词勾勒中国人文　呈现〈极致中国〉》，2018 年 10 月 18 日，http://outdoor.sohu.com/20181018/n552622741.shtm，最后访问日期：2019 年 3 月 11 日。

② 王新玲：《全国两会外宣微视频产品的新探索——以中国外文局融媒体中心两会微视频报道为例》，《对外传播》2018 年第 5 期。

过视觉语言传递出来。上述多样化的微视频通过 Facebook、YouTube 等海外平台广泛传播，实现国内外总浏览量 2000 万次，评论、点赞、转发等互动 60 余万次①的传播效果。不难发现，不同于以往相对单一严肃的话语方式，2018 年两会外宣微视频的创新主要表现为两点：一是通过大量非官方的陈述传播重大时政新闻，二是巧妙地通过外籍传播者的跨文化体验讲述中国政治文化。内容生产以海外用户体验为出发点，在技术、内容和渠道等方面提升了跨文化传播的效果。

3. 改革开放40年：激励外国人讲述中国巨变与开放理念

2018 年正值中国改革开放 40 周年，如何呈现 40 年的巨大变化？如何对不同文化的人群进行言说？实践表明，实地探访中国、强化个人化体验能有效调动外国人参与共同叙事的积极性。

（1）海外大 V 实地感受改革巨变。

2018 年 5 月和 7 月，中央广播电视总台国际在线与中共合肥市委宣传部以及哈尔滨市人民政府新闻办公室联合主办“改革开放 40 年　海外大 V 看合肥/哈尔滨”活动，国际在线通过其多种平台资源对活动进行多语种报道。来自德国、法国、泰国、日本等国家的 9 位海外大 V 走进合肥，他们通过亲身体验对合肥科技与文化发展表示称赞：“合肥是一座科技与文化同行，创新与传承并重的城市”（巴基斯坦联合通讯社驻北京通讯员艾斯加尔·穆罕默德）；“合肥既有先进科技制造产业解决就业问题，又有文化传承与放松身心的绝佳去处”（伊朗著名作家、记者、研究员法鲁尔西提·列兹万尼耶）。罗马尼亚、缅甸、乌克兰等 8 个国家的海外大 V 走进“冰城”哈尔滨，被哈尔滨的特色文化所吸引：“酒文化映射着一座城市独特的生活方式和历史记忆”（泰国新闻主播、记者乌提南·纳西姆）；“一走进大剧院，我就被眼前的建筑所震撼”（罗马尼亚全国企业家协会秘书长斯特凡·勒丹努）。这两场活动均以海外大 V 为跨文化传播的关键

① 王新玲：《全国两会外宣微视频产品的新探索——以中国外文局融媒体中心两会微视频报道为例》，《对外传播》2018 年第 5 期。

节点，海外资深媒体人、作家、主持人、记者、企业总裁等知名度较高的人士通过自己的社交媒体账号分享见闻，以亲身体验的方式实现不同文化之间的交流和碰撞，外国人的个人化叙事提升了内容生产的国际化程度，也在一定程度上扩大了中国文化在全球的传播范围。截至 2018 年 6 月 12 日，国际在线用 11 个语种，通过多语种网站、客户端、海外社交媒体发布相关消息，仅合肥活动就累计覆盖海外受众超过 100 万人次①。

（2）外国友人的改革开放叙事。

北京时间 2018 年 5 月 11 日，新华日报社全媒体国际传播部正式启动“改革开放四十年　海外友人看江苏”全媒体活动，以期呈现和江苏密切相关的外国友人的故事。全媒体报道以外国友人为叙事主体，将改革开放相关政策融入鲜活生动的故事之中，以便海外网友更加全面、真切地认知中国改革开放。报道选择了 40 位海外友人的故事，以图片、视频、H5 等多媒体形态在海内外媒体和社交平台上广泛传播②。

与此类似，北京时间 2018 年 11 月 12 日，北京市人民政府新闻办公室和光明日报社、光明网联合推出 40 集系列微纪录片《40 年回眸，我们和北京一起绽放》。纪录片选取来自 22 个国家 40 位常驻北京的外国友人，他们分别来自经济、文化、科技等各个领域。纪录片中，外国友人通过亲身经历描述改革开放带来的国际影响：“我是随着北京和中国的改革而改变的，我的生活也和中国老百姓一样变化”（前 CNN 北京分社社长吉米）；“北京和中国都已经变得举世瞩目，也成了我们生命中浓墨重彩的篇章”（人人网联合创始人之一理查德·罗宾逊）。

微纪录片其实就是微视频，系列微视频的传播方式符合新媒体平台微叙事、短呈现的新趋势。上述内容创新在于充分调动外国人讲述中国故事的热情，他们既是跨文化传播的中介，也是跨文化传播的目标，很多时

① 《改革开放 40 年，海外大 V 看合肥》，国际在线，2018 年 6 月 12 日，https：//mp. weixin. qq. com/s/WO1w94p2Pz4dDYBowzXBpg，最后访问日期：2019 年 2 月 11 日。

② 沈峥嵘、朱娜：《一滴水里，我们看到历史和未来》，2018 年 12 月 9 日，https：//mp. weixin. qq. com/s/TZGcUYZXyeCXkgB56oafBA，最后访问日期：2019 年 2 月 11 日。

候，作为他者的外国人通过多平台、多语言和多形态的叙事已将中国文化内化为自我的经验与意义阐释。

（二）中国文化元素的创意叙事实现共同价值的全球传播

1. 正义与勇敢：京剧动画传播中的跨文化认同

2018 年 3 月，优酷自制动画《京剧猫》在东南亚爆红，目前该片的发行已经覆盖到美国、英国、新加坡、马来西亚、哈萨克斯坦和乌兹别克斯坦等 60 多个国家及非洲等地区。《京剧猫》作为“第一部结合传统中国文化京剧和功夫元素的动画作品”[①]，以国粹京剧为核心，刻画了一只普通的猫如何通过团结猫群对抗邪恶势力并拯救“猫土”的热血励志故事。动画片选取不带宗教色彩的猫作为符号主体，有意识地避免文化差异可能带来的文化误读。动画作为一种国际化程度极高的文化语言，创造了中国文化的新的编码方式，为中国文化对外传播提供了一种新路径。更重要的是，该片通过京剧动画表达正义、勇敢与成长的价值观，很容易使不同文化背景的用户产生情感共鸣。该动画片通过 AStro[②] 向马来西亚用户播出后，迅速刷新该时段的收视纪录，收视率高达 1.9[③]。马来西亚网友对该片传递出的价值观高度认可，在动画片播出时自发在 Facebook 和 Twitter 等社交平台上建立话题#JingjuCats#，表达对该片的强烈喜爱和支持。网友评论中，大多是中文评论，也有英文和其他语言的评论。以 Facebook 留言为例：“It’s an interesting form of martial arts”（“这是一种非常有趣的武术形式”）（@ Joshua Bailey，2018 年 2 月）；“Jing ju Cats are awesome”（“京剧猫太棒了”）（@ Chritina Mngulu，2018 年 3 月）；“I love them，I’m watching them”（“我喜欢它们，

---

① 《100% 原创动画〈京剧猫〉海外起飞　中国文化输出载梦起航》，搜狐网，2017 年 11 月 1 日，http://www.sohu.com/a/201645866_215632，最后访问日期：2019 年 3 月 14 日。

② AStro：马来西亚规模最大、收视排名第一的付费电视频道，服务对象覆盖马来西亚 73% 的人口。

③ 动画艺术研究中心：《〈京剧猫〉马来西亚播出创佳绩　原创动画文化海外输出引共鸣》，2018 年 3 月 19 日，https://mp.weixin.qq.com/s/ZsFhRFHMTa3ZEePVZZpz9w，最后访问日期：2019 年 3 月 14 日。

我正在看呢”）（@ Zethu Mgca，2018 年 10 月）。同时，马来西亚观众将这一动画片视为维系亲子关系的重要纽带：“我每天都和我女儿一起收看京剧猫，实在太好看了”[①]；“这是一部具有亲子教育意义的动画片，它记载了信念与成长，是我与孩子沟通的纽带”[②]。该片的成功有赖于两个因素：一是创新组合了京剧文化与作为人类朋友的猫，把非物质的京剧文化嫁接到生动的动物表象之中，令用户产生阅听冲动；二是提炼人类文化共通的价值维度，正义、勇敢等价值观的持续传递令文化间传播的障碍大大降低。另外，马来西亚是典型的多元文化国家，这部京剧动画片的走红说明该类文化创新具有广阔的发展前景。

2. 爱情与奉献：中式爱情的世界传播

2018 年 3 月，讲述中国爱情故事的回忆录式绘本《平如美棠：我俩的故事》（简称《平如美棠》）西班牙文版出现在西班牙的各大书店，5 月英文版和北美版同时面市，绘本中的中式爱情故事以不同语言与英国、美国、法国、西班牙、韩国等 9 个国家和地区的读者进行了一场世界性的对话。该绘本以日常生活的细微场景为切入口，展现家庭生活中的陪伴与奉献，“描绘出最平凡也最能打动人的爱情故事，对全球读者都具有普适性”。作为讲述中式爱情的绘本，“这本书除了是一本人生回忆录，还是一本关于 20 世纪中国历史、中国传统文化的图书”[③]，向读者生动地展现了中国家庭琐碎而温馨的生活场景。该书将语言和图像结合起来作为跨文化交流的介质，“图像作为超越语言的一种‘全球性’语法”，打破了文化界限，更易于不同文化背景的读者理解。与此同时，作者认真解答每一位译者关于绘本内容的问题，“仔细说明这些需要加注才能让西方读者准确理解的‘生活细

① 《〈京剧猫〉马来西亚播出创佳绩　原创动画文化输出海外引共鸣》，动漫界，2018 年 3 月 19 日，https：//www. sohu. com/a/225843069_ 115832，最后访问日期：2019 年 3 月 21 日。

② 《在海外爆红的优酷自制动画〈京剧猫〉，给国漫“出海”哪些启示?》，2018 年 3 月 23 日，https：//www. jianshu. com/p/08d53f06be57，最后访问日期：2019 年 3 月 27 日。

③ 《〈平如美棠〉“圈粉”海外读者，这是“中式爱情”的力量》，搜狐网，2018 年 5 月 1 日，http：//www. sohu. com/a/230056594_ 100114155，最后访问日期：2019 年 3 月 14 日。

节'"①，使译者在充分理解内容后进行翻译，解决了文学作品在译介过程中所面临的文化隔阂问题，从而保证了海外读者最大限度地读懂绘本。其实，《平如美棠》早在2017年就在法国创造了两个月售出2.6万册的好成绩，并在亚马逊获得"中国"分类的销量第一②，海外媒体和网友对绘本展现的中国文化表现出极大的兴趣："这本书更多的是关于日常生活的记录"（热罗姆·加尔桑）；"对了解中国近代史上老百姓的家国命运，具有很好的参考价值"；"中国现代史鲜为人知的一面突然清晰地展现在我们眼前"（法国《观点》周刊）。截至2019年3月，YouTube介绍绘本内容的视频③上线3个多月便收获11万次的播放量，网友通过留言表达了对绘本所刻画爱情故事的感动："I'm already crying just watching the video so I imagine when I read the book I'll just be utterly destroyed"（"观看视频我就已经哭了，所以我能够想象当我读这本书的时候会被彻底感动"）（@Sin Loi，2018年12月）；"This story is absolutely beautiful"（"这个故事太美了"）（@Brandon Collins，2019年1月）。绘本作为一种新的文学表现形式将图文结合，通过简明的文字和图片的视觉美感冲击阅读者的情感世界。关键在于内容创新传递怎样的情感更能打动人心？《平如美棠》中的爱情和对家庭的奉献与其说是中式爱情和家庭观，不如说是世界大多数人的一种集体情感共识。

3. 女性自主与独立：国产剧"出海"的性别文化共鸣

2018年，中国古装电视剧《扶摇》和《延禧攻略》先后在海外市场获得了可观的流量和良好的口碑。《扶摇》于北京时间2018年6月18日在国内上映，之后以12种语言通过互联网和各国电视台向多个国家和地区的网友和观众播出；2018年7月在国内播出的《延禧攻略》于同年12月12日登顶谷歌年度全球热搜电视剧集榜单。与以往古装剧由于文化差异只能在地

① 安薪竹：《〈平如美棠〉：中国式爱情跨越国界》，《今日中国》2018年第6期。

② 《〈平如美棠〉在巴黎》，《经济观察报》2017年4月8日，http://www.eeo.com.cn/2017/0408/302046.shtm，最后访问日期：2019年3月14日。

③ austinmcconnell的YouTube视频："The Memoir That Broke My Heart"，2018年11月30日，https://youtu.be/eYCud6vuXhQ，最后访问日期：2019年3月15日。

缘亲近国家传播的情况不同，这两部剧分别走向了美洲、非洲、欧洲等更多更远的地区。它们以女性视角为切入点，刻画小人物的成长轨迹，表达女性的进步意识，具有极强的现实隐喻性，从而引发海内外网友的情感共鸣。这两部剧都是以历史题材为背景的国产古装剧，结合中国传统文化，通过古朴大气的画面和精致考究的构图打造“中国质感”，引起了国内外网友和观众的高度兴趣。《延禧攻略》更是将具有中国特色的非物质文化遗产元素运用到服饰、道具、场景中，成为吸引海外网友和观众的一大亮点。截至2018年7月21日，《扶摇》在美国亚洲剧播放平台Dramafever上的评分为4.8（满分5分），在新加坡知名网站Viki上的评分高达9.7（满分10分）[①]。该剧在巴基斯坦也大受欢迎，主流媒体《巴基斯坦日报》专门发文报道其火热程度[②]。有报道引用国外网友的评论：“This looks so good! I think this is gonna be my first Chinese drama”（“好看！它要成为我看的第一部中国剧了”）；“So far I like it!! Hope it keeps up the good pace. Really like that the coloring isn’t too bright and I think overall the special effects have been pretty good. Really like the fighting scenes and the costumes. Acting seems pretty good so far”（“我真的太喜欢《扶摇》了，希望它能继续精彩下去！真的喜欢它的色调，不是很亮，整个特效真的不错。真的喜欢它的武打效果、服饰，到目前为止，演员演得也挺好”）[③]。《扶摇》在YouTube和Twitter上也引发了广泛的讨论，但侧重点有所不同。YouTube上的评论以中文为主，除表达对女演员杨幂的喜爱外，还表达出对该剧的喜爱和沉迷：“I’ve waited for it so long”（“我等这部剧太久了”）（@Zanilia Anrut，2018年6月），“So

① 影视窝的微博：《〈扶摇〉“乘风出海”火力全开　拉美人民追剧不停狂点赞：真好看》，2018年7月21日，https://www.weibo.com/ttarticle/p/show?id=2309404264197172104308，最后访问日期：2019年3月11日。

② “Chinese Drama *Fuyao* Garners Appreciation in Pakistan,” *Daily Pakistan*, 2018年6月29日，https://en.dailypakistan.com.pk/lifestyle/chinese-drama-fuyao-garners-appreciation-in-pakistan/?amp&__twitter_impression=true，最后访问日期：2019年3月29日。

③ 《〈扶摇〉在巴基斯坦大火，更是被译成12种语言，为什么这么成功?》，2018年7月7日，http://baijiahao.baidu.com/s?id=1605324629515145626&wfr=spider&for=pc，最后访问日期：2019年3月27日。

addicted on this drama”（“沉迷于这部剧”）（@jhopay1925，2018 年 7 月）。Twitter 上开设了专门话题#LegendofFuyao#，其中出现对剧中人物性格的讨论：“Her bravery and recklessness are part of her charm”（“她的勇敢和不顾一切是她魅力的一部分”）（@cbiz wander，2018 年 7 月 13 日）；“Fuyao despite her flaws is a kickass female”（“尽管扶摇有缺点，但她是一个强大的女性”）（@espressodream，2018 年 8 月 8 日）。《延禧攻略》也收到了类似的海外传播效果，截至 2019 年 1 月 19 日，该剧通过各种传播渠道已经覆盖全球 70 多个国家和地区，其中 YouTube 单集点击量近百万次，整体超过千万次点击量①。这两部剧均采用了女性为主的叙事结构，特别强调女性的自我意识和独立精神，女主角扶摇和魏璎珞均不依附于男权，她们出身底层，通过不断与皇权斗争实现自我身份的确立，传达出独立自主的女性意识。在宏大历史背景的衬托下，中国古代文化元素（建筑、食品、文学、色调等）成为女性精神表达的外在呈现物。难以复制的中国文化融合女性文化的当代价值，使中国古装剧“出海”取得了超出预期的传播效果。

上述案例的内容创新在共通意义空间中努力探寻话语创新的可能性。一方面，我们开始讲述具有国际表达能力和世界价值的中国故事，并基于时代背景和互联网用户需求进行话语模式的调试与创新；另一方面，作品内容都在探索聚焦中华文化精髓和独特表现形式的创新路径，通过传递具有共同意义的价值主题促进不同文化背景的人产生共鸣。2018 年还出现了一些城市形象传播的案例，如《我到新疆去》，但目前海外传播效果并不明显。

三　平台创新：新媒体搭建跨文化虚拟共同体

数字传播新技术的发展为文化间交流与对话创造了新的机遇，平台（platforms）作为跨文化传播基础设施的意义越来越明显。作为跨文化传播

① 《〈镇魂〉〈延禧〉〈香蜜〉飘香国外，国产电视剧“携手出海”扳回一城!》，2019 年 1 月 9 日，https：//mp. weixin. qq. com/s/jAasyhItuXM2HQ5VoEVrkw，最后访问日期：2019 年 3 月 14 日。

的基础层，平台不仅提供技术作为文化间连接的物理属性支撑，而且通过自身的技术更新和优化不断为内容和观念创新提供通道和协商空间。平台创新主体多元，各种社会力量均可通过平台实现多元文化互动。但由于平台创新成本高，个人（自媒体）几乎难以进行此类创新活动。2018 年，抖音旗下的 Tik Tok 展现出平台创新的魅力。

Tik Tok 上线：短视频 App 开启全球文化旅行。北京时间 2017 年 8 月，抖音海外版 Tik Tok 上线，2018 年 7 月，该产品覆盖超过 150 个国家和地区，先后在 40 多个国家应用商店排名前列，10 月成为美国月度下载量和安装量最高的应用[①]。11 月，抖音母公司字节跳动在世界互联网大会发布官方数据："抖音日活突破 2 亿、月活突破 4 亿；Tik Tok 在很多国家实现突破，整体国际化进展顺利，高速增长。"[②] 可见，Tik Tok 在发展一年后，2018 年已显示出强劲的海外传播能力，呈现出一些跨文化传播的方式和特点。从传播过程看，它是典型的短视频应用与传播平台，主打用户生成内容（UGC），支持用户通过唱歌、跳舞或表演等多种方式进行短视频创作，平台对 UGC 内容提供多样化的背景音乐，用户将自制内容上传至平台审核，审核通过即可快速呈现。作为跨文化虚拟共同体，该平台提供应用程序、游戏、音乐、电影、播客等多个类别的服务，最大限度地满足开发者和用户体验的需求，这种包容性极强的文化聚合能力受到世界各地用户和市场的欢迎。从传播内容看，Tik Tok 除鼓励 UGC 传播自己的文化外，还创新使用中国文化元素，通过易用有趣的方式将水墨画、古装扮相、京剧脸谱、孙悟空等特殊符号以道具的形式嵌入平台，用户在制作短视频时可自主选择使用或者不使用中国文化元素，此外，中国音乐也作为背景音乐被加入海外用户的 UGC 创作中。从传播功能看，Tik Tok 针对不同国家和地区的市场进行差异

① 卫夕指北：《冉冉升起——国际媒体是如何报道抖音海外版“Tik Tok”的?》，2018 年 12 月 17 日，https://mp.weixin.qq.com/s/zuTf-7s2BWvJIn1dZtFFsA，最后访问日期：2019 年 3 月 14 日。

② 白金蕾：《抖音官宣用户数据：日活破 2 亿，月活破 4 亿》，《新京报》2018 年 11 月 8 日，http://finance.sina.com.cn/roll/2018-11-08/doc-ihnprhzw2772129.shtml，最后访问日期：2019 年 3 月 29 日。

化的功能设计，其在美国、日本、印度、泰国、越南等国的版本风格并不相同，平台甚至会根据不同文化进行功能定制，比如，提供“万圣节”效果供用户使用，此外，平台还会发起“挑战赛”之类的活动，激发全球用户的参与热情。Tik Tok 曾明确提出其出海策略为“全球化产品，本土化内容”①，本土化主要表现在以下几个方面②：一是语言，除目标国的主要语言外，其还尽可能地提供一国的多种语言，比如其印度版提供的语言种类就高达22 种；二是贴合目标国的主流文化，比如日本主攻流行文化及卖萌的社会风潮，印度则更多地下沉到三四线城市的乡村文化；三是加强与本地网络意见领袖的合作，比如明星、网红等；四是积极处理跨文化冲突，比如主动配合印尼政府对平台不良内容的审查，针对问题优化手机应用的安全机制，限制 14 ~ 18 周岁用户的使用行为。轻松娱乐的 UGC 及其互动传播是 Tik Tok 风靡全球的主要原因，一方面它极大地尊重用户的自我表达，另一方面尽可能地让用户获得快乐的体验。Twitter 用户曾描述 Tik Tok 给他们带来的愉悦：“Tik Tok makes me happy”（“Tik Tok 让我快乐”）（@ noah chap，2019 年 3 月 18 日），“Tik Tok will make India happy again”（“Tik Tok 会让印度再次获得快乐”）（@ RedApeirogon，2019 年 3 月 22 日）。有分析人员引用平台用户超过 65 万条来自国外用户的评价，认为“对于那些目睹这个现实世界充满水深火热的人来说，这是一个安全的避风港”（Billy Mann），有外国观察者评价 Tik Tok 是“一个罕见的社交应用程序，并没有充斥仇恨言论”（Julia Alexander）。③ 印尼政府曾对 Tik Tok 进行审核，该国通信与信息技术部长承认“抖音其实是一个非常适合表达创意的平台”。④ Tik Tok 已经

① 《抖音海外版 Tik Tok 成为美国下载量最高应用》，中国经济网，2018 年 11 月 6 日，http：//intl. ce. cn/qqss/201811/06/t20181106_ 30714382. shtml，最后访问日期：2019 年 3 月 22 日。

② 《抖音在海外：日版中学生扎堆、印度版像快手、美版遭 FB 拦截……》，短视频工场，http：//www. sohu. com/a/275133742_ 100005778，最后访问日期：2019 年 3 月 29 日。

③ 卫夕指北：《冉冉升起——国际媒体是如何报道抖音海外版“Tik Tok”的?》，2018 年 12 月 17 日，https：//mp. weixin. qq. com/s/zuTf - 7s2BWvJIn1dZtFFsA，最后访问日期：2019 年 3 月 27 日。

④ 《抖音海外版 Tik Tok 在印尼被封禁》，新浪美股，2018 年 7 月 4 日，http：//finance. sina. com. cn/stock/usstock/c/2018 - 07 - 04/doc - ihevauxk2690589. shtml，最后访问日期：2019 年 3 月 29 日。

成长为全球化的短视频平台，以技术创新为驱动，通过扎根本土的运营策略，努力为全球用户塑造兼具共性与差异性的文化交流空间，通过跨文化虚拟共同体的构建，在某种程度上正在形成中国话语的全球倾听模式。

抖音及其母公司字节跳动是中国快速成长的新技术公司，同时兼具媒体的传播功能。新技术公司不断推出的传播平台及其系列产品在国内实现其技术成熟后，出于商业化的需求会不断拓展海外市场，进而不断深化信息产业的合作。从跨文化传播效果看，商业组织的平台创新有效弥补了国家媒体海外传播的不足，彼此间完全有可能形成互为支撑的传播矩阵，更广泛和有效地传播中华优秀文化。2018 年还出现了科大讯飞搭建人工智能翻译平台的现象，本研究将继续关注其进展。

四　结论

2018 年的整体情况表明，中国各类传播主体正在自觉或不自觉地实践跨文化传播。国家媒体围绕重大主题（人类命运共同体、改革开放 40 周年、全国两会等）和中国文化（自然人文等），多样化地使用新媒体技术呈现中国发展风貌和新兴全球化主张，值得注意的是，外国人（国外知名媒体的记者、海外大 V、外籍华人等）越来越多地成为中国故事的讲述者和传播者，他们充满个性化的情感体验和故事叙述有效地缩短了跨文化传播的文化距离。新技术公司的商业媒体正在迸发积极的海外传播活力，伴随着自身技术、平台和产品的不断成熟，商业公司正在成为跨文化传播的重要力量，其内容创新的力度和活跃度提升了中国文化“走出去”的整体质量，其平台创新的良好效果凸显中国文化全球倾听和认同的可能性。无论是国家媒体还是商业媒体的观念创新、内容创新和平台创新，都有赖于互联网用户、阅听者的个体生产和传播的支撑，个人化叙事、互动参与都促成了中国文化跨文化传播的全球网络连接，全球用户参与式生产中流动的阐释、经验和意义决定了对外传播的实际效果。

跨文化传播的观念创新主要解决“为什么”的问题，在逆全球化的对抗性压力下，中国对外传播需要更明确、更亲切地表达共建和谐世界的人类命运共同体理念，多元文化共同体构建已凸显时代的重要价值。内容创新主要表明“做什么”，在数字技术使用日益便利和多样化的前提下，通过话语创新塑造文化空间的可能性已然呈现，需要多加关注的是，话语创新的主体、形式、符号和意义表达将同时出现多元化的生态，我们需要更多地包容不同的声音，提升处理跨文化冲突的能力。平台创新主要突破“通过什么”这一传播基础层的建设难题，不断优化的新技术正在创造可协商的语义空间和创作生态，技术带来的多元文化互动将有效推动全球用户对中国文化的认知、接受、理解和认同。

B.9

《国家相册》"改革开放40年"系列微纪录片融合创新研究

甘丽华　蒋 芮*

摘　要： 在重要时间节点纪念重大历史事件或历史过程是我国媒体的一个重要传统。本文以《国家相册》"改革开放 40 年"系列微纪录片为研究对象，从理念、内容、技术三个层面出发，分析该系列微纪录片解说词、影像及创作团队访谈的融合创新之处。在理念层面，该系列微纪录片创作团队强调国家情怀与个人视角相结合，并提出技术是服务于媒体融合内容的手段，而不是目的。在内容层面，该系列微纪录片以民生话题为主，突出讲述改革开放历程中不同个体的故事，着重挖掘照片背后的"陌生故事"。在技术层面，该系列微纪录片致力于突破照片静止、平面、固定、历时等局限，通过创新性地使用三维动画、影像合成、改变景别、改变照片明暗等数字制作技术，实现了静止照片"动态化"、平面照片"立体化"、瞬间影像"情境化"和历史照片"现实化"。

关键词： 微纪录片　融合创新　新型主流媒体

智利著名纪录片导演顾兹曼曾说："一个国家没有纪录片，就像一个家庭没有相册。"2016 年，在迎接中国共产党成立 95 周年之际，新华社推出

* 甘丽华，博士，副教授，华中师范大学新闻传播学院新闻系系主任，研究方向为跨文化传播、新闻生产及媒介伦理；蒋芮，华中师范大学新闻传播学院硕士。

微电影《红色气质》，通过采用现代技术对中国照片档案馆独家历史照片进行加工处理，用9分5秒时长高度浓缩中国共产党95年的光辉历程，成为广受好评的“主旋律”微电影，在全网纪录片微博提及量中排名第17位。[①]

从2016年9月开始，延续《红色气质》制作方法，新华社推出可视化全媒体产品《国家相册》，每周制作一集微纪录片，“用足了新华社的图片、视频、技术资源，动员了遍及全球的采访力量，使这些老照片变成全新的融媒体产品，生动而庄重地向新媒体受众讲述了影像背后鲜为人知的历史故事”[②]。每集用历史照片搭建一个完整主题，时长6～7分钟，“用小人物的故事带出一个大时代”[③]。《国家相册》第一季百集系列微纪录片节目浏览量超过21亿次[④]，并获得第二十八届中国新闻奖新闻名专栏一等奖。

2018年是我国改革开放40周年。自2018年1月起，《国家相册》栏目推出“改革开放40年”系列微纪录片，通过21集微纪录片反映改革开放40年来中国的发展与变化。在众多媒体生产的相关纪念性媒体产品中，该系列微纪录片具有鲜明的媒体融合特色。本研究以该系列微纪录片为分析对象，从理念、内容、技术三个层面出发，分析其解说词、影像及创作团队访谈的融合创新之处。

一　从“新纪录运动”到微纪录片

给纪录片下一个准确的定义并非易事。较早使用该名词的英国人约翰·格里尔逊在《纪录片的第一原则》中提出，纪录片是“对真实素材做有创

① 数据来源：美兰德·视频网络传播监测与研究数据库 Source：2017.10.30－12.03©CMMR Co. Ltd。（其中《我在故宫修文物》排在第14位）

② 《郭奔胜：〈国家相册〉独树一帜背后的两个关键词》新华网，2017年8月31日，http：//www.xinhuanet.com/politics/2017－08/31/c_1121580291.htm，最后访问日期：2019年3月11日。

③ 翟铮璇：《从〈红色气质〉到〈国家相册〉：新华社领衔编辑陈小波讲述背后的故事》，《中国记者》2016年第12期。

④ 杜一娜：《打开国家相册　重温历史记忆》，《中国新闻出版广电报》，2018年12月25日，http：//data.chinaxwcb.com/epaper2018/epaper/d6902/d1b/201812/94018.html，最后访问日期：2019年3月11日。

意的处理”，“是一把锤子而非一面镜子”，自然素材的使用是至关重要的区别标准。另一个使用较广泛的定义是：“纪录片一种排除虚构的影片。它具有一种吸引人的、有说服力的主题或观点，但它是从现实生活中汲取素材，并用剪辑和音响来增进作品的感染力。”①

从新闻纪录电影到科学纪录片，再到电视纪录片，我国纪录片经历了具有自身特色的长期发展过程。有学者认为，中国纪录片的崛起是在电视中完成的，而没有像国外那样以电影为纪录片的主要载体，并把20世纪80年代末以来电视纪录片的发展命名为“新纪录运动”。“新纪录运动”更为关注民间影像，从个人角度出发，建立了一种自下而上透视不同阶层的生存诉求及情感方式的管道，成为“主流意识形态的补充和校正”。② 在此后的30年时间里，中国的纪录片在内容和取材上完成了从文化或艺术精英向生活化、大众化的转变。

另外，在反思“新纪录运动”的基础上，一系列历史题材纪录片出现。它既不同于“新纪录运动”中过分追求个人化、现实化的影像运动，也不同于早期历史纪录片的宏大叙事，而是采用一种“细节化”、“口述体”和“情景再现”的方式重构历史，达到“还原历史”的目的。③

在经历短暂退潮后，DV（Digital Video）的出现带动了纪录片创作在全社会范围内的兴起。纪录片的制作更加多元，传播渠道更加商业化和规范化。而互联网的出现，改变了纪录片制作和收看的模式。在媒介多元融合的背景下，新媒体纪录片获得井喷式发展。数据显示，2017年，全网纪录片总点击量90.5亿次，生产总投入超39亿元，电视纪录片全年总产量约2万小时，互联网视频点击活跃的纪录片共计2631部，新媒体纪录片产出上涨了50%。④

符合现代人多元化、快节奏、碎片化生活特性的微纪录片成为重要的新纪录片样式。根据AdMaster公司发布的《2019纪录片内容及用户报告》，

① 朱荣清：《电视纪录片创作：理论、观念与方法》，中国国际广播出版社，2017。

② 吕新雨：《纪录中国：当代中国的新纪录运动》，生活·读书·新知三联书店，2003。

③ 曾一果、张春雨：《当代历史纪录片的“新历史叙事”》，《电视研究》2008年第12期。

④ 《跨年发布：〈2019纪录片内容及用户报告〉完整版》，腾讯网，2018年12月31日，https://new.qq.com/omn/20181231/20181231B17Y40.html，最后访问日期：2019年3月11日。

对于不同题材的纪录片，受众可接受的影片时长虽有所差别，但普遍对30分钟以内的纪录片具有高接受度（见表1）。微纪录片适应新媒体传播，通过艺术化手段记录真实生活和再现真实历史事件，达到以小见大的艺术效果，具有创作周期短、耗资小、传播速度快等特点，通常时长为10分钟左右，一般不超过25分钟。[①] 但真实依然是微纪录片的本质特征。

表1　受众对非虚构类题材纪录片的时长偏好

单位：%，人

题材 \ 时长	1分钟以内/1~2分钟	3~5分钟	6~10分钟	11~15分钟	16~30分钟	31~60分钟	1小时以上	只要视频内容吸引我，时长没有影响
社会/热点 49%	4	19	23	15	26	7	1	14
美食 48%	3	12	13	17	31	13	4	18
纪实/访谈 48%	2	6	16	22	33	19	2	11
历史/文献/传记 45%	2	4	13	12	32	19	7	19
探索/探险 43%	1	5	15	16	27	20	4	20
自然/风景 42%	4	14	24	17	28	9	2	14
文化/传统 42%	4	11	18	14	26	13	7	17
旅行游记 41%	2	6	18	13	31	18	4	20
生活方式 35%	6	24	14	19	25	5	3	15
科学/科技 35%	2	11	17	15	28	14	4	17
人文 35%	3	14	17	17	22	14	4	17
地理/城市 29%	3	8	18	13	28	17	1	21
政论/时事 28%	4	10	26	19	30	5	2	12
公益 28%	9	23	28	18	14	5	2	11
军事 27%	2	9	21	18	29	10	5	13
动物 23%	5	12	19	5	27	14	4	26
财经 23%	1	9	27	23	32	4	3	12
舞台/演艺/赛事 19%	3	8	16	14	24	28	8	17
广告片/宣传片 11%	29	22	22	16	11	2	0	4

注：第一列内容后面的百分比为对非虚构类题材视频内容偏好的百分比。调查为多选，所以比例之和大于100%。

资料来源：《跨年发布：〈2019纪录片内容及用户报告〉完整版》，腾讯网，2018年12月31日，https：//new. qq. com/omn/20181231/20181231B17Y40. html，最后访问日期：2019年3月11日。

① 焦道利：《媒介融合背景下微纪录片的生存与发展》，《现代传播》2015年第7期。

二　理念创新：“带你走进从未见过的历史现场”

《国家相册》栏目依托的中国照片档案馆馆藏照片超过1000万张，最早的照片拍摄于1892年。如何从如此海量的照片中选出合适的照片？如何从如此大的时间跨度中确定恰当的选题？如何从静止的照片中打捞动态的历史？要讲述哪些“影像背后鲜为人知的历史故事”？对这些问题的回答取决于创作团队所秉持的理念：国家情怀与个人视角结合，媒体融合的目的在于为内容找到适合的表达手段。

（一）国家情怀与个人视角相结合：讲大时代里的小故事

对国家宏观历史的考察，一般纪录片多采用宏大视角，如立足于中国共产党成立90周年历程的中央电视台经典红色纪录片《旗帜》、纪念抗日战争胜利70周年的大型历史纪录片《血铸河山》等。作为国家通讯社的全媒体产品，《国家相册》讲述的当然是国家大历史，但其创作理念是从小处着眼：找到时代变迁与个人命运的结合点，讲“大时代里的小故事”。

总导演李柯勇总结了《国家相册》系列微纪录片的基本模式：找到一个比较完整、曲折、有一定时间跨度的故事作为“主故事”，讲出它的来龙去脉，成为影片的主干；再找到两个“二级故事”，以简约的文字快速讲完，同时配以一批精彩照片、关键数据、阐释图表。[①] 其重点在于找到“主故事”。改革开放40年是一个复杂而丰富的历史过程，几十年的沧桑变化沉淀了太多的历史人物和历史场景。纪录片所“打捞”上来的故事，不仅要生动感人、体现时代特色，还要能够让历史与当下的现实产生勾连。

《国家相册》“改革开放40年”系列微纪录片从微观角度切入主题，找到个体记忆与集体叙事的相关处，个人情感与家国情怀的契合点。照片记

① 双瑞：《当记者成为〈国家相册〉编剧：跨界叙事探索新闻新表达》，《中国记者》2007年第10期。

录下来的是一个个普通人的日常生活和情感经历，串联起来的却是国家 40 年波澜壮阔的历史进程和日新月异的历史变化。如第 91 集改革开放系列之十六《我想对你说》讲述的是人们沟通方式的改变，落脚点在一部电话拯救了 61 个中毒的群众，唐山大地震发生时人们为了给亲人报平安纷纷到电报大楼发电报，因为拥挤电报变“人报”这样的历史细节和普通人的故事上。

非专业讲述人的使用是《国家相册》“改革开放 40 年”系列微纪录片的另一创新。解说以画外音的形式出现，与纪录片的表现力有着密切联系。为保持纪录片风格的一致性，许多国家级大型纪录片会选用播音科班出身的主持人为纪录片配音。而《国家相册》“改革开放 40 年”系列微纪录片的讲述人是新华社领衔编辑陈小波，非专业播音员，从未上过电视，也未经过声音、朗读训练，却产生了“任何专业主持人无法取代”的良好效果。陈小波曾用 6 个字总结自己的讲述方式：“善意、温暖、正常。”①

陈小波曾用十余年时间对中国照片档案馆中的老照片进行梳理和研究，为 50 位新华社老摄影记者做过口述史，是《中国人的文明与道路》《图像证史》等数十个图片展览的策展人，也是《国家相册》系列微纪录片的主要照片遴选人，与这些历史照片中的人物以及照片的拍摄者在讲述前就建立了深厚的友谊。这些经历增加了陈小波“非专业讲述”的真诚度和感染力：“我不会把‘讲述’看成简单朗读。它与我所有的经历、学识、对命运的理解融合在一起。”在录音前，陈小波会多遍阅读《国家相册》解说词文稿，找到情感契合点，在解说的时候“放进一点情感与良知，放进一点痛感”，为《国家相册》“改革开放 40 年”系列微纪录片确定了朴素而真实的基调。②

① 翟铮璇：《从〈红色气质〉到〈国家相册〉：新华社领衔编辑陈小波讲述背后的故事》，《中国记者》2016 年第 12 期。

② 翟铮璇：《从〈红色气质〉到〈国家相册〉：新华社领衔编辑陈小波讲述背后的故事》，《中国记者》2016 年第 12 期。

（二）媒体融合“新概念”：技术是服务于内容的手段，而非目的

作为国家发展战略，媒体融合已经在传媒业内形成普遍的发展自觉。尤其是以新华社、《人民日报》、央视为首的“传媒国家队”，依托技术、资金、人力资源优势，处于媒体融合的前列，在媒体融合的内容、渠道、平台、技术等各方面均取得了一定成效。但同时也应看到，媒体融合不是技术手段和渠道的简单叠加，单纯地依靠技术可能导致媒体融合停留在表层，将形式创新等同于融合创新，难以实现更深层次的融合。

《国家相册》作为新华社首个微纪录片栏目、重点打造的全媒体产品，其创作团队对媒体融合的理解有自己独到的地方。导演郝方甲认为，为报道内容找包装形式，和挑选衣服一样，适合才最好：“不是把稿子填进H5轻应用就自然变成适合移动端的新媒体产品，也不是让动物或物品用第一人称讲故事就肯定生动有趣，更不是必须做成动漫、沙画、配音秀才称得上融合报道。”[①]《国家相册》微纪录片每一集的成型过程都是一个媒体融合的过程：寻找选题——照片档案馆翻找照片——编剧写脚本——联系安排采访——后期团队协作，最终实现图、文、视频合而为一，变成具有收看价值的全新融媒体产品，实现价值倍增。《国家相册》微纪录片的照片是老的，故事也是老的，但产品是全新的，给受众的感受也是全新的，是一种立足于主流媒体核心资源、实现价值倍增的媒体融合创新。[②]

另外，《国家相册》的制作模式为传统记者提供了新的业务角色和职业发展的可能，为真正的媒体融合发展提供了人才资源。人才及其原有人员观念的转变是媒体融合相对技术应用更难的地方。《国家相册》微纪录片的主创团队均从传统文字、图片、网络报道转型而来，承担起导演、编剧、摄像、后期制作、录音师、音乐编辑等新的职能，打破传统媒体单一分工的束缚和惰性，产生新的能力需求。

---

① 郝方甲：《“国家相册 style”养成记》，《新闻业务》2017年第17期。

② 徐壮志：《立足新华社优势资源　超越通讯社传统业务》，《新闻业务》2017年第17期。

总导演李柯勇认为《国家相册》变成一个面向整个新华社的全媒体训练营。不同于传统报道的业务体验会颠覆性地更新参与记者的业务理念，让他们把全新的思维方式和项目运作模式带回到日常报道中去，进而催生更多的媒体融合裂变。①

2019年1月25日，习近平总书记在主持中共中央政治局第十二次集体学习时强调，推动媒体融合发展、建设全媒体成为我们面临的一项紧迫课题，要因势而谋、应势而动、顺势而为，加快推动媒体融合发展，使主流媒体具有强大传播力、引导力、影响力、公信力。② 这必将对媒体融合尤其是主流媒体的融合实践提出更高的要求，带来新的机遇与挑战。

三　内容创新：关注民生话题，挖掘鲜为人知的故事

《国家相册》“改革开放40年”系列微纪录片从理念上确定要把个人历史和国家历史、个人相册和国家相册、宏大叙事和个人情感结合起来。在该理念的指导下，其内容的选择不同于一般成就性纪念媒体产品着眼于“物”的发展与变化，而是更加关注民生话题，聚焦于人的故事。从市民手里的菜篮子、头顶的发型、身上的衣服到脚下的厕所、孩子的教育、农村的买卖……用最贴近普通群众日常生活的话题展现改革开放40年来巨大的历史变化。

（一）主题：以民生话题为主

什么样的故事能够入选《国家相册》？什么样的主题可以代表改革开放40年的历史历程？这是并不容易回答的问题。一个故事要入选《国家相册》，光生动感人不够，还要反映时代特色；有了时代特色也不够，还要能

① 李柯勇：《带你走进历史现场》，《新闻业务》2017年第17期。

② 《网友热议习近平总书记关于推动媒体融合向纵深发展重要讲话：因势而谋 应势而动 顺势而为》，中国新闻网，2019年2月1日，http：//www.chinanews.com/gn/2019/02－01/8745112.shtml。

够“举重若轻地勾连历史”。[①]

梳理21集《国家相册》“改革开放40年”系列微纪录片选题可以发现，每集选取了不同的切入点来反映改革开放以来发生的历史性变化，但焦点主要落在吃、穿、住、行等与普通人日常生活联系最密切的民生话题之上。其他一些和政治、金融、科技相关的宏观主题也通过普通人的故事被处理得“民生化”（见图1、表2）。

图1 《国家相册》“改革开放40年”系列微纪录片解说词词云

表2 《国家相册》“改革开放40年”系列微纪录片主题统计

集数（系列）	播出时间	题名	话题	集数（系列）	播出时间	题名	话题
第72集（系列一）	1月5日	《大白菜的味道》	大白菜	第74集（系列三）	1月19日	《走，咱赶集去》	赶集
第73集（系列二）	1月13日	《惊雷第一声》	大包干	第77集（系列四）	2月10日	《不变的温暖》	取暖方式

① 郝方甲：《“国家相册style”养成记》，《新闻业务》2017年第17期。

续表

集数（系列）	播出时间	题名	话题	集数（系列）	播出时间	题名	话题
第79集（系列五）	2月23日	《回首那时路》	交通方式	第89集（系列十四）	5月5日	《消失的行当》	新旧行业更替
第80集（系列六）	3月2日	《希望的种子》	希望工程	第90集（系列十五）	5月11日	《“钱”世与今生》	支付方式
第81集（系列七）	3月10日	《今晚放电影》	露天电影	第91集（系列十六）	5月19日	《我想对你说》	通信方式
第82集（系列八）	3月17日	《那年流行色》	穿着打扮	第92集（系列十七）	5月25日	《广交天下客》	广交会
第83集（系列九）	3月24日	《我是个体户》	个体户	第93集（系列十八）	6月2日	《农村的买卖》	供销社
第84集（系列十）	3月31日	《负笈求学路》	留学热	第94集（系列十九）	6月9日	《少年大学生》	少年班
第86集（系列十一）	4月14日	《小处不随便》	厕所	第95集（系列二十）	6月16日	《我为广告狂》	广告
第87集（系列十二）	4月21日	《从头美起来》	发型	第96集（系列二十一）	6月23日	《杀出血路来》	深圳特区
第88集（系列十三）	4月28日	《外面的世界》	外出务工				

第81集《今晚放电影》以新中国第一批电影放映员袁志舜的人生故事为主线，从搬着小板凳到打谷场上看电影到走进舒适的电影院欣赏电影，从全镇江只有一个电影院到中国有5万多块电影银幕，从几部英雄电影独占荧幕到一年就生产故事片798部，讲述的是人们文化消费的巨大变化。

第82集《那年流行色》选择的主题是服饰，从蓝、灰、黑是主流颜色，服装款式千人一面到从苏联电影学来的布拉吉（俄语“连衣裙”），从以假乱真的“假领子”到牛仔裤、健美裤、高垫肩、超短裙等“奇装异服”，再到如今和世界时尚“零时差”同步，讲述的是改革开放满足了国人对美的不断追求。

第90集《“钱”世与今生》讲述的是货币和票证的演变以及人们支付

方式的变化。粮票、油票、肉票、布票、鸡蛋票、肥皂票、火柴票……曾经每户人家几乎都有几十种票证。但随着改革开放的到来，这些票证最终从人们生活中消失了。如此宏观的经济变迁通过一位母亲为后代攒下1200斤粮票却没有用到的感人故事来表现，变得可感、可知和可信。

（二）地域：北京、广东、安徽和上海位居前四

《国家相册》纪录片依托于中国照片档案馆丰富的照片资源和翔实的照片信息，每一集所使用的照片，绝大部分会配以文字说明，详细介绍照片的拍摄地点、拍摄时间以及拍摄内容。通过整理照片信息，我们发现，照片拍摄地既有农村，也有城市，覆盖了我国31个地区（见图2）。

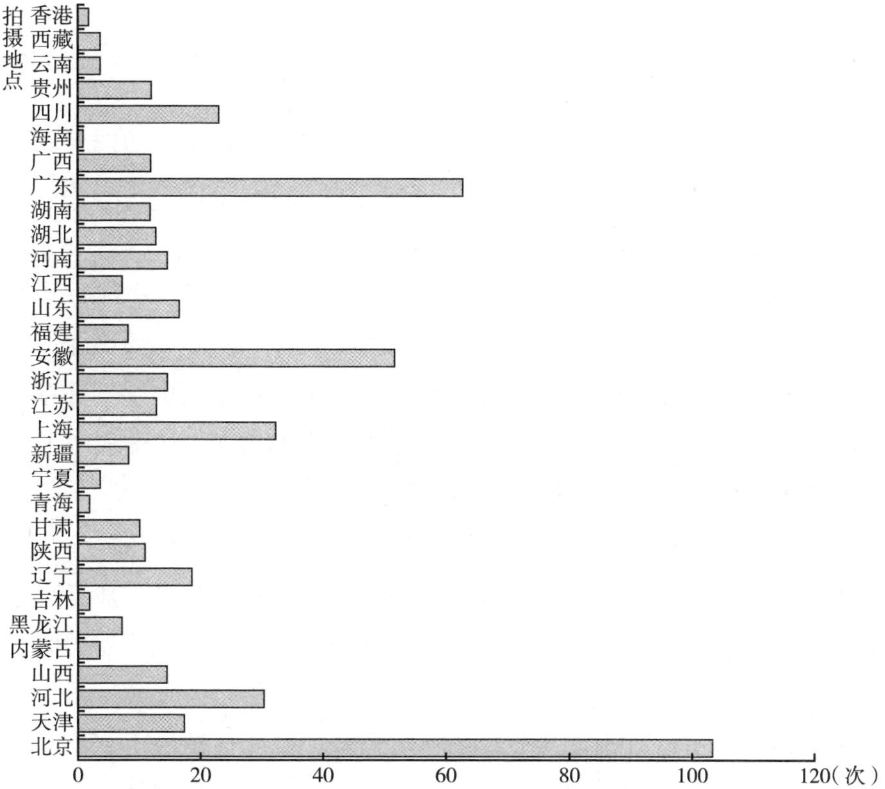

图2　《国家相册》"改革开放40年"系列微纪录片使用照片拍摄地点统计

《国家相册》“改革开放 40 年”系列微纪录片所使用老照片的拍摄地点比较多元，出现次数最多的地点依次是北京、广东、安徽和上海。北京作为我国政治中心、经济中心与文化中心，以其为拍摄地的照片出现次数最多，共有 112 次。广东既是全国外出务工的主要目的地，也是改革开放的排头兵，在照片上出现的次数居第二位，共 68 次。出现次数第三多的为安徽，共 56 次，这和作为改革开放起源地小岗村位于该省境内有关。上海作为我国最重要的城市之一，以其为拍摄地的照片出现了 35 次，位居第四。北京的四联理发店、上海的中国第一百货公司商店、安徽省凤阳县小岗村中当年签下“分田单干协议”的茅草房、广州出口商品交易会、深圳蛇口工业区“时间就是金钱，效率就是生命”标语牌等改革开放经典标志均在照片上得以呈现。出现次数位居后四位的有青海、吉林、香港及海南。

（三）故事挖掘：平凡中的不凡

从时间的意义上讲，改革开放并非一个新议题。通过历年的纪念，诸多与之相关的经典事件、经典人物已为一般受众所熟知。如何突破老生常谈？如何讲述既能引起受众情感共鸣，又有一定“陌生感”的故事？《国家相册》“改革开放 40 年”系列微纪录片在内容上致力于挖掘照片背后的时代背景和人物故事，尤其是一些鲜为人知的故事，体现了一定的揭秘性。由平凡中见非凡，那些带有传奇色彩的故事，让受众“在贴近中感到惊叹”。[①]对人的故事的挖掘，凸显人的丰富性和重要性，使得改革开放的成就不再停留在冷冰冰的数字上，而是注入了情感的力量。

采访调研被认为是新华社记者的看家本领。为了挖掘到好的故事，该系列纪录片通过采访照片主人公、照片主人公后代、故事亲历者，甚至照片的拍摄者，获得精当的口述内容。扎实的采访工作为该系列微纪录片增加了真实的分量（见图 3）。

在第 74 集《走，咱赶集去》中有一张照片记录的是新华社记者在四川

---

① 徐壮志：《立足新华社优势资源　超越通讯社传统业务》，《新闻业务》2017 年第 17 期。

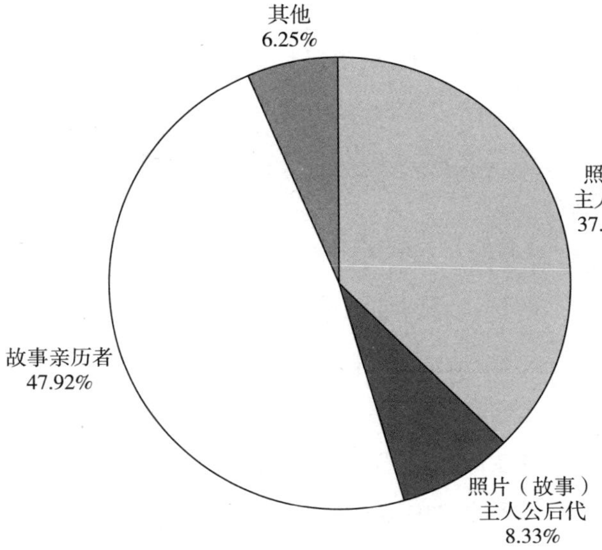

图3　采访对象统计

一个小县城集市上捕捉到的一位母亲帮女儿挑选衣服的场景。时隔50多年，纪录片创作团队找到了照片上的小女孩——桑其芬。桑其芬回忆了自己年幼时赶集的经历，补充了很多照片画面之外的第一手信息和细节。

在无法找到照片主人公或照片主人公已去世的情况下，纪录片创作团队会找来故事的见证人回忆当年的情境。在第73集《惊雷第一声》中，时任安徽省凤阳县委办公室秘书陈怀仁作为事件的亲历者，在采访中声情并茂地再现了当年万里来到凤阳小岗村时的情境："万里一听到'吃陈粮烧陈草'，高兴地一下站起来说：'好！你吃陈粮烧陈草，我批准你们干三五年。'"来自历史亲历者的这段口述，成为佐证领导干部尊重人民改革首创精神的重要素材。

有的采访对象是照片主人公的后代：蜂窝煤发明者郭文德之子回忆了父亲当年在电影院为蜂窝煤"做广告"的故事。《国家相册》让没有亲历这些历史事件的后辈讲述父辈的故事，以亲情和传承的视角重温历史细节。

此外，该系列微纪录片创作团队通过大量查阅档案，挖掘照片背后鲜为人知的个人故事，将宏大的历史变迁置于那些带有一定“揭秘性”的历史细节中。注重故事挖掘成了《国家相册》与其他老照片相关产品的主要区别。《国家相册》追溯了诸多和改革开放历程相关的“第一次”，如第一批打工妹、第一批签订劳动合同的人等，在老照片中发现新故事，为讲述增加厚度，给观众以新鲜感。

第91集《我想对你说》中介绍了改革开放以来人们通信方式的不断革新，其中“大哥大”曾是一段时期内中国人富裕的象征。纪录片从这一历史意象背后挖掘出鲜为人知的故事：好猫集团公司的经理单成仪花费25.8万元买下了一个大哥大的靓号。第96集《杀出血路来》讲述的是深圳特区建设的历史进程。该集有一张在深圳拍摄的公开拍卖土地使用权的现场照片。很少人知道这一张照片记录下的“中国第一拍”直接促成了一次宪法的修改。

一提到希望工程，人们自然而然就会想起“大眼睛”苏明娟。在第80集《希望的种子》中，纪录片创作团队找到了接受希望工程资助的第一人——张胜利，并请他讲述了他的人生故事，为这一人们熟悉的主题增加了“陌生感”，调动了受众观看的兴趣，也为当下的历史记录补充了新的细节。

四　技术创新：让照片动起来、活起来、厚起来

《国家相册》“改革开放40年”系列微纪录片的素材基本上来源于中国照片档案馆的照片。照片作为定格的影像，具有自身的局限性。《国家相册》“改革开放40年”系列微纪录片创新性地使用了动画、三维技术、影像合成、改变景别、改变照片明暗等数字技术，突破照片静止、平面、固定、历时等特性，让照片“活”了，实现了静止照片“动态化”、平面照片“立体化”、瞬间影像“情境化”和历史照片“现实化”。

（一）静止照片“动态化”

照片是静止的影像，但作为影视的纪录片主要是连续的、动态的。为突破照片这一限制，《国家相册》“改革开放40年”系列微纪录片通过使用

3D 建模、C4D 呈现等特效技术，让照片中的人物或物品的部分元素动起来，使照片中静态的场景变得“动态化”。

第 77 集《不变的温暖》讲述的是改革开放 40 年来人们取暖方式的变化，其中有一张老人把蜂窝煤放入火炉中的照片。后期制作让照片中的老人拿着火钳的手运动起来，火钳上原本黑白的蜂窝煤被处理成正在燃烧的样子，普通人生火取暖的生活场景变得生动起来。（第 77 集中该画面出现时间：00：03：04 –00：03：10。）

第 92 集《广交天下客》通过李欢、鲁冠球、Steven Wu 等几位中外企业家参加广交会的故事反映出我国近 40 年来对外贸易的发展。改革开放初期的广交会只对国营企业开放，许多雄心勃勃的民营企业家只能想方设法地“参加”，一张某位民营企业家翻墙进广交会的照片反映了当年这一状况。纪录片通过后期制作让这张照片中翻墙人的脚不停重复“翻墙”这一肢体动作，使得整个故事的叙述更加真实可感。（第 92 集中该画面出现时间：00：02：48 –00：02：57。）

（二）平面照片“立体化”

在《国家相册》系列微纪录片中，很多照片是对某一场景的拍摄。场景中有不同的人和物，包含了很多信息，但如果只是像播放幻灯片一样呈现照片，纪录片想要传达的信息会打折扣。为了让照片场景更好地配合叙事，后期制作通过控制照片大小和远近距离的景别，让二维的照片呈现出“层次”，使平面照片产生立体感。

第 74 集《走，咱赶集去》反映的是集市在人们生活中地位的变迁。一张农民向顾客展示自家兔子的照片再现了集市往昔热闹的景象。制作者通过景别的调整和移动，让展示兔子的农民、顾客、围观的人群分层、次第出现，平面的影像变得立体，使观众能即时感受到集市浓浓的烟火气。（第 74 集中该画面出现时间：00：01：48 –00：01：55。）

第 79 集《回首那时路》讲述的是春运期间人们交通方式的变化。苏良荣是四川达州最早南下打工的农民之一，这集纪录片使用了苏良荣本人提供的一张春运期间在火车站候车的照片。后期制作改变了照片的明暗对比，先是让一束光打在苏良荣一个人身上，凸显个体焦虑而期待的情绪，之后苏良荣周围的环境才被显示出来。（第 79 集中该画面出现时间：00：00：45 - 00：00：55。）这样的技术处理极富意味：纪录片或者说当下的观看像是探照进历史的一束光，照亮了普通个体的命运。

（三）瞬间影像“情境化”

照片定格的是瞬间，承载的内容有限，不足以反映历史情境的丰富性。《国家相册》“改革开放 40 年”系列微纪录片采用计算机三维特效技术和动画模拟技术，为照片增补环境内容，如战火、雪花、烛光等，让定格的镜头鲜活起来。

作为纪念改革开放 40 年系列的开篇之作，第 72 集《大白菜的味道》从老百姓餐桌上最普通的菜——大白菜入手，反映 40 年来人们物质生活的日渐丰富。其中使用了很多人们买白菜、晾晒白菜、搬运白菜、整理白菜的生活场景照片。后期制作给这些照片增加了“下雪”的情景。其中有一张副食店职工府身晾晒白菜照片，使用了动态的雪花飘落特效，不仅渲染了环境气氛，场景的重现也符合当年家家户户在冬天贮存白菜的历史事实。（第 72 集中该画面出现时间：00：00：51 - 00：00：56。）

第 73 集《惊雷第一声》回望了 1978 年安徽凤阳小岗村 18 位衣衫褴褛的农民赶赴一场危险的行动——秘密商议分田单干的历史场景。为体现改革的“薪火之势”，后期制作利用动画技术在老照片上添加了一团火光，火光从不同的照片上滑过，越来越大，寓意“改革火种的逐渐壮大、遇薪则燃、轰然成势，并很快蔓延到全中国”。（第 73 集中该画面出现时间：00：06：32 - 00：06：48。）作为补充画面信息的辅助手段，这些动画特效配合音乐和旁白增加了纪录片的厚度。

（四）历史照片“现实化”

《国家相册》“改革开放 40 年”系列微纪录片的创作初衷并不仅仅是简

单地呈现照片，更重要的是要让照片中的历史与现实产生勾连。为了让观众更实际地感受到纪录片所传达的情感，策划团队挑选合适的场景，把虚拟演播厅中拍摄的人物活动图像和历史照片进行实时合成，让讲述人陈小波“走”进老照片，走进历史场景，走近历史人物。

在第74集《走，咱赶集去》中，陈小波站在了赶集的人们中间；（第74集中该画面出现时间：00：01：03－00：01：18。）在第79集《回首那时路》中，她又来到了返乡的人们所乘坐的大巴车里。（第79集中该画面出现时间：00：00：29－00：00：40。）其产生的效果是讲述人和照片中的人物一起欢笑、一起赶路，亲身体验着普通人的悲欢离合和喜怒哀乐。让讲述人真正地“走入”照片，甚至成为照片的一部分，体现了一种平等视角和人文关怀，在历史与现实之间搭建了一座沟通的桥梁，达到创作者所希望的“向历史致敬”的目的。

五　结论与讨论

从上述分析可以发现，《国家相册》“改革开放40年”系列微纪录片在理念、内容以及技术手段等方面均有创新：在理念层面，强调国家情怀与个人视角相结合，并提出技术是服务于媒体融合内容的手段，而非目的；在内容层面，以民生话题为主，突出讲述改革开放历程中不同个体的故事，着重挖掘照片背后的“陌生故事”；在技术层面，致力于突破照片静止、平面、固定、历时等局限，通过创新性地使用三维动画、影像合成、改变景别、改变照片明暗等数字制作技术，实现了静止照片“动态化”、平面照片“立体化”、瞬间影像“情境化”和历史照片“现实化”。

在肯定其理念创新、内容创新以及技术手段创新的同时，《国家相册》“改革开放40年”系列微纪录片也给我们留下了一些值得进一步思考的问题。

（一）真实何以可能

纪录片以真实为自己的本质属性。将《国家相册》全媒体产品命名为

“微纪录片”可以说就是一种宣告——对其真实性的宣告，那么这系列作品就要接受关于“真实何以可能”的考问。

作为《国家相册》系列微纪录片的主要选片人和讲述人，陈小波在接受媒体采访时说明了自己选择照片的标准：第一，照片一定要写满时代的痕迹，信息量丰富；第二，诗意化表达；第三，情感力量，一张好的照片会令人头皮发麻、鼻子发酸、禁不住流泪；第四，陌生感，“当大家看到照片后，会发出‘原来那个时代是这样的’的感慨”。[①] 标准里没有出现对照片是否“真实”的考量，但真实并不是一个不证自明的问题。定格的照片一定反映历史的真实吗？在相当长时间里被广泛采用的摆拍照片是真实的吗？

（二）技术的边界在哪里

可以说，微纪录片的出现本身就是媒介技术发展的结果，和微博、微信、微电影、微广告、微小说等微文化形态相呼应，符合现代人多元化、快节奏、碎片化的生活特性。当纪录片越来越多地使用“模拟”“场景还原”“三维动画”等技术手段时，这些技术手段使用的边界在哪里？

有学者认为，不管我们采取何种手段，都只能是对历史的无限接近而永远无法真正抵达。通过有依据地真实再现来接近历史真实，同样也是一种有效的策略。[②] 但也有学者提出，早些年，新闻纪录片被定义为“形象化的政论”，强调的是纪录片的政治宣传功能。讲故事是近年来纪录片创作特别关注的话题，这是一个时代的进步。在此背景下，衍生出许多新的表现形态，如情景再现、扮演、三维动画演绎等。要防止这些技术手段在“讲故事”的名义下被误用和滥用。[③]

---

① 杜一娜：《打开国家相册　重温历史记忆》，《中国新闻出版广电报》，2018 年 12 月 25 日，http：//data. chinaxwcb. com/epaper2018/epaper/d6902/d1b/201812/94018. html，最后访问日期：2019 年 3 月 11 日。

② 靳斌：《真实如何呈现：阐释学视野下的纪录片叙事策略》，社会科学文献出版社，2016。

③ 邓秀军：《纪录片叙述者的主体性研究》，华中科技大学出版社，2013。

（三）纪念性微纪录片需要问题意识和反思精神吗

纪录是纪录片的首要功能，但纪录之后呢？纪录的最终目的是什么？作为改变国家和个人命运的历史进程，改革开放 40 年无疑带来了恢宏巨变，社会发展取得了巨大成就。反映“一段段旧貌换新颜的壮阔历程，一个个史诗般进步的发展奇迹”[①] 是纪念改革开放 40 周年的当然话题。但改革只有正面效应吗？改革一直一帆风顺吗？其中的问题何在？反思何在？比如外出务工改变了无数人的生活，实现了他们的人生梦想，但庞大留守儿童群体的出现、乡村家庭的支离破碎、打工造成的惨痛伤残等改革阵痛是否也应该在该系列微纪录片中有自己的存在价值和一席空间？

中国传播在本质上强调一种对话状态与过程：内部与外部对话，官方与民间对话，全国与区域对话，传统媒体与新媒体对话。对中国传播实践创新的评价指向是否降低了信息的不确定性，是否拓展了公共的交流空间，是否促进了可沟通世界的建构。[②] 可以说，呼应了上述三个评价指向的媒体融合都是宝贵而有意义的中国传播创新。《国家相册》系列微纪录片致力于“让每个人有和历史对话的能力”，勾连国家情怀与个体情感，使官方与民间的对话、互信与共情的渠道畅通，为主流媒体的融合创新、新型主流媒体的打造提供了一个成功的实践范本。

① 《将改革开放进行到底》，《人民日报》2018 年 5 月 21 日，第 1 版。

② 单波、吴世文：《2017 年中国传播创新总报告》，载单波主编《中国传播创新研究报告（2018）》，社会科学文献出版社，2018。

经济传播篇

Economic Communication

B.10
2018年中国媒介与居民生活形态变迁*

徐立军 姚 林 王玉飞 张 镝**

摘 要： 本文以CTR中国城市居民调查CNRS（China National Resident Survey）为主要数据来源，对2018年中国媒体发展态势进行了梳理，并对网络媒体、电视、广播、户外、报纸、杂志等各类媒体的新趋势进行了解读，同时以消费调查数据为基础，对2018年中国居民生活形态变迁进行了深入分析。本文发现，互联网媒体毋庸置疑已成为目前中国普及率最高的媒体，并保持稳定增长态势，且在低线城市表现更为强劲；电视媒体的下滑

* 本文系教育部人文社会科学重点研究基地重大项目“新媒体环境下中国媒体新闻传播创新研究”（16JJD860003）的阶段性成果。

** 徐立军，CTR/CSM执行董事、总经理，CTR媒体融合研究院执行院长，高级记者，文学硕士；姚林，CTR资深研究顾问，媒体经营及整合营销传播研究专家，经济学硕士，教授；王玉飞，CTR战略发展部研究总监，历史学学士；张镝，CTR媒介与消费行为研究部研究经理，发展与教育心理学硕士。

趋势有所放缓，但依然是受众最信任的媒体。在消费趋势方面，互联网同样扮演着重要角色，随着网络红利的“下沉”，移动设备和电子商务在中国下线城市的迅猛发展正在逐渐重塑中国下线市场的消费模式，这一趋势在2018年表现得更为明显；消费升级仍在深刻影响人们生活形态的变迁，“理性化”则成为2018年值得关注的特点。认清中国媒介变迁和消费者生活形态变迁的最新动态，是进行媒介营销和消费者营销的重要前提。

关键词： 中国城市居民调查　媒体融合　媒介变迁　生活形态　消费升级

本文主要数据来自CTR中国城市居民调查CNRS（China National Resident Survey）的数据。中国城市居民调查项目由央视市场研究股份有限公司于1999年自主建立，是中国规模最大的媒介与消费行为连续性同源研究公司，覆盖中国60个主要城市，年样本量近10万个。项目使用PPS概率与规模成比例的抽样方法，采用入户面访与留置问卷相结合的调查方法，每个城市均采用4个版本问卷进行轮换访问（采取随机原则目的在于避免受访者在回答媒体相关问题时受位置效应影响）；调查范围共涵盖全国一至四线60个城市，主要基于全国338个地级以上城市，根据地理特点、居民人均生活水平、城市GDP、人口规模、市场影响力等综合因素筛选得出最具代表性的城市。

一　2018年中国媒体受众市场发展趋势

（一）互联网媒体持续增长，始终处于领先位置

1. 互联网媒体持续稳定增长，但增幅变缓

根据CNRS-TGI数据，2013～2018年，互联网的日到达率持续稳定增长。如图1所示：2018年，互联网日到达率达到80.6%，较2017年小幅增

长；互联网日均接触时长为188分钟，占每天时间的13%，所占比例为所有媒体之最，是居民生活中传播最广泛的信息媒体渠道。

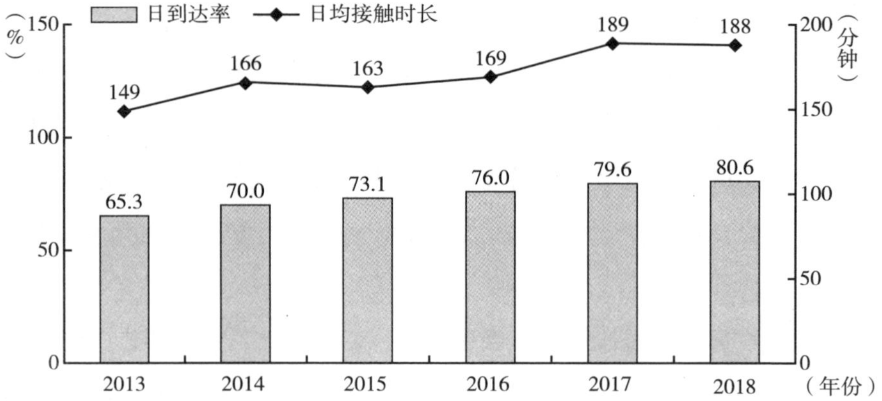

图1　2013～2018年互联网在城市居民中的日到达率及日均接触时长

资料来源：CNRS-TGI中国城市居民调查2013～2018年60个城市。

2. 四线城市互联网日到达率逐年攀升，已赶超一线城市

随着大中城市互联网市场的日趋饱和，“下沉”市场开始被视为互联网行业“最后的流量红利”。对比多年数据发现，互联网在四线城市居民中的日到达率攀升幅度最大。如图2所示，2018年，四线城市互联网日到达率为82.3%，已经超过一线城市。手机短视频是让很多低线城市用户乐此不疲的娱乐应用之一，抖音、快手在低线城市快速发展。拼多多成长为享受下沉红利的新一代电商平台，于2018年完成纳斯达克敲钟上市。

3. 城市级别越高，其居民使用的上网终端越多样

虽然四线城市互联网日到达率已经赶超高线城市，但其居民上网终端的使用较为单一。如图3所示，一线城市使用台式机/笔记本+手机+平板电脑三种终端的日到达率为22.1%，而四线城市仅有4.1%。也就是说，越是高线城市，受众越可能在不同场景选择不同终端连接网络，或同一时间使用多种终端，而低线城市受众使用的上网终端则更为单一。

4. 零售O2O跨越式发展，迈入纵深化

伴随着大数据、云技术、社交工具、移动支付等新技术的应用，零售

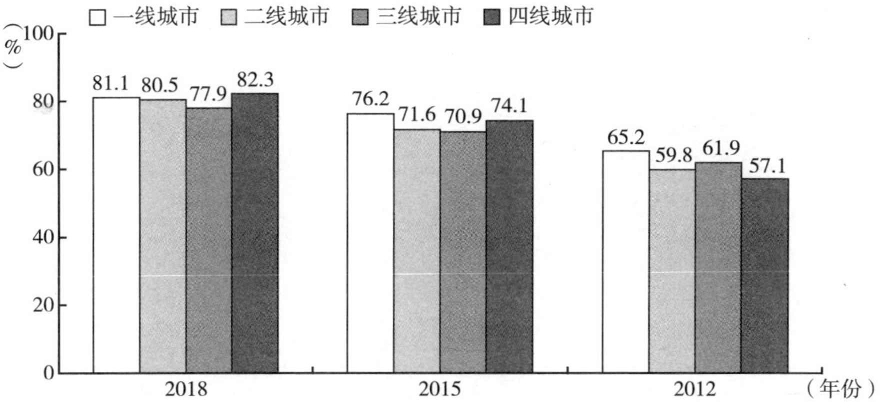

图 2　2012 年、2015 年、2018 年互联网在不同级别城市居民中的日到达率

资料来源：CNRS-TGI 中国城市居民调查 2012 年、2015 年、2018 年 60 个城市。

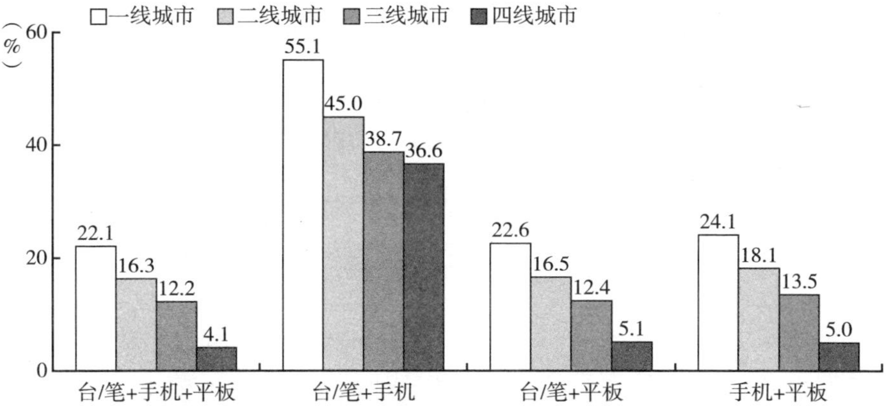

图 3　不同城市级别居民上网终端多种组合形式的日到达率

资料来源：CNRS-TGI 中国城市居民调查 2018 年 60 个城市。

O2O 的跨越式发展已是不可阻挡的趋势。近年来，电商大鳄纷纷涉足线下实体店，使线上销售、支付与线下实体售后服务融为一体。

2016 年 10 月，在阿里巴巴云栖大会上，马云提出“新零售”的概念。这一概念被提出来之后，各大巨头纷纷试水，先后出现了阿里巴巴的“盒马鲜生”、小米公司的“小米之家”、京东的“7FRESH”等新零售样态。零售 O2O 迈入纵深化，为消费者带来更便捷、更高效的服务。2016～2018 年移动 O2O 周触达 TOP3 见图 4。

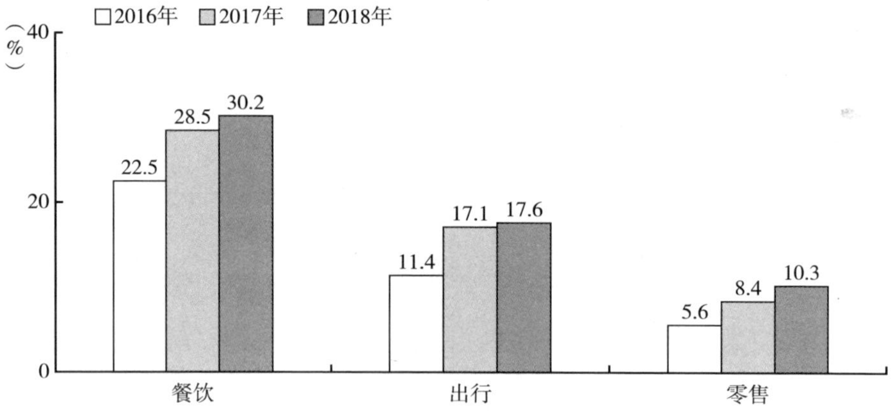

图4 2016～2018年移动O2O周触达TOP3

资料来源：CNRS-TGI中国城市居民调查2016～2018年60个城市。

5. 内容、知识付费在受众中的接受度提升，消费习惯逐渐形成

近几年来，随着人们知识产权保护意识的不断增强，以及对所获取知识专业化、个性化、定制化的要求越来越高，内容付费、知识付费成为一种新的趋势，受众的内容、知识付费习惯逐渐形成（见图5）。

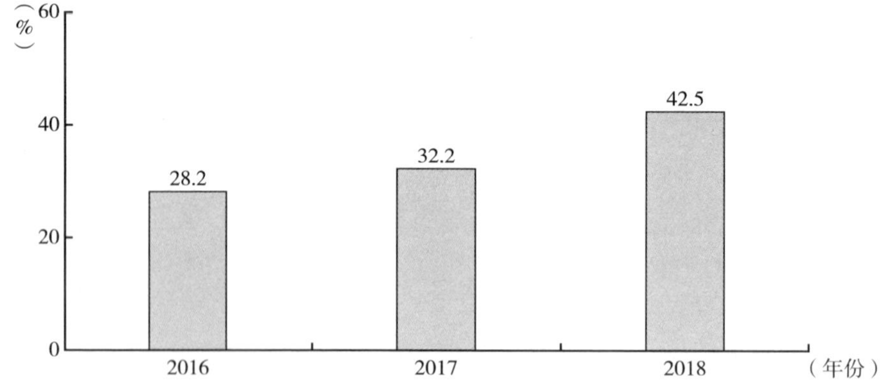

图5 2016～2018年，城市居民对移动端内容付费的同意比例

资料来源：CNRS-TGI中国城市居民调查2016～2018年60个城市。

（1）音乐付费、视频付费。

2016～2018年，城市居民对“我会考虑付费购买在我手机上使用的内

容，比如音乐和视频”的同意比例逐年上升。可见，受众对内容付费的接受程度在提升。

（2）知识付费。

当下人们的时间呈现碎片化，导致过去的知识交付解决方案（传统出版业、教育业）不再完全适用。所以，如何快速地向外行传授和介绍专业知识，成了急需解决的问题。知识付费应运而生，满足受众跨界、随时性、碎片化的学习需求。知识付费领域的参与者众多，包括专业资讯领域（如得到、喜马拉雅、知乎、分答、钛媒体等）和在线教育领域（如网易云课堂等）等。

6. 短视频领域呈爆炸式增长，头条系合围快手

根据QuestMoboile 10月23日发布的《中国移动互联网2018秋季大报告》，截止到2018年9月，短视频月活规模达5.18亿人，为在线视频用户的48.8%。更为值得注意的是，短视频的用户总使用时长占比为8.8%，几乎与在线视频的9%持平。

今日头条旗下抖音、火山小视频、西瓜视频成为行业三大头部应用，其中抖音在2018年持续发力，用户数量快速增长。抖音与快手之争持续全年。此外，腾讯、百度、阿里、网易等巨头纷纷布局短视频，行业竞争日趋激烈。城市居民短视频App月到达率TOP5见图6。

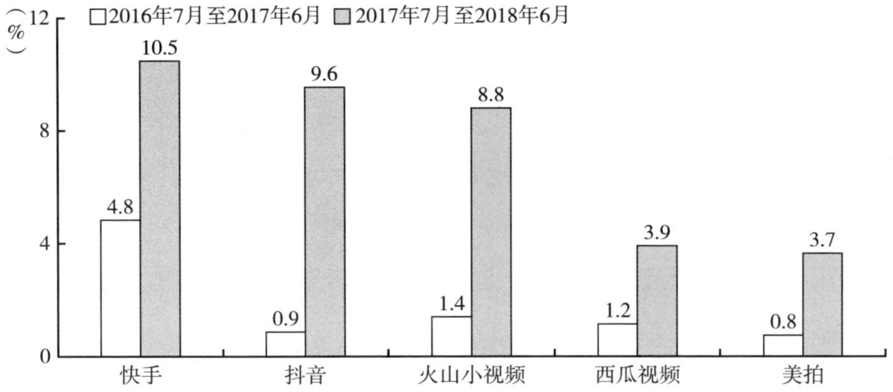

图6 城市居民短视频App月到达率TOP5

资料来源：CNRS-MP中国城市居民调查2016年7月至2017年6月、2017年7月至2018年6月60个城市。

（二）电视媒体下滑趋势减缓，仍是最具权威的媒体

1. 电视媒体下滑趋势减缓

根据 CNRS-TGI 数据，2013 ~ 2018 年，电视的日到达率降幅变小。2018 年，电视日到达率 65%，较 2017 年小幅下降 2.4 个百分点。电视日均接触时长是 92 分钟，较 2017 年少了 7 分钟（见图 7）。

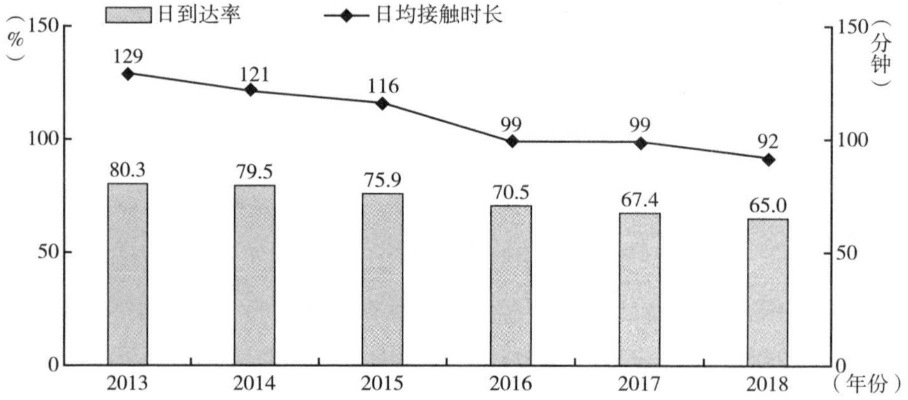

图 7　2013 ~ 2018 年电视在城市居民中的日到达率及日均接触时长

资料来源：CNRS-TGI 中国城市居民调查 2013 ~ 2018 年 60 个城市。

2. 视频和电视台流量争夺加剧，网络自制剧攻占电视黄金档

2018 年，优酷、爱奇艺及腾讯视频三大视频平台在自制剧上都投入了重金，在内容版权上的预算共计超过 650 亿元。优酷自制剧《北京女子图鉴》，爱奇艺自制剧《你好，旧时光》《琅琊榜之风起长林》，腾讯《无心法师 3》等在网上引起热烈讨论。同时，网站研发的网剧也纷纷进入卫视台黄金档，如爱奇艺自制剧《最好的我们》在 2018 年先后登陆浙江卫视和深圳卫视。精品自制剧频繁上新，标志着视频平台将自制内容发行至卫视的模式已成为行业新常态。

3. 电视仍然是最具权威的媒体

电视的威信力仍然得到城市居民的高度认可。在“我经常会关注这个

媒体上的广告信息”“信息非常可信的媒体”“在这个媒体上打广告的品牌，会给我留下比较好的印象”“在这个媒体上打广告的品牌，会增加我的购买意向”这四个评价中，电视的正向评价最高（见图8）。可见，电视媒体虽然受到互联网较大冲击，但其专业性、权威性仍然不容置疑。

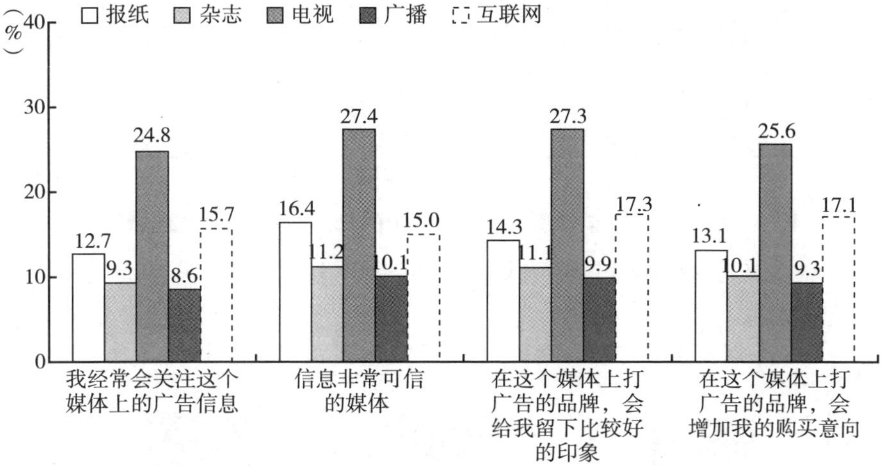

图8　受众对各媒体类型评价的同意程度

资料来源：CNRS-TGI中国城市居民调查2013～2018年60个城市。

（三）广播媒体发展趋势平稳

1. 广播媒体发展趋势稳定，波动较小

根据CNRS-TGI数据，2013～2018年，广播的日到达率维持在12%～15%。2018年，广播日到达率为13.3%，较2017年略有上升。2013～2018年，城市居民广播日均接触时长是9.7分钟，自2014年大幅下降后，基本维持在7～8分钟（见图9）。

2. 广播受众更加年轻化

2016～2018年，广播受众年龄呈略微下降的趋势。2018年，55岁及以上年龄的受众从2016年的13.52%下降到9.79%，而15～24岁受众从2016年的11.1%上升到14.4%（见图10）。

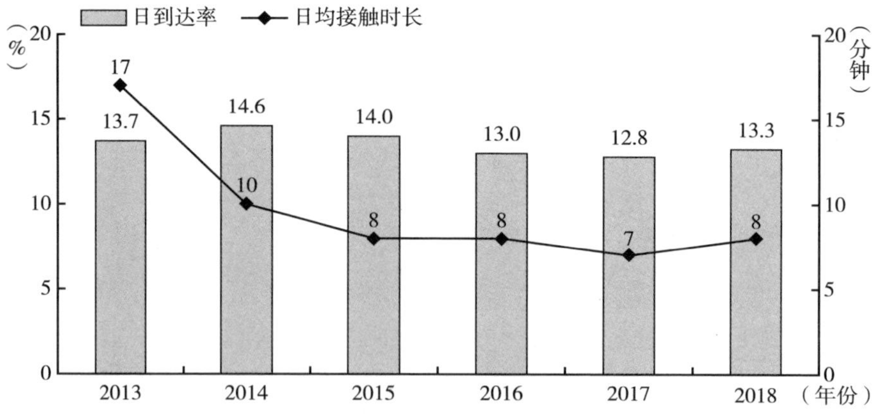

图 9　2013～2018 年广播在城市居民中的日到达率及日均接触时长

资料来源：CNRS-TGI 中国城市居民调查 2013～2018 年 60 个城市。

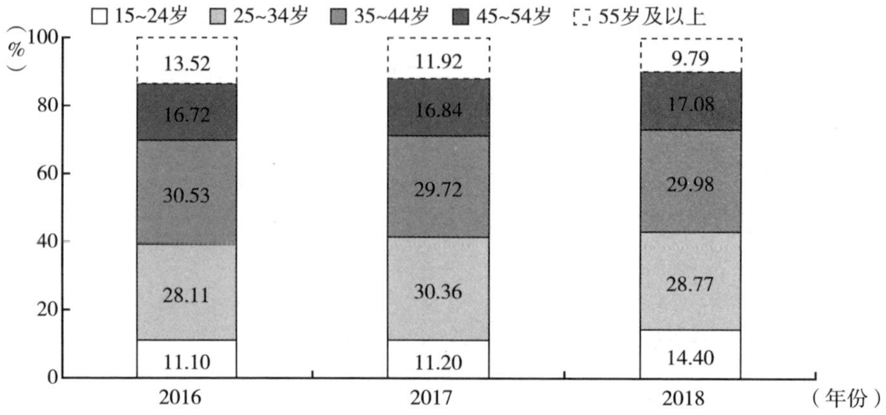

图 10　2016～2018 年广播受众的年龄构成

资料来源：CNRS-TGI 中国城市居民调查 2016～2018 年 60 个城市。

3. 互联网广播发展迅速，广播借移动音频迎来“第二春”

随着移动音频平台的快速发展，用户数量不断增加，受众互联网移动收听习惯逐渐养成。互联网下的广播结合了互联网与音频广播的优点，受众可以点播广播内容，并随意检索与下载，弥补了传统广播不能检索、看不到文字等的不足。互联网广播成长为重要的广播收听渠道，手机成为受众收听互联网广播最重要的终端（见图 11、图 12）。

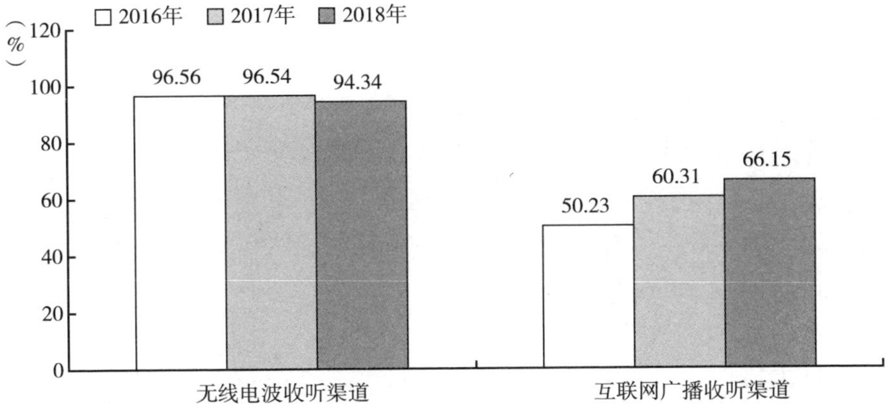

图 11 2016～2018 年广播受众经常使用的收听渠道占比

资料来源：CNRS-TGI 中国城市居民调查 2016～2018 年 60 个城市。

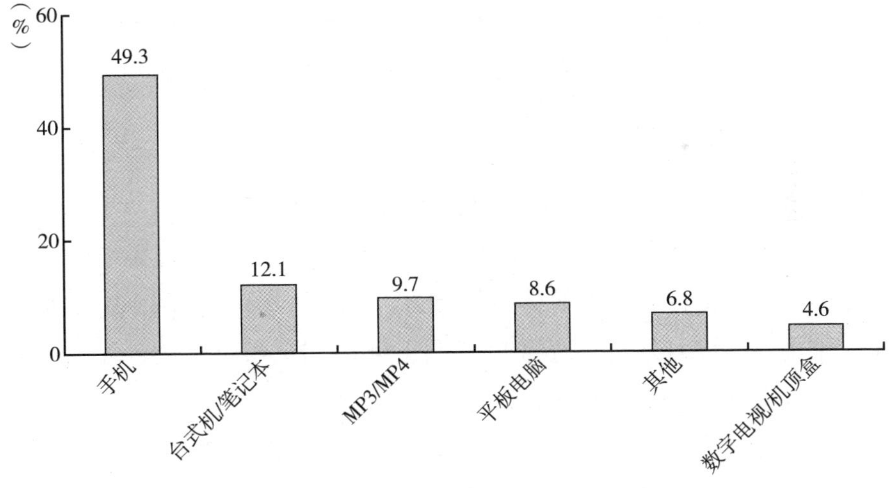

图 12 2018 年广播受众通常收听互联网广播使用设备的比例

资料来源：CNRS-TGI 中国城市居民调查 2018 年 60 个城市。

4. 广播收听场景化，成为留存受众的关键因素

移动互联网使听众选择更多，但同时耐心降低，由此对广播快速吸引听众、留住听众、沉淀听众的能力提出挑战。在碎片化和伴随性的场景中，音频内容关注收听场景化，或许将成为留存受众的关键因素。

（四）户外媒体趋势稳定

1. 户外媒体市场相对稳定

纵观2013～2018年户外媒体发展趋势，日到达率波动始终维持在1个百分点左右（见图13）。相较于其他媒体而言，户外媒体发展比较稳定。

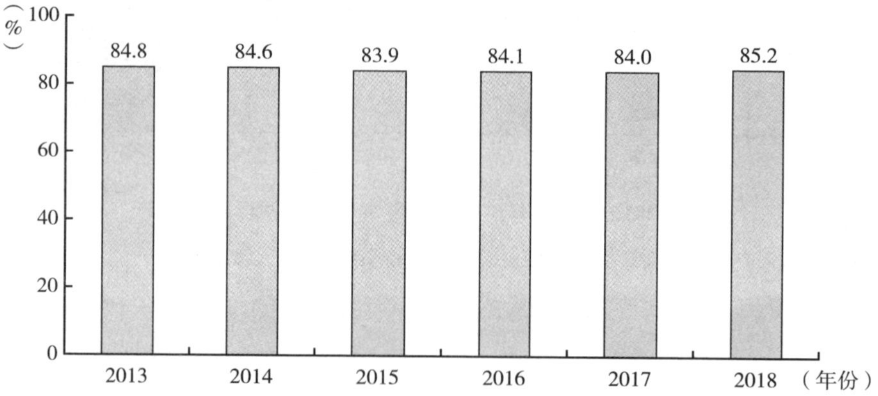

图13　2013～2018年户外媒体在城市居民中的日到达率

资料来源：CNRS-TGI中国城市居民调查2013～2018年60个城市。

2. 城市公共交通的发展，推动了交通出行类户外媒体的发展

随着各城市公共交通的蓬勃快速发展，受众接触交通出行类户外媒体的机会增多，交通出行类户外媒体发展较好。2016～2018年中国城市居民每周至少乘坐一次市内公共交通的比例见图14。2016～2018年中国城市居民过去3个月乘坐过城市间公共交通的比例见图15。

3. 户外媒体的数字化转型，成为互联网巨头抢夺的线下流量入口

从传统户外到数字新户外，经过数字化、屏幕化的改造，受众从“读图时代”进入“看视频时代”，户外媒体正越来越多地加入“时间”和“互动”的概念。

在线上流量获取成本越来越高、难度越来越大的背景下，互联网巨头们都已经意识到线下将是未来最大的流量入口，开始线下布局。2018年7月，阿里巴巴集团及其关联方以约150亿元人民币战略入股分众传媒，腾讯则打造了“全民K歌”线下自助店，百度也推出了百度聚屏平台。

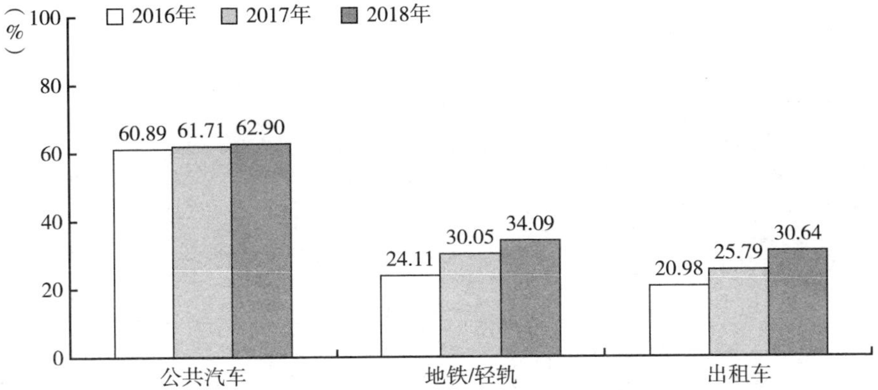

图 14　2016～2018 年中国城市居民每周至少乘坐一次市内公共交通的比例

资料来源：CNRS-TGI 中国城市居民调查 2016～2018 年 60 个城市。

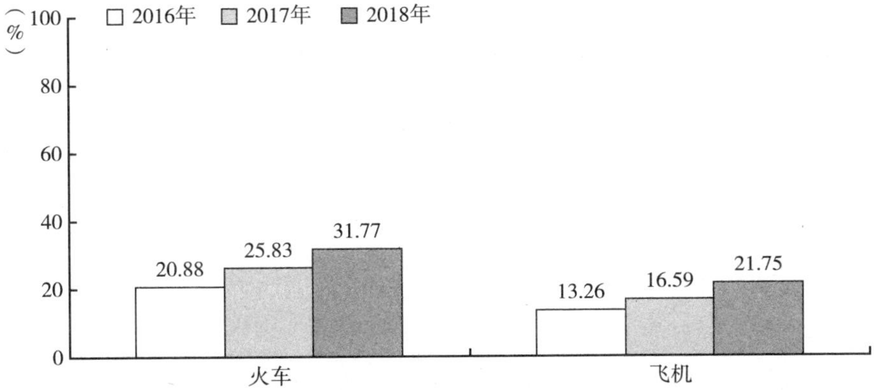

图 15　2016～2018 年中国城市居民过去 3 个月乘坐过城市间公共交通的比例

资料来源：CNRS-TGI 中国城市居民调查 2016～2018 年 60 个城市。

（五）平面媒体

1. 报纸媒体发展持续下滑，而杂志媒体发展略有好转

报纸和杂志媒体呈现出不同发展趋势。

2013～2018 年，报纸媒体呈现下滑趋势，日到达率已由 49.6% 跌至 25.4%，日均接触时长也由 24 分钟下降到 17 分钟。

杂志媒体整体呈现下滑趋势，但 2018 年周到达率和周均接触时长较上年都稳中有升（见图 16）。

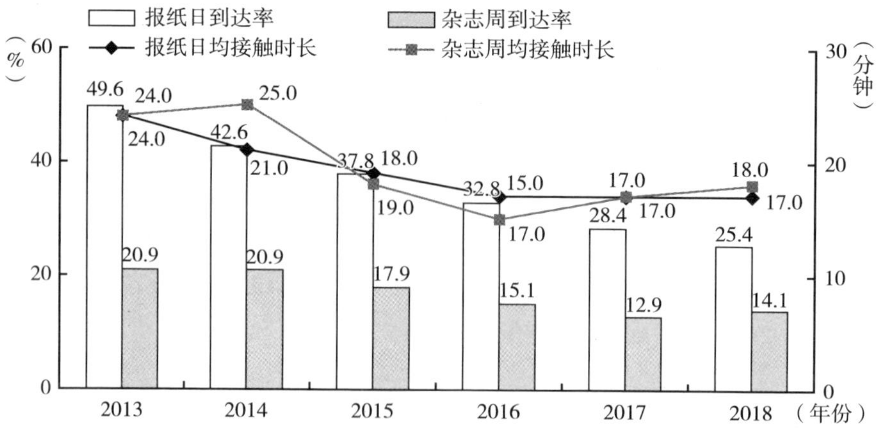

图 16　2013～2018 年平面媒体在城市居民中的日/周到达率及日/周均接触时长

资料来源：CNRS-TGI 中国城市居民调查 2013～2018 年 60 个城市。

2. 平面媒体电子版发展保持稳定

2014～2017 年，平面媒体电子版日到达率有较大提升，2018 年则在 2017 年的基础上保持稳定（见图 17）。

3. 平面媒体向新型媒体转型，加入新媒体战局

2018 年，关于纸媒休刊、停刊的消息接连不断。2018 年年初共有《渤海早报》《假日 100 天》《采风报》《球迷》《北京娱乐信报》《台州商报》《上海译报》等 10 多家报纸休刊。下半年，又有《新疆都市报》《西部商报》《羊城地铁报》等 20 多家报纸相继停刊。当然，一些报纸停刊的主要原因是把更多的精力转向新媒体领域，未来新媒体领域竞争将持续加剧。

二　居民生活形态与消费的变迁

伴随着时代和社会的发展，互联网在人们的生活中扮演的角色越来越重要，人们的生活正在被数字信息、社交网络、电子商务、移动互联网、物联

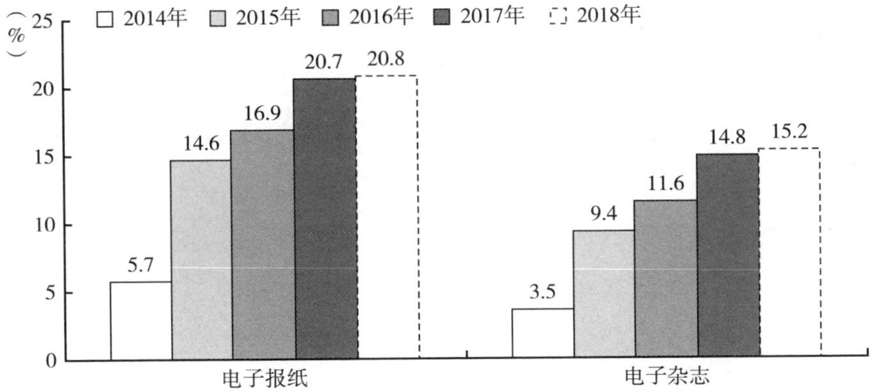

图 17 2014～2018 年平面媒体电子版日到达率

资料来源：CNRS-TGI 中国城市居民调查 2013～2018 年 60 个城市。

网以及大数据等新技术、新业态彻底改变。随着互联网产品广泛地覆盖了人们的衣食住行、娱乐、购物、社交等各种生活场景，在消费者对网络依赖的程度越来越高的同时，互联网依靠网民增长获得流量红利的时代也已经结束。

（一）居民生活形态的变迁

1. 城市居民网络生活方式趋于常态化

中国互联网经过在人口红利下的迅猛发展之后，已经进入新的发展阶段。与此相适应，城市居民的网络生活方式经过快速发展后进入稳定的常态化阶段。CNRS 的数据显示，2018 年城市居民的网络日到达率已经达到 80.6%，周上网频率为 42 次（见图 18），其中每天上网 2～5 次的占比最高，达到 30.5%，其次为每天上网 10 次及以上，比例达到 23.9%，相比 2017 年的每周 41 次，城市居民周上网频率仅增加了 1 次。这表明居民对网络的依赖程度已经趋于稳定。

城市居民上网时长持续增加后大体稳定在日均 188 分钟的水平上。根据 CNRS 2018 年的数据，58.5% 的城市居民现在花费更多的时间在网络上，他们认为网络越来越成为生活中不可缺失的一部分，79% 的城市居民表示，他

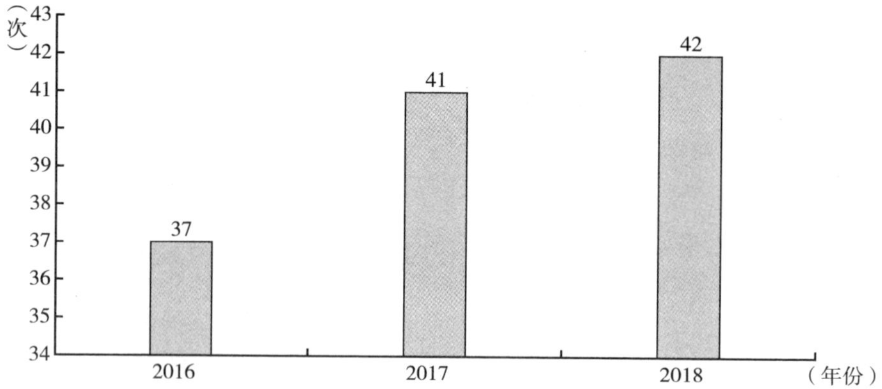

图 18　城市居民周上网频率

资料来源：CNRS 中国城市居民调查 2016～2018 60 个城市。

们在需要信息的时候，首先想到的是从网络上获取信息。

图 19 表明，网络生活涉及生活、学习、工作的方方面面，居民对社交、获取信息资讯、娱乐、网购的依赖程度更高。凯度消费者指数（在中国隶属于 CTR）的数据显示，2018 年电商渠道销售额同比增长 34%。过去一年中国城市家庭中有 65% 在线上购买过快速消费品，较上一年高出 4.7 个百分点。在 4 个重点城市（北京、上海、广州和成都）中，72% 的家庭在线购买过快速消费品。而在中国县城中，也有超过半数的家庭开始网购。

网络购物的常态化催生了在线支付的普及，根据 CNRS 2018 年的数据，73% 的城市居民使用过在线支付。

2. "空巢青年"引爆单身经济

广义上的"空巢青年"是指与父母及亲人分居，单身且独自租房的年轻人，本文以单身人群为主要讨论对象。CNRS 2018 年的数据显示，城市单身人群比例达到 29.8%，相比 2017 年的 28.9% 上升了将近 1 个百分点，上升趋势不容小觑。从性别和年龄构成来看，"空巢青年"中男性占比 53.1%，女性占比 46.9%，"90 后"占比 58.5%。

实际上，"空巢青年"并非只是一种身份标签，它更像是一种生活态

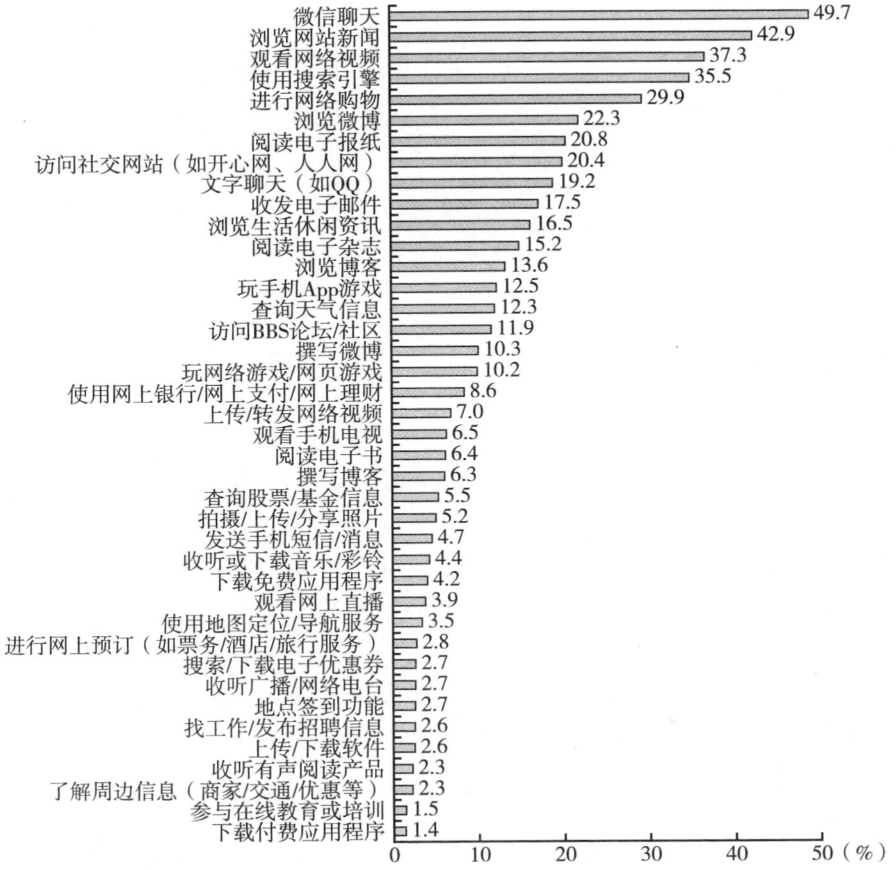

图 19　城市网民经常使用的互联网功能

资料来源：CNRS 中国城市居民调查 2016 ~ 2018 年 60 个城市。

度。“空巢青年”这一群体的出现和壮大，对商业和社会产生了一定程度的影响，也在一定程度上带动了传统商业模式的转型升级，我们正在学习单身，并由此带来了新的生活方式。“空巢青年”享受孤独，追求品质，喜欢新科技。CNRS 2018 年的数据显示，46.0% 的“空巢青年”愿意为事业牺牲与家人在一起的时间，52.1% 的“空巢青年”认为即使价格贵，也愿意购买高品质商品，57.1% 的“空巢青年”喜欢跟随科技发展的潮流。由于部分“90 后”“空巢青年”尚未到适婚年龄，或者主动推迟结婚时间，这都减轻了他们的经济负担，使其更加注重消费品质和服务体验。CNRS 2018 年的数据显示，55.5%的“90 后”更注重追求高品质产品（见图 20）。

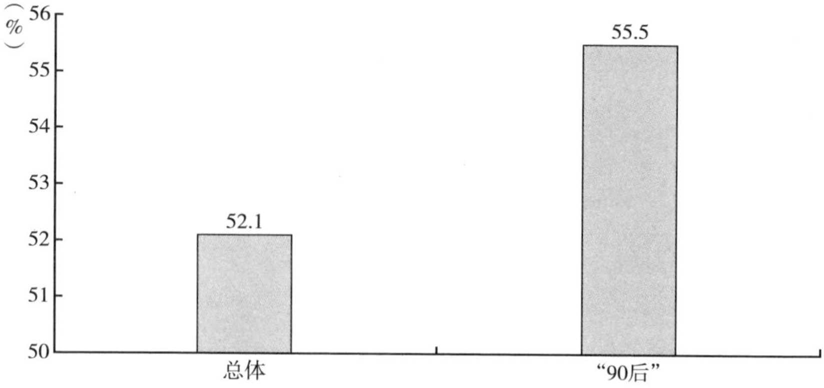

图 20　2018 年追求高品质产品的“90 后”所占比例

资料来源：CNRS 中国城市居民调查 2016～2018 年 60 个城市。

此外，“空巢青年”把网购作为主要消费方式。CNRS 2018 年的数据显示，59.5%的受众青睐网络购物，47.2%的受众经常利用互联网制订购物计划。“互联网＋私人订制”的消费模式将满足“空巢青年”个性化的需求，“空巢青年”群体愿意通过网络平台购买符合个性化需求的服务和商品，并愿意付出一定的费用。

3. 网络生活方式的下沉

伴随着网络消费市场下沉，下线城市开始快速进入网络生活。2013 年三四线城市的居民网络日到达率还明显低于一二线城市，到 2018 年三四线城市已经与一二线城市大体持平。上线城市的网络生活方式已经在下线城市普及。

凯度消费者指数的最新报告显示，2018 年中国城市快速消费品市场年度消费金额增速保持在 4.3%，与上年大体持平。消费升级还在继续并进一步扩大影响。从各区和各级城市的消费情况来看，西部地区和省级城市继续保持较快的增速，销售额分别增长 6.5%和 4.9%，成为销费总体增长的动力。

移动设备和电子商务在下线城市的迅猛发展将继续推动其消费模式的改变。2018 年，在中国县城中，已经有超过半数的家庭开始网购。2016～2018 年，电商在不同级别城市的渗透率差值从 9.5 个百分点缩小到 7.1 个百分点（见图 21），网购在四五线城市也开始快速普及。拼多多的崛起表明拼团购买带来的参与感和乐趣对下线城市的消费者具有很强的吸引力，打破了原有的数字鸿沟。凯度消费者指数的报告也显示，县城消费者对拼多多的参与度高于全国平均水平。2018 年电商在下线城市的进一步发展意味着品牌有更多机会通过这些平台有效接触到新的消费者，并实现销售转化。

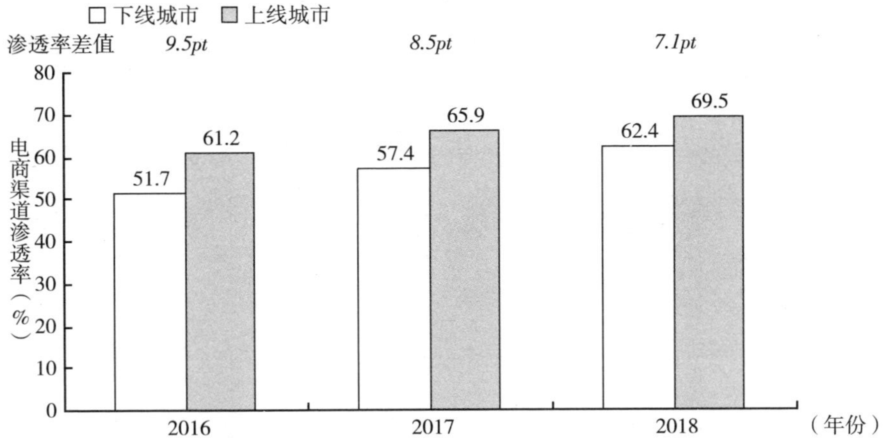

图 21　2016～2018 年电商渠道在不同级别城市的渗透率

注：下线城市指地级市、县城。上线城市指 27 个城市，包括 4 个重点城市省级市，深圳、青岛和大连。

资料来源：凯度消费者指数。

（二）2018年消费趋势特点

近几年，伴随着移动互联网的迅猛发展，消费市场发生巨大变化，新零售、电子商务等新商业形态出现。“消费升级”成为近几年兴起的关键词，中国消费升级在多元化、个性化发展的同时呈现出理性消费的特点。

回顾 2018 年中国消费市场，升级与焕新成为供给方新一轮的关键词，所有企业都需要对自身的产品、服务、品牌、营销进行升级，以面对中国消费群体日益多样、个性且理性的消费趋势。升级与更新有了新的内涵和更加丰富的场景，中国消费者对于品质生活的追求越来越体现在更加细致的场景中。

1. 理性消费成为消费升级的突出特征

2018 年消费者对品质和体验的追求仍然是消费升级的内容，但理性消费成为消费升级的突出特征。CNRS 的数据表明，2018 年消费者在购物时，对想要的东西会等到打折促销时才购买的认同比例较 2013 年提高了 3.4 个百分点，而只会在确实需要时才会购买的认同比例提高了 4.4 个百分点（见图 22）。不再为冲动和溢价买单，回归理性消费成为消费升级的内容。

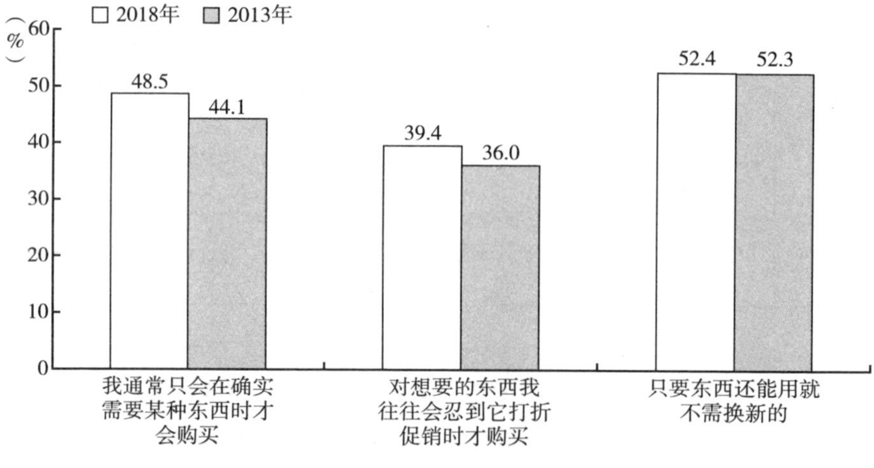

图 22　2013 年与 2018 年消费者购买观念的变化

资料来源：CNRS 中国城市居民调查 2013 年、2018 年 60 个城市。

凯度消费者指数观测到快速消费品中价格对销售额的正向贡献持续上升，从 2017 年的 42% 上升到 2018 年上半年的 64%。从渠道方面看，线上销售继续引领增长。线上年度销售额增速达到 30.5%，是全渠道的 6 倍。随着线上销售额的逐步增加，全渠道的趋势也进一步凸显。2018 年，约有 57% 的城市家庭会在线上和线下同时购买快速消费品，这些消费者通过在线上进一步消费升级，对线上的有机增长做出了贡献。

2. 新精致主义对品质和细节的讲究

随着消费升级步伐加快，中国消费者对于生活品质和生活细节越发地关注，无论是吃的食品还是用的物品，都催生了“新精致主义”概念。新精致主义代表的是消费者对更美好生活的自我满足与对高品质的追求。CNRS 2018 年的数据显示，消费者对于衣食住行的要求，都有了一定程度的提高（见图 23）。

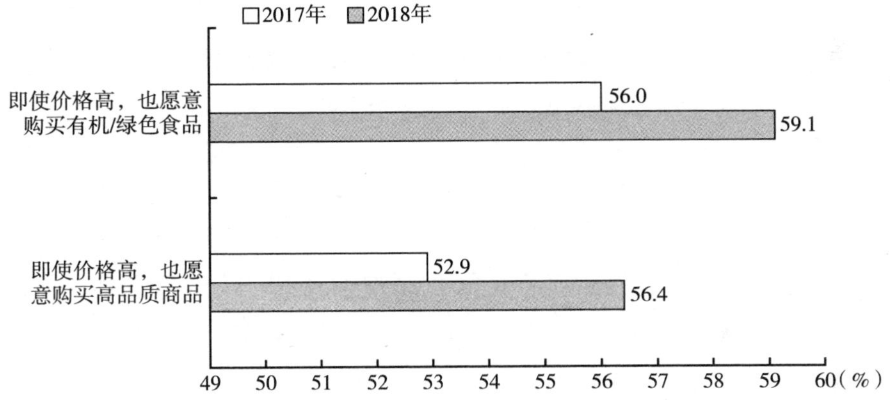

图 23　2017 ~ 2018 年城市居民对于生活品质的关注对比

资料来源：CNRS 中国城市居民调查 2017 ~ 2018 年 60 个城市。

消费者更关心品质，而不是一味地纠结价格。近几年，消费者的认知发生了变化，他们对自己的需求非常明确，无论是本土品牌，还是外国品牌，要求都是一样的。首先，要物有所值；其次，产品品质要好；再次，能满足个人偏好；最后，售后服务要到位。以耐消品为例，CNRS 2018 年的数据显示，消费者在耐消品选择上最为关注的因素 TOP5 分别是：价格、品牌、技术、售前/售后服务和维修/保养（见图 24）。

随着居民生活水平的不断提高，消费能力的不断提升，其对美的追求也越来越强烈，不仅考虑产品的实用性，对产品的“颜值”也十分重视。当产品的差异化逐渐减小，产品的包装就会显得尤为重要，好的包装创意，是

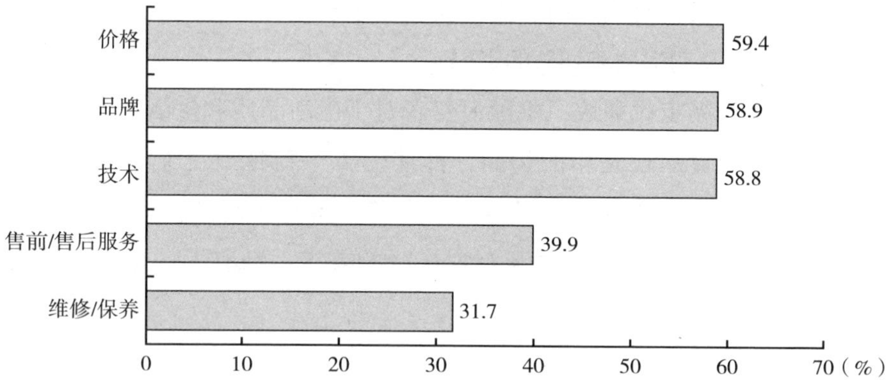

图 24　2018 年消费者对耐消品关注因素 TOP5

资料来源：CNRS 中国城市居民调查 2018 年 60 个城市。

在种类繁多的产品中直接抓住消费者眼球的关键因素。CNRS 2018 年的数据显示，65.6% 的城市居民表示有吸引力的包装会直接影响其购买决策。

对于消费者来说，接触商品首先从接触产品包装开始，包装能让消费者感受到商家所付出的心血，看出商家对产品的用心程度，这将促使商家更重注产品包装，使其更具有感染力。

CNRS 2018 年的数据显示，女性城市居民在化妆品上的平均月消费为 874 元，较 2017 年的化妆品平均月消费 588 元大幅上涨了 48.6%。女性城市居民对化妆品相当依赖，54.7% 的女性城市居民表示宁可节省其他开支，也不在护肤品上省钱；53.4% 的女性城市居民认为化妆可以增强自信心。服饰消费也是“颜值”经济下较为重要的参考指标，CNRS 2018 年的数据显示，女性城市居民在服装上的平均月消费为 912 元，比较 2017 年的服装平均月消费 672 元上涨 35.7%。

3. “Z 世代”正在成为消费主力

2018 年被称为“Z 世代”元年，“Z 世代”开始转化为消费主力。在人口代际划分上，“Z 世代”相对于“千禧一代”而言。“千禧一代”通常指 1982 ~ 1994 年出生的一代人，而“Z 世代”一般指 1995 年以后出生的一代人，即“95 后”。他们是互联网原住民一代，从出生到成长都沉浸在 PC、手机、平板电脑等科技产品中，网络对他们而言就像生活中的水和电，这些因素造就了“Z 世代”与众不同的性格和特质。

CNRS 2018 年的数据显示，“Z 世代”的消费价值观无论与城市居民总体相比，还是与“千禧一代”相比都有着显著的差别。“Z 世代”是一个更关注消费本质的消费群体，因此他们不满足于传统品牌大众化的品类策略，个性化定制成为他们身上重要的标签。对于“Z 世代”而言，产品合适自己才是王道，大而全的传统生产逻辑已经不能满足他们的真正需要。“Z 世代”的崛起，倒逼生产方式由中心化向定制化发展，因此催生越来越多的新品类（见图 25）。

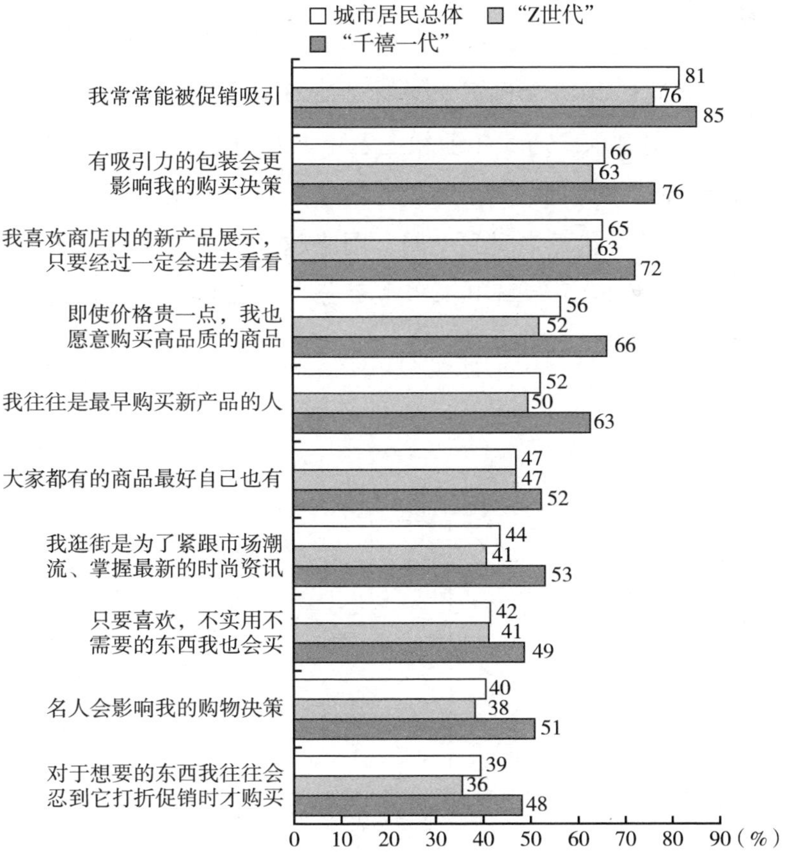

图 25　2018 年“Z 世代”与“千禧一代”消费价值观比较

资料来源：CNRS 中国城市居民调查 2018 年 60 个城市。

4. “银发族”消费升级

随着第一代独生子女的父母进入老龄社会，中国的老龄化趋势日益明显。曾经被贴上“省吃俭用、存钱买房”标签的一代人，随着子女的独立成熟开始成为“既有钱，又有闲”的一代人。“银发族”生活方式的转变也改变了其消费习惯，成为消费升级中一个重要的特征。

曾经互联网世界是年轻人的天下，如今老年人开始大踏步进入新的网络生活。CNRS 的数据显示，2014 年中国城市 60 岁以上的老年人网络日到达率仅为 19.5%，而到 2018 年急速上升到 32.5%，增加了 13 个百分点，有 1/3 的老年人每天都上网。网络社交这种曾经是年轻人的“专利”，现在也深刻影响到老年人的生活。2014 年，60 岁以上的老年人每天使用微信的比例只有 7.6%，而到 2018 年则急速增加到 28.3%。

CNRS 的数据显示，与 5 年前相比老年人对网络的依赖程度显著加深，2018 年老年人对“网购使生活变得更轻松”的认同比例比 2013 年高出 5.4 个百分点；对“花更多时间上网，网络越来越成为生活中不可缺的部分”的认同比例比 2013 年高出 4.2 个百分点（见图 26）。外出就餐成为老年人的经常性选择，2018 年有 32.3% 的老年人经常外出就餐。而旅游

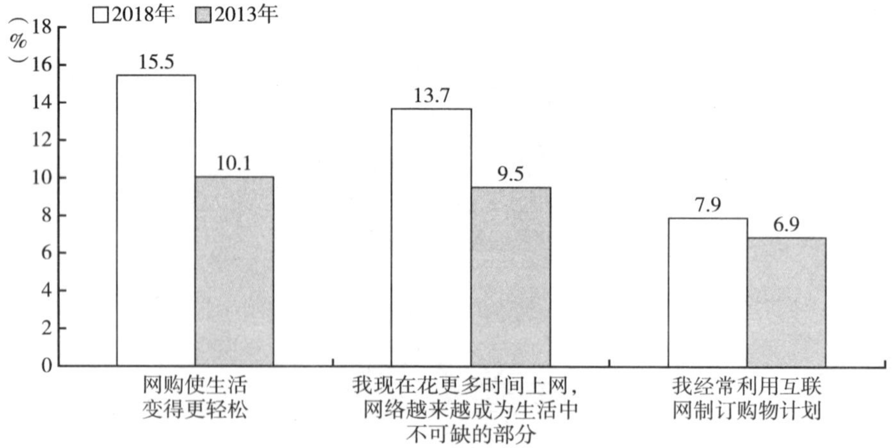

图 26　2013 年和 2018 年网络生活对老年人的影响

资料来源：CNRS 中国城市居民调查 2018 年 60 个城市。

成为老年人生活的重要内容，2018 年 60 岁以上的老年人平均每月在旅游上的支出为 1414 元，其中有 74% 的旅游服务是通过网络购买的。

由于生育政策的原因，中国的“50 后”“60 后”是人口比例最大的人群，未来随着“50 后”整体和“60 后”逐步进入老年社会，“银发族”在消费市场的地位和作用将加强。这也成为中国消费市场的主要特征。

三　结语

2018 年，中国迎来了改革开放 40 周年。中国经济在经历了 40 年的发展之后，逐渐由高速度增长转向高质量的发展，加之互联网对整个社会带来全方位影响，中国的媒介形态以及居民生活形态发生了深刻的变革。

在这样的历史背景下，回首 2018 年，我们看到数据背后诸多新的变化正在发生。在媒体方面，互联网媒体发展持续增长，且出现下沉趋势，随着移动互联网的发展，四线城市互联网日到达率已赶超一线城市，内容付费、短视频成为年度的热点；电视媒体依然是受众最为信任的媒体，且整体下滑趋势减缓；广播、户外媒体则延续了近些年的稳定态势；纸媒方面表现出截然不同的发展态势，报纸媒体持续下滑，而杂志媒体则略有好转；此外，一些新的媒体大势也更加值得关注，如媒体的视频化蔚然成风，所有媒体都在不约而同地奔向视频这条路，电视台、广播电台、报纸、杂志、新媒体无一例外都在做视频；产业互联网风潮下的媒体行业也深受触动，媒体功能越来越多样化，显然已经超出娱乐、信息提供的基础边界。在消费方面，消费升级的大潮仍在持续，但演变得更为“细腻”，多元化、个性化的消费趋势依旧，不过 2018 年更值得注意的特点是理性化；新的消费主体显示出越来越强大的影响力，“Z 世代”“银发族”等这些传统商业的“边缘人群”已经成为商业决策不容忽视的一极。

“唯一不变的是变化”。2019 年，变化仍将继续，新的热点、风口、趋势将会出现，如何把握，如何解读，如何决策，以数据作答是最合理、最智慧的选择，洞悉数据背后的本质与趋势，方能走得更远、更坚定。

B.11
2018：技术与创意驱动的中国品牌传播创新[*]

姚曦　姚俊　李娜　袁俊[**]

摘　要： 品牌传播的核心是基于品牌信息的传播。品牌传播创新包括品牌传播运作模式的创新和品牌传播过程的创新，最终达到品牌利益相关者的价值最大化。在数字时代，品牌传播创新方式发生了巨大变化，本文通过深度访谈业界有影响力的媒体创始人和高管，并对典型案例进行分析，对2018年中国品牌传播创新趋势进行预测，发现2018年品牌传播运作模式创新表现为技术驱动、内容驱动与服务驱动三个层面。品牌传播过程创新体现在内容生产主体的消费者参与和内容创意概念的消费者价值中心导向上，在内容表现形式方面体现为多感化体验的交互设计、虚实结合的场景化营销和社交创意的强化，在品牌传播过程中表现为精准化和渠道泛化，在效果呈现上表现为社交指标刚性和超传播层面效果指标的涌现。

---

* 本文为武汉大学自主科研项目（人文社会科学）研究成果，受"中央高校基本科研业务费专项资金"资助，是教育部人文社会科学重点研究基地重大项目"互联网传播形态与中西部社会治理"（17JJD860004）的阶段性成果。

** 姚曦，教授，武汉大学新闻与传播学院博士生导师，研究方向为品牌传播、广告与媒介经济、公共关系；姚俊，武汉大学新闻与传播学院2018级广告与媒介经济博士生，生米组成创始人，研究方向为品牌传播、广告与媒介经济；李娜，武汉大学新闻与传播学院2017级广告与媒介经济博士生，研究方向为品牌传播、广告与媒介经济；袁俊，荷兰商学院2016级工商管理学博士生，中国商务广告协会IP生态商业委员会常务副理事长，研究方向为数字品牌传播、社交媒体营销、战略创新管理。

关键词： 品牌传播创新 运作模式 传播过程

传播是人类社会自古以来就普遍存在的行为方式，承担着社会信息和沟通交流的重任。其中品牌传播活动是现代人类商业信息传播活动的重要组成部分，是企业满足消费者需要、培养消费者忠诚度，从而最优化增加品牌资产的有效手段，也是消费者获取商品信息、满足消费需求的重要途径。对于经济发展而言，品牌传播也是实施品牌战略和消费转型的重要途径，在我国迈向文化强国，实现从制造大国到制造强国的转变过程中发挥着不可忽视的作用。但在数字传播技术飞速发展、消费需求越发个性化与多元化的今天，一方面，信息爆炸带来信息传递效应的弱化，品牌竞争日益激烈，传统的品牌传播方式受到了巨大冲击；另一方面，互联网与新媒体的勃兴又为品牌传播提供了新的方式、手段与渠道，品牌传播之前依赖于传统大众传播媒介的集约式共性品牌信息传递，现在变得更具立体化、个性化、可视化、互动化与体验化，更加关注消费者物质需求和精神体验的双重满足，依赖于新媒体和新技术的创新型传播方式，传播效果越来越引人瞩目。对当下品牌传播创新趋势的研究将能帮助企业更好地面对信息技术升级和消费结构转型带来的传播挑战，寻找互联网和新媒体环境下品牌与消费者沟通的有效路径，并对研究中国传播体系的构建和呈现中国传播力量具有重要意义。

一 品牌传播创新的理论分析框架

品牌传播创新的理论分析框架需要建立在对品牌传播和品牌传播创新的理解之上，本文通过对品牌传播和创新理论的相关文献进行整理与分析，构建品牌传播创新的分析框架，为品牌传播创新的进一步研究奠定理论基础。

1. 品牌传播与品牌传播创新

（1）品牌传播是基于品牌信息的传播，品牌传播运作模式决定品牌传播过程。

品牌名称、标识、符号、图像和服务承诺等均需要以信息的形式传递给目标受众，品牌效应方能形成。从这一意义上看，品牌是一种载体工具，即品牌作为信息凝聚的集合，是促成消费者购买行为的基本前提，品牌传播是关于品牌信息的传播。同时，与其他传播活动和传播行为不同，品牌传播是品牌主有组织有计划的一种信息传播行为，品牌传播运作模式决定了品牌传播的过程。根据喻国明等的品牌信息流的运动机制模式，品牌传播的编码环节首先由企业发起，企业对品牌名称、产品包装、企业文化、产品定价、产品功能等进行初步编码。随后品牌服务商，如广告公司或媒体广告部门通过广告宣传或其他形式对信息内容进行再包装，也就是运动模式中的第二次编码，使发送的信息便于消费者理解、记忆以及产生认同，最后以结构化的方式打包成信息流，并通过媒体、销售人员等渠道传递给消费者。[①] 品牌接触点管理决定在什么时间、什么地点以及用何种方式与顾客及潜在顾客进行接触。[②] 品牌传播服务商（如广告公司或者媒体）是品牌传播运作的主体，将企业需求以信息的形式呈现给消费者，实现与消费者之间的互动与沟通。综合而言，品牌传播可以视为品牌主借助品牌传播服务商所展开的基于品牌信息的商业传播活动。

就品牌传播过程而言，根据拉斯韦尔提出的传播过程及其五个基本构成要素理论，品牌传播涉及的要素包括品牌传播主体、品牌信息、品牌信息传播渠道、品牌消费者与品牌传播效果。同时，创意要素贯穿于品牌传播过程的始终。随着互联网的发展，技术要素俨然成为品牌传播的另一重要因素。数字传播技术改变了传统的广告操作流程，丰富了广告创意的表现形式，并进一步优化了媒体投放策略，实现广告信息的精准投放，在很大程度上提高了广告信息的传播效果。[③]

（2）品牌传播创新：新要素与新组合。

熊彼特是最早对创新进行系统性论述的学者，他的创新理论是从企业生

① 喻国明、张佰明、胥琳佳、吴文汐：《试论品牌形象管理“点—线—面”传播模式》，《国际新闻界》2010 年第 3 期。

② 饶君华：《把握真实瞬间——谈顾客接触点管理》，《企业研究》2004 年第 8 期。

③ 申帅芝：《数字传播技术对广告产业市场结构的影响》，《新闻战线》2018 年第 1 期。

产要素和生产条件的角度，指出所谓创新就是要“建立一种新的生产函数”，即“生产要素的重新组合”，就是要把一种从来没有的关于生产要素和生产条件的“新组合”引入生产体系，以实现对生产要素或生产条件的“新组合”。创新的路径可由引入新产品、新的生产方式、新的市场、新的供应来源和新的组织方式来实现。

从当前品牌传播的实践来看，品牌传播正经历着“质的突变”和新的表现形式不断涌现的过程，在移动互联网技术飞速发展，各种新媒体形式不断涌现的时代背景下，品牌传播运作模式与品牌传播过程发生了巨大变化，不仅是“品牌所有者通过各种传播手段持续地与目标受众交流，最优化地增加品牌资产的过程”①，也是生产型消费者将自创的内容通过泛自媒体与独立的精神个体进行沟通，以实现品牌价值最大化的过程②。品牌传播过程的创新既体现在通过技术性要素和非技术性要素与品牌传播内容、形式、渠道等的重新组合产生与以往不同的品牌传播模式，又表现为品牌传播管理、品牌运作模式等的创新。金韶认为，移动互联网推动下的营销传播在传播接触点、营销服务方式、用户互动关系方面具有突出的创新特征，并且朝精准化场景营销、原生化内容营销、协作化社群营销的路径方向不断创新发展。③ 王文坚等指出，技术创新是在新的消费方式、消费状态和格局之下，如何借助技术创新传播形式、传播渠道和传播场景，让内容抵达用户并被接受，生成优质原创内容，满足受众高场景度的需求，与用户深度友好互动，实现“裂变式”传播。④

那么，结合熊彼特的创新理论，品牌传播创新可被视为将一种从来没有的关于品牌传播要素和传播条件的“新组合”引入品牌传播体系，以实现

① 余明阳、朱纪达：《品牌传播学》，上海交通大学出版社，2005，第12页。

② 段淳林、谭敏：《营销3.0视域下的品牌传播新特征探析》，《华南理工大学学报》（社会科学版）2013年6期。

③ 金韶：《移动互联网营销传播的创新特征和发展路径——基于媒介技术理论的视角》，《编辑学刊》2017年第6期。

④ 王文坚、刘大颖：《创意形式，创新表达：可视化传播的践与思——以〈扬子晚报〉情景式数媒交互产品“希望树”为例》，《新闻战线》2018年第7期。

对品牌传播要素或传播条件的“新组合”。互联网的发展促使品牌传播突破虚实空间的分野现状，实现了与大数据、互联网乃至移动互联网的交互融合，从而推动其形态模式与传播路径在数字化环境中的更新迭代，所谓“新组合”将主要体现在技术性要素（如沉浸式体验技术、VR技术等）与非技术性要素（主要指创意元素）对品牌传播运作和品牌传播过程的各个要素与各个环节的重新组织。

2. 品牌传播创新的内容

（1）品牌传播运作模式的创新。

品牌传播运作模式创新主要体现在品牌传播服务商（广告公司与媒体）服务于品牌主及其品牌传播实践的业务模式和商业模式上，技术性要素和非技术性要素与媒体和品牌服务代理商的品牌业务流程和价值实现过程相结合，形成与以往截然不同的运作模式。业务模式与商业模式是相关联的两个概念，同属于企业规划与运作。业务模式在逻辑上满足企业战略和商业模式的要求，商业模式需要借业务模式来获取和实现商业价值。因此本文中品牌传播运作模式创新将主要围绕品牌传播服务的业务模式创新展开。

业务模式（Business modeling）是企业在某种特定市场环境中所采取的独特的、行之有效的产品或服务提供方式。[①] 品牌传播的业务模式包括品牌传播业务内容和业务流程两方面。就媒体而言，品牌传播的业务流程涉及媒体如何协调品牌传播服务和产品的各部分，满足品牌主的需求。媒体品牌传播业务模式创新体现在广告产品、广告平台、广告服务等环节的协调与结构变化上。广告公司业务模式的创新表现为技术和创意要素对洞察、策划、创意、效果评估等各业务内容和业务流程的改变。品牌传播服务商业模式创新主要通过品牌传播运作模式的创新来实现。

---

① Bosselmann, Steve, Margaria, Tiziana, “Domain-Specific Business Modeling with the Business Model Developer,” in Margaria T., Steffen B. (eds), *Leveraging Applications of Formal Methods, Verification and Validation. Technolgies for Mastering Change* (*Lecture Notes in Computer Science*), Springer, Berlin, Heidelberg, 2014.

（2）品牌传播过程的创新。

根据传播过程和其所涉及的传播主体、传播内容、传播渠道、传播效果等要素，品牌传播过程创新可分为品牌传播内容生产方式创新、内容创意与表现形式创新以及品牌传播方式创新。

①品牌传播内容生产方式创新。

根据品牌传播内容生产主体的不同，品牌内容生产的类型包括 PGC、PUGC 和 UGC。在品牌传播活动中，PGC（Professionally Generated Content，品牌生产内容）是品牌主或者品牌传播服务商生产和传播的含有品牌信息的内容，常见的形式有海报、视频、发布会等；PUGC（Professionally User Generated Content，专业用户生产内容）是与品牌相关的意见领袖和专业人士参与到品牌信息的传播中，生产和创造含有品牌信息的内容，其形式包括微博大 V 的推荐、所撰写的博文等；UGC（User Generated Content，用户生产内容）是基于社会化媒体平台，品牌主激励用户参与到品牌内容的生产和传播中，其形式包括用户自发参与创造的含有品牌信息的文字、图片、短视频等。品牌传播内容生产的创新表现为品牌传播内容生产主体相互协作参与内容生产方式的创新。

②品牌传播内容创意与表现形式创新。

品牌传播内容创意包含三个层次：品牌信息、品牌内容表现形式与载体、创意概念（creative concept）。品牌信息是品牌传播内容的核心，包括品牌名称、视觉符号（品牌图形、字体、颜色、商品包装等）、听觉符号、品牌文化、品牌形象与品牌个性等，传播品牌的优势价值；品牌内容表现形式可以是文字、图像、视频、H5 或者其他多媒体表现形式，其载体可以是报纸、电视、广播或者微信、微博等互联网媒体；创意概念是将品牌个性、情感、形象等以某种方式串联起来，形成特定的情节、人物、主题与诉求方式、场景、效果等，增强与消费者的互动。随着品牌传播内容载体和形式的不断变化，内容创意的方式正在经历不断的变革。品牌信息始终是品牌传播内容的核心，品牌传播内容创意主要表现为创意概念创新和表现形式创新。

③品牌传播方式创新。

除内容以外，品牌传播过程还涉及品牌内容的精准投放、品牌传播渠道创新和效果呈现。在大数据技术的支持下，品牌内容能够实现与目标消费者的精准匹配，在不同营销场景之中，大数据应用和精准投放的方式往往不同；传播渠道是品牌内容传播的载体和平台，渠道创新表现为内容与平台的适应性、平台与消费者的适应性等；效果呈现指的是品牌传播效果的评价指标，如开机率、收视率、点击率、转化率等。品牌传播方式创新在于精准投放技术、渠道创新和效果呈现的最优组合，实现品牌传播效果的最优化。

（3）品牌传播创新的价值所在：品牌传播利益相关者的价值最大化。

基于利益相关者理论，品牌传播体现了品牌与一切和品牌有关的利益相关者关系的建立。品牌传播的过程就是企业与消费者、公众、相关组织及媒体关系形成的过程。品牌传播创新的最终目的应实现品牌传播利益相关者的价值最大化。其中品牌主的价值最大化集中体现在品牌价值的最大化中，品牌价值既表现为企业对品牌投入的结果函数包括可衡量的财务价值、现金流等，也可指消费者对品牌的熟悉、忠诚和感知程度以及由此产生的市场购买行为所带来的品牌的特殊收益。品牌传播服务商的价值最大化表现为在为品牌主提供营销服务和营销产品的过程中获取的商业价值的最大化。而随着互联网尤其是社交媒体平台的深入发展，消费者不仅越来越深入地介入生产，在品牌的营销传播过程中也越来越主动地参与到品牌内容生产和传播中，与企业共同创造价值。在价值共创体验中，消费者获得了消费需求的满足，不仅包括基于产品和品牌层面的实用价值与体验价值，还包括在参与品牌传播和品牌价值共创过程中获得的内容价值与社会价值。

3. 品牌传播创新的分析框架与研究方法

（1）品牌传播创新分析框架。

综上所述，品牌传播的核心是基于品牌信息的传播，品牌传播创新包括品牌传播运作模式的创新和品牌传播过程的创新，最终达成品牌利益相关者的价值最大化。其中，品牌传播运作模式是基础，是品牌传播效果达成的决定性因素。品牌传播运作模式创新主要指品牌传播服务商为品牌主提供品牌传播产品和服务的业务模式和商业模式创新。品牌传播过程的创新表现为品牌内容生产方式和内容创意以及品牌信息传播方式的创新，前者涉及品牌信息传播的内容生产方式、内容创意和表现形式；后者与精准投放、渠道创新、效果呈现密切有关。从价值生产的逻辑来看，品牌传播创新的本质可以被视为品牌价值的生产与传递，以及品牌传播利益相关者感知价值并参与到品牌价值共创中，品牌传播创新的参与者都因此获得价值的最大化（见图1）。

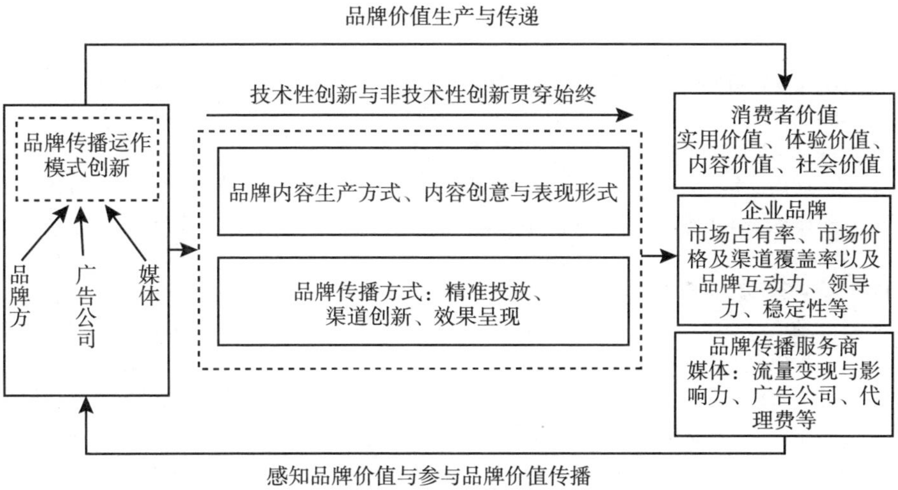

图1　品牌传播创新理论分析框架

（2）研究方法。

①深度访谈法。

本文主要通过访谈业界具有影响力的公司和媒体的创始人和高管，获取关于品牌传播运作模式的一手资料，以发现目前品牌传播运作模式创新的主要方式。此次访谈地点主要集中在北京和上海，时间是2019年1月4～20日，涉及行业内近30家不同类型的代理机构和媒体平台，平均每个访谈时长2小时，形成30多万字的访谈记录。不仅访谈范围覆盖面广，而且受访人员具有行业代表性，还充分考虑到受访对象的经历和认知。受访对象均为从一线做起的公司高管、首席执行官或创始人，行业从业经验平均在 15 年以上（见表 1）。

表 1　受访对象资料

编号	职务	所处公司	所处地区	从业经验（年）
1	商业市场总经理	知乎	北京	12
2	大客户部总经理	百度	北京	15
3	首席执行官	致维科技	北京	16
4	高级副总裁	凤凰网	北京	15
5	首席营销官	爱奇艺	上海	15
6	董事长兼总裁	剧星传媒	上海	25
7	安索帕中国集团首席执行官	安索帕	上海	17
8	总裁	悦普	上海	15
9	全国销售总经理	阿里妈妈	杭州	16
10	首席执行官	琥珀传媒	上海	18
11	首席执行官 & 创始人	CCE	上海	15
12	总裁	秒针	上海	20
13	商业运营总监	腾讯	上海	12
14	主编	国际品牌观察	南京	20
15	首席创意官 & 创始人	生米组成	上海	30
16	销售副总裁	秒拍	北京	10
17	战略市场发展总经理	美团点评	上海	14
18	高级副总裁	微博	北京	26
19	首席执行官	微播易	北京	19
20	院长	中国商务广告协会数字营销研究院	北京	27
21	副总裁	新经典影业	北京	13
22	首席执行官 & 创始人	知萌咨询机构	北京	17
23	首席执行官 & 创始人	见实科技	北京	18
24	销售运营中心总经理	网易传媒	北京	16
25	MIUI 广告销售中心总经理	小米	北京	17
26	前市场战略与规划部副总裁	品友互动	北京	19
27	首席运营官	华扬联众	上海	25

②案例分析法。

通过对虎啸、金鼠标、TMA 三个行业内具有影响力的奖项金奖及以上级别案例进行筛选和分析，本文探索当前品牌传播过程的创新趋势。2018 年第九届虎啸数字营销奖共征集案例 3000 余件，经过严格的初审、终审、金奖答辩等环节，共产生金奖及以上级别案例 33 个，获奖率大约为 1%；2018 年第九届金鼠标网络营销大赛共征集案例 1185 件，在经过初审、终审、全场大奖 PK 等环节层层晋级淘汰之后，共产生金奖及以上级别案例 54 个，获奖率大约为 5%；2018 年第五届 TMA 移动营销大赛共征集案例 600 余件，经过初审、终审、全场大奖提名 PK 等环节的角逐，共产生金奖及以上级别案例 48 个，获奖率大约为 8%。三大奖项共产生金奖及以上等级别案例 135 个，在一定程度上可以代表营销传播行业年度的最高创新水准①。本研究首先对这 135 个案例进行描述性的总结与分析，形成对案例的整体认知与把握，然后从中抽取最具代表性的经典案例 18 个（见表 2），结合品牌传播过程创新的分析框架对 18 个案例进行具体分析，得出研究结论。②

表 2　筛选与抽取的 18 个经典案例

	虎啸	金鼠标	TMA
内容生产方式创新	海尔 – 这里是家	104 – 下一个吴宝春	有道翻译官 – 戏精 H5
	南航 – 有故事的航班	感冒灵 – 总有人偷偷爱着你	天猫广告礼 – 泰国专场
内容创意与表现形式创新	网易严选 – 一颗子弹的故事	汉仪字库 – 拒绝遗忘	奥利奥游戏机
	英雄联盟四城地标创意	百度 – AR 复原老北京九大城门	荔枝 FM × 网易新闻 – 声夜食堂
传播方式创新	网易云音乐蓝牙音箱	生米组成 – 承诺胶带	戴森 – 微博 × Uni Desk
	农夫山泉乐评	小米电视 × 蜘蛛侠	瑞幸 – 一杯咖啡的想象

① 之所以选择虎啸、金鼠标、TMA 这三大奖项作为案例研究样本选择的范围，是因为：（1）三大奖项均在营销传播行业具有极大的影响力，受惠于严格缜密的案例征集、评审、答辩、PK 等奖项机制，创新案例水准与创新案例涉及行业的广度均具有相当的代表性；（2）虎啸、金鼠标、TMA 从设立之初，便带有显著的互联网/移动互联网标签，更符合数字互联网红利时代品牌传播创新案例研究的要求；（3）作为起到营销传播领域标杆效应的奖项，三大奖项的金奖及以上级别获奖案例，多在国内外多个奖项评选过程中有上佳表现，即三大奖项的金奖及以上级别奖项在一定程度上可以代表营销传播行业年度的最高创新水准。

② 受篇幅所限，本文所抽取的 18 个案例并没有在正文中一一展现，只是对案例的典型特征进行了细致的描述与分析。部分案例在品牌传播过程创新的各个层面皆有所体现。

二　品牌传播运作模式的创新

品牌传播运作模式的创新离不开背后创新主体的实践。通过对访谈内容进行归纳和总结，研究者发现，技术、内容和服务三大因素是构成当前品牌传播运作模式创新的核心驱动力。技术是贯穿，内容是血肉，服务是框架。技术赋能品牌传播的效率与体验，促进了传播的精准化、多元化与丰富性；内容在技术的驱动下得以升华，呈现出更符合用户习惯与特征的交互性与传播性，更能千人千面地呈现出内容的独特魅力与风格；服务为技术与内容的创新全过程提供资源与劳务活动价值结构优化的可持续机制，不断地提升服务理念，由内至外驱动品牌运作模式持续创新；服务模式的改变也加速了技术的实现与内容的创新，从而形成动态有机的良性循环。

1. 技术驱动的品牌传播运作模式创新

以大数据技术为基础的品牌传播运作模式创新主要体现在对各业务内容和业务流程的重组，以大数据为基础影响上层业务模式及架构，将数据思维贯穿于业务流程全链路，并通过人工智能实现精准化的千人千面，锁定目标群体，提升广告效果，形成品牌与消费者的有效沟通，优化品牌主和消费者体验，以提高公司的可持续发展能力。从当前品牌传播服务商的运作模式来看，技术驱动的品牌传播运作模式创新大致包括以下三个方面。

（1）精准到情感：技术驱动、精准洞察与把握消费者需求。

通过采用大数据技术在平台获取消费者数据，精准洞察和把握消费者需求，进而基于对消费者数据的挖掘、采集和分析，实现对内容的生产、制作和传播。而在即将到来的物联网时代，基于多终端移动设备与可穿戴式设备等，可通过神经科学对消费者实现“情感洞察”，帮助品牌主优化营销策略。访谈中秒针总裁提及：“我们正在与数字新思一起开发合作一套可商业化的解决方案——情感云，还原广告片的场景，通过眼动和脑电波记录被访者的情绪，以便调整传播方案并帮助品牌提升传播效率。”数字新思所研发的 Gazelab 规模化神经科学整合平台，就是通过整合眼动、脑电波等多种生理指标测试工具和 TV、PC、Mobile 等多种显示屏幕的神经学测量设备采集品牌的各种营销触点的体验，定位提高品牌用户体验的关键环节。脑动、眼动和皮动等实质上实现了对隐性的、潜意识的、难以被表述的情感的认知与洞察。

（2）基于大数据和人工智能实现内容生产和传播的个性规模化。

基于大数据和人工智能解决既个性化又能规模生产的问题，从而帮助品牌实现精准传播。百度、今日头条、抖音等媒体平台利用 AI 算法驱动信息传播，让信息传播和投放变得更加精准化、个性化和高效化，并获得了对消费者喜好度的精准把握。同时，为了帮助品牌主在投放过程中实现规模化的千人千面，众多媒体平台正在使用大数据和人工智能生成个性化广告模版、个性化素材的动态填充、优选组合呈现等，从而可以根据消费者的偏好和需求，个性化定制独有的广告体验。百度大客户部总经理在访谈中说："今年有一个很大的特点是个性规模化，以前个性化无法进行规模生产，但今天因为这些 AI、创意产品等方式的引入，创意内容生产的效率明显提升。"

（3）基于大数据技术打通上下游形成数据回流，实现品效合一。

所谓数据回流，就是前后链路的闭环效应，把传播和销售的结果紧密地捆绑在一起。任何媒体平台，只要是能产生数据回流的传播方式，就是一种创新。以阿里妈妈平台为例，阿里妈妈全国销售总经理表示："阿里收购了优酷后，品牌主花同样的费用，可能得到的回报要比之前更多，对消费行为的了解要比之前更深，比如到底哪些人产生了购买，这些人如果进入店铺，搜索产品之后没有买，最终买了哪个产品？之前这些数据完全没打通，而现在后链路的数据会跟优酷平台的前链路的触点结合在一起，这个过程叫数据回流。这时候可以看到一个完整的数据链路，从前链路比如曝光数据的变化，到后链路店铺数据的变化，形成一种新的营销方式——全域营销。特别在经济下行期，品牌主会尤其注重每一次品牌传播费用的使用效率，这时候这种营销的方式对其更具有吸引力。而这套数据系统也会开放给合作伙伴使用。"

2. 内容驱动的品牌传播运作模式创新

从当前品牌传播服务商的运作模式来看，内容驱动大致有三种类型：内容生产驱动、内容聚合与内容分发驱动、内容创意表现驱动。知乎、今日头条、抖音等媒体平台往往具有强大的内容聚合与分发能力，爱奇艺、凤凰网、二更传媒等平台和公司往往通过自制内容或版权买卖的方式获取众多的内容资源，具有比较强的内容产出能力，如二更传媒以其内容生产能力取胜，成为具有影响力的互联网内容生产平台，旗下还有二更食堂等众多内容分发平台，并能够根据品牌主需求定制品牌传播内容。一些小型的广告创意公司则往往可为品牌主提供定制化内容创意服务，帮助品牌主实现品牌传播。总体来看，无论是内容生产驱动、内容聚合与分发驱动，还是内容创意表现驱动，内容始终在这一类品牌传播服务商中发挥核心作用。内容驱动的品牌传播运作模式创新主要体现以下几个方面。

（1）创新内容生产方式。

创新价值主张，并以内容价值最大化为目的实现业务重构，形成品牌共创式的价值架构，实现品牌主、消费者与品牌传播服务商的协同生产。在营销层面，通过价值融合和价值营销与消费者深度互动，实现品牌主价值最大化。以爱奇艺为例，爱奇艺以“新鲜、好奇、年轻”为其品牌价值观不断推出优质内容。从内容制作到传播过程中，所有从业人员都要主动适应变化带来的包括合作机制、营销体系、决策过程、效果评估在内的调整，消费者介入的方式也从之前的被动接受到主动获取甚至共同参与。在营销中通过内容让用户接受传播的价值观和口号，同时去寻找客户品牌的价值观跟用户的价值观所匹配的地方。以2018年爱奇艺上最受欢迎的电视剧之一《延禧攻略》为例，首先《延禧攻略》符合爱奇艺判断潜力爆款剧的五大标准：新人设、新审美、经典叙事、优秀制作、独到的理解和演绎。爱奇艺并根据消费者需求灵活调整排播。除了用户（消费者）主导的排播，爱奇艺首席营销官表示他们还做了大量反套路策略来与用户互动。反套路策略的目的就是找到与消费者连接的新方法，包括行业首推带有剧中人物头像的弹幕内容；提出用户感兴趣的话题并引导用户参与话题讨论和内容生产，比如“大猪蹄子”、乾隆疯狂盖章等；宣传中国传统历史文化，比如苏绣、点翠等；建立破圈营销体系，比如用 rap 歌手破壁潮流文化圈的受众，用后宫管理破壁职场圈层的受众。在这里，破圈就是把一些文化、理念或有意思的内容，传递给以前对此不关注的群体。阿里妈妈全国销售总经理表示：“内容本身的品质很重要，明星所带来的粉丝效应是破圈的基础。通常速度是破圈成功的关键指标。”

（2）创新内容聚合与内容分发方式。

以内容聚合和内容分发技术为支撑的网络内容推广平台是一种内容创作与智能推送相结合的媒体平台。通过建立相对平等的内容分发机制，吸引内容创作者到内容聚合与内容分发平台；大数据技术的运用则使用户经常性的阅读行为会被作为数据记录下来，通过对这些数据的分析，就可以得出用户的需求偏好，从而实现内容产品的个性化供给与精准匹配。通过访谈与研究分析，研究团队发现，内容聚合与内容分发类的品牌传播运作模式创新可以分为社交驱动与数据驱动两大基础类型。

社交驱动：社交机制的建立，使更多受众参与内容生产，实现内容聚合效应，并基于受众社交兴趣标签，精细化运营用户流量，在品牌传播中赢得更高的领先效率。以社会化问答平台知乎为例，知乎通过用户在平台上提问与回答，形成规模庞大的社交兴趣标签，帮助品牌主更有效地沟通目标受众。

数据驱动：根据用户对内容的兴趣方向与兴趣深度，通过大数据不断提升内容分发效率，提高用户行为深度与流量商业化基数，且将用户兴趣精准的数据标签应用于品牌主的精准定向传播，提升流量商业化充填率，获取更多利益回报。以短视频平台抖音为例，其精准推送数据算法平台源于今日头条体系，可根据用户对不同内容观看时长、收藏、关注、转发等系列动作，不断升级用户兴趣标签，并应用于进一步算法优化，延长用户在抖音平台内滞留的时间，为品牌主的品牌传播提供了不断增长的流量基数，以及可精准定向用户的标签基础。

（3）创新内容创意表现

以内容创意表现能力为核心驱动力，通过创新内容创意表现实现从消费者洞察到品牌内容生产再到品牌传播的业务模式和商业模式创新。以生米组成为例，生米组成将社会设计理念融入公司运作之中。生米组成公司的首席创意官 & 创始人认为：“社会设计不仅是一种设计方法，更是一种商业模式的新视野，它是一种新机制，一个新生态，一种社会资源的供需优化，最终形成一个创造价值共享的商业合作关系，不仅立足于商业价值，而且上升到人与人、人与社会关系的思考，让每一个设计之下的参与者都能提升价值感和幸福感。”从社会设计的价值主张来看，生米组成将商业价值主张与公益主张相结合，让企业可以借助自身产品或服务解决社会问题；从内容创意服务来看，生米组成将能为品牌主提供与产品理念的设计及定位相关的咨询服务以及品牌传播创意、制作和传播服务；从创意内容承载物的角度来看，承载创意内容的视觉听觉等载体，升级为含触觉与体验的实体物品，创新的内容可以产品化。而与纯粹依靠捐款的公益项目不同，生米组成所创建的生意模型是通过设计一种机制，使品牌公益项目与其商业利益形成良性的正循环，让品牌在做公益解决社会问题的同时，不仅能扩大知名度，也能赢利，实现持续做好事的目标。比如生米组成联手凤凰公益和伊利推出“勇敢的娃娃”触摸式发声海报，作为辅助教具进入各个幼儿园和小学及社区，让女童们与海报互动，认识到身体哪些部位不能碰。海报上附有品牌主伊利的二维码，看到海报的每一个人都可以扫描二维码，进入伊利关爱女童的专属页面，购买支持保护女童防止性侵项目的产品，消费者每购买一份产品，伊利就会捐出用于海报再生产的费用，持续不断地将越来越多的海报送到中国每一个幼儿园、小学和社区，形成品牌主利益与社会利益的共赢。

3. 服务驱动的品牌传播运作模式创新

品牌运作过程中的服务，指的是代理服务商或媒介通过向品牌主提供智力型或资源型的劳务活动，帮助品牌主完成品牌传播工作，满足品牌主与消费者的需求，进而获取商业利益回报与企业可持续发展的驱动力。服务驱动的品牌传播运作模式创新体现在以下方面。

（1）服务对象的长尾效应逐渐得到重视。

传统意义上的中小规模客户往往存在客单成交量较低、业态聚合度低、地域性较强、品牌传播意识较弱等问题。在2018年所呈现的服务驱动运作模式变化中，品牌传播服务商通过服务交易的数字化、平台化以及服务内容的标准化，将大幅度提升交易效率、缩短交易决策周期、降低交易售前决策期的顾问式服务成本，从而吸引大量中小型客户。以分众传媒为例，多年以来分众传媒楼宇广告大多为头部品牌客户与互联网初创企业。2018年第三季度分众传媒提出了“千楼千面”战略，通过程序化购买模式提升交易标准化程度，提供中小企业交易服务；同时通过对服务内容的标准化管理（楼宇广告资源的标签化切割），中小企业能一目了然地解读资源性质与资源性价比，获取相关决策信息。

（2）服务类型创新与多元化以及职能专业化。

在大数据时代，品牌传播产业链结构发生了巨大变化，出现了更多的细分领域和新的劳动分工，如出现新的广告技术公司、基于大数据的整合营销服务公司等，服务类型的复杂程度也随之发生变化，越来越多的品牌传播服务需求被挖掘，而针对性更强的细分服务类型也会同步产生细分边界与边界内竞争。

以社交媒体代理平台微播易为例，在社交媒体平台崛起阶段，大量的自媒体公众号专注于自身粉丝流量变现，而微播易（前身为“微博易”）专注于自媒体公众号的数据分析与自媒体代理业务。伴随着短视频、直播形态的出现，微播易也进行自我服务类型的创新，服务创新类型多元化，扩展到微信公众号、直播业务主播以及短视频自媒体等的流量分析与代理等。在适应技术与资源改变的同时，微播易快速切入新的细分市场，引入新的细分资源，赢得了新的细分优势。再以顾问式营销代理服务商为例，此类服务商正尽可能部署代理服务前置的品牌传播顾问咨询业务环节，保障前置的业务能力一来为后续品牌传播代理服务业务转化赢得更高的话语权与主导权，二来形成顾问式咨询服务的业务收入。在此创新中，服务类型从原来的“代理+服务”，升级至“顾问+代理+服务”，在服务类型中完成结构化增量，能更有效地保障品牌主的品牌传播业务获得价值回报。

（3）行业市场服务模式的论坛化与评奖化。

通过访谈与研究观察，研究团队发现，品牌传播运作模式在一定阶段的沉淀摸索后，会聚焦在企业购买过程中的聚合品牌信息渠道，以及有影响力的品牌内容信息；而当行业走过泛购买者精准沟通的对应阶段，会经历从“市场品牌影响”到“社会品牌影响”的升级阶段。在服务驱动的品牌传播运作模式创新层面，体现为行业市场服务模式的论坛化与评奖化。

以数字营销传播行业为例，在数字营销传播行业中出现了相当多的高峰论坛与行业奖项评选活动，前者为代理服务商与媒介输出自身方法论，为精准品牌传播提供聚合场景（如演讲、圆桌、对话等）；后者为代理服务商与媒介论证自身服务实力提供可供比较的表彰机制（如案例评选、榜单、表彰等）。值得一提的是，无论是行业论坛峰会还是行业奖项评选活动，均衍生出了能聚合行业信息的泛媒体传播渠道，为代理服务商与媒介输送品牌服务和行业信息（如访谈、报道、案例解读、专栏等）。

三　品牌传播过程的创新

品牌传播过程包括品牌传播内容、表现形式以及品牌传播方式。品牌传播过程创新的关键在于创意与技术的结合，在当前互联网、大数据与人工智能技术的支持下，创意更加依赖于社交场景、算法、数据与平台等。技术助力创意的实现，获得对消费者需求的精准把握，丰富品牌传播内容和表现形式，提升品牌传播效果，促成品牌与消费者的有效沟通。

1. 品牌传播内容的创新

通过对2018年具有代表性的品牌传播创新案例样本进行分析，研究者发现，品牌内容生产的主体和消费者内容生产构成了品牌传播内容的重要组成部分；品牌内容创意概念仍然是品牌传播的核心，技术的介入和创新的实现都体现在创意概念的设计和开发上。

（1）内容生产主体创新：社交机制创新激励用户参与内容生产与传播。

社交媒体在品牌传播应用中的常态化使越来越多的品牌传播业务不断创新社交机制，鼓励消费者从品牌传播的受众转变为品牌传播内容的生产者和传播者。如案例“南航－有故事的航班”中，品牌方将发生在航班上的真实故事改编成微电影，引发用户共鸣，建立了与消费者的情感联系。这些故事的拍摄脚本部分来源于专业团队的撰写，部分则是通过社交媒体平台向大众消费者征集而来，品牌方对所征集的内容进行了严格的限定，包括内容主题、内容形态、内容载体等。再比如案例“104－下一个吴宝春”中，104人力银行从2016年起发动了“Be A Giver：一场以帮助为名的社会运动”，希望运用传播的力量软化职场的不和谐。2017年104人力银行与世界知名面包师吴宝春联手帮助了一个热爱烘焙事业的女孩实现梦想，并将这个故事拍摄成短片，广泛传播，传递了“当你真心改变，帮助就会出现”的理念，该短片在YouTube吸引了用户的广泛关注，赢得800次观看以及1万次受众参与的互动，并在烘焙西点领域与嘉义地方社群被广泛讨论，使更多的人关注到这场以帮助为名的社会运动。

（2）内容创意概念创新：消费者价值中心导向的强化。

创意概念更加围绕消费者日常生活场景与生活习惯展开，且基于人类普世价值观形成的创意概念，仍然能引起消费者的普遍共鸣。案例“感冒灵－总有人偷偷爱着你”中，通过情节反转的生活小故事带出品牌核心概念：“世界没有那么好但也没有那么坏，总有人偷偷爱着你。”报亭老板斥责年轻女人是因为发现小偷窃取她的钱包；老汉骑三轮车撞到豪车，豪车司机却只是拿出铁棒戳一下三轮车表示扯平；快递小哥送外卖即将迟到，男乘客让出电梯位置让快递小哥先走……这些小故事引发消费者关于感冒灵的品牌联想，而在生存不易的人生轨迹中渴望关爱的普世价值观，也通过内容概念的悬念揭晓，赢得消费者共鸣。案例“有道翻译官－戏精H5”中，用户打开H5后会看到深夜一个名为Timon22的男子发来的一条信息——“睡了吗”。H5的微信聊天和输入法界面设置为用户提供了第一视角，用户会看到H5中的女主人公不知所措，与闺蜜讨论是不是同事要向她告白。在一系列的表情包和八卦讨论后，女主人公决定拒绝，但消息尚未发出，就看到同事的新消息，要求她帮忙翻译一篇文章，由此，引出了有道翻译官的产品，完成品牌植入。案例中，“深夜男同事发来信息”引起消费者的好奇心，“睡了吗”与之后的讨论迎合了消费者日常生活场景，引发共鸣，品牌植入自然流畅，给消费者留下深刻印象。

2. 表现形式的创新

技术应用与创意内容相结合使品牌传播呈现更加多元化的表现形式，促使消费者广泛参与到品牌传播过程中。从传统的视觉刺激发展为基于新技术的多感官交互体验，从单一的社会化媒体营销转向结合线下场景体验的AR场景化营销，当社会化媒体传播已成为常态，社交内容、社交机制和社交场景的创新越来越引人瞩目。

（1）多感官体验的交互设计。

随着数字技术的发展，很多有形的物体能以数字形式呈现，并可通过MR、VR、AR等技术投射到任何物质媒介上，令消费者感知。当这些技术应用于品牌传播中，创意人员可通过多感官设计打破传统单一的视觉推广的局限性，从视、听、味、触、嗅等多层次刺激消费者的感官，使消费者在与品牌信息的交互中获得沉浸式体验，而不仅仅是在屏幕上观看广告。

如在案例“百度－AR复原老北京九大城门”中，百度通过图像识别、三维感知与跟踪、人机交互、三维渲染与虚实融合等技术复原老北京九大城门，再现老北京当年的民俗生活。百度的工作人员将老北京九大城门的老照片张贴在地铁站和一辆AR列车上，乘客通过手机百度App对准照片拍照，就能看到老北京九大城门的生活场景，并能和复原的老城门人机互动。同时，百度还打通搜索技术与AR，用户搜索城门的关键词，在搜索结果的信息卡片中，点击“观看AR复原”，对准任何纹理丰富的物体（如手心、键盘、杂志、公交卡等），即可看到城门的增强现实展示。本案例一改以往广告单纯的视觉刺激模式，在丰富消费者视觉体验的同时，将听觉与触觉（消费者通过点击互动）融入其中，为消费者提供了身临其境的场景体验。

（2）场景化营销：虚实跨界。

移动互联网的发展使消费者接触广告信息的方式更加多样化，并往往随着消费者所处场景的转换而发生改变，以往单纯网络传播或者线下传播的方式受到冲击。将广告信息融入消费者媒介接触的移动场景是品牌传播创新的重要表现，具体体现为两种方式。其一是通过AR技术建立虚拟场景和游戏，营造消费场景，并将线上推广与线下实体体验相结合，在为消费者提供产品信息的同时，使消费者获得丰富的消费体验，如在“AR 扫描”和“流量入口”等植入创意元素，跳转至 H5 页面，与明星 AR 合影等，创新多种营销方式。其二是将广告信息创新性地融入消费者所处场景，触发消费者线下的参与体验和线上话题或口碑传播。

在案例“奥利奥游戏机”中，奥利奥设计了 18 款游戏，消费者通过支付宝 AR 扫描识别奥利奥饼干或者奥利奥饼干图片即可进入奥利奥游戏 H5 界面，扫描不同品相的奥利奥进入的游戏也不同，消费者由此获得了更多乐趣，同时，奥利奥通过官微每天发布一条解锁线索，最大限度地延长热度维持时间。王源的加入则形成了明星效应，在微博上与消费者开展持续的话题互动。从奥利奥的官博数据来看，王源发布的视频广告获得了超 900 万次的转发。本案例在 AR 技术的支持下将线上游戏与消费者线下扫描行为相结合，消费者深度介入品牌传播过程，在持续的话题参与中获得了丰富的品牌体验。

在案例“英雄联盟四城地标创意”中，为提升英雄联盟的影响力，促使电竞文化进入公众视野，随着比赛在武汉、广州、北京和上海的展开，主办方以举办赛事的不同地域为创意基点实行四城创意地标助威项目，营造电竞主场氛围，让当地受众意识到电子竞技的赛事竞技属性与全球一体参与属性，引发各大媒体的大量报道与社交媒体的广泛关注。如广州猎德大桥被激光染色灯染成英雄联盟特有的红蓝色，纳什男爵盘踞其上，并用传统毛笔书写“全球总决赛中国队 RNG 加油”“全球总决赛　中国队 WE 加油”。

（3）社交创意：内容、机制与场景创新。

不同于 10 年前社交媒体方兴未艾，当代数字媒介几乎均具有社交属性，即用户主动生产并分享和传播内容。在社会化媒体传播常态化的当下，品牌传播的社交创意显得尤为重要，更多聚焦在以下三点：什么样的社交内容更容易引起消费者的注意和分享？什么样的社交机制更容易促使消费者参与品牌传播？使用何种技术、算法和创意理念构建社交场景，才能增强消费者社交体验，深化对产品或品牌的认知？

案例“汉仪字库－拒绝遗忘”中为引起社会对阿尔兹海默症患者的关注，主创者设计了几千个阿尔兹海默症患者眼中的残缺字体。残缺字体带来的辨识障碍获得了包括大量明星与KOL在内的网友的关注，他们自发生成“阿尔兹海默体”“拒绝遗忘”的倡导海报，通过社交平台进行分享。在消费者的参与传播中，“汉仪字库－拒绝遗忘”的阿尔兹海默症患者关爱倡导和关爱互助的品牌理念得以迅速传播。本案例中，残缺字体和阿尔兹海默症结合形成具有社交属性的传播内容，关注和自动生成海报的社交机制驱动消费者更加便利地参与到活动中，如此，将消费者置于关注阿尔兹海默症患者的社交场景中，其也能更深刻地感受到汉仪字库的品牌理念。

3. 品牌传播方式的创新

品牌传播方式关乎品牌传播的主体、渠道、内容与效果呈现等。随着互联网和大数据技术的发展，品牌传播的精准性有了质的提升；技术的创新性应用将使“万物皆渠道”成为可能；在效果评估上，社交指标正成为品牌效果评估不可或缺的一部分，传统意义上的传播效果指标正渐渐丧失对营销实践的把控力。

（1）精准触达：数据精准、场景精准与自有流量池精准。

大数据技术被广泛应用于消费者需求的洞察中，基于用户数据实现精准的品牌传播已成为常态，且随着数据链的打通而不断得到强化和提升。2018年微博与阿里联合推出U微计划，将阿里旗下的全域广告工作台Uni Desk与微博的广告产品实现全面对接，打通微博社交数据与阿里的电商数据，使社交与消费深度融合。在“戴森－微博×Uni Desk”案例中，在戴森推出新品智能扫地机器人之际，Uni Desk对天猫和微博的粉丝群进行精准触达，圈选出戴森所需要覆盖的人群，增进消费者对产品及品牌的认知和兴趣。然后对微博曝光人群和阿里钻展触达的人群进行关联分析，发现微博互动行为的深入与戴森在天猫的转化率息息相关。本案例中社交数据与消费数据得以联通，实现了从传播触达到消费购买的数据闭环，将为之后的品牌洞察提供基础。

在场景精准方面，品牌方根据消费者所处的生活场景，创新品牌传播方式。“小米电视×蜘蛛侠”充分诠释了OTT带来的家庭场景精准效应。在该案例中，小米电视大幅度使用电视“框内模式”（应用内内容播出）投放预告片内容与电视“框外模式”（应用外破框富媒体）承载视觉冲击的双轨合一手段，高度聚合符合《蜘蛛侠：英雄归来》观影人群的沟通需求，实现对家庭受众人群的精准传播。

同时，深度挖掘品牌自有流量价值，针对品牌自有粉丝群体开展创新性的精准传播也是品牌传播创新的重要体现。案例“瑞幸－一杯咖啡的想象”中，瑞幸咖啡将曾经购买过咖啡的每一位消费者均视为自有流量池的潜在用户，消费者可分享电子优惠券给自己的朋友，让潜在消费者获得优惠，产生购买行为，而分享优惠券的消费者可从分享行为中赢得后续的购买优惠，为未来的持续购买埋下伏笔。本案例最大限度地结合了瑞幸咖啡全新咖啡商业模式的特质，利用既有消费者分享赢咖啡券的社交机制，反复形成既有消费者与潜在消费者之间的社交裂变循环，实现基于咖啡兴趣社交的既有流量池价值最大化。

（2）渠道泛化。

品牌传播触达的渠道正在从传统观念中的固态，进化到几无边界的动态，即部分原本未被用于品牌传播过程的渠道，正在逐渐被纳入常态化的品牌传播矩阵。在创意人员的创想和技术应用下，甚至生活中常见的瓶子、胶带、地标性建筑等都可成为品牌传播的载体。

在“生米组成－承诺胶带”案例中，一种新发明出来的互动胶带产品成为品牌与消费者沟通的媒介和渠道。消费者收到网购快件后，用刀划开封箱胶带，经过双层结构设计的胶带会流出红色液体，消费者会立刻注意到印刷在封箱胶带上的珍稀保护动物（犀牛、鲨鱼、大象等）以及开箱刀具正在切割珍稀保护动物的器官（犀牛牛角、鲨鱼鱼鳍、大象象牙等）。由此，消费者可深刻体会到生米组成保护珍稀物种和保护共有生态的价值主张，并可打开手机扫描封箱胶带上的二维码，通过分享 H5 到朋友圈，发出“我承诺”的公益倡导。

（3）效果：社交指标刚性，超传播层面的效果评估指标有呈现的趋势。

如今，社会化媒体营销在品牌传播中占据至关重要的位置，社交指标逐渐成为品牌传播效果评估必不可少的一部分。在品牌传播活动中，品牌方将更加关注粉丝增长数、社交媒体提及次数、用户参与度、流量、转化率等社交指标。同时，超传播层面的效果指标将不断涌现。常规的效果评估指标往往忽视了品牌传播触达以外带来的效果呈现。

以“农夫山泉乐评”为例，当网易云音乐热门乐评被制作在农夫山泉瓶身时，品牌溢价效应已存在，但现有的品牌传播效果指标体系只能呈现品牌传播的覆盖等指标，如传播人群覆盖、传播人群互动、传播人群触达（更偏重于 CPM、CPC 等指标）等，并未能充分计量传播可能带来的消费者好感度、认知度、联想度等。目前而言，超传播层面的指标体系主要受制于以下三个方面：一是尚缺乏可统一认同的计量方式，令此部分效应缺少指标体系构建的业务意识；二是尚缺乏可高效计量的监测手段，令此部分效应缺少低成本高效率的业务可行性；三是尚缺乏与品牌主品牌传播部门常规指标评估业务预算的关联，令此部分效应缺少可具象化的资源基础。

四 结语

通过对品牌传播运作模式和传播过程创新的梳理，我们可以发现创新背后的推力，究其动因，不外乎外部环境的影响和内部机制的作用。一方面，技术的突飞猛进、产品的升级迭代、消费者兴趣的转移、利润空间的不断压缩、竞争对手的突围速度以及消费分级带来的多行业多层次需求的空白等迫使品牌传播服务商必须做出改变和创新；另一方面，品牌传播服务商能敏锐地抓住不易被察觉的机会，主动和自发地从管理制度、人员部署、业务架构、资源整合、财务措施等方面进行调整和完善。外部环境变化影响内部的作业机制，而内部机制的作用所产生的结果又加快了外部环境变化的速度和扩大了其宽度。二者既相对独立存在，又彼此形成良性循环。

而品牌传播运作模式创新决定品牌传播过程的创新，品牌传播创新的实现路径主要表现为以下几个方面。

（1）技术驱动，数据先行，打通上下游、前后链。

通过对数据的挖掘、萃取、分析和价值提炼，改善企业运营的各个环节，如产品、上下游供应链及可能带来的新的赢利方式等，逐渐形成竞争壁垒。在品牌传播层面，技术驱动的业务模式创新最终表现为品牌传播的精准化与个性规模化。

（2）提供千人千面的服务和产品，重视消费者的长尾效应。

当20%的客户无法再贡献80%的销售额，20%的商品无法再贡献80%的营业额时，长尾效应开始显现。互联网技术的升级，使大规模个性化的精准营销成为大势所趋，可提供基于技术解决方案的千人千面服务与产品。而千人千面的服务与产品将为消费者提供定制化个性化的传播体验和消费体验。

（3）场景营销，深挖细耕消费者生活圈的每一个触点，以点概面。

精准洞察消费者需求，充分挖掘消费者所处场景的商业价值，并通过所有新渠道、新触点和新技术创新，连接消费者线上线下的所有可获取的行为数据，为消费者提供能满足其需求的服务或产品。比如，分众在占领消费者接触点的空间维度，而阿里在占领消费者接触点的时间维度，分众与阿里的战略合作将时间和空间打通。如此，将强化品牌传播创新的精准化特性。

（4）以人为本，建立情感价值的认同。

以人为本即是要在品牌传播中关注人的情感认同与价值实现，将人的本质需求放在第一位，从心理层面去感染和影响消费者。以人为本的品牌传播运作理念最终将贯彻与落实在对品牌传播内容的创新上，表现为创意概念的精细化与消费者价值中心导向上。

（5）建立与合作伙伴的利益共创机制。

合作共赢是永恒不变的真理，无论你在商业体里承担哪一个角色，都需要各方合作伙伴的共建与帮助。事实上无论是苹果应用商店背后的数以万计的第三方开发者，还是任何一款开源产品平台，其本质都是与合作伙伴共创利益并共享收成。利益共创机制所带来的跨界效应将为消费者提供更加丰富和多元的消费体验。

（6）开发一切基于效率提升的产品和应用。

科技进步与社会繁荣带来的是生活节奏的加快和便利程度的大幅提升，效率意识贯穿于学习、工作、生活的每一个环节，囊括衣食住行的方方面面。由此带来了技术和产品的升级需求，特别是能提高效率的应用，这些应用小到改变生活方式，大到颠覆产业结构。而这样的需求驱动着每一次技术的变革与迭代。

（本研究中，武汉大学2018级博士生邓云，2018级硕士研究生翁祺、赵婷婷、徐轩颖、周辰垚、胡慧瑶参与了论文资料的收集、访谈和案例资料的整理与分析工作。）

B.12
智能传播趋势下我国主流媒体产品研发思路研究

——以中央广播电视总台为例*

王润珏　王夕冉**

摘　要：“智能传播时代的来临”“我国社会结构的转型”“国内外传播环境的变化”是对我国主流媒体发展路径具有决定性意义的时代特征。新组建的中央广播电视总台需要把握智能化传播时代的趋势和逻辑，以创新思路开发出满足国内外不同类型用户需求的媒体产品。本文以案例研究为主要研究方法，分析了中央广播电视总台的发展环境、角色定位和自有资源，结合国内外主流媒体产品设计经验，从组织结构、内容生产平台、用户需求、产品特征等角度对中央广播电视总台的产品体系建构提出针对性建议。

关键词：智能传播　主流媒体　产品研发　中央广播电视总台

2018年6月14日，第五代移动通信（5G）第一阶段全功能标准化工作

---

* 本文为中国传媒大学科研托举项目“‘一带一路’对外传播话语体系建构研究”（项目编号：2018CUCTJ061）阶段性研究成果，是中国传媒大学“双一流”建设支持项目“媒介融合背景下我国广播影视行业新型主体建设研究”（项目编号：CUC18QB1）的阶段性成果。

** 王润珏，新闻传播学博士、主任编辑，中国传媒大学国家传播创新研究中心副研究员，研究方向为媒介发展、媒介经营与管理，国际传播；王夕冉，中国传媒大学传播研究院2018级硕士研究生。

完成。全球移动设备供应商协会（Global Mobile Suppliers Association，简称GSA）统计的数据显示，截至2019年1月中旬，GSA已经确定了83个国家的2010家运营商，以测试、试验、计划和试点部署等形式投资5G移动和5G FWA网络。预计将于2020年实现5G商用服务。① 如果说完成5G标准出台的2018年是5G元年，那么到2020年实现5G商用服务，人类社会将随着万物互联时代的到来全面步入智能传播的新阶段。

对我国而言，智能传播时代的传媒业将更加深刻地嵌入社会结构转型、产业结构升级和国际角色转变的过程，也将对个人、群体（组织）和整个国家产生更加迅速、广泛和深远的影响。在此背景下，国家和公众也必然对我国主流媒体的多元功能产生更多的期待。2019年1月25日，中共中央政治局就全媒体时代和媒体融合发展举行第十二次集体学习。习近平主席指出，“党报、党刊、党台、党网等主流媒体必须紧跟时代，大胆运用新技术、新机制、新模式，加快融合发展步伐，实现宣传效果的最大化和最优化”，并提出了“要探索将人工智能运用在新闻采集、生产、分发、接收、反馈中，全面提高舆论引导能力”的要求。② 也由此明确了智能传播趋势下党和国家对主流媒体发展的总体要求。

一　从网络化到智能化：媒介系统发展的未来指向

历经语言传播、文字传播、印刷传播和电子传播，媒介技术和传播形态的演进步伐呈现出加速发展的态势。20世纪90年代，基于二进制信息处理技术的数字传播技术催生了以网络媒体为代表的新型媒体形态，人类进入网络传播时代。2010年以后，人工智能、数据挖掘技术在传媒领域的应用日

① “Global 5G Status-Snapshot：January 2019，” https：//gsacom. com/paper/global－5g－status－snapshot－january－2019/.

② 《习近平：推动媒体融合向纵深发展　巩固全党全国人民共同思想基础》，人民网，2019年1月31日，http：//politics. people. com. cn/n1/2019/0125/c1024－30590913. html? tdsourcetag＝s_ pcqq_ aiomsg。

益广泛，从写稿机器人到人工智能主播，从个性化定制到智能化推送，从高清互动到全息显示，媒体的信息生产、传播、呈现方式全面更新、快速迭代，形成对媒介系统运行逻辑的重构。

1. 智能化生产：媒介内容生产逻辑的转变

智能化首先改变了媒介内容的生产逻辑，其中对新闻内容生产的影响最为直接。随着5G、物联网、大数据等技术条件的成熟，人工智能已经渗透到新闻采写、编辑、分发、评论的各个环节。新闻采写阶段，机器人自动化新闻写作技术的应用极大地提高了新闻作品的数量，缩短了新闻报道的时间。国内外媒体已经推出了多款能写新闻的机器人产品，如《华盛顿邮报》的Heliograf、美联社的Wordsmith、《洛杉矶时报》的QuakeBot，以及腾讯的Dreamwriter、新华社的“佳佳”和“小新”。新闻编辑阶段，借助语言自动处理技术可以实现对新闻的动态修改。斯坦福大学建立了由机器人进行新闻倾向性改写与编辑的人工智能网站——Konwhere。新闻分发阶段，以Facebook和今日头条为代表的智能分发平台通过“数据收集——算法预判——个性化推荐”的模式实现向用户精准化推送新闻产品。新闻评论阶段，在文本分析NLP技术的支持下算法能实现对评论内容的自动筛选和过滤。由谷歌开发的Moderator人工智能系统已经应用到《纽约时报》的评论管理系统。此外，2018年新华社和搜狗联合推出AI主播进行新闻播报是人工智能技术在新闻传播领域的又一大进步。

2. 智能化“传－受”：媒介与用户关系的重构

中国互联网络信息中心（CNNIC）发布的第43次《中国互联网络发展状况统计报告》显示，截至2018年12月，中国网民规模达到8.29亿人。随着移动智能终端类型丰富、产品升级，面部识别、语音控制等功能的普遍应用，用户媒介使用方式发生改变、用户体验优化升级，人与媒介的互动呈现越来越明显的智能化特征，媒介与用户关系被重新建构。

第一，智能终端的使用和普及促使用户的媒介接触习惯发生改变。观众由电视端向网络端和移动端转移。数据显示，近7年来，中国电视平均到达率不断下降，观众不断被互联网和手机分流。与电视和PC端相比，用户的移动端（手机）使用频率和使用时长最高；媒介使用地点从工作和家庭场合转变为全场景覆盖。[①] 相比于在客厅看电视和在公司使用互联网的传统媒介接触习惯，用户越来越倾向于在公共场所使用手机访问互联网，如公交、地铁、出租车和咖啡厅、图书馆；用户使用媒介的方式从“三屏分立”转变为“多屏联动”。电视、电脑和手机的内容不再相互独立，可以借助 Wi-Fi 网络和蓝牙等技术实现共享。用户可以在电脑和手机上观看电视节目，也可以实现电视联网，播放互联网上的音频内容。

第二，人机交互能力的提升优化了用户的媒介使用体验。媒介产品设计从视觉、听觉、触觉等感官系统出发，提升用户的使用体验。从文字智能联想到屏幕手写式输入再到触摸屏和全面屏，用户终端逐渐实现从按键到触屏的转变；从 OCR 文字识别技术到自动文本翻译再到指纹、声纹和人脸解锁，产品的易用性和操作效率不断提高；从主动订阅到页面自动切换再到智能化推荐，媒介通过越来越强大的记忆能力根据用户的使用习惯提供个性化服务；AR、VR、MR 等虚拟现实技术应用在新闻报道中给用户提供沉浸式体验。2018 年两会期间，中央人民广播电台在沉浸式视频的基础上推出 H5 产品“王小艺的朋友圈”，以手势识别互动的新颖形式，增强用户尤其是年轻一代对两会的关注度和参与感。

第三，机器的泛存在化使得人与媒介的互动呈现出越来越明显的智能化特征。新闻类 App 可通过手机定位技术智能推荐用户所在地的新闻和天气；苹果的 Siri、微软的小娜和小冰、三星的 Bixby 等智能手机助手不仅可以完成接收信息、按指令打开软件或文档、网络购物等简单的任务，更能回答用户提问，甚至进行情感上的交流；终端导航可通过定位遥感、大数据等技术为司机提供最新路况，自动规划最优路线；由斯坦福大学学生约书亚·布罗德研发的聊天机器人在全美 50 个州上线，免费提供法律指导服务。这些拥有类人化思维的或虚拟或实体的机器在与人的智能互动中成为贴近用户性格的“私人订制”产品。

---

① 《2018 年我国传媒行业用户数量、用户时长与市场规模分析》，中国报告网，2018 年 3 月 24 日，http://jingzheng.chinabaogao.com/chuanmei/03243259232018.html。

3. 智慧化解决方案：媒介系统的未来发展趋向

实现智慧化服务和智能管理是媒介系统发展的更高层次的目标，主要涉及家庭、组织、社会三个层面的信息服务和决策支持的提供。

提供生活信息服务是家庭场景中媒介未来发展的趋势。在物联网技术的支持下，家庭媒介不仅可以控制照明系统和家用电器，完成多终端视频共享、智能背景音乐播放和家庭影院的建构，更能通过网络远程控制、实时监控、防盗预警等手段和功能满足用户的安全性需求。例如，用户可随时通过移动终端查看家庭监控，远程打开空调或控制其他联网家电；家庭影视内容消费摆脱屏幕尺寸的限制，通过语音控制简化导航栏和遥控器的操作程序。未来，完全实现家庭内外联动控制，构建一体化“家庭管理云平台”是媒介系统提供家庭层面解决方案的发力点。

提供智慧运营管理平台及解决方案，重塑组织传播形态是工作场景中媒介的功能期待。现在，人工智能技术已经被应用于公司管理。员工绩效的评定、项目数据的分析、市场环境的监测、公司运营状态的量化等服务为公司管理层的决策制定提供信息支持。媒介系统还将与企业的客户关系系统、智能化生产系统等各个系统结合，渗透到生产运营的各个环节，公司和机构在智能设计、智能生产、精准用户画像、预测市场走向、自动化制定问题解决方案、形成智能产业链等方面对媒介的功能提出了更高的要求。

提供公共服务智慧化解决方案是社会场景中媒介发展的未来指向。一方面，借助大数据和人工智能技术，能够实现舆情分析、预测的自动化、精准化，进而制定有效的舆论引导、舆情疏导方案；另一方面，依托媒介系统，开展信息服务、公众教育、远程医疗、普惠金融以及基层管理等工作是智慧城市、智慧农村、智慧社区建设的必然要求。

二　社会主义建设新时代我国主流媒体角色、功能的再思考

习近平总书记在十九大报告中指出，“我国社会主要矛盾已经转化为人

民日益增长的美好生活需要同不平衡不充分的发展之间的矛盾”。社会主要矛盾的变化标志着中国进入新的发展时期。在这一时期，中国社会的转型和世界秩序的重构使得国内外传播环境发生巨大变化，对主流媒体提出了新的传播需求。

1. 社会转型阶段的国内传播环境与传播需求

改革开放40年来，中国的经济体制、利益格局、社会结构和人民思想观念发生重大变化和调整。社交媒体和自媒体的发展广泛激活媒介内容生产力，也带来了内容水平良莠不齐、信息真假混杂、价值观含混不清等问题。在此背景下，社会和公众对主流媒体的依赖不减反增，迫切需要主流媒体发挥舆论引导的作用，传递主流价值，塑造国家凝聚力，推动社会“合力”的形成。

中国社会正经历双重转型：一是从传统社会向现代化社会的社会结构转型，二是从计划经济向市场经济的经济体制转型。国家统计局发布的数据显示，2012～2016年，中国居民收入的基尼系数分别为0.474、0.473、0.469、0.462、0.465,① 一直维持在0.4的国际警戒线之上。这意味着中国社会正处于风险高发期，某些曾被中国经济持续高涨不同程度掩盖着的社会矛盾有可能被激化。在世界范围内还没有一个国家像中国这样，人口规模如此之大，发展速度如此之快，发展过程中遭遇如此多的社会矛盾与冲突。② 媒体系统具有远胜于其他社会系统的覆盖能力和沟通能力。因此，在这一特殊历史时期，国家更加需要主流媒体能够继续保持并提升传播力、公信力、影响力和舆论引导力，最大限度地触及不同身份、不同地域、不同民族的公众，发挥好信息沟通、民意疏导、社会压力疏解等作用；稳定地输出专业化、精细化的高质量内容，并兼顾不同地区和不同阶层的文化需求，减小信息供给差异。

① 《统计局：中国的基尼系数总体呈下降趋势》，中华人民共和国中央人民政府网，http://www.gov.cn/xinwen/2017-01/20/content_5161566.htm，2019年1月31日。

② 冉华、王润珏：《中国社会矛盾凸显期媒介政治传播功能的调适》，《新闻与传播评论》2007年第1期。

2. 世界政治经济格局转型下的对外传播环境变化与传播需求

经济全球化和世界多极化的发展趋势不可逆转，但地缘政治冲突的升级和国家利益纷争不断使得全球格局呈现出错综复杂的局面。从政治角度看，原有的“核心—边缘”格局被打破，广大发展中国家利用金砖国家、上海合作组织、G20 峰会等机制“抱团取暖”，中国等“半边缘”国家力量上升逐渐向“半核心”靠拢，并与以美国为首的“核心”国家形成某种竞争局面，促使全球治理方式从“西方治理”转向“东西方共同治理”①。美国特朗普政府又通过退出跨太平洋伙伴关系协定（TPP）等行动在国际社会中掀起一股“逆全球化”浪潮，使原本不太平静的国际政治格局再添变数。从经济角度看，旧有国际合作发展模式和经济贸易体系已无法适应新时代全球经济发展的要求，但新的经济增长点和合作契机尚未形成。英国脱离欧盟造成国际金融市场大幅动荡，中美贸易摩擦解决路径仍在探索之中。

作为全球第二大经济体，我国远没有形成与经济硬实力相称的传媒文化软实力。习近平总书记用“有理说不出”“说了传不开”“传开叫不响”三句话精准而形象地描述了我国传媒文化软实力落后带来的尴尬境遇。2013 年 11 月发布的《中共中央关于全面深化改革若干重大问题的决定》指出，“加强国际传播能力和对外话语体系建设，推动中华文化走向世界”，体现出党和国家改变“西强我弱”国际传播格局的愿望和决心。近年来，我国传媒硬实力的建设工作取得了许多突破性进展，中央重点媒体海外采编网络和传播平台迅速拓展，信息内容、营销能力、人才队伍等建设明显改善，取得重要阶段性成果。但在增强国际舆论话语权、提高国际传播影响力、提升受众信任度等方面还有诸多工作要做。

“一带一路”倡议的推进和我国外交战略更需要来自媒体的支持和协助。从某种程度上说，对外传播早已成为我国公共外交的重要组成部分。主流媒体更需要增强角色意识和自主意识，借助智能传播时代带来的新机遇，

---

① 何亚非：《世界政治经济双双进入“新常态”》，《第一财经日报》2017 年 7 月 17 日，第 3 版。

提高新闻产品的海外落地率和到达率，缩小媒体规模与实际传播效果的差距，实现对外传播的全方位覆盖和全天候延伸，推动具有主动传播力的对外传播格局的系统性重构。

三　从“中央三台”到中央广播电视总台：国家传播体系的调整与完善

1. “中央三台”：中央广播电视总台的缘起

2018 年 3 月，中共中央印发《深化党和国家机构改革方案》，规定整合中央电视台（中国国际电视台）、中央人民广播电台、中国国际广播电台，组建中央广播电视总台，作为国务院直属事业单位，归口中央宣传部领导，对内保留原呼号，对外统称“中国之声”。2018 年 4 月 19 日，新组建的中央广播电视总台正式揭牌，原“中央三台”成为总台的核心构成。

中央电视台（简称“央视”）成立于 1958 年 5 月 1 日，前身为北京电视台，1978 年 5 月 1 日定名为中央电视台，内设 24 个副局级机构及 6 个台属单位。作为国家级电视台，央视是中国重要的新闻舆论机构和思想文化阵地，是党、政府和人民的喉舌，发挥着传播新闻、引导舆论、教育大众、提供娱乐等多种公共服务作用，是公众信息的主要来源，更是中国最具权威性、导向性和国际影响力的主流媒体之一。

中央人民广播电台（简称“央广”）成立于 1940 年 12 月 30 日，初名为延安新华广播电台，1949 年 12 月 5 日更名为中央人民广播电台。作为中国唯一覆盖全国的广播电视台，央广以广播为依托，以声音为特色，采用不同民族和地区的方言播出节目，承担着传播中央声音、传承中华民族优秀文化、促进不同民族和地区之间的交流等职能。

中国国际广播电台（简称“国广”）成立于 1941 年 12 月 3 日，起源于延安新华广播电台（现中央人民广播电台）创办的日语广播。作为以现代综合新型国际传媒为战略目标、面向全球广播的国家广播电台，国广的宗旨是“向世界介绍中国，向中国介绍世界，向世界报道世界，增进中国人民与世界人民之间的了解和友谊”。截至目前，国广使用 65 种语言全天候向世界传播，是全球使用语种最多的国际传播机构。

2. 中央广播电视总台现有媒体资源和产品体系

中央广播电视总台成立后，整合了原“中央三台”的全部国内外硬件、软件、人才和平台资源，成为国家传播体系中媒体资源和产品最为丰富多元的传播主体。

广电媒体方面，截至合并前，中央电视台拥有 43 个电视频道、31 个国内记者站、70 个海外记者站点和 529 个电视栏目，其节目在国外 171 个国家和地区播出，是全球唯一一个全天用 6 种联合国工作语言不间断对外传播的电视媒体；中央人民广播电台拥有 16 套广播频率，在中国境内设有包括 18 个军事记者站在内的 40 个记者站；中国国际广播电台作为中国唯一向全世界广播的国家电台，在境外共有 11 个整频率调频电台、149 家调频电台，并在国内设立了 5 套广播外宣节目。

新媒体建设方面，截至合并前，中央电视台拥有国内最全的新媒体传播平台，覆盖和适配几乎所有新型终端，主要包括以下四大平台：桌面互联网平台即央视网和中国网络电视台，移动互联网平台即央视网、央视影音客户端、央视新闻客户端、公共场所视频传播平台和 4G 视频集成播控平台，宽带互联网平台即 IPTV 和互联网电视以及社交媒体平台即“两微”矩阵和海外社交媒体账号。

2016 年 12 月底，中央电视台统一更换外语频道的台标和呼号（由“CCTV”更改为“CNTV”），合并成立多语种、多平台的媒体集群——中国国际电视台（China Global Television Network，简称 CGTN）。CGTN 是由 6 个电视频道、3 个海外分台、1 个视频通讯社和新媒体集群组成的新的国家对外传播主体，其定位为“See the Difference”，即“看见不同”“展现中国独特视角”①。作为一个融媒体传播机构，CGTN 在融媒体实践过程中取得了良好成绩。首先，组建环球融媒体中心（CGTN NEWS Center）。CGTN 统筹北

① 《习近平致信祝贺中国国际电视台（中国环球电视网）开播》，新华网，2016 年 12 月 31 日，http：//www. xinhuanet. com/politics/2016 -12/31/C_ 1120226953. HTM。

京总部与海外分台、多语种对外新闻频道、国际视频通讯业务等多种资源，通过“多形式集采、多平台共享、多渠道分发”，实现电视和新媒体的资源共享，以及打造集新闻、社交、通信、用户生产内容（UGC）、专业生产内容（PGC）于一身的融媒体平台——CGTN 移动新闻网，实现世界范围内的媒介资源共享。其次，打造社交媒体矩阵。作为新型融媒体集群，CGTN 在国内开通微信、微博、头条号等多个新媒体账号，在国外入驻 YouTube、Facebook、Twitter、Instagram 等社交平台，并在 Facebook 上成立专门的社交平台运营团队。最后，形成融媒体报道格局。CGTN 通过电视端、PC 端、手机端的多平台联动报道，以“专题化”“板块化”形式创新栏目报道方式，以短视频、漫画、H5 等形式打造 *ASK China*、《“一带一路”青年说》等融媒体产品，形成融媒体报道格局，满足海外用户的差异化需求。简而言之，作为中国的外宣媒体品牌，CGTN 增强了 CCTV 的品牌辐射力和影响力。①

中央人民广播电台建有以央广网为核心的新闻网站集群，促进央广网、你好台湾网、中国民族广播网、国家应急广播网四大网站的技术整合，央广广播电视网络台和银河网络电台也是央广旗下的网站。在移动互联网和 App 客户端方面，推动央广手机台、央广新闻客户端、中国广播客户端和央广云电台等项目的建设；在社交媒体方面，打造“两微”矩阵，拥有千万级粉丝和百万级订阅用户；在融媒体平台方面，着重推动中国广播云平台工程建设。

中国国际广播电台利用其多语种、多平台、海外传播广等优势创建中国国际广播电视网络台，拥有包括中华网、国际在线、环球资讯广播在内的多个网站，其中，中华网打造了全新的融媒体平台——中华云平台。国广还积极推出以 China 系列和 CIBN 手机电视客户端为引领的多语种移动客户端。

① 《CGTN 融媒中心建成启用》，人民网，2017 年 10 月 10 日，http：//media. people. com. cn/n1/2017/1010/c14677 –29579267. html。

央视旗下的中国网络电视台（CNTV）、央广旗下的央广广播电视网络台（CNBN）和国广旗下的中国国际广播电视网络台（CIBN）均取得了互联网电视牌照（见表1）。

中央广播电视总台组建后，整合“三台三网”资源，重视新媒体建设，推动融合创新发展。在中央广播电视总台“三定”方案中，总台下设包括融合发展中心、新闻新媒体中心、视听新媒体中心3个新媒体中心在内的25个中心；中央电视台、中央人民广播电台、中国国际广播电台三台联合推出跨平台同步直播的特别节目，并在重要国际会议中实现主持人跨台合作；央视网、央广网、国际在线三网紧密联动，创新采用微视频、H5、直播、漫画等形式制作新型媒介产品，通过网站和“两微一端”等载体实现渠道融合、创意融合和推广融合，开启全面融合之路；2018年3月中旬起，中央广播电视总台与BAT、阿里巴巴、中国移动等公司展开大数据建设、平台建设、5G研发、4K超高清频道建设等领域的技术合作，并于同年12月28日建成国内首个国家级“5G新媒体平台”，2019年2月实现4K超高清视频集成制作，形成“4K+5G+AI”的战略布局。在CTR发布的2018年第三季度、第四季度的网络传播力评估报告中，中央电视台在网络传播力央媒榜单和电视台榜单中均居首位，中央人民广播电台和中央国际广播电台也跻身网络传播力央媒榜单的前十名。①

此外，子公司丰富的业务资源为中央广播电视总台的运营发展提供了强大的资金支持、技术支持和平台支持。中央电视台旗下中国国际电视总公司、中视传媒股份有限公司和天脉聚源（北京）科技有限公司，中央人民广播电台旗下的央广传媒发展总公司，中国国际广播电台旗下的国广环球传媒控股有限公司业务均涉及电视剧制作、手机互联网电视运营、广告经营、媒体零售等多个领域，又各自形成既相互独立又彼此合作的传媒产业链。

---

① 《细数中央广播电视总台整合后“战绩”》，央广网，2018年9月10日，https://baijiahao.baidu.com/s?id=1611228298384387057&wfr=spider&for=pc。

表 1　中央广播电视总台现有主要媒体产品及资源

账号主体		产品类型										其他资源		
	旗下主要产品	自有媒体								合作媒体		品牌栏目	子公司	其他
		国内						国际		国内	国际			牌照
		网站	微信公众号	微博	客户端		头条号	Face-book	Twitter					
					安卓	苹果								
中央电视台	43 个电视频道		√	√	√	√	√			大剧院·古典客户端		《新闻联播》 《焦点访谈》 央视春晚 小央视频	中国国际电视总公司 中视传媒股份有限公司 天脉聚源（北京）科技有限公司	互联网电视牌照 IPTV 集成播控总平台
	央视网	√	√	√			√	√						
	CNTV	√	√	√				√						
	CGTN	√	√	√	√	√	√	√	√					
	央视新闻		√	√	√	√	√	√	√					
	央视影音		√	√	√	√	√							
	熊猫频道		√	√	√	√	√	√						
	CCTV 微视		√	√	√	√	√							
中央人民广播电台	16 套广播频率	√	√	√	√	√	√					《央广财经评论》	央广传媒发展总公司	互联网电视牌照
	2 个电视频道													
	央广网	√	√	√			√	√						
中国国际广播电台	100 余家海外电台	√	√	√	√	√		√			中俄头条客户端	环球资讯 轻松调频 世界华声	国广环球传媒控股有限公司	互联网电视牌照
	35 种外文报刊													
	CIBN	√	√	√	√	√			√					
	国际在线	√	√	√	√	√	√		√					
	环球资讯广播	√	√	√	√	√								
	China 系列			√	√	√	√							

3. 中央广播电视总台的定位、使命与目标

中央广播电视总台的组建是顺应媒介融合发展趋势，构建现代新型主流媒体的重大举措，也是释放体制红利，促进中央主要媒体转型的顶层设计。总台在整合组建过程中要紧紧围绕建设国际一流的国家级现代传媒航母的战略目标，坚持前瞻性谋划，创新式发展。①

当前，网络已经成为舆论宣传的主要阵地，媒介融合在打造新型主流媒体的过程中扮演着极为重要的角色。习近平主席指出，“党报、党刊、党台、党网等主流媒体必须紧跟时代，大胆运用新技术、新机制、新模式，加快融合发展步伐”②。作为中国媒体的引领者和国际上规模最大的主流媒体，中央广播电视总台要以内容为生产力，以技术为驱动力，以平台提升竞争力，塑造生态链接力，通过传播手段和传播理念的创新，提升网络引导能力和媒介融合水平，重视融合传播效果，拓宽党和政府声音传播的范围，在新的传播环境、新的国内外舆论场中占据核心地位。

在人工智能、大数据、物联网、5G 等技术创新的引领下，全媒体、智能化传播的时代已经到来。国家迫切需要中央广播电视总台全力打造自主可控、具有强大影响力的新媒体平台，利用机构整合、人员重组这一千载难逢的历史机遇，以先进技术为引领，形成融合发展的全新格局，努力实现跨越式发展。③

四　面向智能传播的中央广播电视总台产品研发思路

在新的技术环境和传播环境下，国家对中央广播电视总台有了清晰的角

① 《中央广播电视总台央广副总编辑刘晓龙：加速构建全媒体传播格局》，人民网，2018 年 9 月 10 日，http：//media. people. com. cn/n1/2018/0910/c40606 – 30283619. html。

② 《习近平：推动媒体融合向纵深发展　巩固全党全国人民共同思想基础》，人民网，2019 年 1 月 31 日，http：//politics. people. com. cn/n1/2019/0125/c1024 – 30590913. html？ tdsourcetag = s_ pcqq_ aiomsg。

③ 《慎海雄在 2018 年世界互联网大会媒体变革与传播创新分论坛上发表致辞》，中央广播电视总台央视网，2018 年 11 月 8 日，http：//news. cnr. cn/native/gd/20181108/t20181108_ 524409520. shtml。

色和功能定位。面向已经到来的智能传播时代，中央广播电视总台只有立足于自身定位，明确国家、社会和公众的需求，抓住智能化发展机遇推动广播电视和新媒体的不断融合创新，开发出满足国内外不同用户需求和使用习惯的媒体产品，才能实现打造国际一流的现代新型主流媒体的目标。

如前文所述，随着三台合并的完成，中央广播电视总台集成了原中央电视台、中央人民广播电台和中国国际广播电台所拥有的全部传统媒体和新媒体资源。在拥有丰富媒体资源的同时，对所有产品进行整合协同、创新升级，成为中央广播电视总台更好地践行责任、实现目标的必然要求。具体来看，中央广播电视总台的产品体系设计可从以下几个方面着手。

1. 把握智能传播发展趋势，调整内部组织结构，适应未来生产需要

2013 年，德国联邦教育研究部在其发布的《把握德国制造业的未来：实施“工业 4.0”攻略的建议》中提出了智能化时代的重要特征：在一个“智能、网络化的世界”里，物联网和服务网（the Internet of Things and Services）将渗透到所有的关键领域。这意味着物联网和服务网也将与人类传播活动紧密结合。

在智能化的传播机构中，人、机器（程序）和资源能够形成一种自然的、相互协作的关系。在技术的协助下，所有媒体产品在其设计和运营的过程中都将始终围绕一系列问题的答案进行自动或半自动的性能和参数的调整。这些问题包括：原料（信息、素材）从何而来？比较优势在哪里？将被传送到哪里？将如何被使用？这种具备一定自我迭代能力的智能化媒介产品生存方式将最终导致传媒业价值链和生产模式的重构。

尽管上述描述目前仍是一种对趋势的预判，但对中央广播电视总台而言，却值得引起重视。国内外大型媒体机构发展的经验表明，适应行业发展规律的组织架构和内部机制能有效盘活现有资源、激活媒体生产力和创造力；反之则会成为媒体发展的障碍。当前，中央广播电视总台的组建时点恰好与智能化传播趋势的显现形成耦合。组织架构调整和内部运行机制的建设是中央广播电视总台组建完成后面临的首要工作之一。中央广播电视总台应充分把握三台合并后组织架构调整的契机，提早布局，以智能传播时代的媒

介生产运作方式架构新的组织体系。第一，中央广播电视总台可以参考BBC等大型传媒机构的改革经验，建立高效的内部审核发布程序，缩短汇报流程，提高机构反应的灵敏度。第二，在机构设置上可以尝试在“三定”方案的基础上，按照智能传播趋势下的媒介内容生产流程，对不同部门（中心）的具体职责进行设定，由不同的部门分别专注于信息采集、信息预处理、信息深加工（后期特效）、产品分发、平台支撑等环节，对三个新媒体中心（融合发展中心、新闻新媒体中心、视听新媒体中心）的工作进行统筹安排，以提高内容生产的效率和媒体内容的终端适应度。第三，中央广播电视总台应考虑在现有“三定”方案的基础上，通过在中心内部增设专门化团队的方式提高机构的业务能力，如在融合发展中心内组建智慧传播解决方案团队等。第四，中央广播电视总台可通过导入智能化的内部管理系统和资源共享系统，加强内部资源数据库建设等方式，在提升内部管理效率的同时提高总台各部门及海外站点之间协同工作的流畅程度。第五，中央广播电视总台可将内容生产独立性相对较强的部门（如CGTN）作为总台组织运行方式和内部机制创新实践的“特区”，从而缩短新机制落地的周期，降低在全台范围内实施的风险。总体来看，这些探索涉及内部机构调整、人员调整、运行机制调整和内部制度的更新等一系列重要工作。

2. 建设专业化媒体平台，形成网络效应，扩大机构影响力

智能传播时代，内容生产将以平台化、开放化的方式进行。我国现有的开放内容生产平台均为商业公司所建设。作为我国最大的广播电视机构，无论是基于自身发展需要，还是履行机构职责的要求，中央广播电视总台都应建设面向新的传播趋势的开放性内容生产平台，聚合生产力量和资源，实现对各类自有产品和我国其他主流媒体的平台支撑。

目前，央视网、央广网和国际在线是中央广播电视总台资源体系内较为成熟的互联网平台，具备提供多语种图文、视频的能力。其中，央视网还提供部分总台电视频道节目的直播、片库点播服务，央广网提供部分内容的在线音频点播服务。三家网站呈现的总体风格一致，属于传统的互联网新闻门户网站；内容结构以中央广播电视总台的自有节目为主，不提供用户自产内

容（UGC）上传入口，也不提供自有资源数据库的检索入口。三家网站的平台化属性尚不突出。

在智能化传播趋势下，内容生产、分发平台应该是以大规模内容资源数据库为基础，通过程序和算法的设计，不断探索和优化内容生产和创作逻辑，具备内容智能化生成、加工、分发的能力的大型数据系统。《人民日报》的“中央厨房”是我国主流媒体在融媒体产品生产模式上的创新探索，偏重文字、图片内容生产。中央广播电视总台则需要建构以音频、视频内容生产分发为重点的、更具开放性和智能性的生产平台。在操作上，中央广播电视总台可以尝试将现有的三个网站进行差异化定位。第一，将其中一个网站重点打造为国内权威的综合性新闻门户网站，集中呈现全台独家新闻资源和优质内容资源，以自有内容资源数据库为基础，为不同类型用户提供分级授权的内容下载、转载、检索和数据分析服务，从而使这一平台在传统的信息呈现功能的基础上，增加内容分发、销售功能。第二，将其中一个网站打造为具有社交属性的开放性视频内容服务平台。该平台的视频资源应突破中央广播电视总台自有资源的范畴，将具有影响力和市场竞争力的国内外优质电视剧、电影、动漫、纪录片等纳入片源库，还应具备专为用户设计的内容上传、分享、评论等功能。总台可充分发挥互联网电视牌照资源优势，通过与硬件生产商的合作，将该平台的运营下沉至“智能化客厅”层面，从而使其具备由单纯的媒体播放平台转型为家庭娱乐与服务集成平台的可能，未来发展空间也随之大幅扩展。第三，将其中一个网站打造为专业化媒体信息服务平台。智能传播时代，传媒业的内容生产对数据、信息的依赖程度日益加深。目前，我国尚没有一套由我国主流媒体机构或国有传媒集团建设的专业化媒体信息服务系统，多数媒体和机构使用的是美国道琼斯集团旗下的Factiva。从长期来看，对国外数据服务商的依赖既不利于我国国际话语权的提升，也不利于我国信息安全和舆论安全的保障。因此，建设我国自有的专业化媒体信息服务平台既是国家所需，亦是中央广播电视总台自身发展所需。专业化媒体信息服务平台也是具有显著赢利潜力的专业化产品，有利于提升中央广播电视总台的影响力和话语权。这三个平台建成后，还能形成相互支撑、相互助力的关系，实现中央广播电视总台融媒体传播力、影响力的提升。

3. 打造垂直类产品，实现影响力下沉，对接社会管理需求

“三网融合”（互联网、通信网、有线电视网）是媒体融合阶段最重要的步骤。随着智能时代的到来，通信网、物联网、服务网的相互渗透正在引发新一轮“三网融合”。我国网民规模已经接近10亿人。主流媒体的舆论引导、信息传播等功能早已与网络安全、社会治理、公共服务等国家和政府职能紧密联系在一起。但是，面对公众已经形成的碎片化、社交化媒介接触习惯，传统的大众传播方式和媒介产品难以实现上述功能，只有根据群体需求，准确定制垂直产品，才能实现影响力的下沉，实现与包括国家、地方、社区等不同层次的社会管理、公共安全需求的深度对接。

从服务公众的专门化需求来看，面对真假信息混杂难辨、内容质量良莠不齐、各类思潮持续涌动的网络空间，公众特别需要借助中央广播电视总台等主流媒体客观、权威的新闻报道作为行动和决策的参考，但公众没有途径查询这些报道。建设面向公众开放的、具有多样化检索功能的新闻信息库，将能够实现信息服务、舆论引导、公信力塑造等多个目的。

从对接国家重大需求来看，中央广播电视总台不仅可以通过媒体报道、信息传播等方式发挥其引导力、影响力的作用，还能够以“提供解决方案”的方式服务于国家和社会发展需要。例如，2018年以来，县级融媒体建设成为我国传媒发展、基层治理的重要话题，全国已建立起数十个县级融媒体中心，县级广播电视台是融媒体中心建设的重要基础。县级融媒体中心在建设过程中，不同程度地遇到了技术标准、设备系统的选择困难；在运营过程中，又或多或少面临专业技术支持短缺、工作绩效评价体系不完善等问题。在我国的融媒体体系中，中央广播电视总台是我国最大的广播电视机构，县级融媒体中心是总台的区域影响力下沉、信息到达率提高的重要渠道，它们生产的内容也可进一步丰富总台的信息来源。另外，总台还能为县级融媒体中心提供大量社会主义核心价值观传播、中国共产党党史相关的纪录片、人物故事、宣传短篇等，既能提高县级融媒体

中心内容生产水平又能提高总台内容资源的利用率。因此，中央广播电视总台可以在县级融媒体中心建设的初期，积极提供符合中国社会特征的解决方案和评价体系，帮助县级融媒体中心提升运行能力和产品质量，为共同探索“央地合作模式”奠定基础。

4. 打造 ToB 产品，扩展内容输出渠道，提升国际话语权

“成为其他媒体的信息源”是今日俄罗斯（RT）塑造其国际话语权的成功经验。中央广播电视总台可抓住“世界关注中国”这一历史契机，重点打造以其他国家和地区的媒体、自媒体、通信机构、智库、数据库等机构为目标用户的媒体产品，从而使有关中国的信息和内容产品能够借助这些机构的观众、用户网络实现传播，提高自身的影响力和话语权。前文提到的专业类媒体服务系统便属于此类产品。

在世界政治经济格局变化动荡、话语权力格局持续博弈的背景下，中央广播电视总台要开发以提升国际话语权为目标、以机构为目标用户的融媒体产品，不仅需要丰富的、独特的内容信息资源和领先的数据库、数据挖掘技术作为支撑，还需要对目标用户群体进行多维度分析。这些维度包括：机构属性（企业、媒体、智库、NGO 组织等）、机构立场（友好、中立、敌对）、机构所属国家及其与中国的关系、资讯产品用途（商业、政务、科研、公益、教学）等。通过深度的用户分析，既能有的放矢地为不同用户提供定制化、差别化的媒体产品，也能在内容输出的同时发挥保护国家信息安全的作用。

值得注意的是，在智能传播的背景下，这类 ToB 产品除了能够提供高质量的、独家的音视频资源外，还应具有以下几个特征：首先，该产品应具备智能翻译功能，以适应不同机构对多样化语言文字内容的需求；其次，产品设计应重视数据挖掘技术的应用，以实现根据不同机构特征和需求进行产品定制和信息推送；最后，产品应兼容多样化操作系统和操作终端，并有友好的多语种操作界面和便捷的操作步骤。为保障这些特征的实现，中央广播电视总台有必要加强技术研发团队的建设和加大技术创新的投入。

媒体传播篇

Media Communication

B.13

如何用短视频讲好城市故事?

——基于抖音 TOP100 城市短视频的分析*

邓元兵　赵露红**

摘　要： 短视频在2018年重新定义网络社交形态，打造出许多网红城市。短视频在城市形象的塑造和传播过程中起重要的推动作用，学者们纷纷对这一现象展开评论，但是缺少对城市短视频的系统分析，未能探明如何用短视频平台讲好城市故事。抖音是最受欢迎的短视频平台之一，本研究选择抖音平台TOP100热播城市短视频为分析对象，采用内容分析法对其从

* 本文是郑州大学青年骨干教师培养计划、河南省软科学基金项目（编号：182400410493）、国家社科基金项目（编号：17CXW019）、河南省优势特色学科平台项目（2017 - XWXY - 002）的阶段性成果。

** 邓元兵，管理学博士，郑州大学新闻与传播学院副教授，硕士生导师，新闻与传播学院学科与科研管理办公室主任，主要研究方向为传播效果、新媒体、刻板印象；赵露红，郑州大学新闻与传播学院硕士研究生。

表现形式和故事内容两大方面进行编码分析。研究发现：城市短视频在表现形式上人与物互动共存，画面丰富；竖屏成为主流，特效、道具和剪辑应用较少；有声视频配乐为主，方言不流行。在故事内容上突出“城市之最”的城市特色类物体较多，以新奇引人入胜，但整体内容深度不足。在此基础上，本文提出了在短视频平台助力城市形象传播的策略和建议。

关键词： 短视频　城市故事　城市传播　抖音

一　引言

2018 年是短视频平台全面发展的一年，短视频通过其强趣味性、强娱乐性、强互动性、去阅读化①等特征重新定义了网络社交形态，改变了网络的社交方式。抖音成为具有代表性的短视频平台，它是以 UGC 为主要内容生产方式，视频时长为 15 秒以内，融拍摄、制作和上传分享于一体，以竖屏为主的短视频平台。传遍大街小巷的抖音神曲，捧红了小众的网络流行歌，也让一些老歌重新爆红网络；各种特效和道具成为年轻人自我表演和自我呈现的工具；不仅如此，抖音还进行了城市形象相关的话题挑战，西安的摔碗酒、重庆的李子坝轻轨、敦煌的月牙泉成为网友向往的打卡景点。

习近平总书记在党的十九大报告中指出，“讲好中国故事，展现真实、立体 、全面的中国，提高国家文化软实力”，这为城市形象传播提供了新思路即以讲故事的方式塑造城市形象，依托城市故事，传播城市文化符号。城市形象成为受众对一座城市的印象认知和整体感受，当前社会经济发展水平不

① 王玖河、孙丹阳：《价值共创视角下短视频平台商业模式研究——基于抖音短视频的案例研究》，《出版发行研究》2018 年第 10 期。

断提高，城市间的经济实力竞争和人才竞争越来越激烈，要在激烈的城市竞争中脱颖而出，离不开积极的城市形象传播。抖音的城市话题挑战所带来的打卡热以及其打造的数个网红城市为2018年的城市形象研究注入了新鲜血液，抖音成为城市营销的新势力①，学者的目光也纷纷聚焦于新媒体时代城市形象传播的策略创新。

抖音短视频平台打造的网红城市以西安、成都、南京等省会大城市为领头者，带动一些中小城市共同发展，与河北正定县、宁夏固原市、福建龙岩市等二三线城市达成战略合作协议。2018年9月11日，抖音、头条指数与清华大学国家形象传播研究中心城市品牌研究室联合发布《短视频与城市形象研究白皮书》，正式公布了抖音最火爆城市，提出了“BEST”② 的城市营销新法则，但是在传播形式特点和内容偏好上未做深入的调研分析。短视频营销是短视频不断发展的结果，产品供给端和需求端双向的内驱力和政策技术的外驱力推动短视频营销市场不断扩大，“短视频 +”的入局方式成为营销新趋势③。作为一种城市品牌的营销渠道，抖音与各市县政府达成战略合作协议进行城市推广也是短视频营销中的重要内容。本文将短视频与城市形象传播相结合，拟讨论以短视频的方式讲好城市故事，探索城市形象传播的创新特点。

二　文献综述

（一）城市形象的研究

1. 结合不同媒体类别对城市形象传播途径进行策略分析

城市传播策略研究多与媒体类别相联系，比如禹露对《人民日报》《新

① 林燕、刘体凤：《抖音：城市营销新势力》，《决策》2018年第7期。

② 《〈短视频与城市形象研究白皮书〉在京发布 支招打造城市名片》，中国新闻网，2018年9月18日，https：//baijiahao. baidu. com/s？ id = 1611317059654064134&wfr = spider&for = pc。

③ 《2018年短视频营销市场研究报告》，艾瑞网，http：//report. iresearch. cn/report_ pdf. aspx？id = 3302。

民晚报》《重庆晚报》三家纸媒进行分析提出不同媒体在城市形象的塑造中具有不同的角色定位①；温洪泉则观察到公交移动电视对城市形象的宣传功能，提出公交移动电视要与城市发展良性互动②；支晓亮等提出抓住短视频传播的机遇，不断提升自身城市形象③。随着媒介更新换代的速度不断加快，城市形象的传播形式研究相应地迭代更新，当下短视频成为城市形象传播的新途径。

2. 对特定城市的形象传播特点研究④

赵小芳等通过分析茶文化对雄安新区的城市品牌形象塑造提出建议⑤，谢震林等从安徽金寨的红色文化入手分析其城市形象传播的独特优势和创新策略⑥。独特的城市符号构建出的城市文本对城市形象的传播是一种独特的优势，有利于打造独特的城市品牌。其次是城市大事件对城市形象的塑造和传播，比如何国平等通过介绍大型体育赛事亚运会来分析广州对外城市形象传播⑦；李倩仪以上海世博会为例，提出大型节事活动对城市形象传播具有广泛且显著的影响⑧。

3. 城市形象研究的相关理论梳理

媒介是城市形象传播的载体，在大众媒介时代媒介报道影响城市形象的塑造，因此媒介的框架效果成为学者在研究城市形象时的重要理论，比如王莉从新闻框架视野出发分析《遵义晚报》话语构建，以及其对遵义城市形

① 禹露：《媒体报道与城市形象塑造——以三家媒体对重庆的报道为例》，硕士学位论文，武汉大学，2017。

② 温洪泉：《重庆公交移动电视的城市形象建构与传播研究》，《电视研究》2018 第 9 期。

③ 支晓亮、张斌、赵瑞阳：《拉萨如何利用短视频提升自身城市形象》，《西部广播电视》2018 年第 22 期。

④ 吴瑞琳、熊承霞：《城市形象传播下的城市文本研究》，《新闻传播》2018 年第 20 期。

⑤ 赵小芳、门丽：《试析茶文化对雄安新区非遗文化传承与城市品牌形象设计结合的启示》，《福建茶叶》2018 年第 10 期。

⑥ 谢震林、章凤：《红色文化对提升城市形象的影响研究——以安徽金寨为例》，《中外建筑》2018 年第 12 期。

⑦ 何国平、王瑞应：《广州亚运会与广州城市形象对外传播》，《对外传播》2010 年第 11 期。

⑧ 李倩仪：《大型节事活动举办城市的城市品牌传播策略研究》，硕士学位论文，浙江大学，2011。

象的塑造与推广作用[①]；在策略研究方面常用 CIS 城市形象系统战略；除此之外，扎根理论[②]、品牌营销相关理论也都丰富了城市形象的研究。

（二）短视频与城市形象的研究

因短视频的火爆以及抖音在城市形象传播中手段的创新，以录制短视频宣传城市形象的途径成为城市形象传播研究的重心。短视频的形式和特点符合当下人们对精神层面环境认同感和空间归属感的追求，从而在城市形象传播中取得较好的成效。在对抖音与城市形象的相关研究中，最多的是关于利用短视频进行城市形象传播的特点和策略研究。

1. 利用短视频进行城市形象传播的特点研究

陈媛媛提出短视频成为城市形象推广的重要方式，为城市发展带来新契机[③]，肯定了短视频在城市形象传播中的显著效果。短视频的生产特点和传播特点深深影响到城市形象传播，成为城市形象传播的新特点和新趋势。王涛提出与短视频结合的城市形象传播内容生产频次密集，信息更迭快，传播门槛低，用户可获得性较好[④]。李静认为短视频提升了受众“交互式”体验[⑤]。覃柳玲则得出当下短视频传播中城市形象题材娱乐性强、分享互动性强以及平民化传播成为共识的结论，认为要完善短视频传播内容，打造集聚城市特色的城市名片[⑥]。

2. 利用短视频进行城市形象传播的策略研究

对城市短视频的策略研究十分多，较有创新性和代表性的是：支晓亮等提出要充分利用多种传播媒介进行整合营销，以及利用名人效应扩大短视频

① 王莉：《新闻框架视野下遵义城市形象的建构——基于 2016 年 12 月〈遵义晚报〉的实证研究》，《传播与版权》2018 年第 10 期。

② 顾远萍、丁俊杰：《基于扎根理论的城市形象定位研究——以长春市为例》，《青年记者》2018 年第 6 期。

③ 陈媛媛：《短视频助力城市形象传播》，《中国社会科学报》2018 年 10 月 18 日，第 3 版。

④ 王涛：《移动社交短视频中城市形象传播的变革》，《新闻传播》2018 年第 24 期。

⑤ 李静：《微影像语境下城市形象传播策略研究——以西安市为例》，《西部广播电视》2018 年第 17 期。

⑥ 覃柳玲：《抖音 App 中的城市形象传播特点——以武汉市为例》，《视听》2018 年第 12 期。

的影响力，多管齐下多平台合作，创新城市形象传播的路径①；王袆等提出要利用好群众的力量，发挥市民的作用，让每一个市民成为城市形象的代言人和推广者②。

总而言之，对于抖音与城市形象的研究大多是以抖音短视频为一种媒介新形态而进行的思考，结合当下新媒体传播环境以及网民的互联网信息接收特点总结目前的传播现状以及短视频“短、平、快”的特点，并提出建议将短视频形态与城市形象的传播结合。但是现有研究学者更多地关注到抖音短视频平台打造了网红城市这一结果却并未对这一过程的形成机理进行阐释，大多属于基于现象解读的思辨研究，缺乏量化实证研究，即将城市形象短视频作为一种新形态进行研究，少有将抖音中的城市形象视频内容作为具体的研究对象来探讨爆款城市传播视频具有何种特征。随着市民成为城市形象的传播者，城市传播的内容也更加注重个人情感的表达，城市故事成为城市形象的载体，因此本研究要探究抖音如何进行城市故事的讲述，探究城市传播新模式。同时短视频为城市形象传播带来巨大流量，本文将结合目前城市短视频传播现状，为未来抖音的城市短视频传播提出相应的策略建议。

三　研究方法

城市形象短视频是一种新兴的传播形态，人们对其内在实质性的表现形式和传播特点还未全面了解，因此本文将采用内容分析法系统地探索城市形象短视频的特点，主要包括表现形式及其内容特征两大方面。

（一）研究样本来源

抖音短视频平台日均播放量过亿次，是短视频平台的典型代表，并开展

① 支晓亮、张斌、赵瑞阳：《拉萨如何利用短视频提升自身城市形象》，《西部广播电视》2018 年第 22 期。

② 王袆、吴雨晴：《抖音时代下旅游营销的“新玩法”》，《旅游纵览》（下半月）2018 年第 12 期。

大量与城市话题相关的拍摄活动和打卡活动。笔者在抖音公司后台数据库根据视频标签筛选出截至 2018 年 8 月与城市相关的短视频，再结合播放量、点赞量和转发量等数据选取综合排名前 100 的热门城市短视频作为此次内容分析的对象。

（二）分析单位和编码类目

在以往关于城市形象宣传片的分析中大致是从以下两个角度来分析，即宣传片形式[①]和宣传片内涵[②]。同样以视频为媒介的视觉传播，在城市故事短视频的内容分析中，确定以下两个分析单位：一是城市短视频的表现形式，二是城市短视频的故事主题（见表 1）。

表 1　内容分析编码

分析单位	编码类目		具体类型
表现形式	画面	主角类别	(1)人;(2)物;(3)人与物互动
		主角为人时人物个数	(1)一个;(2)两个到五个;(3)六个及以上
		主角为物时物体类别	(1)自然景观;(2)人文历史;(3)街道建筑;(4)美食;(5)商业景点
		特效	(1)有特效;(2)无特效
		道具	(1)有道具;(2)无道具
		剪辑	(1)有剪辑;(2)无剪辑
		竖屏	(1)是竖屏;(2)不是竖屏
	声音	声音表现	(1)方言;(2)普通话;(3)纯音乐;(4)无声音
		声画关系	(1)同期声;(2)配音;(3)配乐;(4)无
		配乐类型	(1)城市民谣;(2)其他;(3)无配乐

① 闫瑾:《城市形象宣传片的视听语言与创作策略研究》，硕士学位论文，广东外语外贸大学，2017。

② 张艺馨:《城市形象的影像化与意义生产——以城市形象宣传片为个案研究》，硕士学位论文，中国矿业大学，2016。

续表

分析单位	编码类目		具体类型
故事主题	文字	视频标题形容词	(1)道德类;(2)审美类;(3)强项类;(4)关联类;(5)其他形容词;(6)无形容词
	内容	故事发生情景	(1)突发记录类;(2)情景编排类;(3)无法判断
		故事内容	(1)美食推荐;(2)传统文化;(3)市民素质;(4)旅游景点;(5)城市景观;(6)个人才艺;(7)政府形象;(8)其他
		故事题材	(1)梦想励志;(2)爱情文艺;(3)人性光辉;(4)思乡怀旧;(5)青春活力;(6)其他
		故事情感基调	(1)搞笑;(2)新奇;(3)恬淡;(4)悲伤;(5)感人;(6)雄壮;(7)其他

1. 城市短视频的表现形式具体编码

主角类别分为三种：(1) 人；(2) 物；(3) 人与物互动。这一编码标准主要依据视频内容或故事是发生在人与人之间的还是人与物之间的，还是单纯展示景物或事物。编码过程中需要把物和场景区分开，如果视频中的故事与场景联系不大，主要是突出人物特征则归为人为主角，如果视频中没有人出现则归为以物为主，如果视频中的人与物发生紧密关系则归为第三类即人与物互动。

人物个数：(1) 一个；(2) 两个到五个；(3) 六个及以上。人物个数主要是指视频故事主体人物的个数，不包括画面中的背景人物。通过人物个数确定抖音短视频中的个体还是群体更受欢迎。

物的类别：(1) 自然景观；(2) 人文历史；(3) 街道建筑；(4) 美食；(5) 商业景点。彭国斌指出城市要素有地理特征及自然资源、经济及产业特色、城市历史人文、城市市容等①。自然景观指的是大自然的山水气象等，区别于人造的街道建筑，商业景点在这里指的是收费的且是人为建造的景点。

特效：(1) 有特效；(2) 无特效。特效是指抖音短视频自带的在拍摄完视频之后可以设置抖动、模糊等视频效果。在这里使用特效并不等于有视

① 彭国斌：《城市形象宣传片与城市形象要素》，《新闻爱好者》2011 年第 22 期。

频剪辑。

道具：（1）有道具（2）无道具。道具是指抖音短视频自带的一些小贴画和效果，在拍摄之前就可以进行设定，视频美颜不属于使用道具，但是添加滤镜属于使用道具。

剪辑：（1）有剪辑（2）无剪辑。视频中有字幕说明或有镜头组接等其他对视频进行除使用特效、道具之外的其他后期制作的行为则归为有剪辑。

竖屏：（1）是竖屏（2）不是竖屏。视频模式是以竖屏形式呈现，还是以其他方式呈现。

声音表现：（1）方言（2）普通话（3）纯音乐（4）无声音。这一编码类目考察的是视频当中所涉及的一切声音，包括同期声、后期配音以及配乐的声音表现是采用方言还是普通话的形式，在前期的试编码中考虑到配乐形式中有很多是纯音乐，因此加入了纯音乐这一分类。没有声音的视频则归为无声音。

声画关系：（1）同期声（2）配音（3）配乐（4）无。这个类目考察的是声音和画面的关系，同期声指的是视频拍摄时所收录的声音，配音指的是拍摄完成后进行后期配音来解释画面，配乐是指为画面配对应的可以烘托氛围的音乐。

配乐类型：（1）城市民谣（2）其他（3）无配乐。配乐类型中城市民谣是指和某城市相关的城市歌曲包括方言和普通话，非城市民谣的音乐类型则为其他，没有配乐的为无配乐。

2. 城市短视频的故事主题具体编码

视频标题形容词：（1）道德类（2）审美类（3）强项类（4）关联类（5）其他形容词（6）无形容词。这里的标题指的是视频的标题文字而不包括视频中出现的字幕文字。这些词语按照“道德、审美、强项、关联”四类来划分，这是英国国家与城市形象策略专家西蒙在一次调查中发现的城市引人关注的四要素①。其中城市道德类词语指的是和城市中政府的形象以及市民的道德素质相关的词语，城市审美类词语主要指形容城市美丽的词语，

① 许雄辉、付丽华：《传播城市形象　讲好城市故事》，《管理观察》2014 年第 25 期。

城市强项类词语指描述城市的特色之处的形容词，比如“最高的”“最长的”等，城市关联类词语指的是通过体验城市生活给人带来的“温暖的”“舒适的”关联类感受的形容词。为满足多样性增加其他形容词这一分类，这些词语可以同时出现。没有明显的形容词则归为无形容词。因为描述的形容词不局限于一个，所以这些编码互不排斥可多选。通过对视频标题中的城市形容词进行编码分析，可以了解用户更喜欢用何种形容词来描绘城市。

故事发生情景：（1）突发记录类；（2）情景编排类；（3）无法判断。在抖音中，很多视频是拍摄者主动拍摄的，这些都归为情景编排类。还有一些是突发情况，拍摄者看到随手拍下来上传网络则归为突发记录类。无法明确其类型的则归为无法判断。通过这一类目的编码，可以了解城市故事更偏向于真实记录还是创意展示类。

故事内容：（1）美食推荐；（2）传统文化；（3）市民素质；（4）旅游景点；（5）城市景观；（6）个人才艺；（7）政府形象；（8）其他。其中旅游景点和城市景观的区别是主体是否需要支付费用，无须付费则为城市景观。个人才艺包括一些舞蹈展示、搞怪自拍、模仿表演，这一类目也可进行多选。这些分类包含一个城市的各类要素。

故事题材：（1）梦想励志；（2）爱情文艺；（3）人性光辉；（4）思乡怀旧；（5）青春活力；（6）其他。梦想励志指短视频中的主体通过坚持不懈的努力实现自己的人生目标这一类故事。爱情文艺指的是展示情侣之间美好爱情故事的一类。人性光辉侧重于个人的美好精神品质，这种品质是对客体展示出来的，区别于梦想励志类。思乡怀旧主要是指在外工作或生活的人对家乡的种种事物产生思念和向往之情以及对传统文化的弘扬这类行为的故事。青春活力包括展现年轻人活泼开朗、充分展示自己的一些故事。其余归为其他。

故事情感基调：（1）搞笑；（2）新奇；（3）恬淡；（4）悲伤；（5）感人；（6）雄壮；（7）其他。丹纳在《艺术哲学》中说：“人在艺术上表现基本原因与规律的时候，不用大众无法了解且只有专家看得懂的枯燥定义，而是用易于感受的方式，不但诉之于理智，而且诉之于最普通的人的感官与感情。”[①] 因此，探索城市故事的情感基调能够更好地助力城市故事的建构。这些分类参照寓言故事及诗歌的情感基调分类。

四 研究结果

截止到 2018 年 8 月，本研究共收集到综合排名前 100 的热门城市抖音短视频，剔除画面不够清晰的城市短视频后合计 90 个有效热门视频，对其进行内容分析编码，得出以下结果。

（一）抖音爆款城市短视频表现形式的特点

根据内容分析中的第一个分析单位，发现抖音爆款城市短视频具有以下特点。第一个特点是人和物同等受欢迎，个体故事叙述成为主流，美食故事更多见。在抖音爆款城市短视频中主体的类别比较多元，人和物以及人与物互动这几类平分秋色，其中以人为主角的占 28. 89%，以物为主角和人与物互动的各占 35. 56%（见图 1）；但是在主角为人时，故事主要是关于某一

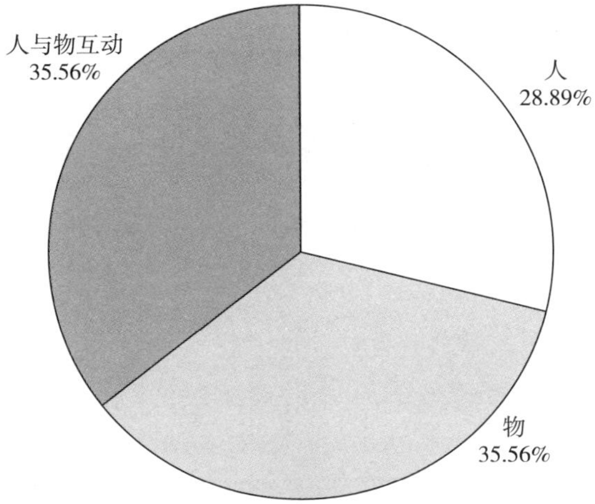

图 1 主角类别占比

① 〔法〕丹纳：《艺术哲学》，人民文学出版社，1963，第 64 页。

个人的占比60.34%，以普通市民的个人才艺展示和景点打卡为主，两个到五个人物和六个及以上人物所占的比例各为25.86%和13.79%（见图2），爆款短视频更加张扬了个性和自我；在主角为物时，美食类的有26个，遥遥领先，自然景观（13个）、街道建筑（13个）和商业景点（15个）基本持平，人文历史则成为爆款抖音城市短视频中的盲区（见图3）。

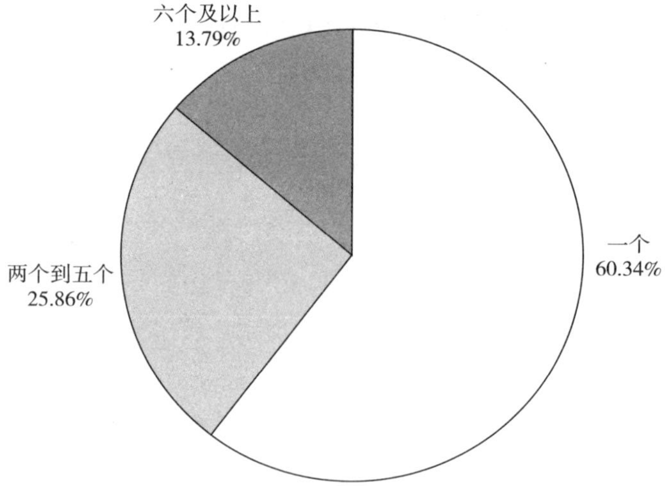

图2 主角为人时人物个数占比

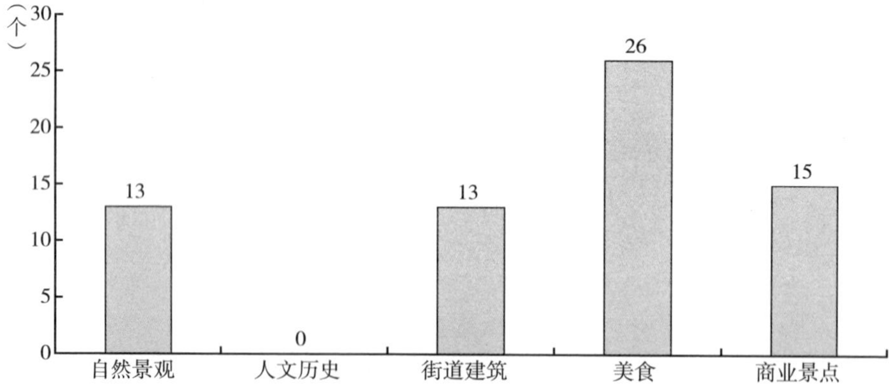

图3 主角为物时物体类别及个数

第二个特点是特效和道具在城市爆款抖音短视频中几乎没有运用，未剪辑视频依旧是主流，竖屏代替横屏成为新的热门视频形式。在 90 个爆款视频中使用特效的仅有 2 个，占 2.22%，所有视频全未使用抖音软件自带的道具，由此可见这些备受追捧的抖音小工具在城市短视频中无人问津；在视频后期剪辑方面，未剪辑的视频有 75 个，占比 83.33%，拍完直接上传仍是大多数用户的选择；竖屏视频有 83 个，非竖屏仅有 7 个，城市故事短视频依旧符合短视频时代的大趋势，竖屏成为新的视频形式（见表 2）。经过将有无剪辑和是否竖屏进行卡方检验，发现二者具有显著相关性，X^2（1，N = 90） = 16.389，$p < 0.05$，有剪辑的视频多为横屏，未剪辑的多为竖屏（见表 3）。

表 2　特效等 4 个类目个数及占比

类目	是[个数(占比,%)]	否[个数(占比,%)]
特效	2(2.22%)	88(97.78%)
道具	0(0)	90(100.00%)
剪辑	15(16.67%)	75(83.33%)
竖屏	83(92.22%)	7(7.78%)

表 3　视频剪辑与竖屏与否的卡方检验

卡方检验					
	值	df	渐进 Sig.（双侧）	精确 Sig.（双侧）	精确 Sig.（单侧）
Pearson 卡方	16.389①	1	0.000		
连续校正②	12.392	1	0.000		
似然比	11.656	1	0.001		
Fisher 的精确检验				0.001	0.001
线性和线性组合	16.207	1	0.000		
有效案例中的 N	90				

注：①1 单元格（25.0%）的期望计数少于 5。最小期望计数为 1.17。②仅对 2×2 表计算。

第三个特点是爆款城市故事短视频都是有声视频，以普通话和纯音乐居多，方言运用较少；声画关系以配乐为主，同期声视频较少；配乐类型中城市民谣并不多，以其他为主。在声音的运用上，所有视频都有声音，方言仅占 6.67%，普通话和纯音乐成为主要的声音表现形式，分别占 47.78% 和 45.56%（见图 4）。声画关系上同期声视频占 25.56%，配音视频占 5.56%，配乐视频则占 78.89%，遥遥领先（见图 5）。在抖音中城市故事视频也离不开音乐的使用。音乐成为短视频的得力助手，四川大学新闻与传播学院学者郝军梁提出，城市民谣对城市形象的构建具有推动作用①。但在爆款城市短视频中，运用城市民谣的仅占 6.67%，而其他则占 76.67%（见图 6），城市民谣并未在这些热播城市故事短视频中得到较好的运用。

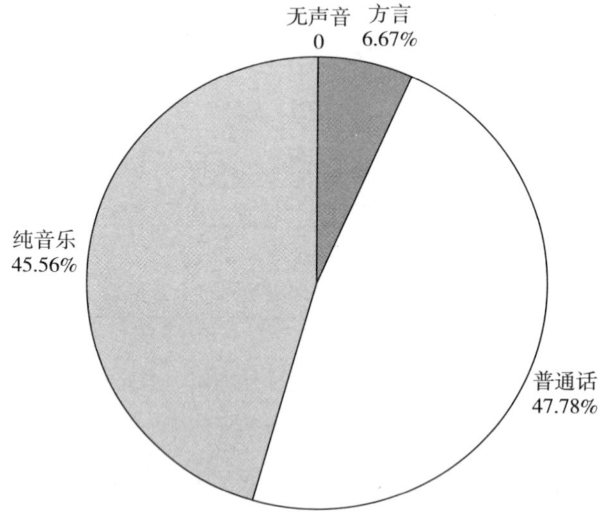

图 4　声音表现占比

① 郝军梁：《试论城市民谣对城市形象建构的推动作用》，《新闻世界》2018 年第 2 期。

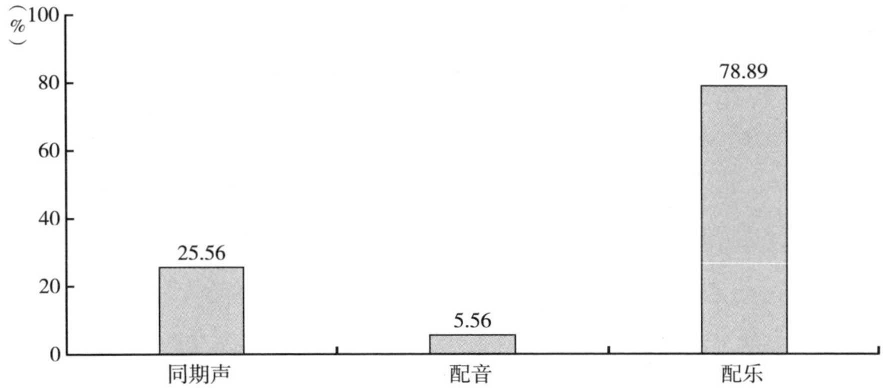

图5　声画关系占比

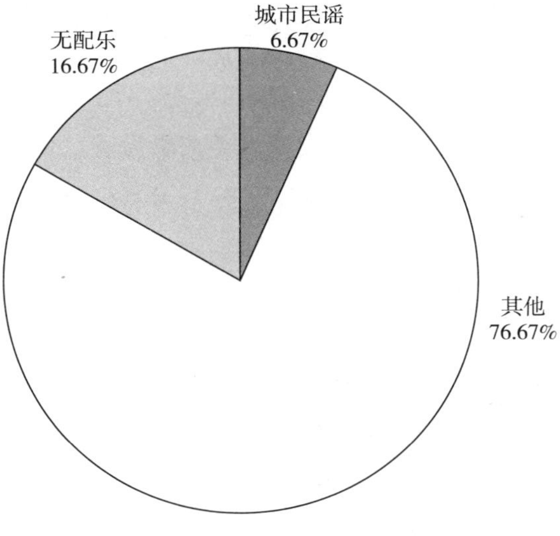

图6　配乐类型占比

（二）抖音爆款城市短视频故事主题特点

特点一：用户在描述城市时常使用强项类的形容词，而相当一部分视频中的标题没有明确的相关形容词。具体来看，通过分类统计，发现使用形容词的类别中，强项类的形容词最多，占到34.44%；道德类次之，但仅占15.56%；审美类和关联类形容词占比分别为8.8%和10.00%；还有6.67%

采用了一些与视频中事物相关的其他形容词比如“很好笑”之类；而另一个显著的表现就是31.11%的视频无任何形容词（见图7）。

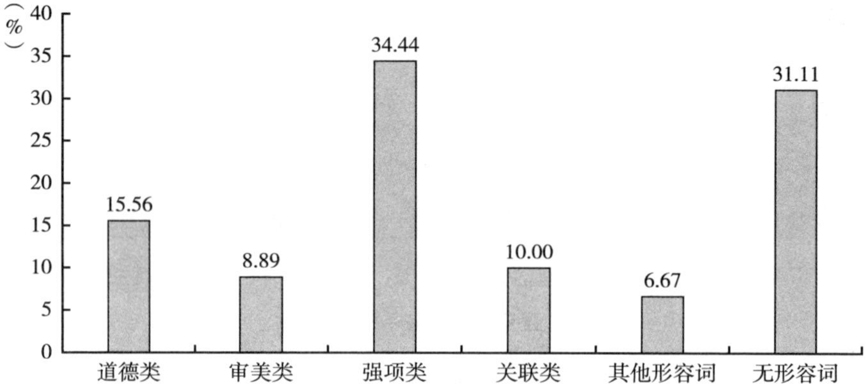

图7　视频标题形容词占比

特点二：爆款城市短视频以突发记录类故事为主。突发记录类视频所占比例高达85.56%，而情景编排类视频仅占11.11%，还有3.33%的视频无法判断其发生情景（见图8）。突发记录类视频更受大家欢迎，市民记录身

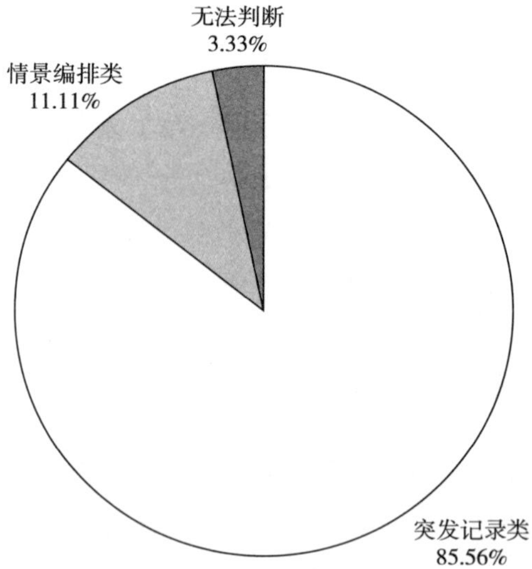

图8　故事发生情景占比

边的故事，成为城市故事的记录者和讲述者。

特点三：爆款城市短视频抓住城市中的新鲜元素。内容上以美食推荐、旅游景点和城市景观为主，故事情感基调主要是新奇。从故事内容来看，主要是关于城市中物的展示，美食推荐成为最多的故事内容，占比 26.67%，旅游景点紧随其后，占比 25.56%，而城市景观以 22.22% 的比例位居第三，前三名主角全部是城市中的物体。而个人才艺占比 21.11%，成为城市中人的故事中最受欢迎的类型，而市民素质和政府形象占比均不到 10%，传统文化和其他占比均为零（见图 9）。

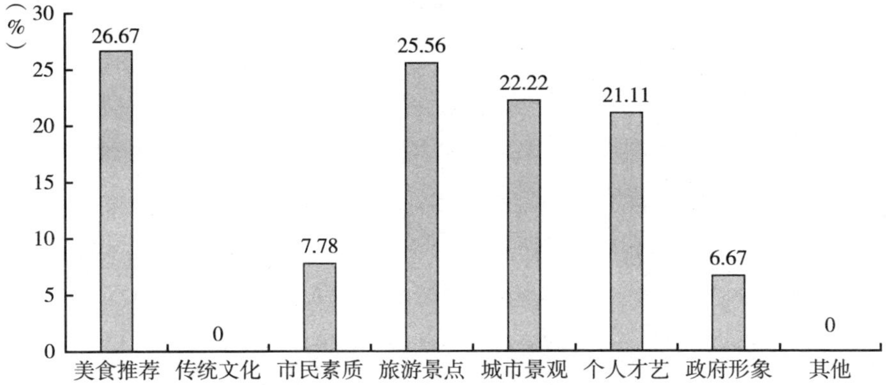

图 9　故事内容占比

特点四：短视频中对故事题材的表现力较弱，彰显青春活力的城市故事是最受欢迎的题材，占比 22.22%。其他题材如人性光辉、爱情文艺和梦想励志也有所涉猎，但是不够普遍，思乡怀旧最为少见（见图 10）。在故事情感基调上，新奇成为最受欢迎的情感表现，超过半数的视频都给人以新奇的感觉，17.78% 的视频呈现恬淡的情感，给人以轻松愉悦的享受；搞笑视频占 16.67%，也是较受欢迎的一种类型；感人类的视频仅占 11.11%，说明煽情类型的城市故事在短视频中不占优势；雄壮类视频与感人类相差不多，仅占 8.89%，悲伤类和其他类的视频占比最小（见图 11）。

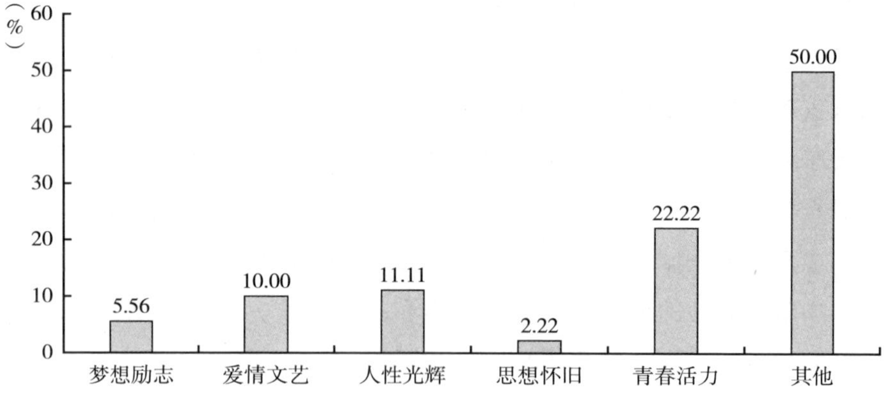

图 10　故事题材占比

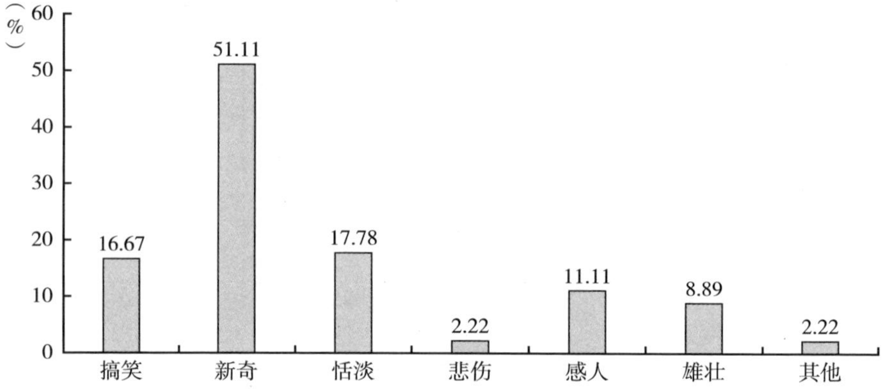

图 11　故事情感基调占比

五　研究结论

通过对视频的表现形式和故事主题特点进行分析，笔者总结出以下几点思考。

首先，城市故事的主角丰富多彩，随手记录城市故事成为习惯，城市传播慢慢渗透到私人领域。在主角类别的分析中，人和物是相辅相成的，既有市民的个人才艺展示，也有对城市景观、旅游景点以及美食推荐的丰富展示，歌颂城市的美好。随手记录美好生活成为城市故事的丰富源泉，城市故事不再凌驾于政府和官方精心策划和宏观展示内容，成为普通市民从普通视角所记录的普通生活点滴，城市和市民深度融合，城市传播的内容从之前对集体生活公共领域的展示变为对个人生活私人领域的展示，使得城市传播更加接地气，越来越需要真实、平实和细腻的城市故事。

其次，在画面和声音这些外在表现上，画面简单，竖屏呈现形式较为普遍，方言和城市民谣需要寻找助力城市传播的契合点。画面处理更加简单，竖屏呈现形式普遍，与视频创作者从专业拍摄者转变为普通手机用户有关，爆款城市短视频的画面具有和以往不同的审美特点，这些城市故事短视频缺乏精细的剪辑，道具和特效这些画面美化工具使用得也较少，画面较为粗糙，城市故事的视频更加看重画面中所记录的内容。但是目前对短视频的研究更加看重其中的剪辑，剪辑的运用有助于弥补画面和同期声的不足，从而使城市故事展示得更加精确和清晰，因此城市短视频还需进一步加强对剪辑的重视。在声音表现和配乐类型上，方言和城市民谣并未十分受宠，方言的运用和地域有一定的关系，成都、重庆更喜欢用方言表达；城市民谣运用较少也不一定是不受欢迎而是相关的城市并没有像成都和西安一样属于自己的一首城市民谣。

在城市故事情感基调方面，追求新奇已经成为广大用户制作发布短视频的主要目的，而城市故事内容也越来越倾向于城市当中的新鲜元素。美食推荐、旅游景点和城市景观成为城市故事的主要展示对象和具有竞争力和吸引力的城市对外传播元素，追求新奇的体验成为城市故事的核心诉求，轻松有趣成为城市故事的主要基调，城市的享乐功能扮演着越来越重要的角色。

但是，我们也看到爆款城市短视频的不足之处，那就是城市精神的缺失和对内涵挖掘的深度不够，对于传统文化和人文历史的忽视也十分明显，城市传播要靠内在的城市精神文化去形成独特的城市定位和城市品牌，从而真正提升城市影响力。而抖音平台上，自发性的 UGC 生产模式缺乏整体的规划和目标，其城市形象宣传作用仅为附带性质。看似一片繁荣的景象，缺乏统领性的核心灵魂。

因此，今后城市短视频要更加注重精神文化等有内涵的内容的引入，提升城市故事的品质。平台定位趋于以情动人，打造平民归属感社区。当前几大短视频平台已形成各自特色和标签，打情感牌是进入主流并增加用户黏性的最佳选择。比如西安市旅游发展委员会发布的短视频中排名第三的就是呼吁向烈日炎炎下环卫工人致敬的视频，其他大多数视频点击量在1000以内。以情动人成为一种趋势。维系群体需让群体中的个体产生“我们”的概念，创造个体归属感。对于短视频平台来说，吸引用户首先要以情感打动人，从而产生用户黏性。对于城市形象传播来说，当一个平台被用户所信任和依赖时，该平台的内容在传播时也会被用户信赖从而产生较好的传播效果。

同时，通过短视频平台开展城市传播活动需要创建城市形象专属话题，彰显城市市民情怀。短视频平台在城市形象传播过程中常会创建话题，进行有目的的推广并引导用户参与，为传播设置议程。在话题设置中，要抛开现在简单“玩”和“游”的概念，赋予话题更多的城市独特烙印，更多地注重市民的参与感和代入感。选择城市的特色美食、地点、建筑并赋之以共同的情感和回忆，以讲故事的形式来进行话题设置。而且，短视频内容创作需要视角细腻，流露出感同身受的人情味。短视频平台大量同质化内容充斥首页。以打卡郑州花海为例，每日均能在首页浏览到不同的人在同一地点打卡，造成用户审美疲劳。进行城市形象传播，要注重城市文化内涵的丰富表达。不断深入挖掘城市标志性的人文内涵，和市民的平凡生活产生关联，引起共鸣。

还需注意的是，在平台监管的同时要注重保护用户的传播权。随着短视频平台不断发展，其传播模式要规律化，监管要规范化。国家网信办要加强内容监管，在监管的同时要保证用户的自由传播权，在坚持主流价值观的同时要尊重各种群体文化，维护小众文化的自娱自乐权，保护用户在新媒体平台上自我实现的权利，提升用户体验感。线下做好接待和维护工作，线上线下相统一。线上的视频一方面带来网络流量方面的收益，另一方面带来相关城市实际旅游人数的增加。用户会因观看相关视频内容而到实地旅游体验。所以在参与环节不仅要重视视频内容，还要重视线下实地的旅游体验，保证两者统一，即实地的形象与经过拍摄剪辑的视频中的形象一致，从而赢得用户的信任感。如果线上线下不一致，一方面会使此地的旅游形象受损，另一方面也会降低平台城市形象短视频的可信度。可以尝试线下提供相关的视频拍摄服务，用线下的优质服务促进线上短视频的良性传播与互动，探索短视频时代旅游的新模式。

最后，本研究受到时间以及平台后台数据统计工作的局限，内容分析的样本是截至 2018 年 8 月的视频排行前 100 名，未能包含迄今为止最完整的城市故事短视频库，因而研究结论的普遍性受到一定程度的影响。但是这些研究样本中的视频是抖音短视频平台中最受大家欢迎的短视频，其他视频大多是对该平台热门视频的模仿，所以这些热门视频具有一定代表意义。

（感谢武汉大学媒体发展研究中心组织工作坊并提供的许多宝贵意见，感谢字节跳动公司施展经理提供的资料支持。）

B.14

数据新闻微信公众号新闻叙事创新与数据核心重构

——基于“数读”微信公众号的内容分析比较研究*

翟红蕾　陈一凡**

摘　要： 在数据化、移动化、智能化浪潮的驱动下，一种汇聚多重优势的新型新闻报道形式——数据新闻微信公众号横空出世。本文选取数据新闻微信公众号的典型代表网易“数读”为实证研究对象，从数据来源、新闻内容及数据可视化呈现形式等多个角度对不同时段的数据新闻展开内容分析比较实证研究，探究其创新传播的特点。根据实证结果，本文归纳出数据新闻微信公众号新闻叙事角色变迁的特点：“民生困境的诊疗所”“社会热点的追踪器”“人本主义心理治疗师”“青少年命运的观察家”“感知统合的艺术家”。本文还进一步提出数据核心进行系统重构的创新思路和优化建议，具体措施为“媒介仪式化操作”凸显数据新闻核心价值、“审美之维”提升受众数据阅读情趣、“媒介延伸论”拓展数据生产能力、“万物无序”开启数据链接密码，以此来推动我国数据新闻不断锐意进取和创新发展。

---

* 本文为武汉理工大学自主创新研究项目（人文社科一般项目）研究成果，受“中央高校基本科研业务费”资助（项目编号：181413001）。

** 翟红蕾，武汉理工大学法学与人文社会学院新闻传播系副教授，副系主任，传播学博士，研究方向为传播学理论、新媒体研究及新闻事业管理；陈一凡，武汉理工大学法学与人文社会学院新闻传播系传播学硕士，研究方向为媒介经营管理。

关键词： 数据新闻微信公众号　新闻叙事　数据核心　内容分析

我们正在经历的信息化、数字化和智能化浪潮，推动着媒体的技术革新及资源融合。时代更迭给予的机遇、技术革新带来的进步、大数据背景提供的发展空间，使新闻业以更好的形态走向复兴，促进新闻业的不断创新与振兴。在此背景下出现了一种更真实、更客观、更全面并更具多维性、多变性及批判性的新型报道形态——数据新闻。

数据新闻在中国新闻界崭露头角，经过初期自觉的探寻摸索，以及对西方数据新闻先进技能与理念的模仿研学，七年来不论是在数据采掘方法、新闻可视化技术发展，还是在新闻推荐使用、数据新闻赢利模式等方面都取得了不小的进步。数据新闻的爆发与大数据时代的到来密不可分，伴随着大数据行业规模的逐步扩大，数据新闻存在的意义非常重大。同时，随着更多的移动设备成为媒体消费的重要平台、方便互交成为阅读的习惯必需，以及类似于小程序这类用后即走的轻量化平台成为浏览主流，数据新闻轻量化成为必然趋势，因而用微信公众号来承载数据新闻的新方式——数据新闻微信公众号，显得尤为引人注目。

一　数据新闻微信公众号概述

（一）数据新闻微信公众号的出现

Every Block 的创始人阿德里安·哈罗瓦提（Adrian Holovaty）在 2006 年最早提出了“数据新闻”的概念，他在《报纸网站所需要的根本变革》一文中提出：“记者应公布结构化的、机器可读的数据，而抛开传统的‘大量文字’。”① 在此之后国内外学界业界关于数据新闻的讨论和描述纷至沓

① Adrian Holovaty，“A Fundamental Way Newspaper Sites Need to Change on，” September 6，2006，2006 年 9 月 6 日，http：//www. holovaty. com/writing/fundamental - change/，最后访问日期：2018 年 12 月 10 日。

来，而当下最为流行和最权威的关于“数据新闻”的研究主要来自第一本专门探讨数据新闻的著作——2012 年线上发布的《数据新闻手册》（*Data Journalism Handbook*）①。在这本小册子里，伯明翰城市大学的保罗·布拉德肖（Paul Bradshaw）和“德国之声”的米尔科·洛伦兹（Mirko Lorenz）对数据新闻进行了这样的描述：“数据新闻能够帮助新闻工作者通过信息图表来报道一个复杂的故事，数据新闻还可以解释故事是如何与个人产生关联的，数据新闻也能够自己汇聚新闻信息。”② 现今广泛使用的“数据新闻”概念最早由《华盛顿邮报》的软件工程师兼“每个街区”网站创始人阿德里安·哈罗瓦于 2006 年提出，他认为，媒体应通过计算机处理原始数据，为公众提供更重要、更有参考价值的报道，以便其深刻地理解周遭世界；记者应公布结构化的、机器可读的数据，与以叙述故事为核心的报道形成互补，以适应媒介变革的需要。③ 根据以上表述，我们可以把数据新闻简单定义为“基于数据的抓取、挖掘、统计、分析和可视化呈现的新型新闻报道方式”。④

2009 年初，英国《卫报》在其网站上创立“数据博客”栏目，开启了数据新闻报道之先河，其后《纽约时报》《华尔街日报》、BBC、彭博新闻社等国际知名媒体都先后开设了数据新闻栏目。我国数据新闻的实践要稍微晚于西方发达国家。从 2011 年 5 月开始，我国四大门户网站陆续创办了数据新闻栏目，网易之“数读”、搜狐之“数字之道”、新浪之“图解天下”、腾讯之“新闻百科”是最先与我国读者见面的数据新闻栏目。2015 年 6 月 15 日，网易“数读”数据新闻栏目在国内首先在微信公众号上推送文章，实现了数据新闻与社交媒体紧密结合，创立了新型轻量化阅读的数据新闻微信公众号阅读新模式。

---

① 《数据新闻手册》在线中文版：https：//datajournalismhandbook. org/chinese/。

② 《何谓数据新闻?》https：//datajournalismhandbook. org/chinese/intro_ 0. html，最后访问日期：2018 年 12 月 18 日。

③ 刘义昆：《大数据时代的数据新闻生产：现状、影响与反思》，《现代传播》2014 年第 11 期。

④ 方洁、颜冬：《全球视野下的“数据新闻”：理念与实践》，《国际新闻界》2013 年第 6 期。

（二）数据新闻微信公众号的传播特点

1. 传播者身份多元复杂

传统新闻作品的传播者，即新闻生产过程中的叙事声音，“既指叙述文本的讲述者，也指叙述文本的写作者”。[①] 新闻文本的讲述者主要是新闻事件当事人和专业现场采访记者，而文本的写作者则是由记者、编辑、终审等专业新闻从业者组成的集合体。

而在数据新闻微信公众号中，新闻文本的讲述者是数据。庞大的数据库就是新闻线索，数据中蕴含的事实真相和事态趋势构成了大量的新闻议题；数据也不再是信息介质，而变为新闻事件的讲述者。数据新闻微信公众号中，新闻文本的写作者所担任的角色则更为复杂，他们同时具备三重身份。其一，海量数据的筛选者。在数据新闻生产过程中，微信平台运营团队需要对各种数据库提供的海量数据进行筛选，挑选出有效数据进行加工制作，并通过专业的新闻嗅觉和敏感的数据意识，创造有价值的新闻内容以及提升数据新闻的内容品质。其二，信息可视化的设计者。数据新闻基于海量数据的筛选和重组，并需要进行二次加工，所形成的浅层信息被以数据可视化的形式呈现在数据新闻内容中。其三，大众传播的组织者。数据新闻因其富于互动性的特点逐渐成为大众参与社会热点讨论的公共平台之一。数据新闻微信公众运营团队在数据新闻的发布过程中，不但要扩大数据新闻的影响力和传播效能，还要不断创造与受众沟通互动的机会，并给受众留出个性操作空间。

2. 传播内容符号丰富多样

符号是人类传播的介质，也是信息的载体。人类运用符号进行事物认知、信息储存记忆及意向的表达。符号能将抽象的意义具体化，形成方便人类记忆的图形或文字等。多种符号形式的综合运用构成人类完整的符号体系，这将帮助我们从多角度、多维度描述事物的本来面貌。数据新闻微信公

① 何纯：《新闻叙事学》，岳麓书社，2006。

众号的推送内容以数据新闻为主，其中所承载的传播内容不仅包含文字部分的新闻描述，而且包含大量数据挖掘后所生成的图表信息，其符号形式更为多样化。这种多样化符号形式的运用，形成了数据新闻丰富的符号体系。

数据新闻所包含的大量图表如折线图、柱状图等，让受众摆脱枯燥无味的单纯文字阅读，拥有更愉悦的阅读体验；一目了然的形象设计，使受众通过信息图表能够迅速获取有效信息，摆脱文字阅读的理解障碍；多样化的图表类型让新闻要点提炼得更精确、关系揭示得更明显、过程梳理得更翔实，发展趋势表现得更明朗、原因解析得更深入。

3. 传播媒介互动频率高

数据新闻微信公众号是一个富媒体操作平台，数据新闻除了以平面的形式呈现外，还可融合文字、图案、声音等信息，形成如动画、影片或 H5 页面等可交互的信息进行传播。数据新闻与微信公众号结合后，将数据从传统的文本形式中剥离出来，以兼具形象化及趣味化的适合视觉传播的信息形式进行传播。微信作为日常生活中使用频率最高的社交媒体，其本质优越性在于互动机制的活跃程度高。这个强调互动的社交平台使沉默静态的新闻受众活跃起来，把互动的交流方式平行移植到数据新闻微信公众号，使传受双方的即时沟通和深层交流成为可能。

4. 受传者受教育程度高

数据新闻微信公众号在内容搭建过程中，利用大数据技术对数据信息进行深度挖掘并以多样化的可视化形式呈现。大量的数据信息与新闻内容融合，形成了专业化的信息图表，数据化和精确性成为其巨大特色。精确化数据加上专业化内容，使数据新闻微信公众号显示出科技化、高端化、深刻性的特点，满足受众对客观事物深度数据挖掘及对客观事件严肃逻辑表达的要求。这个特点在一定程度上造成数据新闻微信公众号的阅读门槛较一般媒介平台高，其受众的阅读水平和受教育程度也更高。

数据新闻微信公众号的受众主要集中于大专学历及以上群体，随着学历的提升，受众人数呈递增趋势，使用黏度也更高。高学历的受众在数据新闻微信公众号内容传播层面更具主动性，他们会提出更高的个性化需求，强调阅读的满意度，在意互动的畅通和充分交流，主动反馈的热情高涨，也因此对数据新闻微信公众号的新闻品质提出了更高的要求。

5. 传播效果真实感强

数据新闻微信公众号充分利用网络媒介和数字技术的优势，通过统计分析软件、词云软件、互动地图等技术实现了新闻内容的可视化书写，抽象的数据信息内容通过丰富多彩的可视化手段，以形象化的静态或动态的图表呈现出来，在叙述新闻事实时会使传播内容具有更多样的叙事手法。受众可以通过阅读可视化图表形象化地感知数据信息内容，产生身临其境的“现场感”。这种数据新闻叙事话语的可视化转向带来的不仅是呈现形式上的丰富，更重要的是减少了编码与解码过程中信息损耗，最大限度地保证客观事实的还原性，提升数据深层挖掘的价值。

传统新闻中，新闻故事的描述以文字形式呈现，有可能会出现文字编辑中的主观差池影响正确的阅读和理解，或者因文字捕捉的费力程度高、文字冗长拖沓而降低信息传播效率。数据新闻作品所运用的数据并不是简单抽样调查的结果，而是将所有数据进行统计分析的结果。统计分析后得到的深层次数据结果能够完整勾勒出新闻事实的脉络，使新闻内容呈现在受众面前时能更加完整、真实及准确。这样一来，数据新闻微信公众号以图表加文字的双重表达方式确保了阅读和理解的直观性及正确性，也直接提升了信息传播的效率。

二　“数读”数据新闻创新表现的内容分析比较实证研究

（一）样本典型性说明

1. 网易“数读”作为实证研究对象的可行性说明

笔者选定网易“数读”微信公众平台作为实证调查对象的原因有以下几个。

首先，网易作为国内三大门户网站之一，其新闻资讯类频道凭借“网易新闻有态度”的运营理念被国内大批受众知悉并认同，网易新闻频道当之无愧地成为国内新闻门户网站的“领头羊”。网易新闻中心在2010年底开始探索数据新闻，2012年1月，以“用数据说话，提供轻量化的阅读体验”[①] 为理念，网易团队率先成立了自己的数据新闻栏目“数读”，成为我国数据新闻行业实践最早一批探索者之一，其建立具有开创性意义。

其次，网易“数读”于2015年6月15日首次在微信公众号上开始推送，并以每周推送2~3篇文章的频率持续更新。在众多数据新闻微信公众平台中，网易“数读”微信公众平台更新速度最快、报道量最多，数据来源渠道更加多元，选题也更具国际视野。根据蓝色光标“BlueMC营销捕手”统计，网易“数读”微信公众平台拥有5000以上的有效粉丝数[②]，其BW指数[③]也已达到53.7，形成了稳定的受众群体，保持着良好的用户活跃度，在数据新闻业界具有一定的影响力。由此可见，网易“数读”微信公众平台的运营逐渐走向成熟，成为受众在微信公众号中获取数据新闻的首选平台。

最后，网易“数读”内容从选题定位、呈现方式等各个方面均保持自身的一贯特色，同时顺应大数据时代新闻行业发展的需要，不断探索创新，其成长与改革历程具有典型性，对其研究具有引领性和指导性意义。

2. 网易“数读”研究样本两个时间段的选取说明

本研究选取两个时间段分别进行内容分析研究，是为了做创新比较分析。笔者对网易“数读”微信公众号进行过长期观察和研究，发现2017年6~8月，网易“数读”微信公众号在新闻题材、内容类型、可视化形式等多方面有较明显的突破和革新，我们把这个时间段看作其重要的变革和创新

---

① 《网易数读：用数据说话的逻辑》，网易新闻，2016年10月28日，http：//news.163.com/16/1028/18/C4G0P8IB000181JM.html，最后访问日期：2019年2月6日。

② 有效粉丝数：基于典型公众号真实粉丝数和点赞阅读的关系，依据其他公众号的点赞阅读数据推算出的微信公众平台的有效粉丝数。

③ BW指数：根据微信公众平台的头条影响力、非头条影响力、影响力稳定度、发稿稳定度及活跃度五方面综合衡量后的整体表现分值。得分分值越大，表明其营销价值越大，运营越健康。

节点。本文研究目的是探寻数据新闻微信公众号的创新传播路径，因此我们把“2017 年 6 月”作为时间中点，对比该时间点前后“数读”在诸多方面的创新表现。同时为了获得更多样本数，本文抓取该时间点前后各一年半时间（以最长时间为限）内的新闻样本。在研究中我们运用内容分析方法，通过类目分组和数据统计，对比发现和证实 2017 年 6 月前后网易“数读”微信公众平台在变革方向和创新力度上的努力，同时也对其未来发展趋势做出合理判断。

故此，笔者最终选定网易“数读”微信公众号 2016 年 1 月至 2017 年 6 月和 2017 年 7 月至 2018 年 12 月两个时间段的新闻作品作为实证研究的样本。

3. 分析工具的选用说明

为保证数据分析的精确性，本次内容分析使用了 ROST CM 内容分析软件，这是由武汉大学 ROST 虚拟学习团队研发的一款内容挖掘系统，是国内学者进行在线内容抓取及内容分析时常常用到的一种工具。ROST CM 具备对数字化资料进行组织、标引、检索及利用的功能，并能客观、智能地分析数据。通过定量分析与定性分析的结合，ROST CM 工具能够从数据中归纳出具有说服性的观点及结论。因此，笔者选择了该工具作为此次研究的辅助工具。

4. 统计类目的构建说明

本文以该栏目 2016 年 1 月至 2017 年 6 月和 2017 年 7 月至 2018 年 12 月两个时间段为样本，筛除了无效信息推送后，共分别提取了 159 篇和 192 篇数据新闻作为最终对比研究样本，从数据来源、内容策划和呈现形式三个研究变量进行统计类目的构建，进而对网易“数读”的发展变化进行量化分析。数据来源方面，根据网易“数读”微信公众号推送内容确定三个从属指标：数据来源渠道、数据来源个数以及数据来源地域。笔者将数据来源渠道划分为：①政府公布数据；②非政府组织公布数据；③公益组织机构公布；④企业及行业公开数据；⑤媒体报道；⑥图书期刊；⑦院校及科研机构；⑧信息服务咨询公司；⑨自主调查收集。将数据来源个数划分为：①一个；②两个；③三个；④四个；⑤五个；⑥六个及以上。将数据来源地域划分为：①国内；②国际；③国内国际均有；④无明显数据来源。内容策划方面，根据新闻报道的基本要素和基本方式，将新闻内容策划确定为数据新闻地域、数据新闻类型、数据新闻对象、数据新闻报道方式四个从属指标。笔者将数据新闻地域划分为：①国内地区；②全国；③国际。将数据新闻类型划分为：①时事政治；②社会民生；③政策法规；④经济发展；⑤文化科教；⑥体育娱乐；⑦气候环境；⑧其他。新闻对象从事件和人群两个维度来分析，按照报道事件的内容统计对比热点事件的报道频次。将报道人群按年龄段划分为：①儿童（0～6岁）；②少年（7～17岁）；③青年（18～34岁）；④中年（35～59岁）；⑤老年（60岁以上）；⑥无明确人群。将新闻报道方式划分为：①单次报道；②连续报道；③系列报道。呈现形式方面，根据数据新闻多样化的呈现形式确定可视化呈现形式、呈现具体类型、呈现类型个数三个从属指标。将可视化呈现形式划分为：①可视化静态信息图表；②可视化动态信息图表；③多感官传递信息形式。将可视化静态信息图表呈现具体类型划分为：①柱状图；②饼状图；③折线图；④数值形象图；⑤数据地理图；⑥时间轴；⑦社会网络关系图；⑧词频分布图/文字云；⑨文字表格；⑩其他。将使用图表个数划分为：①一个；②两个；③三个；④四个及以上。将多感官传递信息形式具体呈现类型划分为：①漫画；②视频；③音乐；④图片；⑤动图；⑥H5。除文字外，将可视化呈现具体类型种数划分为：①一种；②两种；③三种；④四种及以上。笔者将根据以上构建的统计类目展开内容分析，以此达到最终的研究目的。

（二）网易“数读”数据来源分析实证研究

数据新闻微信公众号中的数据本身就是新闻文本的讲述者，数据来源可靠与否也是新闻内容优质与否的关键因素，是数据新闻平台内容质量的重要判断指标。为了研究网易“数读”微信公众号平台推送内容使用的数据来源的权威性、可靠性和广泛性，笔者从数据来源渠道、数据来源个数以及数据来源地域三个从属指标着手。

1. 数据来源渠道分析

对数据新闻样本的数据来源渠道进行初步统计，筛除 2016 年 1 月至 2017 年 6 月（15 篇）和 2017 年 7 月至 2018 年 12 月（44 篇）两个时间段内无明显数据来源的文章，共分别提取了 144 条和 148 条数据新闻作为最终数据来源渠道研究样本进行对比。由于数读的单篇推送内容中可能有多个数据来源渠道，最终统计出来的数据来源频次总和与样本新闻条数并不一致，特此说明。本研究通过计算各数据来源渠道在样本中的个案百分比和各数据来源渠道在样本总数据来源渠道中的响应百分比进行统计分析。

从数据来源渠道统计数据来看，政府公布数据在两个样本中均占较大比重，响应百分比约占 1/3，除此之外，相比于 2016 年 1 月至 2017 年 6 月，2017 年 7 月至 2018 年 12 月“数读”的数据来源渠道主要呈现以下三个主要变化：一是对院校及科研机构和图书期刊的倚重略有上升，尤其是对学术期刊的成果引用占比增加；二是对媒体报道和信息服务咨询公司数据来源的倚重明显下降；三是自主调查收集数据的来源比重增加，这主要是依靠网易“数读”的工作人员通过爬虫技术对网站信息进行自主调查收集、获取一手资料来实现（见表 1、图 1）。综上所述，网易“数读”新闻数据来源主要是政府公开数据和企业及行业公开数据，且平台的权威性、学术性和自主性进一步增强。

表 1　网易数读微信公众号数据来源渠道统计

数据来源	2016 年 1 月至 2017 年 6 月		2017 年 7 月至 2018 年 12 月	
	个案百分比(频次)	响应百分比	个案百分比(频次)	响应百分比
政府公布数据	59.72%(86)	35.54%	29.73%(44)	31.65%
非政府组织公布数据	6.25%(9)	3.72%	1.35%(2)	1.44%
公益组织机构公布	2.08%(3)	1.24%	2.03%(3)	2.16%
企业及行业公开数据	18.06%(26)	10.74%	8.11%(12)	8.63%
媒体报道	11.11%(16)	6.61%	2.03%(3)	2.16%
图书期刊	17.36%(25)	10.33%	14.86%(22)	15.83%
院校及科研机构	22.92%(33)	13.64%	14.86%(22)	15.83%
信息服务咨询公司	29.86%(43)	17.77%	12.16%(18)	12.95%
自主调查收集	0.69%(1)	0.41%	8.78%(13)	9.35%

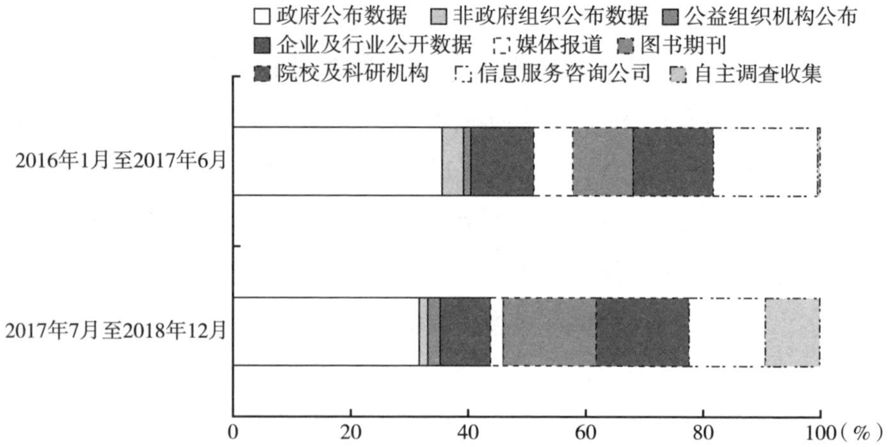

图1 网易数读微信公众号数据来源渠道统计

2. 数据来源个数分析

从新闻内容使用的数据来源个数上看，通过计算两个时间段内单篇新闻使用数据来源个数的总数和平均数，笔者发现，两个时间段内的新闻在使用数据来源个数方面没有太大差异（见图2）。

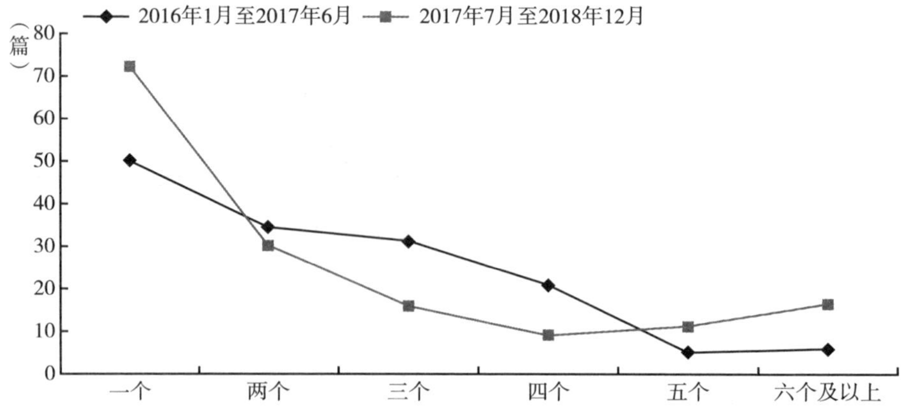

图2 网易数读微信公众号数据来源个数对比

3. 数据来源地域分析

在数据来源的地域引用上，相比于2016年1月至2017年6月，2017年

7月至2018年12月由于网易“数读”平台将关注视角和报道重心逐渐转向国内，报道国内事件的频率变高，在数据来源地域分布上呈现以下变化：使用国内数据来源的比重提高，数据来源地域从以国际为主转向以国内为主，仅使用国际数据来源的比重下降（见表2、图3）。

表2 网易数读微信公众号数据来源地域分布对比

地域范围	2016年1月至2017年6月［占比(篇数)］	2017年7月至2018年12月［占比(篇数)］
国内	24.53%(39)	34.38%(66)
国际	42.14%(67)	23.44%(45)
国内国际均有	23.90%(38)	19.27%(37)
无明显数据来源	9.43%(15)	22.92%(44)

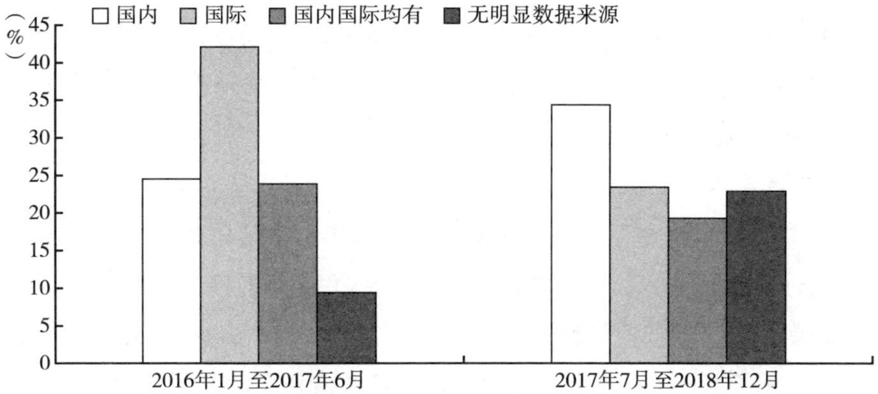

图3 网易数读微信公众号数据来源地域分布占比

（三）网易数读新闻内容策划分析

新闻内容包括内容正文和标题两个重要部分。根据上文建立的相关类目，笔者将从数据新闻地域、数据新闻类型、数据新闻对象、数据新闻报道方式四个从属指标来对内容策划进行分析。新闻标题是文章内容的关键提炼，研究人员将样本中新闻标题生成txt文件，运用ROST软件分析对其进行深层次认知分析。

1. 数据新闻地域分析

新闻的地域选择决定新闻的大方向，彰显一个平台或媒体对不同区域事务的关注程度。在对数据新闻地域内容进行分析前，研究人员分别筛除了2016 年 1 月至 2017 年 6 月（1 篇）和 2017 年 7 月至 2018 年 12 月（7 篇）两个时间段内没有明显地域范围的知识科普文，对剩余有效样本进行统计分析得出如下结论。

在 2016 年 1 月至 2017 年 6 月有明确报道范围的 158 篇新闻中，国际新闻和全国新闻分别有 75 篇和 77 篇，分别占总样本的 47.47% 和 48.73%，国内地区新闻占比 3.8%。这一结果表明，网易数读在这段时期对国内外新闻关注度均较高，但对国内地区新闻关注较少。在 2017 年 7 月至 2018 年 12 月有明确报道范围的 185 篇新闻中，全国新闻和国内地区新闻分别有 109 篇和 29 篇，占比分别为 58.91% 和 15.68%，而国际新闻占比下降到 25.41%，即网易“数读”对国际新闻的关注度下降，收缩全球视野，转而关注全国和国内地区（见图 4）。

2. 数据新闻类型分析

新闻类型是新闻内容构成的集中表现，新闻类型结构倾向深刻影响着新闻机构的性质，网易“数读”微信公众平台在 2016 年 1 月至 2017 年 6 月推送的 159 篇新闻中，经济发展类新闻居首位，共有 32 篇，占比 20.13%；其次是时事政治和社会民生两大类新闻，均有 28 篇，占比 17.61%；再次是政策法规、文化科教、气候环境和其他类新闻，这几类新闻分布较为均匀；占比最少的是体育娱乐类新闻（见图 5）。从这一时期的新闻类型结构来看，网易“数读”微信公众平台新闻类型以经济发展为主，关心时政和民生，同时也较为全面地关注和报道各个领域的事件，但对体育娱乐类新闻关注度较低。

网易“数读”微信公众平台在 2017 年 7 月至 2018 年 12 月推送的 192 篇新闻中，社会民生类新闻占比大幅提升，共有 75 篇，占比最高，为 39.06%；其次是文化科教类，主要包括知识科普文化和区域文化两大部分，共有 55 篇，占比 28.65%；时事政治、政策法规、经济发展、气候环境和

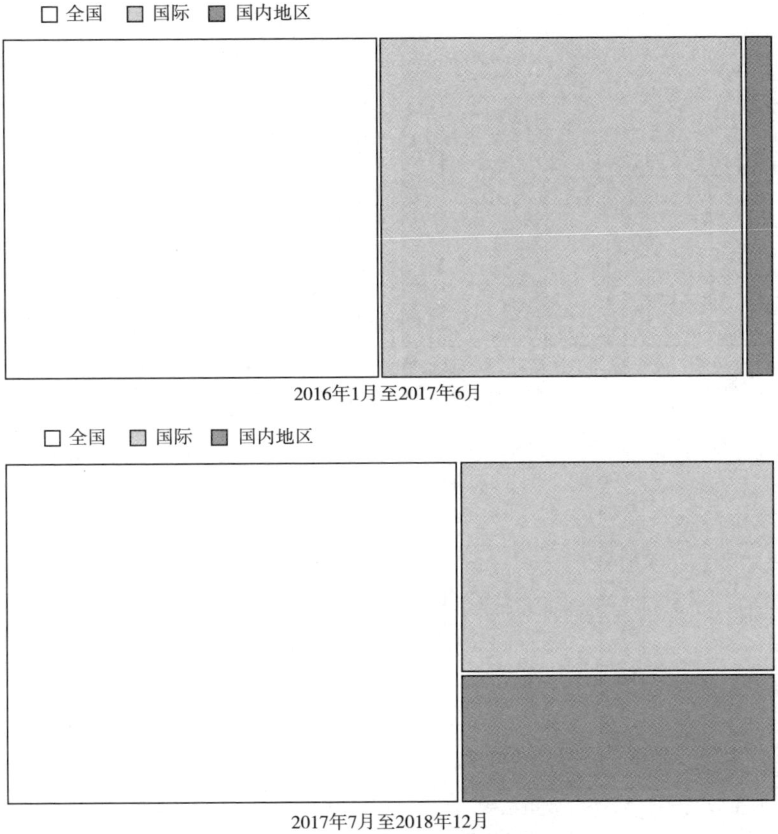

图 4　网易数读微信公众号新闻地域分布对比

其他类新闻占比均大幅下降（见图 5）。值得关注的是，社会民生类和体育娱乐类新闻占比增加，表明在这一时期平台重心逐渐从经济发展和时事政治转向社会民生，同时平台的娱乐性增强。

3. 数据新闻对象分析

在新闻报道的对象方面，为确保统计的全面和严谨，结合新闻报道对象的多样性和复杂性，本研究分别从事件和人群两个维度对样本中的报道对象进行分析。

在报道事件内容研究方面，通过统计两个研究样本区间内各新闻类型中

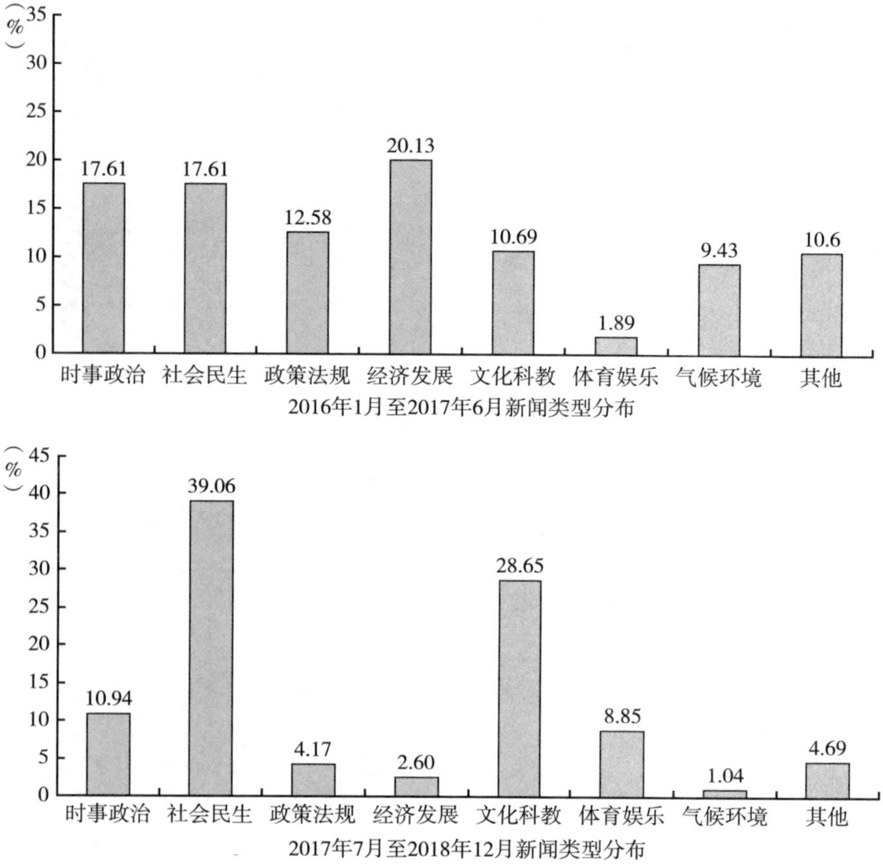

图 5　网易数读微信公众号新闻报道类型对比

报道频次高的热点事件，并进行对比分析，如表 3 所示，可以从中看到如下主要变化。一是报道事件更贴合民众生活，这是新闻内容重心向社会民生转移的有力证明。从跨国谋发展到国民储蓄，从美国大选到长生疫苗问题，从税收改革到二孩与生育率，从经济发展到社会民生，话题与人们的生活越来越亲近，越来越贴合。二是报道热点事件的地域从国际到国内，再一次证明了网易数读平台在国际视野上的收缩。

从报道人群的统计数据来看，有两个明显的变化趋势：一是从对事件的关注逐渐转为对人群的关注，报道现象事件的比例大幅下降，报道对象和重心逐渐回归到人群；二是对儿童、少年和青年群体的关注度大幅度提升，这三个群体总体占比提高了 14 个百分点（见图 6）。

4. 数据新闻报道方式分析

在新闻报道方式方面，系列报道比重增长明显，由 1.89% 上升至 17.71%（见表 4、图 7）。新的选题策划占比上升，如城市漫游计划，以漫画形式进行城市风土人情的展示，逐渐形成自身栏目特色，目前此类策划系列报道在整个平台中占据了较大的比重。

表 3　网易数读微信公众号新闻热点事件报道频次统计对比

2016 年 1 月至 2017 年 6 月			2017 年 7 月至 2018 年 12 月		
分类	热点事件	报道频次	分类	热点事件	报道频次
经济发展	中外企业共赢发展	6	经济发展	国民储蓄	2
气候环境	环境污染与治理	12	社会民生	两性情感问题	6
社会民生	民从担忧与国际态度	3	时事政治	长生疫苗问题	2
时事政治	美国大选	4	体育娱乐	电影电视剧	4
文化科教	农村教育与升学	5	文化科教	全国高校	8
政策法规	税收改革	8	政策法规	二孩与生育率	2

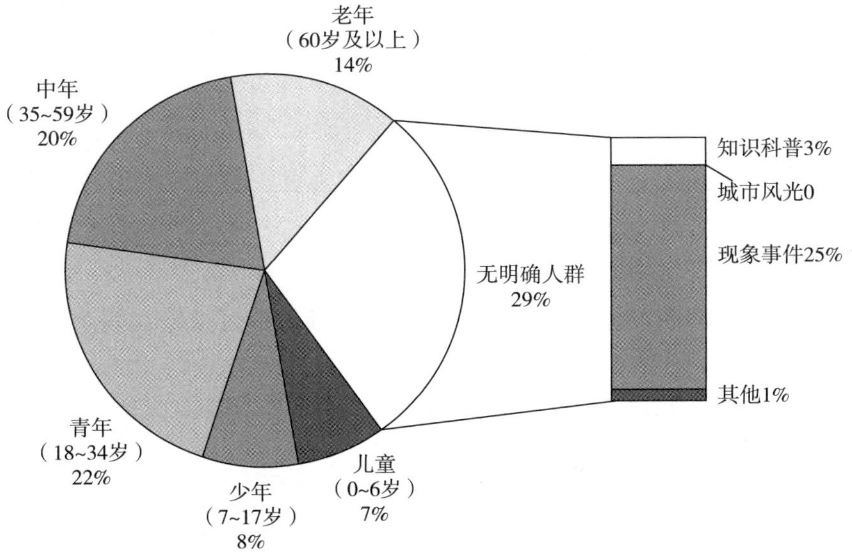

2016年1月至2017年6月

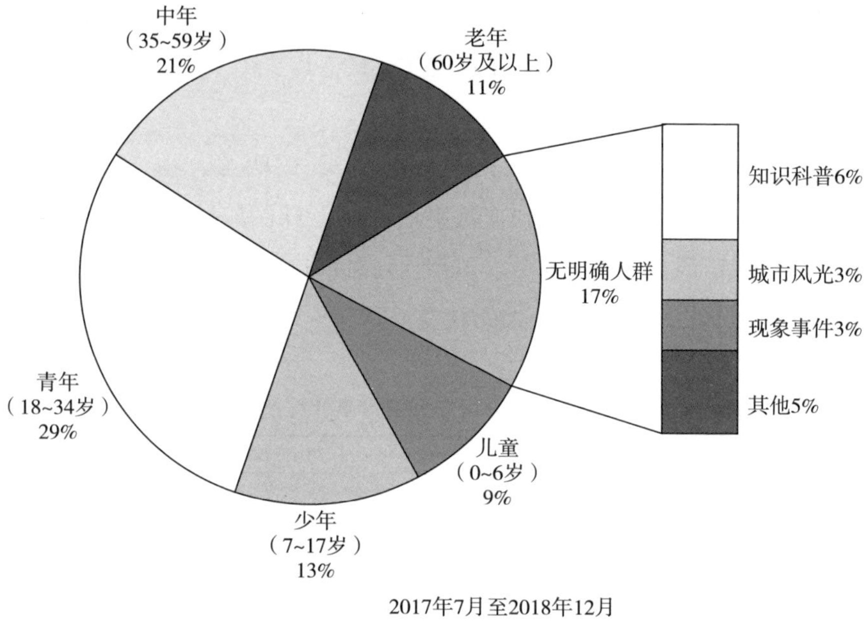

图 6　网易数读微信公众号新闻报道人群对比

表 4　网易数读微信公众号新闻报道方式频次对比

报道方式	2016 年 1 月至 2017 年 6 月	2017 年 7 月至 2018 年 12 月
单次报道	142	142
连续报道	14	16
系列报道	3	34

5. ROST CM 认知分析

利用 ROST CM 内容分析软件，对网易数读微信公众号在两个时间段推送的新闻标题文本进行认知分析。

首先，将 2016 年 1 月至 2017 年 6 月推送的 159 篇数据新闻和 2017 年 7 月至 2018 年 12 月推送的 192 篇数据新闻的标题文本生成两个 txt 文件，导入 ROST 软件，过滤无意义词语，再运用软件的分词功能和高频次分析功能提取高频词和频次表。

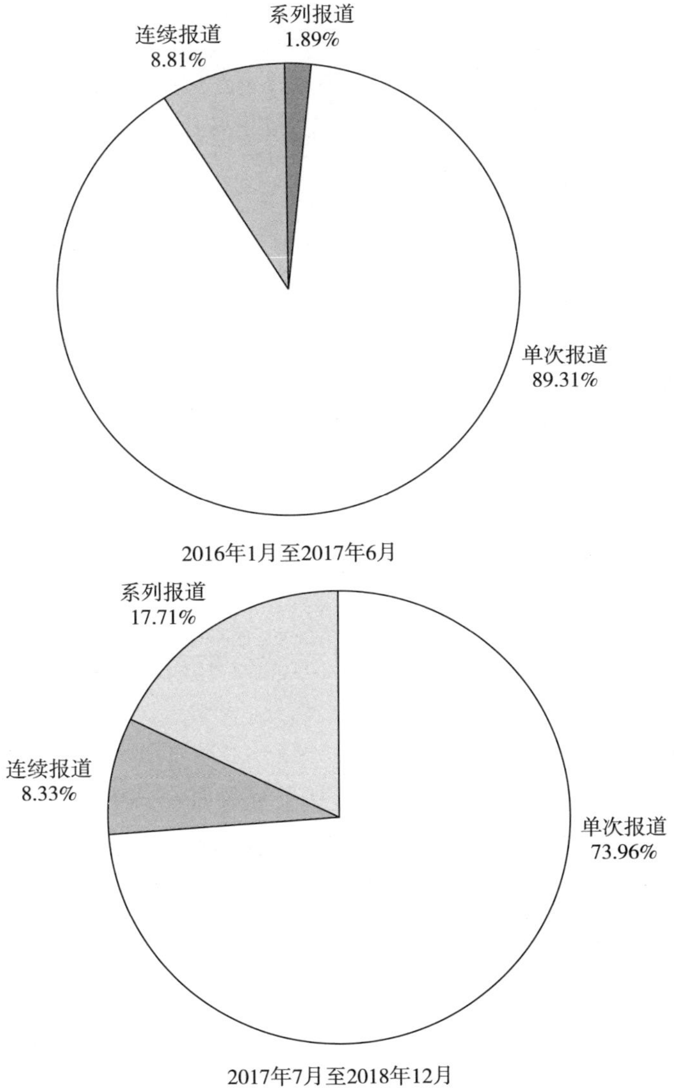

图 7　网易数读微信公众号新闻报道方式分布对比

经分析，从提取出的高频词可以看到，2016 年 1 月至 2017 年 6 月，文章标题更关注国际形势，频率较高的集中在外交政治、经济发展和环境污染等方面。2017 年 7 月至 2018 年 12 月，文章标题的重点转向国内，关注大学生和儿童群体，热衷于从数据角度提供各类分析和指南（见表 5）。

表5　网易数读微信公众号新闻标题高频词分布

2016 年 1 月至 2017 年 6 月				2017 年 7 月至 2018 年 12 月			
高频词	频次	高频词	频次	高频词	频次	高频词	频次
中国	45	中国人	13	中国	37	分析	11
民众	7	经济	6	冷冷	6	歧视	5
日本	5	农村	4	一半	4	人民	3
人民	4	孩子	4	每天	3	儿童	3
社会	3	全国	3	秘密	3	啊啊	3
美国	16	全球	7	中国人	18	指南	8
依然	6	企业	6	人类	5	到底	4
国家	5	污染	4	地图	4	大学	3
全世界	4	未来	3	癌症	3	高校	3
移民	3	人类	3	孩子	3	东北	3

（四）网易“数读”可视化呈现形式分析实证研究

1. 可视化呈现形式分析

在2016年1月至2017年6月和2017年7月至2018年12月两个时间段，网易“数读”微信公众号中均出现了GIF格式的动态图，2017年7月至2018年12月出现动态图的占比提升了2.91个百分点（见表6～表7），但是均不可以进行交互，由此看来，交互式动态信息图表也许会是未来数据新闻可视化呈现形式的突破口。

表6　2016年1月至2017年6月网易数读微信公众号可视化呈现形式统计

可视化呈现形式	篇数	占比(%)
可视化静态信息图表	144	90.57
可视化动态信息图表	2	1.26
多感官传递信息形式	24	15.1

表7　2017年7月至2018年12月网易数读微信公众号可视化呈现形式统计

可视化呈现形式	篇数	占比(%)
可视化静态信息图表	148	77.08
可视化动态信息图表	8	4.17
多感官传递信息形式	178	92.71

2017年7月至2018年12月这一时间段在单篇新闻中可视化呈现具体类型种数更丰富，最多的一次是在单篇文章中出现了四种及以上不同的可视化形式，出现三种以下可视化形式的频率也大幅度提高（见表8、图8）。

表8　网易数读微信公众号可视化呈现具体类型种数对比

单位：篇

可视化多样化	2016年1月至2017年6月	2017年7月至2018年12月
一种	17	82
两种	4	73
三种	3	21
四种及以上	0	1

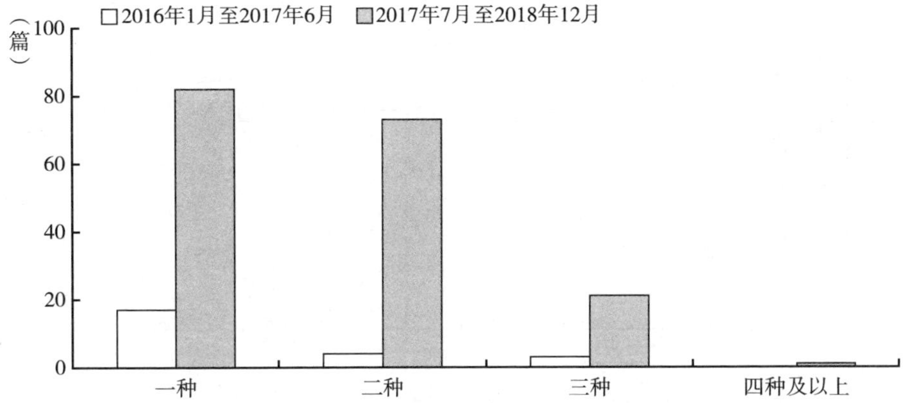

图8　网易数读微信公众号可视化呈现具体类型种数对比

2. 可视化静态信息图表呈现具体类型分析

从可视化静态信息图表呈现具体类型来看，两个时间段的图表形式较为一致，都是柱状图和数值形象图最常被使用，但是相比于前一时间段，后一时间段使用数据地理图、社会网络关系图、词频分布图/文字云的比例均有提升，图表呈现具体类型更丰富（见表9、图9）。

表9　网易数读微信公众号可视化静态信息图表呈现具体类型对比

图表呈现具体类型	2016年1月至2017年6月［占比(篇数)］	2017年7月至2018年12月［占比(篇数)］
柱状图	68.55%(109)	52.08%(100)
数值形象图	62.89%(100)	53.65%(103)
折线图	25.16%(40)	26.04%(50)
饼状图	23.27%(37)	16.15%(31)
时间轴	14.47%(23)	10.94%(21)
数据地理图	1.89%(3)	7.81%(15)
文字表格	2.52%(4)	8.85%(17)
社会网络关系图	2.52%(4)	4.69%(9)
词频分布图/文字云	1.89%(3)	21.88%(42)
其他	3.14%(5)	9.38%(18)

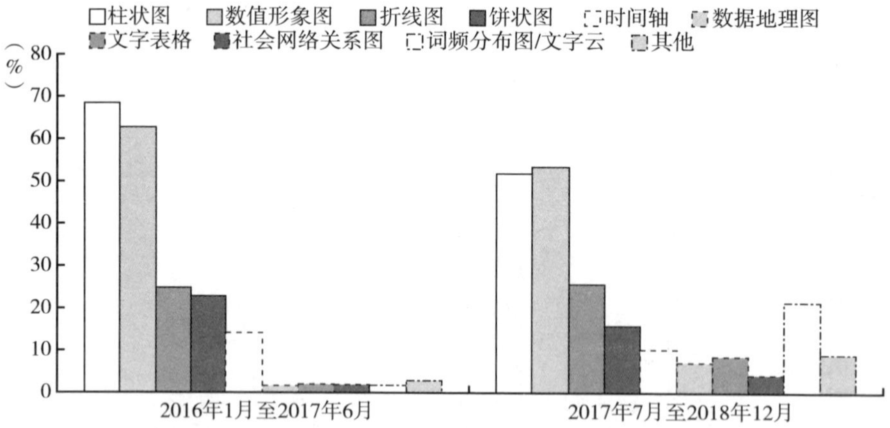

图9　网易数读微信公众号可视化静态信息图表呈现具体类型占比

从数据新闻使用的图表个数看，2017年7月至2018年12月比2016年1月至2017年6月的使用图表个数多，平均单篇使用图表个数也多于前一时期（见表10、图10）。

表 10　网易数读微信公众号使用图表个数统计对比

日期	使用图表总个数	平均单篇使用图表个数
2016 年 1 月至 2017 年 6 月	239	1.5
2017 年 7 月至 2018 年 12 月	560	2.9

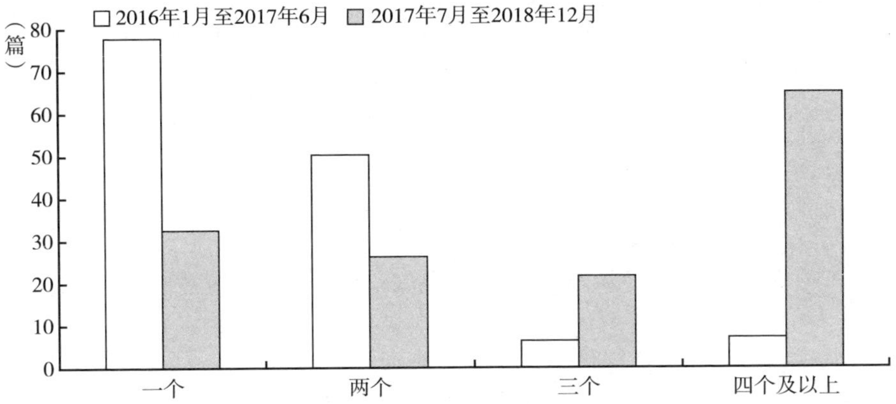

图 10　网易数读微信公众号使用图表个数统计对比

3. 多感官传递信息形式呈现具体类型分析

顺应时代发展和科技进步，网易数读微信公众平台在多感官传递信息形式上做了尝试，与前一时期相比，后一时期采用多感官传递信息形式的新闻比例大幅度提高，前一时期 15% 的文章尝试使用图片、动图和 H5，后一时期 93% 的文章采用多感官传递信息形式推送新闻，是数据新闻在当下做出的有力探索（见图 11）。

在具体的多感官传递信息形式上，音乐较早被使用，2017 年 7 月至 2018 年 12 月已有 139 篇文章使用音乐，占比 72.4%，其次是图片和漫画，动图和视频被使用的频率仍较低（见图 12）。

三　基于实证研究的创新传播发现与结论

（一）创新表现："大写亲民"

基于以上对 2016 年 1 月至 2017 年 6 月和 2017 年 7 月至 2018 年 12 月网

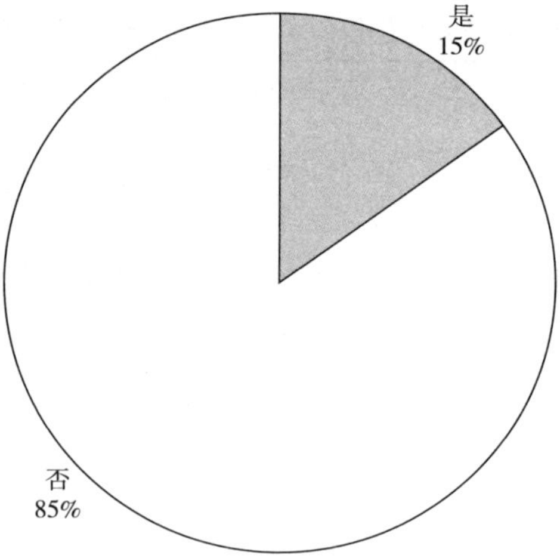

2016年1月至2017年6月

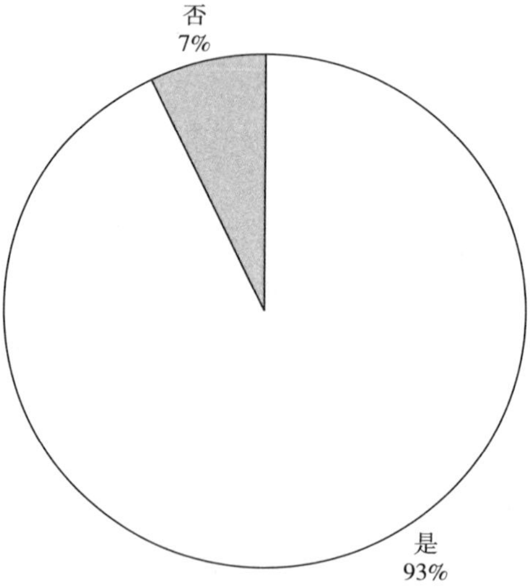

2017年7月至2018年12月

图 11　网易数读微信公众号采用多感官传递信息形式统计对比

易数读内容分析量化的比较研究，对其近一年半来的创新变化进行归纳，可发现：网易数读新闻从新闻题材到叙事角度，从数据挖掘到可视化操作，从内容到形式，都发生了一系列的创新改变，而这些改变一致指向“亲

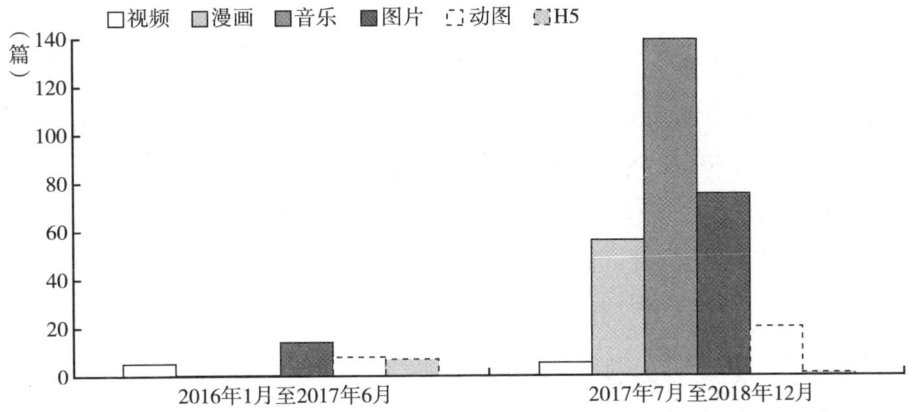

图 12　网易数读微信公众号多感官传递信息形式统计对比

民”——近问民生，亲近民众，亲和民趣。

1. 新闻题材从重财政变为重民生

2017 年 7 月至 2018 年 12 月数读的民生新闻报道频次从上一时期的 3 次上升为 6 次，已然成为“数读”数据新闻的重中之重。从弱势群体生存艰难到社会生活成本居高，从城市居民对医疗健康的焦虑到对楼市个税的不安，从教育资源不平等到高校教育的怪相丛生，从居家生活必备到文化情趣培养，充分表现了民众各种情绪涨落和社会心理现实，描绘出社会期待、安全获得、生存焦虑、情趣建设等全面的民生画卷。这也显示出“数读”微信公众号关注民生境遇，探索民生旨趣，安抚民生焦虑，解决民生困难的高远理想、博大胸襟和热忱情怀。

2. 叙事角度从聚焦事件转为关注人群

过去的数据新闻，因为需要从事件细节中挖掘数据元素，整合信息资源，所以较多的是对事件本身的细节展示，重点是对事件的五要素进行数据开发。但是在关注数据的同时，会忽略对人的关怀。近一年半来，“数读”的一个显著变化就是以人为本，大部分新闻关注社会人群，关注不同社会阶层、团体的生活状态和群体性焦虑，体现出难能可贵的人文关怀和深切感人的命运共同情结。

3. 可视化呈现形式从严肃的图表主导发展为生动的动漫优先

数据新闻之开端，其可视化呈现形式主要集中于图表，因为这是反映事物关系、展现事物形态最直观有效的方式。但是这种方法的普遍使用，会让新闻内容枯燥、形式古板，阅读门槛高，使普通大众敬而远之。2017 年 7 月至 2018 年 12 月“数读”的可视化创新，主要是使用了动漫形式。动漫用生动活泼的形象和幽默诙谐的画面语言，在轻松述说新闻内容的同时营造出宽松愉快的阅读氛围，深得青少年读者的青睐。

4. 新闻报道形式从分散的单次报道发展为系列报道和连续报道

如果说传统新闻擅长的是个案深访，力求“见微知著”，那么数据新闻则是大规模抽样调查，甚至是普查。深访是通过极具代表性的个案来给调查者以启发，抽样调查和普查则是反映事物的更有普遍性的一般规律。[①] 因而，数据新闻能够充分运用一次性调查出来的客观数据，对事物和现象分别做不同角度、不同层面的充分而客观的中宏观报道。数据新闻这种天然的具有进行连续性报道、深度报道的宏观解释力优质基因，在 2018 年“数读”微信公众号上得到了充分利用。比如关于国庆出游主题，就分别有《今天免的高速费，以后都会让你交回来》《国庆出游朋友圈观察报告》《中国的景区门票，是真的贵》三篇系列新闻；在高校新生入学季，也连续推出了《中国大学的校训，基本都是复制粘贴》《帝都高校歧视指南》《改完名字，我们就是一流大学了》三篇系列新闻。这种系列发文的优势在于可以合理和充分利用统计出来的数据，短时间内制造舆论焦点，对事物做多方面的客观分析，建立中宏观的社会认知。

5. 感官刺激从视觉单一发展到视听并行

从 2017 年 8 月 10 日开始，“数读”微信公众号每一篇新闻稿都配有一首背景歌曲，歌词和曲调与新闻内容非常相符，这个改变一直延续到 2018 年，占比 46.96%；同时在歌曲选择上更用心，更贴近数据新闻本体。《中国哪里的人最高》配曲为“Such Great Heights”；《1000 万武汉人，每天都

① 郎劲松、杨海：《数据新闻：大数据时代新闻可视化传播的创新路径》，《现代传播》2014 年第 3 期。

在拿命过早》，配曲为武汉方言版的《过早歌》；《这个暑假，溺水成了儿童最危险的杀手》配曲为“If Die Young”。这些精心挑选的歌曲不仅迎合了新闻主题，而且可以帮助渲染氛围，加深读者对文本的理解，使其产生共鸣。让受众同时启用视觉和听觉，也尊重人的自然本性，符合人的生理特点，让人们的感觉从分裂走向统合。

纵观这一系列的创新变化，2018 年“数读”微信公众号的数据新闻显示同一指向——“大写亲民”。因为只有亲民，才能放低身段，增加阅读量；才能聚合人气，增强舆论引导力；才能推进互动，扩大影响范围和增强效果。

（二）数据新闻微信公众号新闻叙事的角色变迁

“数读”微信公众号在传播题材内容、传播技巧方式不断亲近读者的过程中，其叙事主体的社会角色也发生了巨大的变化。笔者把这些变化归纳为以下几点。

1. “民生困境的诊疗所”

互联网无疑拓宽了人们的信息视野，增加了信息流通量，现代信息社会变得越来越巨大和复杂，但与此同时人们与现实世界的距离也越来越远，对超出自己经验以外的事物，只能通过各种新闻机构提供的信息去了解。一方面，传统新闻信息的加工过程无法保证“拟态环境”与“现实环境”的全然一致；另一方面，对于海量的信息，受众也很难从表面识别事实真相或现象本质。数据新闻微信公众号很好地缓解了这对矛盾，出现在这个平台上的数据驱动型调查报道是大数据和人工智能时代的产物，在生产机制上与传统调查报道有明显区别：传统调查报道线索的主要来源是个人或机构，或是根据社会舆论的关注点和社交媒体爆料，而大数据和人工智能应用通过对数据的处理，成为拓展新闻线索和选题来源的新方式；在新闻生产流程和方式上，传统调查报道遵循的是“记者—编辑”的线性操作模式，数据驱动的调查报道则依赖“团队协作模式”，在具体的报道中综合运用多种技能，对团队的新闻素养与技术能力提出更高要求。①

① 李梅、王倩楠：《大数据时代传统调查报道的变革和重构》，《今传媒》2016 年第 1 期。

微信公众号上的数据新闻优势具体体现在两个方面。其一，它不同于传统新闻文字的表述形态，而是用科学、专业的数据及清晰的逻辑图像把事件的时间发展轨迹、事物结构关系、要素关联比较全面铺开，用最严谨客观的方法，用最直观简洁的方式进行分析，力图达到拟态环境对现实环境的高度还原。其二，它的基础是海量数据的抓取分析以及多个维度的信息交叉印证，重在发现数据隐藏的价值及数据之间的关系。所以除了可以对事实表面现象进行描述外，还可以揭示隐藏在表面之下的事实内部结构规律、要素特点、逻辑关系、发展趋势，让受众在最短时间内明确事实真相和本质。对于一般受众而言，他们最关心的是与自己的生存状态休戚相关的政策、环境、事件和发展趋势，尤其是想通过对环境的认知和了解，解答人生困境的疑惑，缓解生活境遇的窘迫。“数读”微信公众号很好地担任了为受众困境答疑解惑的“诊疗师”的角色。

2. “社会热点的追踪器”

从数据统计的结果来看，2017 年 7 月至 2018 年 12 月“数读”微信公众号推送新闻的类型中，社会民生新闻占据了较大份额，成为全年新闻作品的重心，对于民生困境的密切关注贯穿于始终。根据人民网舆情分析师发布的《2018 年中国互联网舆论分析报告》①，中国 2018 年“民生和公共安全领域的问题占据 20 个热点舆情事件的一半”。这些热点包括“问题疫苗事件”“《我不是药神》引热议”“滴滴顺风车乘客遇害事件”“幼儿园虐童事件”“高铁霸座、殴打公交车司机等乘客霸凌行为”“房地产税话题”等。“数读”微信公众号几乎对这些民生的焦点舆情事件都进行了实时报道或者连续性报道，利用其特有的数据科学性、图表直观性、描述深刻性对社会舆情热点予以专业解读。

《中国的孩子为什么逃不过问题疫苗》罗列了 2013 ~2018 年引发公众疫苗恐慌的新闻事件，又用数据统计整理出这 5 年人用疫苗犯罪案件的基本

① 祝华新、廖灿亮、潘宇峰：《2018 年中国互联网舆论分析报告》，社会科学文献出版社，2018。

情况。《“抗癌神药”终于在中国上市了，很多人却不知道》借电影《我不是药神》的舆论热度，结合当下抗宫颈癌疫苗 HPV 的热点，讨论了如何让有用而且低价甚至是免费的药物更广泛地服务于中国民众。《除了存银行和买房，中国人不知道如何理财》讨论在“降低房产税”的呼声下，中国人的理财观念的单一和狭隘。“幼儿园虐童事件”之后，社会大众对民办、公办幼儿园的优劣分辨办法、满足需要等情况都有急切知晓的需求，《中国教育的疯狂，从幼儿园就开始了》将十年来民办和公办幼儿园的占比发展趋势进行了具体的数据图解，并列举了部分地区的幼儿园师生比，公布了上海市民办和公办幼儿园的价格，让我们对中国学前教育的关注点得以清晰了解。霸座、抢夺司机方向盘事件屡屡发生，社会影响极其恶劣，《为什么要抢公交司机方向盘，找死吗》一文用数据图清晰描绘出公交司乘冲突的发生城市和发生地点，具体分析了司乘冲突的原因，也展示了冲突过程中双方对抗的具体行为，最后用比例图告诉我们公交车冲突引发不良后果是大概率事件。“滴滴顺风车乘客遇害事件”之后，顺风车管制造成的社会用车难问题，被《没了网约车，你更打不着车》详尽解读：新闻对城市给予网约车的具体限制进行图表介绍，对网约车的社会出行量影响力进行了数据分析，同时还对出租车和网约车的发案率进行了数据对比，全面整理出网约车对我们生活的真实影响。

3. “人本主义心理治疗师”

14 世纪下半期发源于意大利并传播到欧洲其他国家的人本主义思潮是构成现代西方文化的一个要素。人本主义心理学则兴起于 20 世纪 50 ~ 60 年代，它特别强调人的正面本质和价值，聚焦人的尊严、创造力和自我实现，重视人的成长和发展，把人的本性的终极目标“自我实现”归结为潜能的发挥。在人本主义心理疗法中，以罗杰斯开创的咨客中心疗法影响最大，罗杰斯认为任何人在正常情况下都有积极的、奋发向上的、自我肯定的、无限的成长潜力。如果人的自身体验受到阻碍和限制，或者自身体验的一致性丧失、被压抑、发生冲突，使人的成长潜力受到削弱或阻碍，就会表现为心理病态和适应困难。如果创造一个良好的环境使他能够和别人正常交往、沟通，便可以发挥他的潜力，增加他的社会生活适应能力。

现代人生活节奏紧张，工作环境严峻，竞争压力大，社会适应难度加大，心理焦虑日趋严重。这种紧张的社会生存氛围催生心灵按摩师、心理治疗师，数据新闻微信公众号适时扮演了这个角色。对于民众担心和忧虑的生活状态，它不仅给予了权威的数据说明，还让数据导出科学的逻辑论断，再用直接客观的描述让民众生存的现实全然敞开，缓解了人们无知的惶恐和无言的尴尬，增强了人们对未来的美好信念和奋斗决心，比如《你司空见惯的生活，许多中国人一生都没有体验过》。对于民众疑虑和彷徨的生活前景，它用数字和逻辑关联出“同僚”概念，告知普通民众过着这样平淡生活的不止我和你，而是一个庞大社会群体，同时还有国家和政府跟我们携手，共同对抗困难、迎接希望；只要用从容乐观的心态去面对，平淡无奇的生活也可以过得美满幸福。这让那些在沉闷中纠结的心灵得到鼓励，让自我安慰、自我愉悦的成长因子一步步壮大，比如民间小吃系列文章《你一定没有见过这样的成都》。对于民众青睐和亲近的生活日常，它也给予了极大关怀，用轻松的画风和调侃的语气，告知民众生活中的小轻松和小确幸从来就在身边，让自身体验闭塞和生活情趣淡然的人们也知道幸福其实随处可见，比如《中国人的理想生活，从厨房开始》。

4. “青少年命运的观察家”

全球化智库（CCG）特邀高级研究员黄文政接受采访时预测，2018 年中国出生人口很可能跌破 1500 万人，甚至跌至 1400 万人左右的水平。[①] 近年来，中国的人口总生育率也已连续低于 1.5，而在刚刚全面放开二孩生育的那一年，生育率更是降至 1.05。中国改革开放 40 年，经济迅速崛起，一举成为世界第二大经济体，其重要的优势资源便是人口红利，即我国有大量的劳动力人口在创造财富，而需要被抚养的老人比较少。庞大的人口基数意味着可以为社会提供丰富的劳动力和廉价的用工成本。在这种显著的人口优

① 王晓慧：《出生人口连续两年下降　专家称生育政策大概率全面放开》，《华夏时报》2019 年 1 月 4 日，http://www.chinatimes.net.cn/article/83231.html，最后访问日期：2019 年 1 月 20 日。

势下，整个国家经济会持续高储蓄、高投资和高增长的“三高”局面。然而，人口红利的消失可能直接影响到中国经济的发展。因而社会中对青少年和儿童越来越关注，他们的生存情况，他们的发展环境，他们的健康状态，其好坏优劣直接影响到中国后续发展的潜力，直接决定中国今后综合国力的水平。2017 年 7 月至 2018 年 12 月，“数读”微信公众号以儿童、少年、青年群体为主体的新闻稿件数量占比较上一时间段提高了 14 个百分点，重点关注这个群体，浓墨重彩地将他们的人生进行认真描述，可以引发深层次思考。这些新闻中有对青少年身体健康的关注，有对教育资源的忧虑，有对安全问题的紧张，有对生育能力的担忧，有对年轻人生活窘态的不平，以及对教育无用论的愤慨和反击。对青少年儿童的极度关注和聚焦关怀，体现出“数读”的前瞻性视野和人本关怀的温暖。

5. “感知统合的艺术家”

加拿大传播学者麦克卢汉曾提出媒体延伸理论，指出任何媒介都是人体感觉及感官的延伸及扩展，而媒介技术的发展均基于人的感官能力“统合、分化、再统合”的发展过程。印刷和电子媒介时期，媒介突出使用人的某一种感觉器官，观察的是一个单一的连续世界，只能偏重于某个局部，扩张的只是从感觉集束中分离出的一种感觉，导致人的总体感觉能力下降；在电子媒介向网络媒介和智能媒介发展的过程中，多种媒体形式的融合不仅扩张了听觉和视觉，而且还由于强烈的现场感和接触感扩展了人类的触觉，现代人重新找回长期失落的“感觉总体”，回到感觉的平衡状态。

据数据新闻编辑阿隆·菲尔霍夫所说，“（数据新闻）囊括了一套仍在不断增多的用于新闻叙事的工具、技巧与方法”。[①] 人工智能技术的突破，使机器对各类型信息的处理能力大幅提升，可分析数据对象从人们习以为常的数字，扩展为广义的文本、图片、语音甚至视频。数据可视化类型包括信息图表、三维仿真图、时间轴、数据地图以及交互图表和 3D 视频等。[②] 随

① 《数据新闻手册》在线中文版，https：//datajournalsmhandbook. org/chinese/。

② 许向东：《趋势、规范与本土化——移动传播时代数据新闻的生产实践研究》，《新闻爱好者》2017 年第 12 期。

着各类 AR、VR、传感技术、语音输入、气味模拟、穿戴设备技术在数据新闻传播过程中的使用，数据新闻的感知全息化会更加明显。近一年半来“数读”微信公众号虽然采用以静态图表为主的可视化形式推送新闻，但是它们在这个方面的创新努力仍值得鼓励，主要体现在大量绘制数据漫画，用逼真的形象揭示生活真谛。《我们分析了 67 万个村名，找到了中国地名的秘密》一文通过数据地图的可视化，将中国村名与地理空间建立起关联；《在中国互联网的十字路口，每天有 10 万人尿急》一文用一幅幅漫画把北京后厂村互联网人每天堵车的情境描述得生动具体；《瞧一桥！数一数二最香港》，用长长的横幅漫画，让大家都知道通过那条盘踞在伶仃洋、横跨三地的港珠澳大桥，就可以在香港吃喝玩一条龙了；《中华五千年刷牙大地图》以历史时间为轴，用夸张的漫画形式，介绍中国牙刷发展历史，继而对中国目前不容乐观的口腔健康状态和普遍不正确的牙刷用法进行了解说；《One Night in 北京，我留下许多情》用色彩绚丽的连续纵向画轴，让我们深切感受到北京傍晚的热情与生机。“数读”还在每一篇新闻稿前面放置一首与主题相关的背景歌曲，让我们在解读文字、查看图表、欣赏漫画的同时，聆听歌曲的美好，迎合音乐的动感，达到感觉统合的身心和谐。

（三）创新发展瓶颈：“数据核心”突出不足

虽然网易“数读”微信公众号创新不怠、进步不断，但是我们在实证研究过程中，发现存在一个制约其迅速发展和阻挠其创立数据新闻新天地的重要因素，那就是对于“数据核心”把握不够，突出不足。

1. “数据”整合不稳定

微信公众号为数据新闻的生产提供了媒介多元化的机会，但也在一定程度上造成了信息混乱和信息碎片化，导致数据新闻微信公众号在整合、输出、呈现新闻信息的时候结构缺乏稳定性和内容缺乏条理性；同时数据新闻的接收者也缺乏信息检索和数据吸收的优化能力。由此可能导致受众在阅读数据新闻微信公众号时，更像是处在“结构缺失”的隔离带中，滑到哪里是哪里，很难进行高质量的、有规划的“深入阅读”。

与此同时，数据新闻微信公众号的新闻生产从发现线索、策划选题、采写成稿到可视化呈现，不再是传统的线性的过程，而是三个过程同时进行。一旦生产环节的实时调整不到位或者合作不默契，就可能造成：即便是选择了时下新鲜的新闻选题，但收集到的数据在分类、挑选、整理的过程中进行了标签化处理，也会使其丧失独特的新闻内涵；或由于仅追求热门而放弃了对于生活中日常情趣的内容建设，会造成数据新闻微信公众号内容设置单一。在实证的结果中，我们也发现“数读”微信公众号内容布局不均衡，数据整合较随机，降低了其作为高规格新闻作品的吸引力。

2. “数据”个性不突显

通过对同期“数读”“数字之道”和“数舆”微信公众号的观察比较，我们发现无论是题材、内容，还是可视化表现，这几个数据新闻微信公众号的选择都趋近相同。类似的选题、类似的数据深度挖掘和类似的可视化呈现形式，导致制作出的数据新闻面孔相似、气味相仿，更像是从同一条生产线上批量产出的“流水线产品”。传统新闻中由不同记者选择不同报道角度、采用不同报道首发、形成不同报道风格的那种“百家齐放”的多彩盛况，在数据新闻中很难见到。

来源相仿、选题刻板、形象严肃、个性缺失，加上数据化阅读习惯尚未养成、数据化审美的教育没有普及、数据化趣味没有真正调动起来，这些因素都造成数据新闻微信公众号进入门槛高、接受度偏低、品牌个性模糊，同时也导致其读者阅读兴趣不高、粉丝聚集困难、用户黏度低。

3. “数据”技术不先进

在“数读”和国内其他数据新闻微信公众号中，其数据搜索与挖掘部分常用的生产流程是“MVC”模式（Model、View、Controller），这是一种最简单的人工搜索方法。而在国外，那些先进的技术手段如 Git、TextMate、VIM、Sublime Text、MySQL、PostgreSQL、LibreOffice 等已经被各大数据新闻平台广泛采用，它们利用这些先进技术工具，建立大量的前端应用以吸引用户参与，留下操作痕迹并成为全新的数据信息，从而达到数据新闻平台与受众之间的互动，形成更具互动性的数据新闻内容。

在数据分析与处理阶段，“数读”及我国的其他数据新闻微信公众号最常用的工具是 SPSS 和 Excel 等最基础的数据分析工具。而在国外，利用 Qlikview 筛查应用分析数据，连接 Google Fusion Tables、Jumar 等开放数据平台整合数据等都已常见。

在可视化呈现阶段，“数读”及国内数据新闻微信公众号最常见的是利用 AI、PS 制作静态图表及基于 Html 的编程语言或 Flash 制作的动态网页或动画。而国外所采用的技术手段包括 ArcGIS、QGIS、Tableau、TargetMap、GeoCommons 等，比国内技术手段先进和丰富很多。

4. “数据”互动不完善

数据新闻微信公众号是因社交媒介平台承载数据新闻而出现的新闻业转型产物，其巨大的优势便是社交媒体提供的频繁互交、实时互动的可能性，也是全面深层沟通数据新闻与读者的一扇明窗。但就“数读”的实证研究来看，现阶段数据新闻微信公众号无论是推送内容还是菜单建设，都忽略了微信公众号的平台互动优势。“数读”微信公众号上最普遍的互动形式是“自定义回复”，即通过关键字设定实现搜索功能；但此类方式过于机械化，缺乏真实感，无法真正实现平台与用户间的真诚交流互动。数据新闻微信公众号的另一种互动形式为读者在文末留言，微信公众号运营团队会选择部分留言予以回复，但回复得比较敷衍，交流浮于表面未能深入，效果有限。

四　数据新闻微信公众号“数据核心”的系统重构

“数据核心”的重构是为了在数据新闻的体系秩序中实现传播者与受众共同的对“数据”的符号角色认同感和对核心地位的尊崇感，让数据的核心价值通过微信公众号输出，造就新的“媒介中心神话”。

（一）“媒介仪式化操作”凸显数据新闻核心价值

仪式化传播最早是由美国研究学者詹姆斯·凯瑞在《作为文化的传播——“媒介与社会”论文集》一书中提出的。仪式的传播是在时间向度上对社会关系的维系，即表达共同信仰及核心价值输出。[①] 而媒介仪式则是传统媒体通过景观化传播，邀请受众参与某些盛大事件，最终呈现象征性、文化性文化实践的过程及行为。尼克·库尔德利在《媒介、社会与世界：社会理论与数字媒介实践》一书中将媒介仪式定义为形式化和模式化的行为，与媒介相关，以独特的方式组织世界。[②] 书中提到，媒介确实能够生成独特的仪式形式。媒介仪式的观念起步于对社会秩序中符号角色的认同感。媒介仪式的存在是对社会秩序中符号角色产生遵从心理后，对意识形态讯息的复制及再现。而这种集中化的压力核心正是大众所认可的核心价值。核心价值通过媒介进行输出，是媒介仪式的核心定义。媒介仪式主要包括三种类型：媒介本身所形成的仪式化，媒介报道内容的仪式化，媒介报道时采用方式的仪式化。

首先，数据新闻微信公众号的媒介仪式化。数据新闻微信公众号的媒介仪式化操作就是让数据新闻成为传播的焦点，让受众接受数据新闻所传递的核心价值。而数据新闻微信公众号要想在新媒体环境中掌握一定的话语权就得让数据新闻微信公众号成为“媒介世界的中心”——让受众逐渐养成一种阅读习惯：当发生重大事件时，必须找到数据新闻查看新闻背后的数据线索，让数据新闻的科学精神征服受众。

其次，报道内容的仪式化。数据新闻微信公众号可以尝试开辟专栏大量报道仪式化的新闻内容。仪式化新闻内容一般包括三类，即竞争类事件（奥运会、选举等）、征服类事件（重大实验成果等）及荣誉类事件（颁奖典礼等）。而数据新闻微信公众号的仪式化报道则是以固定的形式或流程对媒介事件进行系列报道，并为媒介事件给出相应的核心价值输出，从而奠定数据新闻的核心价值和中心地位。例如，以全球数据新闻奖为媒介事件进行系列专题报道，并开设专门获奖作品赏析栏目。以大量的仪式化报道教育受众，引导受众对数据新闻的文化认知。

---

① 〔美〕詹姆斯·凯瑞：《作为文化的传播——“媒介与社会”论文集》，丁未译，华夏出版社，2005。

② 〔英〕尼克·库尔德利：《媒介、社会与世界：社会理论与数字媒介实践》，何道宽译，复旦大学出版社，2014。

最后，报道方式的仪式化。数据新闻微信公众号还可尝试在数据新闻生产过程中进行个性标签化生产，建立仪式化表达方式，生产出具有数据新闻特色的内容。利用仪式化生产方式，建立有各微信公众号品牌特色的形式和内容，能够有效地引起受众的关注。在凸显品牌形象时，可以适当地加入拟人化的情感操作，拉近与受众间的距离。例如，网易“数读”微信公众号运营团队已经开始在数据新闻文末的留言板中建立“小编”的形象，独树一帜，且产生“标签效应”。在未来的发展过程中，还可引用“微软小冰”这类 AI 人机对话科技，不但增强个性化品牌形象的记忆，也增加受众与微信公众号的互动，提升平台的趣味性。

（二）“审美之维”提升受众数据阅读情趣

美国学者马尔库塞是法兰克福学派第一代核心人物之一，其提出的“审美之维”理论是在对马克思主义美学和现代艺术进行考察后得出的批判性理论。他认为，消费异化导致文化固有的神圣“光晕”消失，文化的深刻性、批判性、反思性和丰富性消失殆尽，以艺术、文学为中心的“审美之维”革命才能从根本上建构新的观念结构从而实现人的解放。①

在本研究的实证调查中，笔者发现数据新闻微信公众号存在内容设置不平衡、热门类型聚集的现象。根据上述马尔库塞关于文化构成不平衡的理论，其原因就在于受众阅读兴趣片面、欣赏情趣单一。在现实社会中，在技术理性的压抑下，人成为不具备自由的存在。如何打破这种不自由实现解放，最重要的就是提升人的审美情趣。“审美之维”正是强调利用美育来对抗并超越现存的社会关系，促成人的解放。数据新闻微信公众号肩负着以作品带动“美育”进程的责任，通过数据新闻微信公众号对内容传播的不断改善、升级，来提升受众的审美情趣。

第一，启示和重构“数据之美”的认知。数据新闻通过挖掘重组数据

① 〔美〕赫伯特·马尔库塞：《审美之维：马尔库塞美学论著集》，李小兵译，生活·读书·新知三联书店，1989。

信息，能够给受众提供一种理性的逻辑思维方式以及简洁的阅读体验。数据新闻微信公众号运营团队应提高数据挖掘能力，保证数据新闻作品能够体现其本该拥有的深刻性及批判性，从而对受众进行“数据之美”的教育。

第二，培养和提升“真实之美”的品位。数据新闻微信公众号运营团队应恪守新闻真实性，严格按照新闻价值和新闻要素来搜寻和确定选题内容，以真实、客观、深刻的数据新闻回馈受众，全面满足读者的知晓权。

第三，鼓励和维护“互动之美”的创新。传统新闻业是一种单向性传播，读者的反馈很有限。数据新闻微信公众号为读者提供一个全新的互动平台，让读者在阅读数据新闻之余能及时、充分地表达意见，既尊重读者的媒介接近权、传播权，也帮助数据新闻团队准确把握市场意见，及时调整业务方向。

（三）“媒介延伸论”拓展数据生产能力

麦克卢汉的媒介延伸理论给媒介科技以极大启示，他指出，任何媒介都是人体感觉及感官的延伸及扩展。当下，AR、VR、传感技术、语音输入、嗅觉增强、穿戴设备技术等都是人体感官延伸的媒介产物。而作为最能体现这种关于人体感知模拟的技术，全息技术能够与数据新闻微信公众号做到良好的融合与互动。

全息技术利用物理原理将所拍摄物体通过不同设备再造出三维立体影像。这类技术充分调动了人体的五个感官，利用媒介打造出一种逼真的“现场感”。通过对视频素材进行零时差的新闻发送，将传播者、传播内容、传播媒介、受传者完整地连接起来，构建出新媒体环境下新闻生产模式。数据新闻可以通过技术手段还原新闻事件发展的过程和逼真的环境，使新闻的“拟态环境”与“现实环境”达到高度相似。

（四）“万物无序”开启数据链接密码

“万物无序”理念是美国学者戴维·温伯格在其《万物皆无序》一书中提到的理念。在互联网时代下，文本是传递信息、实现计算机编码的基本载体。由“万物无序”理念构建出一种超文本构建关系。超文本包含与其他数据相链接的数据内容，这种构建关系能够将单一数据背后庞大的数据背景进行点对点的相互链接，制造出不同文本间的联系，打破线性阅读思路，重建逻辑思维轨迹。超文本所构建的这种关系，在《万物皆无序》一书中被称为第三秩序。① 由第三秩序演变而来的数据信息搭建方法就是建立尽可能多的二级超链接，由此开启数据链接密码，不以第二秩序中简单、单一的工具对元数据进行分类，而是以不同的、个性化的方式操作信息。

第三秩序提倡的构建超文本的数据网络，对数据新闻是极大的启发：数据新闻本身就是挖掘并构建数据网络的新闻报道形式，而微信公众号作为社交媒介平台极易收集到受众相关评论信息，并且能够通过技术手段实现互动式数据可视化。将第三秩序构建的理念引入数据新闻微信公众号的内容传播中，实际就是丰富平台内容的网络化写作空间。以网易“数读”微信公众号为例，其源头网易新闻中心就打造出了新闻跟帖的新格局——“网易大楼”。在阅读每一篇网易新闻时，受众对文末的网民跟帖产生了更为浓厚的阅读兴趣。每一个阅读网易新闻的受众都可以根据自己的想法自由地为这篇新闻创造更多的标签，这也就是前文中提到的二级超链接。单一的新闻被演化为内涵丰富的多维度数据信息。因此笔者认为数据新闻微信公众号可利用“万物无序”理念开启数据链接密码。

第一，丰富交互式数据可视化。例如，在推送的数据新闻中运用时间轴图表，通过点击不同时间节点展现与此时间相关的数据信息，不断分层次展现相关的其他类型图表。虽然技术层面较为复杂，但这些动态交互式图表能够提高受众的关注度。

第二，丰富“平台－受众”双向互动。例如，在平台建设菜单栏时，开辟专区供受众留言、互动，并实时整理、排版并公开读者跟帖，形成与网易新闻“网易大楼”类似的读者跟帖评论区。利用好每篇推文文末的读者留言区，形成特色的回复风格，提高评论区的趣味性。由此形成平台与受众良好的双向互动，为受众提供参与数据构建的端口。

---

① 〔美〕戴维·温伯格：《万物皆无序》，李燕鸣译，山西人民出版社，2017。

第三，拓宽数据收集渠道。例如，联合其他专业人士采集数据，开创数据众包模式。数据新闻微信公众号可以依靠在网络中的众多专业个人或团队来完成数据的采集及整理工作。在数据新闻实践团队确定某一新闻选题后，可根据新闻选题相关背景，设计合适的参与形式，在微信公众号上联系其他合适的微信公众号进行合作。

五　结语

2019 年 1 月 25 日，中共中央政治局就全媒体时代和媒体融合发展举行第十二次集体学习，习近平总书记做出详细指导，他指出要“通过流程优化、平台再造，实现各种媒介资源、生产要素的有效整合”“要坚持移动优先策略”“要探索将人工智能运用在新闻采集、生产、分发、接收、反馈中”“要形成资源集约、结构合理、差异发展、协同高效的全媒体传播体系”。习总书记细致的工作部署，为数据新闻微信公众号的发展既提供了政策保障、融合契机，也提出了改革要点和发展方向。数据新闻微信公众号顺应时代需求，响应中央号召，在移动化、智能化、互交化、数据化的优势组合上抢占了先机，获得了平台和内容的双重优势。

技术会永无止境地创造新的时代逻辑，而人文精神与技术良性互动才能为人类创造福祉和希望。数据新闻微信公众号在“移动优先”的网络互动平台上，需进一步加强与自身母媒体资源的集约和共享，利用人工智能的高科技手段进一步优化数据新闻的制作与传播策略，在“数据核心”的新闻新世界中发挥巨大作用，才能在媒体融合的大潮中占领舆论引导、思想引领、文化传承、民生服务的传播制高点。

B.15

移动互联网时代城市党报融合传播创新研究

——以《长江日报》为例

朱建华*

摘　要： 城市党报融合传播创新是中国传播创新的重要体现。以《长江日报》为代表的城市党报，其融合传播创新可归纳为管理模式创新、平台建设创新、传播产品创新、时政报道创新、城市议题创新、队伍建设创新六个方面。研究发现，城市党报融合传播创新在移动互联网时代变得更加紧迫和积极主动，推动主力军进入主战场变得更加坚定不移，总体呈现出一体化、移动化、产品化、多元化等趋势，而制约发展的深层次问题仍有待破解。

关键词： 融合传播创新　城市党报　移动互联网　《长江日报》

一　研究背景：城市党报的媒体融合

党报是党的意识形态工作的主阵地，也是融合创新传播的主阵地。《长江日报》（简称“长报”）是中共武汉市委机关报，是中共武汉市委指导全

* 朱建华，《长江日报》报业集团光谷编辑部主编，研究方向为融合传播、新闻实务、报业文化。

市各项工作的重要思想舆论阵地[①]。2019 年是长报创刊 70 周年，作为中国共产党在武汉解放后创办的第一份党委机关报，长报围绕建设新型主流媒体目标的实践与探索，是研究移动互联网时代城市党报融合传播代表性样本。

（一）新中国新闻事业成就巨大

2019 年是新中国成立 70 周年。党的新闻事业是中国特色社会主义的重要组成部分，70 年来取得了令人瞩目的历史性成就。以长报为代表的城市党报已从单一的一张报纸发展成拥有报纸、网络、端口多个传播平台的专业传播机构，成为党的执政资源中不可或缺的一部分，是城市运转机制的重要组成部分。近年来，传统报业纸、网、端多渠道并进，传播力、引导力、影响力、公信力大幅提升，取得了社会效益和经济效益双丰收。[②]

（二）移动互联网时代党报地位重要

移动互联网时代，人人都有麦克风，人人都是传播者，作为党的新闻舆论的主阵地，党报在整个传播秩序中发挥着不可替代的作用。党报上连党心，下接民心。众声喧哗的舆论场中，发挥“定海神针”和“中流砥柱”的作用，是党报移动互联网时代重要性的体现。

（三）城市党报融合实践活力强劲

城市党报是研究和观察中国传播创新实践的代表性群体。一方面，城市党报数量较多，远远多于省级党报和县市级党报；另一方面，城市党报在融合传播创新实践上释放出强劲活力。长报等全国 15 家副省级城市党报呈现出覆盖人群广、历史悠久、办报水平高和综合实力强等特点。一年一度的副省级城市党报新闻竞赛已连续举办二十七届，自 2017 年起副省级城市党报还开始评选媒体融合案例奖。

---

① 王雪：《切实做好长江日报等党报党刊发行》，《长江日报》2018 年 11 月 29 日，第 1 版。

② 张建星：《中国报业 40 年》，人民日报出版社，2018，第 3 页。

（四）《长江日报》融合探索成效显著

长报综合实力位居全国城市党报第一方阵，融合探索成效显著，尤其是2018年围绕加快建设新型主流媒体目标进行的改革走在全国报业前列。在由中央网信办指导、由中国记协主办的论坛上，长报获评“稿源单位移动端综合传播力30强”，位列全国第25位；人民网发布的《2018全国党报融合传播指数报告》显示，长报在网站、微博、微信及入驻App等各渠道的传播力均进入全国党报20强①；2018年12月，在第五届中国报业新媒体大会上，长报获评“融合发展优秀案例奖”。此外还获“改革开放四十年·报业经营管理先进单位”“全国副省级、省会城市日报十强”等荣誉称号。以长报的融合实践为样本观察和研究城市党报的融合传播创新具有代表性。

二　融合传播创新：以《长江日报》为例

2018年，长报的融合传播创新可归纳为管理模式创新、平台建设创新、传播产品创新、时政报道创新、城市议题创新、队伍建设创新六个方面。这六个方面作为一个整体，是城市党报融合传播创新实践的生动体现。

（一）管理模式创新

融合传播创新离不开管理模式创新。推动媒体融合深度发展，科学的管理方式是重要内容和重要抓手②。长报集团2018年由集团管媒体、媒体管部门，直接变为集团直接管部门，管理模式创新主要体现在采编创新、经营创新和考评创新三个方面。

1. 采编创新

长报是长报集团的旗舰。作为机关报，长报主要承担舆论宣传功能。

---

① 《人民网副总裁宋丽云发布〈2018全国党报融合传播指数报告〉》，http：//media. people. com. cn/n1/2018/0620/c40606－30067763. html，最后访问日期：2019年1月10日。

② 张文君：《推进媒体从形式融合到实质融合》，《北京日报》2018年11月26日，第18版。

2018 年前，长报与《武汉晚报》（简称“晚报”）、《武汉晨报》（简称“晨报”）虽然在性质和定位上有区别，但在新闻报道和广告经营上存在同质化与竞争。2018 年 3 月改革后，长报、晚报、晨报原有的采编力量组建为长报集团的 14 个公共采编部门，打造以融媒体中心为核心的新闻生产闭环体系，做到发布端口统一管理、统一调度、统一指挥。记者采写的内容，同时供集团旗下各报、各端口、各平台选用。这在内容生产上初步实现了中央厨房模式下“一次采集、多次生成、多元发布”。统一布局新闻资源之后，新闻生产按照“三个转变”稳步推进，即实现从全面生产向重点生产转变、从自发生产向目标生产转变、从个体生产向团队生产转变。这是移动互联网时代新闻采编工作的创新。

2. 经营创新

2018 年，长报集团在统一布局新闻资源的同时，对经营资源进行了整合。具体为：把过去长报、晚报、晨报的经营资源统一整合为 14 个垂直的事业部，按价值链、责任链、利益链重新配置资源，各事业部深耕垂直领域。改革后扁平化管理模式，使得各事业部内部闭环管理、自成体系，能灵活调整经营策略、迅疾集中经营资源。2018 年，14 个事业部全部实现赢利，集团媒体经营收入同比增长 33%。这是管理模式创新成效的最好证明。

3. 考评创新

考核评价是融合发展的指挥棒。从 2018 年第一季度起，长报新闻奖不再按传统的消息、通讯、评论等模式进行评奖，而是分为主题宣传、公共服务、新闻调查、现场新闻、观点贡献、爆款产品、传播创意七大类别，其目的就是要彻底打破传统的体裁束缚，提高在移动端的传播力与影响力。这一评奖模式的创新走在了全国党报前面。2018 年，集团还先后制定出台若干管理规定，让不同身份、不同部门的员工在干事创业中共享发展成果。

（二）平台建设创新

移动互联网时代，党报早已从一张报纸发展成拥有报纸、网络、端口多个传播平台的专业传播机构，如何定位各个平台与端口之间的关系？平台建设创新主要体现在四个方面：一是实施移动优先、报纸定格，二是坚持法人微信公众号优先，三是把城市留言板打造成媒体核心功能，四是把客户端作为主阵地。

1. 实施移动优先、报纸定格

2018 年，移动优先在长报得到了进一步强化。记者稿件原则上均须第一时间通过移动端首发，并直接与考评挂钩。在移动优先的背景下，稿件要是通过移动端率先发布了，那么第二天出版的报纸发什么？这是以报纸为代表的传统媒体面临的共性问题，城市党报也不例外。长报在实施移动优先的过程中，提出移动互联网时代报纸的新功能是“定格”。“定格”原意是指影视片的活动画面突然停止在某一个画面上，现在泛指确定某种状态、格式、标准上，如比赛结果定格为 2 ∶ 1[①]。怎么理解“移动优先、报纸定格”？移动互联网时代，信息变得海量，舆论变得繁杂，作为城市主流媒体的党报，要发挥其“中流砥柱”和“定海神针”的作用，既要“定格”城市的大事，也要能对繁杂的舆论及时发声。2018 年，长报多篇记录武汉改革创新的大事、要事、新鲜事在头版头条刊发，这是“移动优先、报纸定格”的具体体现。面对热门新闻，通过评论的方式坚定发声，理性释道，《信任司法就不会迷信死刑》获中宣部点名表扬；《让昆山案成为“以案释法”的样本》《没有公信力，传播越广伤害越大》获湖北省委书记蒋超良的批示肯定[②]。

2. 坚持法人微信公众号优先

微信已成为公众日常使用频率最高的工具。2018 年 3 月，微信全球月使用活跃用户总数已经超过 10 亿[③]。明确“坚持微信优先”，就是《长江日报》法人微信公众号优先。在坚持微信优先的定位下，长报微信公众号以

① 《现代汉语词典（第七版）》，商务印书馆，2016，第 308 页。

② 刘洪波：《从“执政资源”高度认识媒体公信力》，《新闻战线》2018 年第 12 期（上），第 24 页。

③ 刘少华：《腾讯，在十亿人指尖起舞》，《人民日报（海外版）》2018 年 8 月 8 日，第 5 版。

“原创、武汉、正能量”为原则，不仅成为武汉市委、市政府重要信息发布的出口，也是长报移动端精品化内容生产的重要出口。2018 年，长报公众号的传播力、影响力不断增强，粉丝有了较大幅度的增长，全年 33 条推文被《人民日报》、新华社、央视新闻等中央主流媒体的微信公众号转载。清博大数据显示：长报微信公众号 2018 年影响力超过 99.99% 公众号，在全国报纸微信公众号年度 50 强榜单中排第 27 名，在党报中排第 5 名，在城市党报中排第 3 名。

3. 把城市留言板打造成核心功能

如何在移动互联网时代与受众建立连接是传统媒体面临的挑战。长报把依托官方网站长江网建设的城市留言板作为核心功能，是媒体重新建立与受众连接的一次积极探索。武汉在全国率先成立网上群众工作部，受理群众投诉问题的平台就是依托长江网建设的城市留言板，这是武汉市委对城市主流媒体的一次赋能。“民有所呼　我必有应”，城市留言板上入驻的单位有 117 家，包括所有区及市直单位，对市民留言反映的问题，相关部门必须按期予以回复、办理，对回复、办理的情况，不仅会进行督查还会由市民进行评议。长报开辟全媒体专栏，对市民留言反映的代表性问题做公开报道，进一步督促相关部门予以回复或办理。2018 年办理群众诉求 20 余万件。另外，围绕城市和社会发展的一系列热点问题，2018 年长报开展互动活动 200 多场，各级领导批示 170 多次。

4. 把客户端作为主阵地

移动端是媒体融合时代的风口，新闻客户端是民众获取新闻资讯最主要的途径。[①] 客户端是长报融合发展主阵地：一是客户端是记者稿件首发平台；二是强化服务，已可以提供 40 种服务，如在“办事”栏目里不仅可以直接网上报警、预约出入境，还能预约结婚登记的时间；三是优化用户体验，提升智能化水平，2018 年先后进行了 4 次升级迭代，下载量同比上升了 45%。在优化用户体验的同时，长报还注重提升客户端的智能化水平。

① 刘志明等：《中国微传播指数报告 2018》，中国社会科学出版社，2018，第 54 页。

2018 年再次升级后，“推荐”功能在“头条”频道全新上线，新功能通过 AI 算法为用户推荐订制化内容，内容千人千面，覆盖全国近 500 家媒体，时政、社会、科技、财经、房产、教育、电影、生活等信息应有尽有。“新闻 + 服务 + 智能”推荐已成为长报新闻客户端的特色。

（三）传播产品创新

传播产品创新是融合传播创新的重要体现。长报传播产品创新既体现在报纸端也体现在移动端：一是做强栏目、做精版面，二是着力打造移动端品牌，三是全媒体、可视化呈现。

1. 做强栏目、做精版面

报纸在移动互联网时代仍是传播的重要载体。“长江观察”“长江调查”“鲜城事”“过影”“运动武汉”“图说武汉”等是 2018 年新开设的栏目或版面。2018 年 11 月 9 日，“双十一”前夕，原创影像“过影”问世。何谓“过影”？用影像走到深处，直抵内心，希望大家看得“过瘾”。世界喧嚣，期望用镜头记录下个体沉浮、时代变迁、家国情怀，并以“过影”为窗口，凝住那些动人的瞬间。每周与读者见面的“过影”，与移动端每天与读者见面的“图说武汉”形成互补，前者更加注重深度，后者侧重于用影像记录城市表情。开设这些新栏目或版面，旨在强化长报在移动互联网时代作为专业传媒机构所生产的内容，在生产快的同时，还要专业、独家、深度。这些新栏目或版面的另一个特点是，除配发醒目的题花或版头外，还配发记者的照片，以强化其品牌性。这些具有产品形态的新栏目或版面刊发的稿件，在移动端也获得了广泛传播。作为长报品牌的“长江评论”，2018 年每天围绕热点，聚焦一件事、做透一件事，率先从全面生产向重点生产转变，从自发生产向目标生产转变，从个体生产向团队生产转变，《换个国籍直通北大清华，有损高考公平》等评论文章成为移动端的流量爆款。2018 年，长报的版面设计在秉承“一流、大气、简洁”风格的同时更加有创意和传播性更强。2018 年 12 月 14 日推出的 60 个版全彩印刷的“留汉”人才特刊，采用四开四版设计，通过编排、用图、色调、留白等，把报纸传统版面做成值得珍藏的杂志风格，这让报纸的传统版面释放出新的活力，也赋予了版面独特的价值。

2. 着力打造移动端品牌

受众在哪里，宣传报道的触角就要伸向哪里。“早安武汉”微信专栏集文字、图片、视频、语音于一体，每天早上通过长报微信公众号进行推送，是武汉人每天阅读武汉、了解中国的一个窗口，《中国记者》《中国新闻出版广电报》及中国记协网站先后刊文推荐，获湖北新闻奖网络专栏一等奖。2018 年，该专栏内容得到进一步优化和提升，内容更丰富、可读性更强。2018 年，长报还在移动端开设了“武汉一周政情”“看天气吧”“防盗诊所”“奇奥桥”等栏目，通过采用现场直播、短视频、动画等手段进行全媒体传播。长报微博“#最美武汉人#”话题以短视频为主讲述最暖武汉人的故事，截至 2018 年底总点击量达 3600 万。

3. 全媒体、可视化呈现

技术的发展为融合传播创新提供了更多可能。长报传播产品创新另一个鲜明的特点是全媒体、可视化呈现。第一，直播成为全媒体化传播的日常形式，不仅有专职主播参与直播，更多的一线记者也出镜直播，全年共进行视频直播 660 场。2018 年，直播地域和边界得到了进一步拓展，报道汶川地震十周年、港珠澳大桥开通等重大事件时均派出记者到现场进行直播，借助海外留学生及特约记者的力量，对马克思 200 周年诞辰以及在新加坡举行的“金特会”等进行了直播，此外还开展了多场法院抓老赖的现场直播，推出了“零点直播”视频栏目。第二，短视频传播得到了进一步强化。除直播为短视频提供源源不断的素材外，2018 年长报在公交、地铁两大领域也获得了大量丰富的视频资源，这些传递温暖和正能量的短视频，经过制作转化，不少成为爆款。全年发布 2700 余条视频，30 多条点击量突破 100 万 +，视频《武汉过江公交车上，司机和乘客一刹一抱化险为夷》在重庆公交车坠江事件的背景下推出，全国百家媒体转载，传播量达 3000 多万次，《武汉女司机一声吼，救回一条命》在长报抖音号上点击量达 4200 万。第三，动画、H5、长图、音视频等形式得到了广泛应用。2018 年武汉两会召开期间，长报把直播间设在两会会场，并推出了一些具有产品化属性的创意传播产品，如RAP版《看什么看？看武汉》歌曲，“全景看两会”“一起接力为武汉鼓掌”“两会好声音”等。2018年是东湖高新区建区30周年，围绕光谷30年创新30人评选活动，从报纸版面到新媒体传播，长报推出了一批含长图、视频、H5等形式的具有可视化、创意性、传播性、互动性的产品。

（四）时政报道创新

做好时政报道，党报义不容辞。时政报道在党报的各类报道中，不仅占有较大比重，通常还占据重要版面的显著位置。时政报道创新对于党报提高传播力、引导力、影响力、公信力具有重要意义。长报的时政报道创新，主要体现在增强贴近性、强化思想性、提高可读性。

1. 增强贴近性

时政类报道常常因为政治性强、关注度高，党报处理起来会慎之又慎，如果原题原文照发新华社稿件，容易给读者造成“千报一面”的印象。贴近实际、贴近生活、贴近群众，是媒体应遵循的原则之一，也是让新闻报道为人民群众喜闻乐见、牢固占领舆论阵地的法宝。对时政类报道，在坚持正确舆论导向的前提下，长报会通过重新制作标题、精心提炼摘要等方式，活用新华社等中央主流媒体的稿件，尽可能增强报道的贴近性。长报微信公众号2018年4月关于习近平总书记在湖北内政外交活动的报道，在同城媒体中传播最广，点击量达10万+的就有4篇，地域上的贴近性是传播取胜的重要原因之一，这在《习近平总书记武汉考察，科技攻关要摒弃幻想靠自己》《习近平乘船考察长江，在荆州港登船顺江而下》《习近平在武汉主持召开会议：以长江经济带发展推动高质量发展》《习近平同莫迪在湖北省博物馆共同参观精品文物展》《习近平同莫迪在东湖边散步交谈》等标题上就得到了很好的体现。标题上突出武汉，有利于拉近和受众之间的距离，从而提高传播效果。

2. 强化思想性

思想性是党报的“魂”。作为党的主流舆论阵地，党报的舆论引导能力既建立在权威性上，更建立在思想性上。思想性是对党报整体办报质量与水平的综合评价指标之一。党报的思想性应贯穿于整个报道和全部版面中。2018 年 12 月 18 日，庆祝改革开放 40 周年大会召开，长报推出了 12 个版的“序章”特刊。“凡是过去，皆为序章。”与全国其他媒体推出的特刊相比，“序章”特刊具有很强的思想性。“序章”所要表达的寓意，与习近平总书记当天在庆祝改革开放 40 周年大会上的讲话精神高度契合。这体现出党报强有力的思想性和引领性。

3. 提高可读性

习近平总书记多次强调，切实提高党的新闻舆论传播力、引导力、影响力、公信力。把传播力放在第一位置，是对新闻舆论规律的高度总结。传播是第一位的，没有传播，对媒体来说一切都无从谈起。对于宣传思想工作者而言，要提高传播效果，就要“真正做到讲的话群众喜欢听，写的文章群众喜欢读，创作的影视作品、舞台艺术群众喜欢看”①。无论是在传统的报业时代，还是移动互联网时代，受到用户欢迎的优质内容的共同特点之一都是具有较高的可读性。长报在大力推进主力军进入网络主战场的过程中，把提高时政报道的可读性作为重要的切入点，并在实践中取得了良好的社会效果。2018 年 4 月 28 日，中印领导人在东湖边散步，当晚长报微信公众号首发了《全球刷屏！从今天起，请叫“世界东湖”》的原创报道，点击量超过 65 万。这篇推文火爆朋友圈的原因有很多，最重要的一点，在于内容可读性强，能引发受众的情感共鸣，大家愿意自发地去分享、去传播。

（五）城市议题创新

作为城市党报，长报自创刊以来一直根植于武汉，既是城市形象的传播者，同时也是城市形象的塑造者和城市利益的维护者。长报的城市议题创新，主要体现在创意策划、融合互动和议程设置三个方面。

---

① 黄坤明：《增强脚力眼力脑力笔力　守正创新做好新形势下宣传思想工作》，《求是》2019 年第 1 期。

1. 创意策划

城市议题创新，主要体现在围绕市委、市政府重点工作主动设置议题，成立核心团队集中做好顶层设计和创意策划。2018 年 4 月，针对习近平总书记的湖北之行，长报密集推出了一组有高度、有创意、有质量的报道，其中 3 天连续推出的 3 个 8 连版是亮点之一。8 连版是一种特殊的报纸版面形式，以正反面各 4 个版面不断开印刷为特点，展开后接近一个正常成年人身高，对编辑和制作都有特殊要求①。3 天 3 个 8 连版紧扣“逐梦新时代”的主题，分别推出《坚定笃行　绘就长江生态新画卷》《东湖绿道　开启更美好的生活》《敢为人先　奋斗的城市永远年轻》等文章，版面以照片为主，同时配发评论，既有视觉冲击力又有思想性。以外交部举行湖北全球推介会为契机，展开全媒体矩阵报道，推出“湖北，从长江走向世界”专题，全媒体总阅读量超过 1000 万人次。策划推出的“武汉朋友圈”大型跨国采访报道，见证武汉沧桑巨变。这些都是长报在城市议题创意策划上的年度创新。

2. 融合互动

融合互动是创新城市议题的重要手段，融合互动既包括报纸与新媒体之间的融合互动，也包括媒体与用户之间的融合互动。2018 年 5 月是武汉市的第十九个党风廉政建设宣教月。5 月 15 日，长报在 2 版要闻版刊发了《家风故事存入“廉洁存折”随时“支取”学习“家风银行”让廉洁之风在家庭生根》的报道。这是一篇宣教月的宣传稿。见报稿件中的一个细节引起了新媒体编辑的注意：一位新提拔的副局级干部给女儿写了一封信。一封信，看似普通，但放在新时代的大背景下，有独特的社会意义。长报微信公众号编发《新提拔的副局级给女儿写了一封信，三句话道尽人生所感》一文，获得了社会各界的点赞，包括《人民日报》在内的数十家微信公众号进行了转载。2018 年发生在重庆的公交车坠江事故原因公布后人们唏嘘不已，长报融合互动的本地化报道既及时回应了公众关切，又有力地引领了

① 周炬、张凡：《3 天 3 个 8 连版的背后故事》，《新闻前哨》2018 年第 7 期。

舆论，推送的报道在微信公众号上点击量连创 10 万 +，短视频网上一天的点击量就过 100 万 +，《人民日报》、新华社等微信公众号也进行了转发。

3. 议程设置

议程设置在移动互联网时代仍是大众媒介的重要功能，媒体尤其是主流媒体通过强有力的议程设置可以有效影响舆论。2018 年武汉市两会召开期间，长报把直播间搬到了两会现场，直播主题一方面围绕党和政府的中心工作做文章；另一方面着力报道人民群众“最急、最盼、最怨”的事，直播的主题有“武汉秋冬雾霾要怎么治？环保局长做客长报直播间与网友互动”“老旧小区解决饮水难，100 处二次供水设施今年将完成改造”等。弘扬主旋律、传播正能量的报道，在长报议程设置中也占有较大比例。10 月 25 日是武汉的抗日战争沦陷纪念日，每年的这一天，武汉全城拉响防空警报，以号召大家勿忘这段历史，当天下午 4 点警报拉响时长报推出《听！武汉全城正响起的警报，每一声都是一个暗号……》一文，与市民同频共振，点击量达到 10 万 +，这是城市主流媒体在舆论引领上成功的议程设置。

（六）队伍建设创新

困难面前，信心比黄金重要。人才竞争是媒体竞争的关键，人才优势是媒体核心优势。长报的队伍建设创新主要体现在三个方面：一是用新人充实队伍，二是用实践锤炼队伍，三是用作风凝聚队伍。

1. 用新人充实队伍

2018 年是汶川地震 10 周年。一家自媒体公号上的文章《汶川地震 10 年，那些写报道的人在哪里》刷屏媒体人朋友圈。10 年时间，包括当年很多去汶川采访的记者，后来因种种原因离开了媒体。巧合的是，汶川地震 10 周年之际，长报记者余坦坦撰写的《我在现场!》公开出版。这是长报 16 位记者亲历汶川大地震的口述实录。与自媒体上所反映的情况不同，长报当年去汶川采访的 16 位记者，除个别因年龄原因退休外，其他没有一人离职，多数至今还在新闻采编一线工作。他们中有七八人后来还获得过中国新闻奖。队伍的稳定为发展提供了保障。长报是近年来为数不多的每年持续公开招聘的城市党报。2018 年公开招聘的岗位，除传统的新闻记者、评论员外，还有主播、工程师、编导、音乐编辑、动画师、动捕导演、无人机飞手等，全年一共招聘、引进各类人才 42 人。

2. 用实践锤炼队伍

在人才队伍建设方面，长报注重在新闻实践中锤炼队伍，尤其是注重通过主题报道、大型采访等来锻炼年轻人。2018 年，“武汉的朋友圈”系围绕改革开放 40 周年策划的重磅报道之一。为此，报社派出记者飞到日本大分市寻访龟山弘“总工”，他曾帮助武钢打造世界一流的炼钢生产线；派出记者飞到德国杜伊斯堡寻访市长林克，那里命名了一列“中国武汉号”火车；派出记者飞到乌克兰采访汉语教师，她有个中国名字叫“李娜”……这些到国外采访的记者都是近年来新入职的年轻记者。通过一系列重大主题报道，年轻记者不仅有所发现、有所创造、有所前进，而且脚力、眼力、脑力、笔力都得到了锤炼和提高。

3. 用作风凝聚队伍

宣传思想工作是群众工作，有没有良好作风直接决定着工作效果的好坏和水平的高低①。在人才队伍建设上，长报十分注重用良好的作风凝练队伍。第一，注重传承弘扬长江报人长期以来形成的优良作风。2018 年 11 月 26 日，长报刊发了一组名为“回望为了奋进”的报道。这组报道通过重登长报当年报道、采访老记者的方式，用 9 篇故事刻画出了我国改革开放的奋进足迹。这组报道的执笔记者均为近年来新入职的年轻记者，通过这组报道，年轻记者不仅了解了获中国新闻奖一等奖的通讯作品《140 万双袜子的命运》等当年是如何产生的，而且再一次感受到了老报人的职业精神与风采。通过与老记者面对面的采访，年轻记者每个人都收获颇丰。这组报道见报后，报社还举办了“增强‘四力’本领专题培训座谈会”，让老记者与年轻记者面对面进行座谈交流。第二，营造拼搏赶超的浓厚业务氛围。2018

① 黄坤明：《增强脚力眼力脑力笔力　守正创新做好新形势下宣传思想工作》，《求是》2019 年第 1 期。

年，举办“周五课堂”业务交流活动17场，报社大楼大厅每天持续滚动播放新闻采编与经营活动中的各种创新与亮点。第三，凝心聚力，凝练队伍，具体形式包括生日送祝福，举办东湖绿道徒步活动和趣味运动会等。第四，传播并分享记者的成绩与荣誉，关心记者成长。用百余张照片记录妈妈“抗癌日常”的张希祉是一名新入职的记者，其作品《妈妈》从全球近30个国家和地区8万余件作品中脱颖而出，拿下亚洲大学生摄影大赛特等奖，长报除刊发其作品和获奖消息之外，也关心其成长和关注其家庭。

三　结论与讨论：移动互联网时代城市党报的发展趋势

党报要在纷繁复杂的社会舆论场中起到“定海神针”和“中流砥柱”的作用，推动媒体融合发展、建设全媒体变得更加紧迫。长报的探索与实践既是城市党报融合传播创新的生动体现，同时也反映出移动互联网时代城市党报发展中的一些新现象、新趋势以及面临的有待破解的一些深层次问题。

（一）推动融合发展、建设全媒体变得更加紧迫

2014年6月底，我国手机网民数量首次超过传统的PC网民数量，从PC端到移动端，网民获取信息的渠道、接触的内容发生了变化①，这是我国进入移动互联网时代的标志。移动互联网时代受众更多地通过手机终端获取信息并通过以微博微信等为代表的社交工具进行信息的传递和分享。移动互联网时代终端的移动性和便携性，对空间和时间的重塑，最明显的变化莫过于社会交往方式的变化②。一个值得关注的现象是，移动互联网时代用户是在移动、变化的空间中随时随地进行信息阅读、社交和其他活动。③ 如

① 于洋、李家鼎：《“窃窃私语”下的舆论生态之变》，《人民日报》2015年1月22日，第14版。

② 王迪、王汉生：《移动互联网的崛起与社会变迁》，《中国社会科学》2016年第7期。

③ 彭兰：《重构的时空——移动互联网新趋向及其影响》，《汕头大学学报》（人文社会科学版）2017第3期。

今，全媒体不断发展，信息无处不在、无所不及、无人不用，而这也让推动融合发展、建设全媒体变得更加紧迫。2019 年 1 月 25 日，2019 年中央政治局第一次集体学习的“课堂”搬到人民日报社，这是习近平总书记时隔 3 年又一次来到人民日报社，也是党的十九大以来中央政治局集体学习第一次走出中南海。长报集团采编与经营扁平化治理结构的重大变革，集团党委主动取消责任缓冲区，直抵一线，正是这种紧迫性的体现。

（二）融合传播创新实践变得更加积极主动

一代人有一代人的使命，一代人有一代人的担当，城市党报融合传播创新实践在紧迫性面前变得更加积极主动。一方面，新媒体快速崛起，一大批都市类、市场化媒体广告费持续下跌，甚至休刊、停刊，作为传统信息传播介质的市场化报纸将逐渐退出历史舞台，而党报仍将长期存在，且必须有所为；另一方面，党中央对新闻舆论工作的重视程度越来越高，自 2014 年中央提出融合发展战略，到 2018 年，媒体融合已走到第五个年头，放眼全球，面对全媒体时代的严峻挑战，没有哪个国家像中国这样由最高层亲自谋篇布局并上升为国家战略①。在党委和政府的关心支持下，城市党报的融合传播创新实践变得更加积极主动，从“要我做”变为“我要做”。长报在创刊 70 周年之际，面对传播格局的变化，提出了“三个不可替代”，即作为党的执政资源的不可替代、作为城市运转机制的不可替代、作为专业传播机构的不可替代。创新性地提出“三个不可替代”，是城市党报一次全新的自我认识和定位。

（三）坚定不移地推动主力军进入主战场

党媒全媒体传播格局正面临最大变量和最大增量。不同于“三低”（低学历、低年龄、低收入），以“白骨精”（白领、骨干、精英）为代表的“三高”（高学历、高收入、高消费）群体已经成为网络中的活跃群体，总

① 卢新宁：《媒体融合如何“合而为一”》，《新闻战线》2018 年第 10 期（上）。

人数超过 3 亿人，这为党媒重新走上核心媒体提供了重大机遇。[①] 实干兴邦。城市党报在融合传播创新的实践中坚定不移地推动主力军进入主战场，这是时代的要求，也是职责与使命所在。2018 年，长报集团党委 21 次专题研究采编资源整合、阵地建设等意识形态领域工作，克服资金不足、人才技术不足、发展资源不足等困难，以理念融合、人员融合、机制融合等促进媒体融合，着力推进全媒体平台建设，坚定不移地推动主力军进入主战场，这是城市党报融合传播创新呈现出的鲜明特点。

（四）始终坚持正确舆论导向、坚守社会责任

推进融合发展、建设全媒体变得更加紧迫，媒体在做好顶层设计、积极主动地进行探索的同时，必须认识到，转型与融合发展，改革与创新，都必须坚持党的统一领导，必须在党委的领导下进行，这是移动互联网时代城市党报融合传播创新必须坚持的原则。长报在集团党委的统一领导下，融合传播创新始终坚持正确舆论导向、坚守社会责任。长报并不在中国记协试点的媒体责任报告上发布名单，但每年坚持主动向社会发布社会责任报告。责任是使命，责任是力量，责任是鞭策。2019 年 1 月 29 日，长报以全媒体形式向社会发布了《2018 年度媒体社会责任报告》，其中报纸就用了 10 个整版。

（五）发展呈现出一体化、移动化、产品化、多元化特点

推动党的声音直接进入各类用户终端，努力占领舆论场，就要实现新闻传播全方位覆盖、全天候延伸、多领域拓展。以长报为代表的城市党报呈现出一体化、移动化、产品化和多元化的趋势和特点。第一，一体化发展是媒体融合发展的必然。发展新兴媒体忽视传统媒体，或坚守传统媒体忽视新兴媒体，都不是真正的一体化。一体化发展在舆论导向上不能搞双重标准，但内容生产和传播要区分不同平台的特点。第二，坚持移动优先策略，借助移

① 李良荣：《党媒全媒体传播格局的最大变量和最大增量》，《新闻战线》2018 年第 10 期（上）。

动传播让内容进入更多用户终端。城市党报的内容借助多种移动终端进行分发，让内容得到广泛传播。第三，内容生产产品化贯穿于融合传播的全过程。产品化立足于生产出既服务于党和政府的中心工作又让用户满意的产品①。产品化不能只求点击量而不讲导向。第四，转型和融合发展的过程中城市党报业务更加多元化。2018 年，长报集团非报经营收入占比达 40%，正式启动建设的长江数字媒体项目实现集团从资源整合到资产运营的转变，发展不平衡问题正在解决。

（六）传播创新与经营创新同步推进是深层次的融合

任何社会都是经济、政治、文化三位一体构成的有机整体，城市党报的融合传播创新不单单是一个传播手段建设与创新的问题，背后与经济、政治有着密切关系。研究长报的融合传播创新，既要放在当下的中国，也不能脱离一定的是经济、政治、文化。长报融合传播创新从制度设计上来说具有整体性，这是显性的，而另一个相对隐蔽的特性是，把传播创新与经营创新同步推进、有机结合，这在某种程度上也是一种融合，而且是深层次的融合，这种融合不仅必要而且重要。2018 年，长报集团经营收入逆势上扬，为推进媒体转型提供了必要的财力保障，也为全国城市党报媒体主业经营转型提供了新样本。

（七）制约发展的一系列深层次问题仍有待破解

在看到城市党报转型与融合发展取得成绩的同时，不可否认的是，制约发展的重点、难点等深层次问题仍有待破解。一是“事业单位，企业化管理”的模式，让传统主流媒体看似能享受到两方面红利，实则“党政事企”四不靠。“抓紧做好顶层设计，打造新型传播平台，建成新型主流媒体”②，

① 北京市习近平新时代中国特色社会主义思想研究中心：《媒体融合发展需要把握三种思维》，《光明日报》2019 年 1 月 21 日，第 6 版。

② 新华社：《习近平在中共中央政治局第十二次集体学习时强调　推动媒体融合向纵深发展　巩固全党全国人民共同思想基础》，《人民日报》2019 年 1 月 26 日，第 1 版。

需要上级党委政府统筹考虑，加快推进。二是媒体融合进度与落实主力军进入主战场的要求还有差距，主流舆论阵地建设需要进一步加强；采编、经营资源整合仍有待进一步深化，综合部门职能优化需要加快推进。三是平台建设还有待进一步加强，媒体自我革命中的技术引领需要突破，用户总数、粉丝量需要进一步提升，产品创意还需要强化。四是多元化布局需要强力推进，新媒体营收在整个收入中的比重还不够高，不足以支撑未来的发展。五是推动媒体融合向纵深发展，让主流媒体牢牢占领传播制高点，需要各级党委政府认真落实习近平总书记“从政策、资金、人才等方面加大对媒体融合发展的支持力度”① 的要求，进一步给予扶持。

① 新华社：《习近平在中共中央政治局第十二次集体学习时强调　推动媒体融合向纵深发展　巩固全党全国人民共同思想基础》，《人民日报》2019 年 1 月 26 日，第 1 版。

资 料 篇

Reference

B.16
中国传播创新大事记（2018）

朱 琳 *

（一）传播制度创新

1. 国家内容监管部门出台全方位网络社交媒体监管措施

2018 年 2 月 2 日，国家网信办发布《微博客信息服务管理规定》。在此前后，针对新技术发展带来的社交媒体领域的新问题，中央级监管部门，包括国家网信办、版权局、新闻出版广电总局以及各地监管部门，出台了一系列覆盖微博、网络直播、短视频、搜索引擎、微信公众号等各类社交媒体的规范及监管举措。其中，对于算法问题的相关要求为本年度监管治理互联网、社交媒体的新内容；对可视化内容表达的短视频平台的内容整治则为今年重中之重。继 7 月相关六部门对网络短视频集中整治，依法处置了 19 个网络短视频应用之后，8 月 23 日，国家网信办会同有关部门，针对网络短

* 朱琳，武汉大学新闻与传播学院博士后，武汉大学媒体发展研究中心研究员。

视频行业存在的突出问题，开展了一系列专项治理行动，共封禁违规账号113万余个，查删拦截有害短视频810万条；11月20日，网信办等部门对自媒体账号展开集中清理整治专项行动，处置了9800多个自媒体账号，并约谈了10家客户端自媒体平台。2018年，我国社交媒体管理空前加强，密集立法和执法，针对社交媒体平台的违法违规信息、低俗不良内容和各种违规行为，采取了比一般行政处罚更多样化的监管措施，体现出政府对治理社交媒体传播乱象的高度重视。

2. 传媒机构改革

2018年3月13日，第十三届全国人大第一次会议审议通过了《国务院机构改革方案》。其中与传媒相关的内容有：中央网络安全和信息化领导小组改为中央网络安全和信息化委员会，优化中央网络安全和信息化委员会办公室职责。中央宣传部统一管理新闻出版、电影工作，将国家新闻出版广电总局的新闻出版管理职责划入中宣部，对外加挂国家新闻出版署（版权局）、国家电影局牌子。国务院组建国家广播电视总局，作为国务院的直属机构，不再保留国家新闻出版广电总局；组建中央广播电视总台，作为国务院直属事业单位，归口中央宣传部领导。撤销中央电视台（中国国际电视台）、中央人民广播电台、中国国际广播电台建制，对内保留原呼号，对外统一称为“中国之声”。重新组建国家知识产权局、整合组建文化市场综合执法队伍等。本次传媒机构改革不仅涉及新闻出版、电影、知识产权等领域党政相关部门的重组，还涉及中央电视台、中央人民广播电台、中国国际广播电台等事业单位的重组。改革层次的多元化给日后传媒监管带来巨大影响。

3. 省市县级融媒体相继试点推进广电领域改革大潮

2018年7月5日，国家广播电视总局发展研究中心主办的微信公众号“国家广电智库”发布消息称，中央对推进县级融媒体中心建设进行了部署。这是新阶段深化文化体制改革的重大举措，也意味着推进媒体融合工作重点从省以上媒体延伸到基层媒体、从主干媒体拓展到支系媒体，支系媒体的改革将促进国家媒体体系的全盘激活；8月召开的全国宣传思想工作会议明确提出要扎实抓好县级融媒体中心建设，更好引导群众、服务群众；9月，中宣部在浙江省湖州市长兴县召开县级融媒体中心建设现场推进会，总结交流各地经验做法，对在全国范围推进县级融媒体中心建设做出部署安排，要求2020年底基本实现在全国覆盖，2018年先行启动600个县级融媒体中心建设；11月14日，中央全面深化改革委员会第五次会议召开，会议审议通过了《关于加强县级融媒体中心建设的意见》。县级融媒体中心建设由中央有关部门负责顶层设计和统一协调推动，是一种在国家体制和统一改革格局下建立的县级新型传媒单位，由县一级成立一个宣传机构，将原有的县属广播电视台、党报、网站等公共媒体单位悉数纳入媒体矩阵，作为县级党委政府唯一的宣传单位，负责提供包括政务新闻、天气预报、医疗信息、交通信息、社区服务信息等全县所有信息的发布服务。此次关乎我国传媒制度大转变的基层媒体制度改革，将有望实现区域传媒资源的集中与统一的管理，改变地域性媒体小、散、弱的局面，在提升信息质量、加强服务规范的前提下，更好地为党委政府和当地群众服务。

4.《未成年人节目管理规定（征求意见稿）》征求意见

2018年8月24日，由国家广播电视总局起草的《未成年人节目管理规定（征求意见稿）》于中国政府法制信息网上征求意见，征集日期截止到2018年9月23日。根据规定，不得制作、传播的未成年人节目类型包括：利用未成年人或者未成年人角色进行商业宣传的非广告类节目，披露未成年人为犯罪嫌疑人、罪犯或者受害人的教育、警示类节目，未成年人参与的选秀类节目。规定提出，邀请未成年人参与节目制作，其服饰、表演应当符合未成年人年龄特征和时代特点，不得诱导未成年人谈论名利、情爱等话题。并且，未成年人节目不得宣扬童星效应或者包装、炒作明星子女。规定提出，信息网络视听节目服务单位应当以显著方式为所传播的未成年人节目建立专区，专门播放适宜未成年人收听收看的节目。未成年人专门频道、频率、专区、链接、页面不得播出医疗、药品、保健食品、医疗器械、化妆品、酒类、美容整形、网络游戏广告，以及其他不适宜未成年人观看的广告，其他未成年人节目前后也不得播出上述广告。这次法规的征询，是国家层面对目前大众传播途径中未成年人商业化、成人化、过度娱乐化倾向的整改，在本年度影视行业中内容引导、艺人薪酬管理、网络视听审核方面占据重要位置。

5. 国家版权局启动“剑网2018”网络转载版权专项整治活动

2018 年 7 月 16 日，国家版权局、国家互联网信息办公室、工业和信息化部、公安部联合召开新闻通气会，通报启动打击网络侵权盗版“剑网2018”专项行动有关情况。此次专项行动以网络侵权多发领域为重点目标，采取分类监管、约谈整改、行政处罚、刑事打击等多种措施，集中整治网络转载、短视频、动漫等领域侵权盗版多发态势，重点规范网络直播、知识分享、有声读物等平台版权传播秩序，深入巩固网络影视、网络音乐、电子商务平台、应用商店、网络云存储空间等领域专项整治成果，维护清朗的网络空间秩序，营造良好的网络版权环境。此次专项行动自 7 月上旬展开，为期 4 个多月，期间开展了一系列整治行动，包括 9 月 14 日国家版权局就自查自纠情况和存在版权问题对抖音短视频、快手、西瓜视频、火山小视频、美拍、秒拍、微视、梨视频、小影、56 视频、火萤、快视频、哔哩哔哩、土豆、好看视频 15 家重点短视频平台企业的约谈。此次行动无疑将短视频版权专项整治作为重点任务，并将短视频平台企业列为专项行动重点监管对象，着力强化对短视频企业的版权监管。

（二）媒介传播形态创新

1. 长生疫苗事件催生疫苗查询工具

2018 年 7 月 15 日，国家药品监督管理局发布通告指出，长春长生生物科技有限责任公司冻干人用狂犬病疫苗生产存在记录造假等行为。这是长生生物自 2017 年 11 月被发现百白破疫苗效价指标不符合规定后不到一年，再曝疫苗质量问题。7 月 24 日，长春长生生物科技有限责任公司董事长高某芳等 15 名涉案人员因涉嫌刑事犯罪，被长春新区公安分局依法采取刑事拘留强制措施。随着疫苗话题急速升温，人们对疫苗真假无从判断产生了焦虑心理。2018 年 7 月 25 日后，国内搜索公司百度、搜狗以及阿里、腾讯等公司先后对外发布了问题疫苗查询搜索工具，打开相关搜索软件、页面或者小程序，输入关键词“疫苗查询”，即可通过疫苗名称、批号、生产企业查询到生产厂家和有效期等详细信息，以及该疫苗是否被监管部门列入“无效疫苗”。

2. 中国互联网联合辟谣平台上线

2018 年 8 月 29 日，中国互联网联合辟谣平台在京上线。该辟谣平台由中央网信办违法和不良信息举报中心主办，新华网承办。中国互联网联合辟谣平台设立了部委发布、地方回应、媒体求证、专家视角、辟谣课堂等栏目，具备举报谣言、查证谣言的功能，可以获取相关部门和专家的权威辟谣信息。平台还可以起到大数据精准识谣、联盟权威辟谣、多终端立体传播、指尖即时查证、关口前移防范的作用。中国互联网联合辟谣平台的成立是网络谣言传播治理难点的一次突破，是近年来一直探索治理办法的国家有关部门和各相关机构取得的重要成效。此次权威辟谣平台的建立，整合接入各地辟谣平台，利用多方数据资源，构建起“联动发现、联动处置、联动辟谣”的工作模式。该模式的制度化、常态化、专业化将使网络谣言的治理更加及时和有效。

3. 原创内容平台新京报 App 上线

2018 年 10 月 31 日，新京报 App 在北京新闻大厦发布。此次上线的新京报 App 设有 16 个频道 123 个栏目，涵盖时政、社会、北京、观点、财经、文化、娱乐、体育、汽车、房产、教育、生活、科技等多个领域，以 7×24 小时频率产出新闻，每天提供近千条新闻内容。旨在打造全天候原创新闻资讯类平台的新京报 App 将有几大“优先”：其一，移动传播优先，报社稿件的发表途径选择先 App、后其他渠道；其二，视频表达优先，内容视频化程度达到 50%；其三，用户体验优先，开设“头版故事”，借助“热词”搜索功能实现推荐阅读服务等。新京报的这些创新，既源自技术上的创新，也是在对新闻专业主义新探索基础上进行的一次媒介产品的创新实践。

4. 全球首个“AI 合成主播”在新华社上岗

2018 年 11 月 7 日，在乌镇第五届世界互联网大会上，新华社联合搜狗发布了全球首个合成新闻主播——“AI 合成主播”。目前，“AI 合成主播”已在新华社正式上岗，被运用到诸多重要新闻事件，以及突发、科技、社会、文化等领域。首次上岗时的“AI 合成主播”，其外形和声音均来自新华社主播邱浩，展现出与真人主播无异的信息传达效果。“AI 合成主播”的成功，是我国人工智能领域的一次重大突破，也是新闻领域内一次开拓性的智能实践。“AI 合成主播”将助力电视新闻制作成本的降低，以及新闻报道时效和质量的提高，并将开创新闻报道的新形式，为新闻报道的生产和传播带来新的可能。在未来的新闻传播领域，AI 技术将大有作为。

（三）政治传播形态创新

1.《平“语”近人》开播

2018 年 10 月 8 日至 19 日，由中共中央宣传部、中央广播电视总台联合创作的《百家讲坛》特别节目《平“语”近人——习近平总书记用典》在中央电视台综合频道播出。节目以习近平总书记一系列重要讲话、文章、谈话中所引用的古代典籍和经典名句为切入点，旨在推动习近平新时代中国特色社会主义思想的生动阐释与广泛传播。节目分为《一枝一叶总关情》《治国有常民为本》《国无德不兴》《国之本在家》《报得三春晖》《只留清气满乾坤》《绝知此事要躬行》《腹有诗书气自华》《恶竹应须斩万竿》《天下之治在人才》《咬定青山不放松》《天下为公行大道》12 集，由“原声微视频”“思想解读”“经典释义”“现场访谈”“互动问答”“经典诵读”六个环节构成。

2.《人民日报》动用头条版面展示新媒体内容

2018 年 10 月 1 日，“今日谈”栏目的评论文章《中国有我，我有中国》被放到了《人民日报》头条位置，文章介绍了《人民日报》新媒体发起的“向祖国表白，中国有我”网络征集活动；10 月 2 日，“今日谈”栏目再度上线头版，标题为《爱国是首奋斗的歌》，此次直接摘编了《人民日报》新媒体中心制作的微视频《爱国是首奋斗的歌》解说词，配置了二维码，可供观众扫描观看。寸土寸金的《人民日报》一版用黄金品牌“今日谈”做载体推出新媒体部门制作的内容，对其进行全面呈现，这是对以文字见长、观点做主的党报头版的一次重要改变，让传播手段上恪守“传统”的《人民日报》变得“有声有色”。“今日谈”和微视频的结合，可以说是把《人民日报》的言论与版面优势，和近几年其积累的新媒体爆款优势结合起来，收到了不一样的传播效果，是引领媒体融合发展前列的《人民日报》又一次有益尝试。

3. 中央电视台可视化讲故事

2018 年是我国电视事业诞生 60 周年。在网络新时代，电视传播内容的形式也产生了多种样式的创新。在新媒体端，中央电视台利用漫画、手绘动画、MG 动画等诸多可视化方式，化繁为简地讲故事，赢得了国际上诸多媒体的广泛转载。原创漫画评论《外交之器：铸就历经数十载，摧毁只在须臾间》以“公牛闯进瓷器店”为创意基础，描绘挥舞大棒的特朗普将代表伊核协议、巴黎气候公约、多边贸易体系、联合国人权理事会等的瓷器全部打碎。该漫画被包括美国商业新闻网、法国 LCF 电台、欧洲时报网、《加拿大商报》《葡萄牙新闻报》等 10 多家国际主流媒体全文转发；原创动画微视频《一颗大豆的独白》通过生动形象的动画故事，阐述在中美贸易中占据重要地位的大豆产业所受损失，说明美发动贸易战损人不利己。视频被路透社网站、《纽约时报》《华盛顿邮报》、美国之音、澳大利亚广播公司等近 20 家国际主流媒体转引报道。澳大利亚广播公司的 RN BREAKFAST 栏目还就此话题用了整个板块进行报道和讨论。

4. 抖音政务媒体号成长计划

2018 年 8 月 31 日，抖音短视频在京举办政务媒体抖音号大会，联合包括生态环境部、国家卫生健康委员会、国资委等在内的 11 家政府、媒体机构正式发布抖音政务媒体号成长计划。抖音聚集众多用户，政府重要机构的政务媒体进入与有专业短视频生产能力的机构对接，一方面，开展可视化宣传活动和为民众服务的政策解读，使相关政府预期的传播效果得以实现；另一方面，政务媒体进入用户量大的传播平台，对传播主流价值观，净化网络视频空间，推动网络短视频行业的健康有序发展，也具有积极的作用。

（四）跨文化传播形态创新

1. 国产剧海外发行之路不顺畅

越南版权与网络播出权均售卖给胡志明电视台的2018年新剧《延禧攻略》遭越南大型视频网站ZingTV的盗版播放。《延禧攻略》出品方经与ZingTV交涉后，后者撤掉了《延禧攻略》的播放页面。不过，对版权方和国内播出平台来说，之前泄露的资源已经严重影响了正版资源的播放效果。这次的盗播事件也暴露出国产剧的“出海”之路并不顺畅。虽然国产剧海外发行近年来已逐渐走向正版化，但是像ZingTV这种网站的盗播行为仍在上演，国产剧的海外维权路还很长。此外，尽管这两年国产剧纷纷在海外逐渐打开了市场，但是国产剧的海外发行费还远未构成影视剧的重头收入来源。相比于美剧单集动辄百万美元、韩剧单集20万美元的海外版权收入，我国多数国产剧的海外发行市场均价不过几千美元一集，甚至不乏几百美元一集。这种“贸易逆差”情况下的海外发行现状，于网络环境中再遭遇ZingTV等网站的恶意盗播，更是雪上加霜。

2.《中餐厅》第二季进入法国

2018年7月20日，由湖南卫视推出的《中餐厅》第二季上线。节目由苏有朋、赵薇、舒淇、王俊凯、白举纲担任固定主持，通过20天时间，主持人从零开始经营一家位于法国科尔马小镇的中餐厅，在互相协作与学习中做出中国味道。选择法国科尔马小镇作为拍摄地的《中餐厅》第二季，通过节目让中华美食文化走出国门，走进法国，并以美食为介质，促进了中法两国多方面、多角度的沟通与交流。“中餐厅”成为一个客观存在的美食符号，深入海外游子的内心，取名《中餐厅》的节目，在突出中华美食骄傲、引发中国人乃至世界华人华侨情感共鸣上起到了作用。同时，节目组将“源自中国，但属于世界”的核心融入电视节目创作，打破传统棚内美食节目的约束，以再现实体中餐厅海外成长的方式推广中国美食文化。

3.《极致中国》：独特纪录片中的东方美景

北京时间 2018 年 10 月 1 日，美国国家地理频道推出大型人文地理纪录片《极致中国》（*Extreme China*）。该片由五洲传播中心、美国国家地理频道联合制作，并在全球 170 多个国家和地区以 43 种语言播出。三集《极致中国》分别以雪山、海洋和天坑为主题，选取美国国家地理探险家兼摄影师本·霍顿为主持人，邀请来自国内的三位顶级极限运动爱好者与主持人搭档前往四川四姑娘山、海南无人岛和陕西汉中天坑群，深度探索这三处极具中国人文特色的景观，向世界立体化地呈现中国自然风光的丰富性和山水的极致之美。以户外竞技方式进入神秘的地理空间，同时实地体验当地独特的生活方式，这种浸入式参与的摄制手法一反以往纪录片拍摄的惯常模式，增加了海内外观众的临场感，使其对中国的人文风光产生更为真切的体会。此外，此次纪录片的创新性还体现在对俯视视角表达叙事的摒弃上。通过主持人和其他参与者们在探险过程中的平等对话推进叙事的讲述方式，增加了纪录片的观赏性。作为一部中美合拍纪录片作品，《极致中国》以更国际化的视角和制作水准呈现了大有可观的极致中国。

4. 快乐 App 抖音出海记

2018 年 11 月，抖音国际版 Tik Tok 于全球 App Store 和 Google Play 排行榜中取得了下载量第二名的成绩，这距离其上线仅 15 个月时间。2017 年 8 月，抖音国际版上线不久便于全球范围内受到了大量关注，收获了来自日本、印尼、印度、西班牙、美国等全球视域内的用户。本着“全球化产品，本土化内容”的出海策略，Tik Tok 除了根据不同国家的特点和文化思维设立不同的“挑战赛”主题，更好地将自身融入当地文化，更保留了很多中国元素。如 Tik Tok 将水墨画、古装扮相、京剧脸谱、孙悟空等经典的中国文化元素以道具的形式嵌入平台，中国音乐也赫然列于背景音乐可选范围；此外，Tik Tok 亦针对不同国家和地区建立官方账号，将国内版的生产内容引进来，使得中国用户生产的热门内容能够直接面向海外用户，便于传播中国创意。通过娱乐的方式打破思维方式之间的屏障促成海外用户对中国文化的接受是 Tik Tok 海外传播中国文化的新形式。

（五）社会传播形态创新

1. 米兔运动

2018 年 1 月，通过网络媒介，旅居美国的罗茜茜实名举报就读北京航空航天大学时遭到教授陈晓武的性骚扰，中国的米兔运动开始发酵。此后，通过网络传播的方式，在中国受到性骚扰的受害者不断站出来揭露，形成了一定的网络舆论。迄今为止，在网上被指控涉嫌性侵害、性骚扰和强奸的公众人物涉及媒体圈、公益界、公知圈和佛教界的人士，包括央视主持人朱军、龙泉寺住持释学诚、亿友公益创始人雷闯、自然大学创办人冯永锋、前媒体人章文、罗伯特议事规则专家袁天鹏、世界自然基金会周非、作家张驰、《新周刊》创始人孙冕等。此次通过网络展开的社会运动，如果缺失了网络这一传播媒介，“米兔运动”能否形成“运动”并形成社会影响力将不可想象。这又一次说明，网络传播力构筑出的舆论力量与传播能力，对某一特定话题的聚集与传播具有核能般效果。

2. 网络产品与服务诱发大数据时代个人信息保护之虞

2018 年新年伊始，三条与信息安全相关的新闻牵动了公众的神经，直击网络环境下公民的隐私保护痛点。第一则是“支付宝年度账单”默认用户同意《芝麻服务协议》，暗度陈仓中账单查询服务摇身一变成了套取公民个人信息的把戏。第二则为法院立案受理一起民事公益诉讼案件。原告江苏省权益保护委员会指出，“手机百度”“百度浏览器”两款手机软件在未获得用户同意的情况下，获取监听电话、定位等权限。第三则是有消息指出字节跳动旗下产品存在通过麦克风窃取用户隐私的隐患。针对以上用户个人隐私的网络信息安全问题，工信部于 1 月 11 日约谈了北京百度网讯科技有限公司、蚂蚁金服集团有限公司（支付宝）、北京字节跳动科技有限公司（今日头条），要求三家公司本着充分保障用户知情权和选择权的原则，立即着手进行旗下产品与服务的整改。这次网络安全事件说明网络公民对网络产品与服务产生了新的思考，个人信息被暗箱化商业操作的可能开始令其认识到网络是把双刃剑。这也意味着，个人隐私问题将成为日后网络产品与服务中绕不开的敏感地带，时刻可能引燃互联网公司的信任危急。

3. 网络传播中的“锦鲤”新现象

2018 年 4 月，网络选秀节目《创造 101》播出后，选手之一杨超越即开始频频上热搜。杨超越以第三名成绩出道后，网上更是开始出现将杨超越视同锦鲤，转发杨超越便能撞大运的行为，转发被制作成锦鲤形象的杨超越图像迅速风靡网络。另一个锦鲤的生产者为支付宝。2018 年 9 月 29 日，支付宝推出“双十一”广告宣传，微博宣称将会在 10 月 7 日从转发其指定微博的网友中抽出 1 位锦鲤，奖品包括鞋包服饰、化妆品、美食券、电影票、旅游免单、手机等。最终，一名网名为“信小呆”的用户获得“中国锦鲤全球免单大礼包”。身为普通高校学生的“信小呆”，其微博一时间涨粉几十万，相关“中国锦鲤”“信小呆”“下半生是不是不用工作了”等热词纷纷登上微博热搜。之后，微博和朋友圈出现了大量以锦鲤形象为依托的转发抽奖活动，内容涉及美妆、美食、游戏、书籍等，众高校、地区也纷纷使用这一形象进行机构活动与区域宣传的推广。锦鲤愿望形同虚拟彩票，借助普通人期望撞大运的心理，生产商与机构开始了轰炸式的锦鲤化网络营销。2018 年的网络转发活动，也因此变得非同一般。由于杨超越和“信小呆”这一具象化的锦鲤前景，网友转发积极性很高，参与度骤增。

4. 从滴滴事件看互联网的“平台垄断”之恶

2018 年 5 月和 8 月，接连发生了两起滴滴打车中恶性杀人事件，滴滴公司客服在事件中起到了消极作用。网络舆论在谴责和声讨滴滴平台的失责之外，更多地关注滴滴命案背后呈现的互联网发展问题。标榜“去中心化”的互联网因为“平台垄断”正在越来越中心化，而这种垄断之“恶”已到了不得不严肃对待的时刻。如果缺失对生命安全和公共利益的敬畏，网络平台即便集聚规模庞大的用户，拥有精巧的商业模式，以及领先的算法分配技术，也终将举步维艰。因而，在各种新业态新经济形式的迅速崛起和壮大的时刻，互联网企业同样应该承担起相应的社会责任，同政府一道建立风险控制体系。进一步完善互联网经济时代反垄断法律法规建设，鼓励竞争，加大消费者权益保护力度，是促进共享经济健康发展的长远之策。

（六）文化传播形态创新

1. 李子柒联手故宫食品：颠覆大“食代”，传承中华味道

2018 年 5 月 24 日，美食博主李子柒携手“朕的心意·故宫食品”启动了“新传统·心传承”战略合作签约仪式。通过输出更具专业性和更丰富的传统文化内容，共同打造符合当下消费需求的美食产品，拉近传统文化与广大年轻群体之间的距离，弘扬、传承中国传统文化。2016 年 4 月开始于微博上发布自制生活视频的李子柒，现已拥有近千万粉丝。其制作的视频别具文化内蕴，如展示中国独特养生美学的阿胶固元膏、重现中国古代传统美妆产品制作工艺的汉妆、再现用树皮造纸的手工造纸术等。“故宫”二字，意味着千年的中华历史文化沉淀和百万件艺术珍品，李子柒的作品中传递出来的文化价值和其在当代年轻群体中造成的影响则不容小觑，二者的强强联合，让传统文化更加平民化、流行化，以更亲民的方式在社会中得到传播。

2. “阴阳合同”事件引起影视圈税务大地震

2018 年 6 月，崔永元微博爆料范冰冰“阴阳合同”涉税事件，揭开了影视圈税务问题的冰山一角。随着事件的发酵，包括冯小刚、杨子在内的多名一线影视圈中人士卷入其中。爆料次日，包括唐德影视、欢瑞世纪在内的 10 家影视股龙头公司市值缩水高达 107 亿元。6 月 27 日，中央宣传部、文化和旅游部、国家税务总局、国家广播电视总局、国家电影局等联合印发《通知》，要求加强对影视行业天价片酬、“阴阳合同”、偷逃税等问题的治理，控制不合理片酬，推进依法纳税，促进影视业健康发展。10 月 3 日，经国家税务总局责成江苏等地税务机关依法开展调查核实，税务机关已经依法对范冰冰及其担任法人代表的企业做出了相应的追缴和处罚决定。同时，国家税务总局业已部署开展规范影视行业税收秩序的工作。“阴阳合同”因此成为 2018 年的一大流行词语。

3. 抖音助力城市文化传播

抖音带火一座城市成为2018年的独特现象。2018年4月，抖音与西安市达成战略合作，双方基于抖音的全系产品宣传推广西安文化旅游资源，扩大西安在世界范围的知名度和影响力。合作源于西安在抖音上的爆红，毛笔酥、摔碗酒、肉夹馍、钟鼓楼等当地特色的传统文化产品通过抖音走进广大公众的视线，吸引众多人前来体验。清明和五一期间，重庆、济南继西安之后亦晋升为抖音新“网红”，甚至名不见经传的湖南省长沙县，亦因一处特色建筑“南楚古城”和独有的“室内飞雪”节目而走红抖音，使其每天客流量比肩长沙中心城区商场，甚至吸引游客穿越大半个中国特意赶来游览。抖音于城市与地域宣传上体现出的传播能力，吸引更多城市开始有意借助抖音进行旅游与文化宣传。6月28日，抖音与河北正定县达成战略合作，抖音将利用平台的流量、技术、红人优势展现正定，并协助正定打造官方抖音号“自在正定”，共同深度挖掘当地的历史文化，使之成为长期展现正定形象的窗口。抖音不断发掘每座城市独特魅力，在此基础上产生内容，使得传统文化在现代网络时空下成为“爆款”，移动应用与文化旅游实现了次元壁的有机结合。

4. “直播＋教育”模式或影响教育资源新分配

2018年，一篇名为“一块可能改变命运的屏幕”的文章，使已成立16年的东方闻道网校成为媒体关注的焦点。2002年，成都七中联合东方闻道成立了全国第一家高中远程教育学校，如今已经有200多所贫困地区中学通过视频直播与七中同步上课。通过直播上课，这些贫困地区的中学有不少学生考上了名校。随着互联网、云存储、语音识别等技术的进步，在线教育直播的互动教学营造出了越发逼真的教学场景，结合网络传播的方式，优质教学突破了地理空间的束缚，从而部分消解了优秀教学资源的有限性，一块屏幕成为可能改变命运的窗口。网络直播作为教育领域内的创新之举，无疑正在悄然改变中国教育资源的分配模式。

Abstract

This report is organized and compiled by the Wuhan University Research Center of Media Development, the priority research base of humanistic and social science of Minister of Education. It is based on the theme of Innovation of China Communication, which is segmented into seven parts: General Report, Social Communication, Political Communication, Cultural Communication, Economic Communication, Media Communication and Reference. It applies combination of methods of quantitative and qualitative research to interpret and evaluate the practice of communication innovation in the fields of social, politic, culture, economy and media in 2018, dissect the representative cases, reflect problems and come up with countermeasures, in order to provide new thought and way for innovation practice of China communication.

The General Report points out that China Communication is a concept combining Cultural China, community of destiny of human beings and new order international communication, which causes more and more concern and recognition from both academia and industry. In the present, China communication innovation is a system of communication based on internet communication pattern, whose fusion structure can manifest as social communication innovation, political communication innovation, cultural communication innovation, economic communication innovation and media communication innovation. The General Report continues the thread of China communication innovation, evaluate China communication innovation from four dimensions: communication organization, content production, communication mode and social connection, distinguish between real and fake communication innovation, interpret the practice of communication innovation of China in 2018 and summarize the characteristic and situation of practice of communication innovation of China. Based on the continuous observation and analyses of China communication innovation and presentative cases, the General Report finds that China communication innovation at the history point of the reform and opening-up policy in 2018 presents the following characteristics: the first is the public becomes the subject of media reformation by the posture of communication innovation, the second is the practice of China communication innovation (such as rural communication) presents the situation of positive development faced with the challenge of unbalanced and inadequate development, the third is social interaction drives China communication innovation (such as the popular short video), the forth is the technology drives China communication innovation (intelligentialize, Internet of Things, blockchain and so on), the fifth is media project adjusts pressure to prove China communication innovation. The development tendencies of China communication innovation are build on trust, face to common practice and enhance reciprocal understanding. At the same time, the General Report points out that China communication innovation are facing with challenges which are driven by traffic and business interests, over-depending on technology, constrained by power and so on. So it is needed to constantly explore the elements of innovation and the combinations of that and actively absorb wisdom from communication practice of public in the era of internet communication to open up multiple possibilities for practice of communication innovation.

Projects of social communication, political communication, cultural communication, economic communication and media communication are focus on some important proposition: social communication pattern innovation, organizational communication innovation, political communication pattern innovation, communication system innovation, traditional cultural inheritance innovation, brand and image communication innovation, fusion communication innovation and media communication pattern innovation. Based on empirical materials and case analysis, it reveals the diversity of China communication innovation, dissects the social condition, practice basis and social effect of China communication innovation and then dissects the new way and thought of practice of China communication innovation.

For example, the study finds that new media provide new methods for the development of Ningxia rural grass-root organization manage, which provides a informal communication within the natural system that in a certain sense constructs a good communication environment, makes up for the lack of formal communication of rural grass-root organizations and helps to build up a new communication network of grass-root organizations.

Through sorting out and studying a series of cases of cross-culture communication in 2018, it is found that all kinds of communication subjects in China are consciously or unconsciously practicing cross-culture communication which is guided by three dimensions: concert innovation, content innovation and platform innovation, devote to realize the diversified expression of community of destiny of human beings, sterilely explore the possibilities of discourse innovation in the space of common sense, and build cross-cultural virtual community via new media. These innovative practices have certain guiding significance in solving the problems of why, what to do and through what.

Influenced by the progress of new technology and the change of social information demand environment, new media for government affairs is considered to be the node of development, which has also become a research hotspot this year. The study finds that communication innovation of new media for government affairs is mainly embodied in function innovation, interaction innovation, crisis handling innovation, international cooperation innovation and social governance innovation, but there are prominent problems needed to be solved such as unclear function orientation, unreligious information distribution, nonstandard construction operations and lack of supervision, assessment and accountability mechanism to assume more social functions. Through summarizing, concluding and analyzing the trend of communication innovation of China brands in 2018, it is found that the innovation of brand communication operation mode in 2018 is manifested in three levels: technology-driven, content-driven and service-driven.

Inspecting short videos platform Douyin and communication of city image from different perspectives, it is found that the pattern of manifestation of urban short videos are coexist and interaction between people and things with rich picture; vertical screens become the mainstream with fewer special effects, props and editing; and audio and video music is dominant without unpopular dialects. In the story content, there are many things that highlight the urban characteristics of the most of the city, which attract people by novelty but as a whole lack of depth of content.

These findings provide a thought for practice of innovation of how to use short videos to tell the urban stories well and optimize the communication of city image.

Communication innovation in China in 2018 meets the reform year, and people hope to further emancipate the mind and expand the space of communication innovation in China through the reform at the national level. At the same time, the discourse of media reform of China also focus on innovation, quietly turning to the practice of public-centered communication innovation in China. In fact, the combination of the public and internet elites in era of internet has become the important force of media reform in China. By impacting the traditional communication thinking and system through communication innovation and challenging rigid communication mechanism through technological innovation, all-media, platforms, interactive and experiential forms have become the national discourse of media reform. In the past, the difficulties of media reform had either been defused by communication innovation in the era of internet or been further highlighted. More importantly, the media reform will inevitably absorb public participation with the guidance of communication innovation, while the development of communication innovation will constantly call for in-depth media reform. Based on the investigation of communication innovation, we look forward to promoting integrated innovation through continuous observation of practice of communication innovation, exploring the original minds of Chinese communication at the theoretical level and gradually promoting the establishment of the theoretical system of communication innovation in China.

Keywords: China Communication; Innovation; Social; Connection

Contents

Ⅰ General Report

Abstract: "China communication" is a concept that integrates "Cultural China", the community of shared future for mankind and new international communication order. At present, China communication innovation is a system based on an Internet communication form, the fusion structure of which is manifested as social communication innovation, political communication innovation, cultural communication innovation, economic communication innovation and media communication innovation. This paper continues the research context of China communication innovation and evaluates it from four dimensions, namely, communication organization, content production, communication mode and social connection, to interpret China communication innovation practice in 2018, analyze representative cases and explore the innovative elements and communication wisdom, so as to provide ideas for promoting the practical innovation of China communication and open up a path for theoretical innovation that has spawned China communication.

Keywords: China Communication; Innovation; Cultural China; Social Connection; Public Practice

Ⅱ Social Communication

B. 2 Organizational Communication Practice through Social Media in Rural Communities in Western China: —*Based on Participant Observation in Some Areas in Ningxia Province*

Ran Hua, Yu Xiaoli / 027

Abstract: In recent years, the issues concerning "new agriculture, rural areas and farmers" such as "hollowing out rural areas, marginalizing agriculture and aging farmers" have appeared in China. As a result, rural grass-roots organizations have weakened to some extent. This contradiction is more prominent in the relatively underdeveloped western region. At present, from a practical point of view, Wechat is widely used in the practice of social governance in order to achieve better results in the management of rural grass-roots organizations. Focused on Ningxia, the project team found that new media brought new means to the development of rural grass-roots organization management through participant observation and off-line interviews with rural Wechat groups. Rooted in the grass-roots rural areas, there are active information dissemination, frequent interactive feedback and rich information dissemination, organization, mobilization functions had been found in these Wechat groups which rooted in the grass-roots rural areas. We also found that members of these Wechat groups showed new media literacy to a certain degree. These bottom-up groups also showed the characteristics of loose management and abundant and miscellaneous forms of information dissemination. We also found that informal communication within the natural system has constructed a good communication environment in a certain sense, made up for the shortcomings of formal organization dissemination, and helped to build a new type of grass-roots organization communication network.

Keywords: Rural Wechat Group; Organizational Communication; Participant Observation

Abstract: Algorithms are becoming important driving forces behind the innovation of information distribution. And Weibo "Hot Search" is a typical application of algorithmic distribution mode in social media. This article, taking Weibo "Hot Search" as a case study, seeks to investigate the transition of gatekeeping power from human editors to intelligence algorithms. Based on a text analysis of Weibo's annual reports, press releases, official statements as well as 2400 pieces of "Hottest Searches", this study finds that the guiding values of Weibo "Hot Search" include instantaneousness, popularity, engagement, and topicality, nudging users to consume entertainment gossips. Algorithmic distribution contributes to decreasing the costs and improving the efficiency. But it also brings a series of problems, including the fragmentation of attention, the asymmetry of visibility, the "black box" nature of the algorithmic decision-making process, and the hidden nature of information control. The innovation of information distribution should be guided by algorithms ethics. And information distribution should introduce more diversified values into their algorithm systems, seeking the balance of efficiency and fairness.

Keywords: Algorithm; Information Distribution; Intelligent Media; Automation; Media Logic

Abstract: In view of the importance of innovation for agricultural technicians in fulfilling the function of agricultural technology extension, this paper conducted a questionnaire survey on 951 agricultural technicians in Hubei

Province. The results showed that the innovativeness of agricultural technicians could be classified by Rogers' labels of "innovative pioneer", "early adopter", "early mass", "late mass" and "backward person". And different innovative types show significant differences in the way they use social media in agricultural technology promotion. In addition, using multiple logistic regression models, we found that mass media exposure variables such as "TV viewing time per day", "Internet surfing time per day", "magazine reading frequency per week", social capital variables such as "social network size" and age have significant effects on the innovation types of individual agricultural technicians.

Keywords: Agricultural Technicians; Innovation; Social Media; Agricultural Technology Promotion Effect

Ⅲ Political Communication

Abstract: In 2018, new media in government affairs in different sectors, have revealed their distinctive characteristics, and entered a relatively stable stage of development. At this point, technologies such as 5G, artificial intelligence and big data are providing people with the possibility of promising prospects for applications of new media. In this case, the year in 2018 is a milestone in the development of new media in government affairs in China. In the past year, the development of new media in government affairs in the education sector had seen a slowdown in its growth on "traditional" new media platforms (such as Weibo, WeChat), but a rapid increase on the emerging short video platforms. At the same time, considerable improvements were achieved in terms of policy dissemination, government service delivery and communication with the public. However, new media in government affairs in the education sector still had some problems such as the overall lack of communication ability and the insufficient integration and development. In this regard, the next step should be to adhere to mobile-first principle, pushing forward the integration, and strengthening the administrative attributes of the media, to pave the way for the future development of new media in this sector.

Keywords: New Media in Government Affairs; Policy Communication; Integrated Media; Short Video

Abstract: Microblog, with unique characteristics of open, dynamic and collaborative communication, has become a new approach for governments at various levels to understand and press close to people, also solve people's problems. This paper attempted to present the main manifestations of the communication innovation in China's governmental affairs Microblog, and analyze the reasons and trends. The research found five types of communication innovation in governmental affairs Microblog, which are function innovation in publication - posting advice - execution, interaction innovation in transparent social governance, crisis management innovation in transmitting positive energy by linked information, international cooperation innovation in transnational dialogues of governmental affairs, and social governance innovation in application of big data, respectively. According to the analysis on reasons and trends of communication innovation, there are still prominent problems in this new media for governmental affairs, such as unclear function position, less rigorous information release, non-standard operation and maintenance, lack of supervision, assessment and accountability mechanism. Governmental affairs Microblog will undertake more social functions, including "stabilizer of emergency", "aggregator of positive energy", "catalyst towards public charity action", "connector of social governance".

Keywords: Governmental Affairs Microblog; Communication Innovation; Social Governance

B. 7 Report on Innovations of Data Protection Rules in 2018

Wang Min / 121

Abstract: This report analyzes the global data security status quo by summarizing 10 global cases of massive data leakage from 45 publicly-reported data breaches in 2018 and exploring the typical case of Facebook data leakage scandal. Compared with the global situation in 2018 and China's previous situation in 2017, the report depicts a picture of data leakage in China in 2018: hotels, express delivery and mobile Apps have become serious disaster areas; new data types and ways of leakage are emerging; economic motivation for privacy intrusion is strong; and citizens' awareness of privacy and data protection is increasingly awakening. In this regard, many countries issued data protection laws and regulations intensively in 2018. EU GDPR led this wave of rules construction. China also implemented the "national standards" for personal information protection and planned comprehensive legislation. This report critically applies Samuel Huntington's three sets of indicators to evaluate the institutional innovation of "Chinese national standards", and points out the trend of data protection in the future: the landing of the laws and rules, particularly the promotion of law enforcement will bring more record-breaking fines; and the data protection in the field of artificial intelligence will be the trend of future institutional innovation.

Keywords: Privacy; Data Breaches; Data Protection; Institutional Innovation; National Standards

Ⅳ Cultural Communication

B. 8 Study on China's Innovation Practices on Intercultural Communication in 2018

Xiao Jun, *Li Zhaoxia* / 144

Abstract: This paper aims to sort out the multiple paths of China's Innovation Practices on Intercultural Communication in 2018 and explores the new ideas to

historical events or process in a certain year. Combining the narrations, videos and producers' memos, this article tries to analyze the convergence innovations of a series of micro-documentaries which are produced by Xinhua News Agency *China Album* to celebrate the 40th Anniversary of Reform and Opening-up in China. In terms of idea innovation, the production team of this series of micro-documentaries preferred to connect national macro history with common individual's perspective and offered a new understanding of media convergence which took new technology as a means instead of final purpose. In terms of content innovation, this series of micro-documentaries focused on the topics related to common people's daily life and discovered those uncommon and less known stories behind historical photos. In terms of technology innovation, this series of micro-documentaries were dedicated to breaking through the limitations of photos. Through animation, 3D technology, image synthesis, changing the scene, changing the light and shade of photos and other technologies, those still, planar, fixed and historical photos became dynamic, three-dimensional, contextualized and current.

Keywords: Micro-Documentary; Convergence Innovation; New Mainstream Media

V Economic Communication

Abstract: Mainly based on CTR dataset of China National Resident Survey (CNRS), this paper sorts out the media development and trends in China in 2018, analyzes and interprets emerging tendency of media channels, e. g. online media, TV, radio, OOH, newspaper, magazine and so on; meanwhile, it also makes deep analysis on lifestyle moving of Chinese residents in 2018 on the basis of consumption survey data. This paper finds that online media, undoubtedly the one with highest penetration in China now, still keeps solid growing and performs more strongly in low-tier cities; while TV remains the most trusted media as the decline is slowing down. In addition, the Internet also plays an important role in navigating the consumption trends, i. e. along with the "sinking" internet dividend, rapid development of mobile devices and e-commerce in low-tier cities is gradually reshaping their consumption patterns in China, which becomes more obvious in 2018. Consumption upgrade still has a profound effect on the lifestyle moving, and "rationalization" represents the annual feature that deserves more attention. Understanding the latest changes of media and consumer lifestyle is a significant precondition for media and consumer marketing.

Keywords: China National Resident Survey; Media Convergence; Media Changes; Lifestyle; Consumption Upgrade

Abstract: The core of brand communication lies in brand information communication, including innovation of operation pattern and communication process, which can maximize the value of brand stakeholders. In the digital era, brand communication innovation model has undergone great changes. Summarizing and analyzing the trend of Chinese brand communication innovation in 2018 through in-depth interview and case analysis, we find that the innovation of brand communication operation pattern in 2018 is manifested in three aspects: the technology-driven, content-driven and service-driven. The innovation of brand communication process mainly includes the following: in content production and creativity, consumers are involved in content production and distribution, creative concept centers on consumer value; in terms of forms of expression, brand communication innovation is reflected in interactive design with multi-sensory experience, scene marketing with the combination of virtual and real, and the enhancement of creativity based on the social Web; as for ways of brand communication, it is reflected by accurate touch to consumers, channel generalization, rigid social index in effect presentation and emergence of effect index in super-communication level.

Keywords: Brand Communication Innovation; Operation Pattern; Communication Process

B. 12 A Study of the Product R&D Ideas of China's Major Media under the Trend of Intelligent Communication

—Taking the China Media Group as an Example

Abstract: "The trend of intelligent communication", "the transformation of China's society" and "the change of domestic and abroad communication environment" are the definitive factors for China's major medium development. The China Media Group, a newly-founded major media, needs to grow in conformity with the trend and logic of intelligent communication and to develop media products which can meet different kinds of users' needs. Taking the case study as the main research method, this paper analyzes the China Media Group's development environment, role position, and own resources. Taking the product design experience of the domestic and abroad media companies, both domestic and abroad, as a reference, this paper puts forward some suggestions for the China Media Group from the perspectives of organization structure, content producing platform, user demand, and product characteristics.

Keywords: Intelligent Communication; Major media; Product R&D; The China Media Group

Ⅵ Media Communication

Abstract: Short video redefined the pattern of social networking in 2018, building many online popular cities. Short video plays an important role in shaping and spreading the city image. Scholars have commented on this phenomenon. Because of the lack of systematic analysis of short videos of the city, they rarely find out how to use the short video platform to tell the urban story. Tik Tok is one of the most popular short video platforms, so TOP 100 hot urban short videos from Tik Tok are selected to encode and analyze from two aspects of expression and content with content analysis method. It is found that urban short videos contain rich pictures of people and objects in the aspect of expression; vertical screen mode becomes the mainstream. Other traits of these videos like special effects, props and editing are little applied; audio video is the dominating video form and dialect is not popular. In terms of story content, there are many unique objects of the city featured with novelty, but the content is not deep enough in general. Finally, several strategies and suggestions will be proposed to improve the city image.

Keywords: Short Video; Urban Story; City Communication; Tik Tok

Abstract: Driven by the wave of digitalization, mobility and intellectualization, a new type of news report with multiple advantages-data journalism WeChat Public Account has emerged. This paper selects NetEase "Data Blog", a typical representative of WeChat Public Account of data journalism, as an empirical research object. From the perspectives of data sources, news content and data visualization and presentation, this paper conducts comparative empirical research on the content of data news in different periods to explore the characteristics of innovation communication. Based on the empirical results, this paper concludes that the role changes of the Data journalism WeChat Public Account news narrative are embodied in: "clinics for the plight of the people", "trackers for social hot spots", "the humanistic psychotherapists", "the observers of teenagers' fate" and "the artists of perceptual integration". This paper also puts forward some innovative ideas and optimization suggestions for the systematic reconstruction of data core so as to promote China's data journalism constantly forge ahead and innovative development. The specific measures are: highlighting the core value of data journalism with "Media Ritualization Operation", enhancing the audience's interest in reading data from "aesthetic dimension", expanding the data production capacity with "Media Extension Theory" and opening the data link password with "all things in disorder".

Keywords: Data Journalism WeChat Public Account; News Narration; Data Core; Content Analysis

Abstract: Integrated communication innovation of urban party newspaper is an important sign of communication innovation in China. Urban party newspapers represented by *Changjiang Daily* achieve integrated communication innovation through management mode innovation, platform construction innovation, communication product innovation, current political news reporting innovation, urban reporting issues innovation and personnel development innovation. This paper finds that integrated communication innovation of urban party newspaper becomes more urgent and proactive in the mobile Internet era and more unshakable for urban party newspaper to deepen its integrated communication innovation. The whole innovation trend is characterized by integration, mobilization, productization and diversification while deep-rooted problems that restrict its development remain to be solved.

Keywords: Integrated Communication Innovation; Urban Party Newspaper; Mobile Internet; *Changjiang Daily*

Ⅶ Reference

皮书起源

“皮书”起源于十七、十八世纪的英国，主要指官方或社会组织正式发表的重要文件或报告，多以“白皮书”命名。在中国，“皮书”这一概念被社会广泛接受，并被成功运作、发展成为一种全新的出版形态，则源于中国社会科学院社会科学文献出版社。

皮书定义

皮书是对中国与世界发展状况和热点问题进行年度监测，以专业的角度、专家的视野和实证研究方法，针对某一领域或区域现状与发展态势展开分析和预测，具备原创性、实证性、专业性、连续性、前沿性、时效性等特点的公开出版物，由一系列权威研究报告组成。

皮书作者

皮书系列的作者以中国社会科学院、著名高校、地方社会科学院的研究人员为主，多为国内一流研究机构的权威专家学者，他们的看法和观点代表了学界对中国与世界的现实和未来最高水平的解读与分析。

皮书荣誉

皮书系列已成为社会科学文献出版社的著名图书品牌和中国社会科学院的知名学术品牌。2016 年，皮书系列正式列入“十三五”国家重点出版规划项目；2013~2019 年，重点皮书列入中国社会科学院承担的国家哲学社会科学创新工程项目；2019 年，64 种院外皮书使用“中国社会科学院创新工程学术出版项目”标识。

中国皮书网

（网址：www.pishu.cn）

发布皮书研创资讯，传播皮书精彩内容
引领皮书出版潮流，打造皮书服务平台

栏目设置

关于皮书：何谓皮书、皮书分类、皮书大事记、皮书荣誉、
　　　　　皮书出版第一人、皮书编辑部

最新资讯：通知公告、新闻动态、媒体聚焦、网站专题、视频直播、下载专区

皮书研创：皮书规范、皮书选题、皮书出版、皮书研究、研创团队

皮书评奖评价：指标体系、皮书评价、皮书评奖

互动专区：皮书说、社科数托邦、皮书微博、留言板

所获荣誉

2008 年、2011 年，中国皮书网均在全国新闻出版业网站荣誉评选中获得“最具商业价值网站”称号；

2012 年，获得“出版业网站百强”称号。

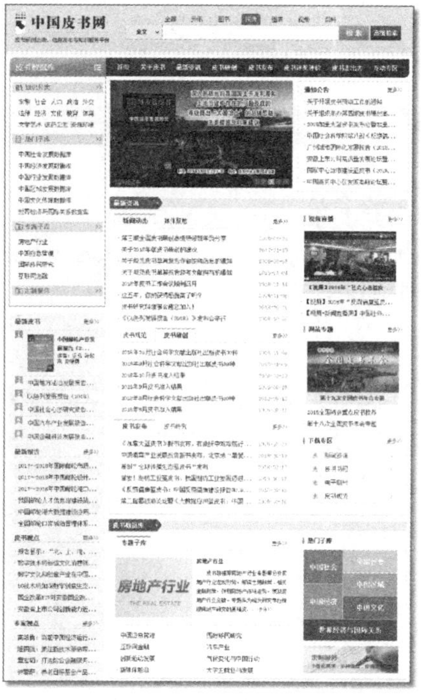

网库合一

2014 年，中国皮书网与皮书数据库端口合一，实现资源共享。

S 基本子库
UB DATABASE

中国社会发展数据库（下设 12 个子库）

全面整合国内外中国社会发展研究成果，汇聚独家统计数据、深度分析报告，涉及社会、人口、政治、教育、法律等 12 个领域，为了解中国社会发展动态、跟踪社会核心热点、分析社会发展趋势提供一站式资源搜索和数据分析与挖掘服务。

中国经济发展数据库（下设 12 个子库）

基于“皮书系列”中涉及中国经济发展的研究资料构建，内容涵盖宏观经济、农业经济、工业经济、产业经济等 12 个重点经济领域，为实时掌控经济运行态势、把握经济发展规律、洞察经济形势、进行经济决策提供参考和依据。

中国行业发展数据库（下设 17 个子库）

以中国国民经济行业分类为依据，覆盖金融业、旅游、医疗卫生、交通运输、能源矿产等 100 多个行业，跟踪分析国民经济相关行业市场运行状况和政策导向，汇集行业发展前沿资讯，为投资、从业及各种经济决策提供理论基础和实践指导。

中国区域发展数据库（下设 6 个子库）

对中国特定区域内的经济、社会、文化等领域现状与发展情况进行深度分析和预测，研究层级至县及县以下行政区，涉及地区、区域经济体、城市、农村等不同维度。为地方经济社会宏观态势研究、发展经验研究、案例分析提供数据服务。

中国文化传媒数据库（下设 18 个子库）

汇聚文化传媒领域专家观点、热点资讯，梳理国内外中国文化发展相关学术研究成果、一手统计数据，涵盖文化产业、新闻传播、电影娱乐、文学艺术、群众文化等 18 个重点研究领域。为文化传媒研究提供相关数据、研究报告和综合分析服务。

世界经济与国际关系数据库（下设 6 个子库）

立足“皮书系列”世界经济、国际关系相关学术资源，整合世界经济、国际政治、世界文化与科技、全球性问题、国际组织与国际法、区域研究 6 大领域研究成果，为世界经济与国际关系研究提供全方位数据分析，为决策和形势研判提供参考。

法律声明